汉语言文学国家级一流专业建设点经费资助。

中国语言文学一级学科省重点建设学科经费资助。

主持江苏省高校哲学社会科学重点研究基地重大招标项目"利用运河遗产推进江苏'大运河文化带建设'的现状调查和对策研究"（2018JDXM001）的研究成果。

周薇——著

明清淮安河下园亭文化研究

上海三联书店

前　言

　　明清时期,漕运兴盛,河下是南北物资必经之地。更关键的是,后来淮北盐运分司署驻节与河下镇隔一淮河的河北镇,淮北盐引批验所驻节淮河南岸的河下镇,一批商人从江西、福建、安徽、山西、陕西等地来到淮安从事盐业经营,河下也由此进入了繁荣鼎盛阶段,市肆骈集,屋舍连绵,形成了种类齐全的商业市场。商贾利厚,兴修私家园林之风颇盛;退官、文人,将亭台楼阁打造得华奢精美。四方文人雅士,慕名来到河下,在河下著名的园亭里赋诗饮酒,彻夜畅聊。《淮安河下志》卷六"园林一"有云:"河下繁盛,旧媲维扬。园亭池沼,相望林立。先哲名流,提倡风雅。他乡贤士,翕然景从。诗社文坛盖极一时之盛。"①

　　清代道光年间,由于纲盐改票,原来产自苏北沿海的盐不需要通过河下的盐引批验所来执行批验和收税了,河下因此失去了盐业之利。到清代咸丰年间,黄河改道,从原来的经淮入海,改成经山东入海,河下因此失去了河道运输之利。清代咸丰十年(1860),河下遭遇捻军劫火,河下园亭毁之大半,池台廊榭化为瓦砾废墟。河下昔日胜景消失殆尽。后来李元庚在宦游武林(杭州)后回到河下,与朋友谈起河下园亭及其园亭主人的往事,非常感慨,便根据自己曾经的所见所闻,又走访乡绅名士,对所搜集的材料进行认真的核实、考辨,借鉴《洛阳名园记》的体例,在1860年的时候完成了《山阳河下园亭记》这本书,总共记录下从明朝中期到清朝前期的河下园亭65处。

---

　　①　王光伯辑、程景韩增订、荀德麟等点校《淮安河下志》,方志出版社2006年,第163页。

在李元庚去世以后，他的孙子李鸿年，承续李元庚的工作，在宣统三年(1911年)写成了《山阳河下园亭记续编》①，弥补了《山阳河下园亭记》所漏缺的29处园亭。再后来，又有近人汪继先，中医世家出身，也是特别喜欢搜集地方文献资料，他也汇聚自己历年所搜集材料，完成了《山阳河下园亭记补编》②，补充了18处河下园亭。

三书总共记有河下园亭112处，遍记河下园亭之胜、耆宿之风雅、桑梓之掌故。也记录下了明清淮安名园名宅的繁盛与衰落的历史。

本专著立足《山阳河下园亭记》《续编》《补编》等相关文本，同时对《淮安河下志》等其他相关地方文献资料进行了搜集阅读，结合实地的考察调研，以彰显明清淮安河下园亭文化特色为目的，对明清河下园亭进行了深入的研究。通过对明清时期淮安河下与盐业盛衰的关系、河下园亭分期及其特点、河下园亭中的山水花木要素、河下园亭文化圈、河下园亭中的诗人集会、河下园亭中的书画家、会四海名宿于此、河下园亭之衰等问题的梳理、研究，对河下园亭曾经达到的鼎盛繁华高度、园亭主人曾经拥有的名重海内的文化号召力、园亭主人诗词歌赋唱酬活动之频繁、园亭主人诗歌学术著作之众多、园亭主人进可追求政声退则事亲守静的文化精神之取向等等，皆作了一定的论述和彰显。

专著写作过程中，得到了本校苗珍虎老师的支持，他参与了相关资料的搜集、整理工作，并完成了第十三、十四章内容的写作，在此表示感谢！

周薇(淮阴师范学院文学院文化创意产业研究中心)
2022.8.28

---

① 本专著内亦简称《续编》。
② 本专著内亦简称《补编》。

目　　录

第一章　明清时期河下繁盛

第一节　邗沟与古末口

淮安河下镇位于淮安区新城之西、联城西北。①河下的历史非常悠久。公元前 486 年,吴王夫差为了北伐中原,想从水路北上攻打齐国,开凿了沟通长江与淮河的邗沟,这是我国历史上有记载的最早的人工运河。邗沟南接长江,北连淮河,南起邗城,北到淮安。抵淮安入淮处,古称为末口。

古末口现在哪里? 胡渭的《禹贡锥指》卷六云:"其县(山阳县)北五里之北辰堰,即古末口也。"②《光绪淮安府志》卷三"城池"云:"在新城者有二,其北水关,当未筑城时为石闸,古邗沟由射阳至末口入淮,石闸即古末口地也。自北辰堰筑而末口变为石闸,自新城筑而石闸变为北水关矣。"③

这里所说的北辰堰,就是古末口,在山阳县北五里处。古邗沟早期主要用于军事目的,东汉末期,邗沟开始用于漕运。古邗沟由南穿行而来,在山阳县城北五里的末口处,隔北辰埝与淮河相接,来往于长江、淮

---

① 淮安区由旧城、新城、联城构成。淮城旧城距离末口五里,于东晋时建成。元末明初时建的新城紧靠末口。嘉靖三十九年(1560)漕运都御史章焕奏准建造联城,由旧城东北隅接新城东南隅,联贯了新旧二城,此即联城,俗称夹城。联城的建造,使淮安的旧城、新城、联城连为一体,这种三城并列的格局在我国建城史乃至世界建城史上是不多见的。明清时期,漕运总督署在老城的正中心,淮安府衙在漕运总督署北,山阳县衙在漕运总督署南,还有漕运总兵署、淮扬道署、刑部漕运理刑署等多座官署,城内形成棋盘式的街道布局。

② 胡渭《禹贡锥指》卷六,第 81 页。《钦定四库全书》影印本。

③ 孙云锦修、吴昆田、高延第纂、荀德林等点校《光绪淮安府志》,方志出版社 2010 年,第 59 页。

河间的船只必由此经过。因为当时邗沟底部高于淮河底部,为了避免邗沟之水流入淮河,航运困难,便在邗沟与淮河相连之处设埝,①因这里是北辰坊所在地,所以便称其为北辰堰,以后又命名为"末口"。

北宋初,改埝为石闸,又新建了南斗门和北斗门,以方便转运。这即《光绪淮安府志》卷三"城池"所谓的"石闸即古末口地也"。元代建新城,新城设了北水关、南水关两个水关,北水关就在古末口,也就是石闸所在地。简而言之,古末口,就在现在的新城北水关,北辰堰石闸所在地。

由于末口过淮就是山阳湾,一路河水急湍,船有沉溺之虞,从明洪武三年(1370)开始,先后在末口两侧建了仁、义、礼、智、信五坝,往来舟楫在末口盘坝然后才能通航。不过,淮安五坝的作用虽然是为了更好地沟通运河和淮河,但当时过坝的情形是,先从船上卸下货物,运用绞关将船拖上坝再拖下坝,过了坝之后,再将货物搬上船,并继续在淮河山阳湾的湍急水流中逆水行舟六十里,由此耗费了太大的人力财力。

明永乐十三年(1415),平江伯陈瑄开清江浦运河,导淮安城西管家湖西湖水自鸭陈口入淮,运道改经淮安城西。之后,船只大多由清江浦运河转入淮河北运,这样,淮安城北末口、五坝的转运任务就大大减少了。到了明代万历十七年(1589),黄河夺淮河故道入海,新河离淮安城较远,老的河槽淤塞,末口完成了它的历史使命,逐渐湮没了。

综上,邗沟沟通了长江与淮河之水,成为连接南北交通的水道,也带动了沿河两岸的城镇村落的繁盛。古邗沟入淮处的末口地处的北辰,逐步成为了繁华聚落北辰镇,即河下镇的前身。也即河下因邗沟而生、而兴,至今已有 2 500 余年历史。

第二节 河下名称由来及明清时期河下繁盛

河下因何而起名?何时而得名?荀德林在其点校的《淮安河下志》

---

① 埝:土埂。

"前言"中曰:《河下志》云:"吴氏玉搢《山阳志遗》始载此名,乾隆《县志》尚无之。据曹氏镳《信今录·张廷杰传》:家在郡北郭外,俗呼曰'河下'云。缘起固无考也。"段朝端先生说:"河下地名,虽不知昉于何时,然河下、河北两'河'字,皆指古黄河而言。地势北高南下,揣地在河流之南,故曰河下。可见由来已久。"由此,荀德林在《淮安河下志》"前言"中"按"曰:"河北,地名,在当年淮河之北,与河下相对,间距二三里。因北高南低,河下在大河堤之下也,故不叫河南,而以'河下'名之。经查,在记载有明末清初甲申、乙酉年事的《淮城纪事》中,已出现河下地名。可见,河下一名至迟当出现于明末。"①

　　清江浦河开凿之前,河下作为运河经淮要地,早就是南北交通的枢纽和军事重镇,北宋初,岁漕六百至八百万石。元末明初,河下设立五坝后,河下成为民运、商运船只转运之地,这里可谓是帆樯云集,商贾络绎不绝。但总体来说,正如《淮安河下志》"卷一"所云:"大约其地当黄河夺淮以还,数膺水患,元、明之际,兵戎俶扰,郡城烟火已稀,则此介在河、湖之交者,墟落苍凉,弥望皆州渚耳。"②

　　河下达于鼎盛,是在明清两代。

　　明永乐年间,陈瑄开凿清江浦之后,本是山阳(今淮安市淮安区)属地、籍籍无名的清江浦镇,迅速成为长江以北的重要城市和交通枢纽。南河道总督、淮扬道、淮扬镇总兵等国家机构先后进驻清江浦,清江浦政治、军事地位突显。四大名仓之一的淮安常盈仓、全国最大的内河漕船厂——清江督造船厂、铜元局等皆设在清江浦。到了明朝中叶,清江浦一带已崛起成为淮安的中心。

　　但是,尽管如此,正如《淮安河下志》"卷一"所云:"自明改运道,径指城西,贾舶连樯,云集湖嘴,繁滋景象,俶落权舆。继以馐商纷然投足,而后人文蔚起,甲第相望。"③这段文字用最简洁的话揭示了河下镇繁盛的时间、繁盛的原因和繁盛的表现。河下镇繁盛的时间当在明代

---

　　①　王光伯辑、程景韩增订、荀德麟等点校《淮安河下志》,方志出版社 2006 年,第 2 页。
　　②③　王光伯辑、程景韩增订、荀德麟等点校《淮安河下志》,方志出版社 2006 年,第 21 页。

运河改道后。繁盛的原因一是河运畅通,商船云集;二是盐商进驻,在此业盐。繁盛的表现是人文蔚起,甲第相望。

繁盛时期的河下是"东襟新城,西控板闸,南带运河,北倚河北,舟车杂还,夙称要冲,沟渠外环,波流中贯,纵横衢路,东西广约五六里,南北袤约二三里,方隅虽隘,屹然巨镇也。"①凭借得天独厚的地理位置,得力于河、漕、盐业的助力,河下镇以其并不宽广的土地,成为了一方巨镇,走向了它的鼎盛繁华。

明清两代,总理全国漕运的最高机构漕运总督公署,进驻离河下五里的淮城旧城。由于河下居管家湖嘴,处黄河、运河之间,明清时期,南粮北运,漕运兴盛,河下是南北物资必经之地。清江浦成,河下五坝的转运量虽大减,但仍然使用,特别是当清江浦淤塞时,更要依赖五坝。

作为全国四大权关之一的淮关,坐落在河下镇西北的板闸。明代永乐十四年(1416)的时候,在板闸设立了户部钞关,所谓"秋夏之交,西南数省粮艘衔尾入境,皆停泊于城西运河,以待盘验,牵挽往来,百货山列。"②淮关成为明清两代封建王朝财政收入的主要来源。

明永乐间,平江伯陈瑄沿着清江浦建了十座船厂,河下同样也是造船物资的集散地。"船厂抽分复萃于是,钉铁绳篷,百货骈集。"③也因此,"河湖洲诸之间,日渐滋繁。"④更关键的是,后来淮北盐运分司署驻节淮河北岸的河北镇,淮北盐引批验所驻节淮河南岸的河下镇,两署只隔一淮河。

所谓"产盐地在海州,掣盐场在山阳",沿海所产淮盐,要运到河下,经检验抽税后再分运各地销售。由于盐务机构的驻节,使得更多的盐商纷纷携资而来,迁居河下,"淮北商人环居萃处,天下盐利淮为上",当地民众很多也从事着与食盐相关的生计活动,河下由此进入极盛时期。

---

① 王光伯辑、程景韩增订、荀德麟等点校《淮安河下志》,方志出版社 2006 年,第 22 页。

② 孙云锦修、吴昆田、高延第纂、荀德林等点校《光绪淮安府志》,方志出版社 2010 年,第 48 页。

③ 王光伯辑、程景韩增订、荀德麟等点校《淮安河下志》,方志出版社 2006 年,第 23 页。

④ 张鸿烈《创修山阳县志序》,刊于同治《重修山阳县志》卷首。见清同治间存保、何绍基等纂修《重修山阳县志》影印本。

根据《淮雨丛谈续编·考证类》所云:"郡城着姓,自山西、河南、新安来业鹾者,有杜、阎、何、李、程、周若而姓……"①。即来淮安经营盐业的商人来自山西、河南、安徽等各省。清初时,仅徽州来淮大族程氏一族,便在淮繁衍数支,皆极豪富。李元庚在《梓里待征录》"奇闻记·淮北商人同姓十三家"中指出:"国初时,业禺策者计十三家,皆程姓,俱极豪富。"②

《淮安河下志》"卷一"亦云:"方盐策盛时,诸商声华煊赫,几如金、张、崇、恺,下至舆台厮养,莫不璧衣锦绮,食厌珍错;阛阓之间,肩摩毂击,袂帏汗雨,园亭花石之胜,斗巧炫奇,比于洛下。"③盐商在淮斗富炫奇之势,不输洛阳城。

根据《淮安河下志》记载,河下镇在其鼎盛时期,有 13 坊,22 条街、91 条小巷,形成了"纵横衢路,东西广约五六里,南北袤约二里"的街区。其"阖邑称鼎盛者,垂三百年"。④

古镇中心地带拥有湖嘴大街、竹巷大街、五字店巷、柳家巷、相家湾街、故(估)衣街、钉铁巷、打铜巷、绳巷等许多名巷,市肆骈集,屋舍连绵,建筑密度很大,是典型的市井坊巷之境。

这里的商业市场上产品齐全,农产品、棉纺织品、丝织品、油类酒类、干鲜果品、纸张、竹木藤器、铁铜器等应有尽有;而且还形成了很多专业性的市场,如米市、柴市、牛羊市、驴市、猪市、海鲜市、鱼市、莲藕市、草市、盐市等等。明人邱浚⑤曾写道:"扬州千载繁华景,移在西湖嘴上头。"这里所说的"西湖嘴"是指河下的一处大街,早先是沙嘴伸入

---

① 王光伯辑、程景韩增订、荀德麟等点校《淮安河下志》,方志出版社 2006 年,第 3 页。

② 《淮安河下志》卷六《杂缀》引。王光伯辑、程景韩增订、荀德麟等点校《淮安河下志》,方志出版社 2006 年,第 478 页。

③ 王光伯辑、程景韩增订、荀德麟等点校《淮安河下志》,方志出版社 2006 年,第 23 页。

④ 王光伯辑、程景韩增订、荀德麟等点校《淮安河下志》,方志出版社 2006 年,第 4 页。

⑤ 邱浚(1421—1495),字仲深,广东琼州府琼山(今海南省琼山市)人。明代中期著名的思想家、史学家、政治家、经济学家和文学家。邱浚历事景泰、天顺、成化、弘治四朝,先后出任翰林院编修、侍讲学士、翰林院学士、国子监祭酒、礼部尚书、文渊阁大学士等职,弘治七年升户部尚书兼武英殿大学士。曾参与修《英宗实录》、《宪宗实录》、《续通鉴纲目》等书。著有《大学衍义补》、《五伦全备记》、《邱文庄集》。

湖心的地方,后发展为西湖嘴大街。据邱浚的描写,这里西湖嘴的繁荣堪比拥有瘦西湖的扬州。

商贾麇集骈至,河下出现了一批著名的会馆,根据《淮安河下志》记载,当时有新安会馆、润州会馆、福建会馆、定阳会馆、浙绍会馆、江西会馆、江宁会馆、四明会馆等。这些会馆是为行商准备的住所,会馆的大量设立,也说明了淮安具有很大的商业吸引力。

就在这个时期,在淮的官绅、盐商开始兴修私家园林。当时,淮安河下建构的私家园亭至少有七十座以上。据《山阳河下园亭记》《续编》《补编》记载,比较有名的有:夏曰瑚的恢台园;张新标、张鸿烈父子的依绿园;黄宣泰的止园;程鉴的荻庄;程茂的晚甘园;吴进的带柳园;刘谦吉的一篑园;杜首昌的绾秀园;阎若璩的眷西堂;程易的寓园;汪隐园的道宁堂;吴承恩的射阳簃;吴鞠通的问心堂等等。这些私家园亭也将大江南北的骚客文人吸引而来,主客群集园中,谈诗论道,创作出不少脍炙人口的诗文。

经济繁盛,河下人文蔚起,仅明清两代河下就出过进士55名,举人110多名,贡生140多名,而且状元(沈坤)、榜眼(汪廷珍)、探花(夏曰瑚),"三鼎甲齐全"。一个弹丸之地出现如此之多的读书人,在全国都十分罕见。河下因此被誉为"进士之乡"。更有十余人在《明史》《清史稿》有传。

但是后来由于失去漕运之利、盐业之利,加之水灾、兵灾的破坏,多重影响下,河下最终衰落了,再也未能恢复昔日的繁华。

综上所述,河下是典型的运河沿岸城镇,河下的盛衰与运河的盛衰、盐业政策的变化息息相关。特别在明清时期,正是运河要津的位置,奠定了河下在区域政治经济中的地位,是盐政机构的进驻,促进了河下在明清时期的鼎盛繁荣。当运河要津地位失去,纲盐政策改变,盐商生计遭遇重创,河下也就走向了衰落。

第二章 《山阳河下园亭记》及《续编》《补编》

第一节 李元庚与《山阳河下园亭记》

李元庚,字莘樵,生于清代嘉庆初年,清代道光庚寅年(1830)诸生。望社著名诗人李廷秀、李孙伟是李元庚的先辈。据《淮安河下志》卷十一记载,"李元庚,字莘樵,附贡。远祖挺秀,国初弃学籍不与试。至元庚七世,皆以诗名。世居河下,亲见鹾商当日豪侈之习"①。望社主要成员之一的李廷秀为李元庚之六世祖。李挺秀,字颖升,山阳人,明天启诸生。生卒年不详。入清后,不问生计,专心吟咏。李挺秀与望社中的靳应升、邱象升、张新标等交往比较多,著作有《惕介山盘剩稿》,但已经散佚。李元庚之五世祖李孙伟,字远令,也是望社主要成员之一。李孙伟,做过崇明县训导。著作有《玉诜堂诗存》,也已经散佚。在望社诸遗民中,李孙伟与李挺秀年辈较高。

《淮安河下志》卷十一对李元庚家族兴衰有简单描述:"君(即李元庚)先世苏州太湖人,明嘉靖中避兵淮上,居郡城北河下西湖嘴,后遂着籍为山阳人。其始以贾起家,累世不徙业。及迁淮,乃弃贾为儒,服诗书,崇耻让,而家遂贫。"②

《淮安河下志》卷十一对李元庚个人生平经历也有详细记载:李元庚十五岁自励于学,欲振其家,但无所遇,便练习时务,逐渐稔熟人情世故,拟光显他途。后在乡里,因能辅佐官员设施重要事务,得到器重。

---

①② 王光伯辑、程景韩增订、荀德麟等点校《淮安河下志》,方志出版社 2006 年,第333 页。

适逢军兴事多,能协助官员团集壮丁,赈抚流民。遂由诸生①得簿尉②职。赴选浙江后,无所知名,又察其事不可为,更加不愿出头露面。俄而寇至,省城陷,李元庚便乞假归淮。此时淮上皖寇肆虐,地方官员听说李元庚回来都很高兴。希望他能主事,乡邻对他也有所依赖。于是在他的协助下,河下筑长圩,浚濠河,建炮台,练土团,守备益严。自辛酉迄丁卯,凡七年,兵火交错,羽檄坌集,而河下安堵若无事。因为上述诸事,李元庚之力为多,遂由簿尉加至运同③衔。④

《山阳诗征续编》亦载其生平经历曰:"李元庚,字莘樵,道光庚寅(1830)诸生,咸丰间军功保监运司运同。"⑤

李元庚为人谦恭,《淮安河下志》卷十一记载:"君(李元庚)平生斤斤以谦谨自守,见人皆卑下之,无忤于当时。治生勤俭,出必徒步,老而不懈。"⑥

李元庚给淮安留下了很重要的著作。《山阳诗征续编》载:"李元庚,……著有《望社姓氏考》《山阳河下园亭记》《餐花吟馆诗集》。"⑦

李元庚所著的《望社姓氏考》,是迄今发现的关于望社的最早的研究著作,列有三十位淮安望社成员。

除了《望社姓氏考》,李元庚还著有《餐花吟馆诗集》和《山阳河下园亭记》。

《淮安河下志》卷十一记载:"晚年家居务闲,专以搜辑里人遗书逸事为事,尤好为诗,虽尘俗鞅掌,而深宵一灯,握管不释,视之皆五七言诗也。著有《河下园亭记》及诗集藏于家。"⑧也即《餐花吟馆诗集》中的诗歌,多为李元庚晚年在家,日常务闲之际所作,且以五七言诗为多。《山阳河下园亭记》一书,则是以搜辑里人遗书逸事为主。下面重点述

---

① 明清时期经考试录取而进入府、州、县各级学校学习的生员。
② 簿尉:主簿和县尉,泛指地方官府佐理官员。
③ 运同:古代盐政官名,位仅次于运使。
④⑥⑧ 王光伯辑、程景韩增订、荀德麟等点校《淮安河下志》,方志出版社 2006 年,第334 页。
⑤⑦ 王锡祺辑、沈家驹校、张强点校《山阳诗征续编》卷二十三,陕西人民出版社 2011 年,第 604 页。

其《山阳河下园亭记》一书。

《山阳河下园亭记》是李元庚仿《洛阳名园记》之体例,于咸丰十年(1860)写成的。追述明清全盛时期淮安河下的园亭,共 65 条。

《淮安河下志》卷十一记载李元庚"世居河下,亲见鹾商当日豪侈之习。"①

鹾商豪侈的背景是明永乐十三年,陈瑄凿清江浦河通漕,河下成为运河要冲,漕艘贾舶云集河下湖嘴,回空载重,百货山列。加之后来,淮北盐运分司署驻节与河下镇隔一淮河的河北镇,淮北盐引批验所驻节淮河南岸的河下镇,群商亦萃居于此,河下由是繁盛,有"小扬州"之誉,时有诗谓:"扬州千载繁华景,移在西湖嘴上头。"

鹾商豪侈的一个重要表现是大量建筑园亭。清代殷自芳在《山阳河下园亭记》"序"中说"明初以来,垂五百年,不见兵革,以故园亭之美,后先相望。"②明初以来五百年,群商萃居,加之较少战火,河下日渐富庶繁荣,世家大族涌现,盐商宿儒纷纷建筑园亭,河下园亭之美好,风格之独特,宾客之显贵,远近闻名。在淮安园亭历史上留下辉煌的一笔。

但李元庚亲见了鹾商豪侈的一幕,也亲见了鹾商衰落的一幕。正如李元庚自序《山阳河下园亭记》云:"嗣遭甲午之水,再值盐法改革,华堂大厦,荡然无存,已非复昔之河下矣。……越二岁,河下又遭西捻之变,焚掠房屋,十存二三,又非复向河下矣。"③

"甲午之水",指的是乾隆三十九年(1774),河下遭遇水灾,很多华屋被淹。"盐法改革",指的是道光十一年(1831)后的纲盐改票,两江总督陶澍革新盐政,在淮北施行票盐法,使民贩领票运盐,以抵制私盐和垄断食盐运销的纲盐巨商,这就被称为"纲盐改票"。这样,苏北沿海所产的盐就不被运到河下进行批验和收税,河下也便失去了盐业之利,盐

---

① 王光伯辑、程景韩增订、荀德麟等点校《淮安河下志》,方志出版社 2006 年,第 333 页。

② 李元庚著、李鸿年续、汪继先补、刘怀玉点校《山阳河下园亭记》(附《续编》《补编》),方志出版社 2006 年,第 510 页。

③ 李元庚著、李鸿年续、汪继先补、刘怀玉点校《山阳河下园亭记》(附《续编》《补编》),方志出版社 2006 年,第 513—514 页。

商债台高筑,河下鼎盛时期构建的华堂大厦,纷纷倾塌。"西捻之变',指的是咸丰庚申年(1860)河下曾被捻军占领,捻军撤离时,河下遇劫火,园亭屋宇大半损毁。正因如此,河下许多著名的园亭化为颓垣废墟,不再有往日的繁华。

尹自芳《山阳河下园亭记》"序"亦言:"近以人事迁移,北醮改道,里之华堂广厦,不转瞬间化为瓦砾之场。于是,池台廊榭,指顾成墟。向时园亭,大半销沈无何有之乡。巷陌重经,蹊径几不可辨。过此以往,再数十年,后来之彦,虽欲寻幽吊古,访前辈钓游之迹而不可得矣。此乡先生莘樵李丈园亭记之所由作也。"①"人事迁移,北醮改道"说的就是两江总督陶澍革新盐政,在淮北施行票盐法之事。不仅是纲盐改票,淮北盐引批验所也由河下迁至西坝,淮安的纲盐巨商由此纷纷破产,同时,他们的"里之华堂广厦,不转瞬间化为瓦砾之场","巷陌重经,蹊径几不可辨。"用尹自芳的话说,如此再过数十年,连后来人想寻幽吊古,寻先人之旧迹,也无从可得了,这正是李元庚写《山阳河下园亭记》的动机。

亲眼目睹河下之盛衰,不仅是李元庚写作该书的动机,也是他得天独厚的条件。李元庚自序《山阳河下园亭记》云:"戊午②夏,余键户避暑,客有过余而问曰:'河下园亭之胜,子曾及见之乎?'余曰:'然。''子盍悉数之乎?'余曰:'诺,请以异日录别纸以质之。'客退,余于灯窗濡墨,奋笔直书。"③

也即李元庚"自武林(杭州)归,与友人话及桑梓旧事",④有朋友问他见过河下园亭之胜否,这勾起了他对昔日园亭的记忆,促使他奋笔疾书,写出了《山阳河下园亭记》一书。当然具体写作过程中,材料的

---

① 李元庚著、李鸿年续、汪继先补、刘怀玉点校《山阳河下园亭记》(附《续编》《补编》),方志出版社 2006 年,第 510 页。

② 戊午:即咸丰八年(1858)。

③ 李元庚著、李鸿年续、汪继先补、刘怀玉点校《山阳河下园亭记》(附《续编》《补编》),方志出版社 2006 年,第 513 页。

④ 李元庚著、李鸿年续、汪继先补、刘怀玉点校《山阳河下园亭记》(附《续编》《补编》),方志出版社 2006 年,第 514 页。

来源,非常广泛,正如他在《山阳河下园亭记》"自序"中云:"有得之诗歌记载者,有得之先民指视者,有得之童时目击者,共六十余处,均在河下。"①

所谓"得之诗歌记载者",河下人文荟萃,能诗者众。河下园亭主人多为文人、富商,喜欢在园亭设宴赋诗,如此,留存下很多关于园亭的诗歌。李元庚文献功底深厚,"于桑梓掌故,如数家珍。"②有关园亭的诗歌李元庚应该都会去搜罗阅读。所以,我们在《山阳河下园亭记》中能看到,他在记录很多园亭的时候,善于引用前人书写园亭的诗歌。如记载陈文烛知府为五游山人郭次甫所筑的"招隐亭"时,录入了清张鸿烈的《招隐亭》诗:"亭改名仍旧,风流忆主宾。能文陈太守,高士郭山人。此道今如土,招贤事莫论。沙荒湖嘴外,望古绿杨津。"并录入了胡天放的《招隐亭》诗:"古人邈难即,姓字寄琳宫。日落神仙远,花分杖衲红③。鸣琴怀晚节,采药挹真风。云树西湖末,高天沧海同。"

从这些诗歌,能看到招隐亭当时的地理位置,招隐亭中宾主尽欢的场景。也由此印证了招隐亭的存在。

记载夏曰瑚的"恢台园"时,《山阳河下园亭记》录入了夏曰瑚自己的《恢台园》诗:"傍水成幽筑,诛茅得草堂。所期垂钓处,俨似浣花庄。杨柳月初上,薜萝风正凉。何能谢缨冕,读《易》濯沧浪。"李元庚在《山阳河下园亭记》中录完该诗后,直接评价道:"想见园中风景。"而夏曰瑚诗歌中的"傍水""幽筑""草堂""杨柳月初上""薜萝风正凉"等词句,也能将恢台园的僻静与清冷环境描摹得真实可见。

李元庚在记录河下园亭时动辄会以诗佐证园亭之曾经的美好与日后的颓败,此不赘述。

---

① 李元庚著、李鸿年续、汪继先补、刘怀玉点校《山阳河下园亭记》(附《续编》《补编》),方志出版社 2006 年,第 513 页。

② 尹自芳的《山阳河下园亭记》"序"。李元庚著、李鸿年续、汪继先补、刘怀玉点校《山阳河下园亭记》(附《续编》《补编》),方志出版社 2006 年,第 510 页。

③ 该句有小注"陈玉叔守淮安,招山人郭次甫来,遂以杖衲悬北亭。王凤洲兄弟尝往来焉。"

所谓"得之先民指视者",即李元庚能拜见亲历园亭之胜或对园亭有记忆的乡绅名士,获得第一手资料。

如《山阳河下园亭记》于吴宁谔"梅花书屋"条下曰:"(吴宁谔)曾孙兰陵茂才(承孝)时向庚(李元庚)述先德。茂才好客耽吟,每当鼠姑花放,犊尾春酣,犹于梅花书屋置酒哦诗焉。"吴宁谔是河下名人,吴宁谔曾孙吴茂才会向李元庚讲述先祖高德故事,在李元庚眼中,吴茂才继承了先祖好客耽吟传统,也继承了先祖于梅花书屋赋诗饮酒的习惯。可以想见,李元庚对于梅花书屋及主人的书写,亦是所谓的"得之先民指视者"。

所谓"得之童时目击者",李元庚生于嘉庆之初,曾亲眼见到淮安河下鹾商之豪侈,也亲眼见到河下鹾商之衰败。《山阳河下园亭记》中所记之园亭有不少就是他童年亲身经历、亲自见闻,这更使《山阳河下园亭记》的内容显得真实而可贵,如:

杜首昌"绾秀园"条下曰:"庚童时,先君子携过杜家大门,见墙阴巨石方四尺许。先君子曰:'此即福王驻跸时听事柱础也。'宏峻可想,今亦不知所在。"

程勋著"秋声阁"条下曰:"程氏中落,宅归李氏。先君子与李友善,庚幼年亲睹园内亭台,惜未缕记。"

汪葵田"一拳一勺"条下曰:"丁俭卿师设帐园中,庚常侍教矣。"

程世椿"耘砚斋"条下曰:"后为庚舅氏姚某某所居,故常往来其中。"

骆腾凤"亦适斋"条下曰:"学博与先君子交最密,庚故时侍杖履。太夫人百岁时,奉旨以'贞寿之门'旌之。学博既归道山,太夫人始卒,年一百三岁。"

刘庭桂"慈和轩"条下曰:"庚少时往来其中,犹见'五代魏科'额也。"

陈丙"潜天坞"条下曰:"后庚侍黄氏甥馆,与先生为葭莩戚,故时至潜天坞。先生又自名其斋曰:'第一句庵'"。

既能广泛搜集资料,耙梳相关诗歌,又能拜见乡绅名士,亲耳听到经历了往事的人士的叙述,加之童年时期亲见亲闻,李元庚获得了关于河下园亭的真实而详尽的资料,通过认真考辨、核实,于是就仿照《洛阳名园记》的体例,在咸丰十年(1860)的时候完稿了《山阳河下园亭记》一书,保存了河下园亭曾经的盛况。正像王锡祺在《山阳诗征续编》中于李元庚条有"按"云:"莘丈魁材,硕学尤娴桑梓事实。所刻《望社姓氏考》《山阳河下园亭记》,见者叹为淹博。"①

　　而李元庚得以顺利出版该书,则是缘于程锺的关注和帮助,以及程锺所作的详细考证和订正。李元庚自序《山阳河下园亭记》云:"余自武林归,与友人话及桑梓旧事,同里程君袖峰询《记》之所在。检而得之,亟示袖峰,并属其详考而正订之。他日当质之乡先生,以匡余不逮焉,是则余与袖峰所深望也夫。是为序。"②

　　程袖峰,即程锺,《山阳河下园亭记续编》记录其为"岑山草堂"主人。程锺著有《淮雨丛谈》。

　　李元庚自序《山阳河下园亭记》中的这段话在程锺的文字中也得到印证。程锺序《山阳河下园亭记》曰:"余与先生(李元庚)居甚近,先生忘年下交,虚怀若谷,每过余小斋,商榷此事,并属为采访、校勘。余自惟齿幼学疏,何感任此?然为乡里文献计,又何可不为先生助?间有所闻,必持以告先生。先生抉择甚精,考核甚审,三易稿而书始成。于是索观者接踵而至,以为此书可补志乘之缺,其必传世无疑。"③

　　这篇序中程锺说到李元庚与自己是忘年交,是李元庚嘱咐他做采访、校勘之事。出于整理乡邦文献的责任担当,他乐意为李元庚助一臂之力。当他偶尔有所闻见,也会及时提供给李元庚。

　　程锺的序中,也记录了《山阳河下园亭记》的成书过程。面对获得的大量资料,李元庚是"抉择甚精,考核甚审,三易稿而书始成。"④足见李元庚对待材料之认真、写书过程之艰辛。

---

　　①　王锡祺辑、沈家驹校、张强点校《山阳诗征续编》卷二十三,陕西人民出版社 2011 年,第 607 页。

　　②　李元庚著、李鸿年续、汪继先补、刘怀玉点校《山阳河下园亭记》(附《续编》《补编》),方志出版社 2006 年,第 514 页。

　　③④　李元庚著、李鸿年续、汪继先补、刘怀玉点校《山阳河下园亭记》(附《续编》《补编》),方志出版社 2006 年,第 512 页。

至于该书的价值,用殷自芳在《山阳河下园亭记》"序"中所说,河下"明初以来,垂五百年,不见兵革,以故园亭之美,后先相望。又多名公巨卿,耆儒硕彦,主持风雅。"①而李元庚"又生于嘉庆之初,及见雍、乾诸耆宿②,故于桑梓掌故,如数家珍。"③殷自芳的意思是,李元庚在《山阳河下园亭记》里,实际是做到了遍记河下园亭之胜、耆宿之风雅、桑梓之掌故。

首先,《山阳河下园亭记》遍记河下园亭之胜,即记载了淮安名园、名宅的繁盛。

《山阳河下园亭记》共记载从明朝成化到清朝嘉庆的河下著名园亭65处。对每一个园亭的名称、建筑地点、建筑规模、建筑结构、建筑特色、园内陈设,进行了详略不同的描绘,使河下园亭之盛景得以整体呈现。

其次,《山阳河下园亭记》刻画了耆宿之风雅,也即记录下了诸多淮安名士之风雅轶事。

李元庚之孙李鸿年所作《山阳河下园亭记续编》自序云:"《山阳河下园亭记》,编自先大父④莘樵公。……而园亭之名,散见于著作家。地以人传者多,《记》成,则开编一览,历历在目,俾后之人,想见流风余韵,诚称善矣。"⑤李鸿年的意思是,一般来说,是因为人之有名,园亭才得以名声在外。而《山阳河下园亭记》的编辑,目的是编辑园亭,却起到了让河下名人历历在目的目的,后人由此能得见先贤之流风余韵。

程锺序《山阳河下园亭记》云:"咸丰戊午、己未间,乡贤辈莘樵先生,手著《山阳河下园亭记》一编,……叹文物之凋零,伤世风之猥鄙,故特纂辑此书,以存昔贤流风余韵,使后人动追慕之思,岂徒侈高亭

---

①③　李元庚著、李鸿年续、汪继先补、刘怀玉点校《山阳河下园亭记》(附《续编》《补编》),方志出版社 2006 年,第 510 页。

②　耆宿:指年老资深德高望重之人。

④　先大父:亡祖父。敬词。

⑤　李元庚著、李鸿年续、汪继先补、刘怀玉点校《山阳河下园亭记》(附《续编》《补编》),方志出版社 2006 年,第 557 页。

大榭也乎！”[1]意思是李元庚编辑《山阳河下园亭记》不只是为了记录高亭大榭，也是为了保存昔贤的流风余韵，好让后人追慕怀念。

事实上，《山阳河下园亭记》在记录园亭的同时，保存了一批不同身份职业的园亭主人，其中有官员、退休宦官、进士、举人、贡生、秀才、盐商、文人、塾师、画家、经学家、医生等，他们各有其经历、学养、个性、生活方式、处事态度。或有职位加身，有政绩于朝野；或退职归乡，招集众人，沉湎诗酒；或与外籍名流过从，行遍大江南北；或安心行孝，在家读书教子；或关心朋友，赈抚乡人；或隐居一隅，安心养花侍草。《山阳河下园亭记》起到了以园存人的作用。

《山阳河下园亭记》尤以刻画耆宿之风雅呈现其价值。李元庚自序《山阳河下园亭记》曰："溯及国初诸老，结诗社，树文坛，极一时之盛。迨至风衣、莼江、瀣亭诸先生出，而大江南北，名流硕彦，趋之如鹜，真可谓媲美前人矣。至于著书染翰，讲学会文，虽一椽半厦，亦足珍也，岂非地以人传也乎？至乾隆间，河下称极盛焉。"[2]

风衣即"菰蒲曲"主人程嗣立，曾经和其兄程垲，在"曲江楼"，"聚大江南北耆宿之士会文其中"。莼江即"晚甘园"主人程茂，程茂是程垲、程嗣立的侄子，曾偕其叔父，一起"提唱风雅，延致海内知名之士，文酒宴会，一时称盛"。瀣亭即"情话堂"主人程沆，是"荻庄"主人程鉴先生第四子，告归后，"在荻庄中宴集大江南北名流，拈诗刻烛，一时称盛"。诸先生堪称风雅耆宿。他们不仅结诗社，树文坛，极一时之盛，而且"大江南北，名流硕彦，趋之如鹜"。

殷自芳又言："又多名公巨卿，耆儒硕彦，主持风雅，虽仅附郭一大聚落，而湖山之胜播闻海内，四方知名士载酒问奇，流连觞咏，散见于诸家撰著者指不胜屈。呜呼盛矣！"[3]也是表达同样的意思，河下虽为山

---

① 李元庚著、李鸿年续、汪继先补、刘怀玉点校《山阳河下园亭记》(附《续编》《补编》)，方志出版社 2006 年，第 512 页。

② 李元庚著、李鸿年续、汪继先补、刘怀玉点校《山阳河下园亭记》(附《续编》《补编》)，方志出版社 2006 年，第 513 页。

③ 李元庚著、李鸿年续、汪继先补、刘怀玉点校《山阳河下园亭记》(附《续编》《补编》)，方志出版社 2006 年，第 510 页。

阳县的一个小城镇，但是却多名人硕儒，加上有湖山之胜景，海内闻名，所以，大江南北的闻达之士，欣然接受河下园亭主人之邀请，聚至河下，谈诗论道，切磋技艺，探古访奇，达旦欢愉。而《山阳河下园亭记》保存了这些耆宿的风雅。

再次，《山阳河下园亭记》记录了"桑梓之掌故"，也即记录下了有关地方与人物的传说和故事。

程锺序《山阳河下园亭记》曰："咸丰戊午、己未间，乡贤辈莘樵先生，手著《山阳河下园亭记》一编，……先生年六十，阅人甚多，知里中事故甚悉。……先生抉择甚精，考核甚审，三易稿而书始成。于是索观者接踵而至，以为书可补志乘之缺，其必传世无疑。"①

因为李元庚阅人很多，对家乡掌故熟悉，所以编辑的《山阳河下园亭记》，想索来阅读的人接踵而至，认为该书可弥补《志书》之不足。

譬如《山阳河下园亭记》在记录刘谦吉别业"一箦园"时说，"金事名谦吉，号六皆，康熙甲辰进士，任思南府。膺卓异，迁山东提学金事。期满以老乞归，构一箦园，吟咏其中。康熙四十二年，仁庙南巡，金事迎銮，时年八十一岁。御赐'雪作须眉'额，遂自号'雪作老人'。年八十七卒。初，金事官刑曹时，与猗氏卫尔锡既齐友善，卫官黔抚，得罪戍黑龙江，金事岁时馈问，后召还，派修高家堰。金事方归里，交益笃。及卫病剧，贫无所依，顾友人曰：'吾当诣六皆为身后计。'即舁至一箦园，数日卒。金事为殡殓发丧，人士翕然重之。"这段不仅仅记录了"一箦园"这个园亭，而且记录了乡贤刘谦吉进士的职务升迁，官场进退，以及八十一岁迎銮，被御赐"雪作须眉"额的幸事。特别是关于他与卫尔锡的一段交往记录尤为感人。

又譬如《山阳河下园亭记》中关于程鎏别业"且园"内的"林下堂"有一段记载："其林下堂，相传少年未遇时，流寓扬州。于委巷遇一妇，诘以所苦，告之故。妇出白金二百，属以挂窝必获利。次日携银挂引，获

---

① 李元庚著、李鸿年续、汪继先补、刘怀玉点校《山阳河下园亭记》（附《续编》《补编》），方志出版社 2006 年，第 512 页。

利三倍,由是致富。再访此妇,门径惧荒,疑遇仙。为筑林下堂,志其德。"这个故事,颇有传奇意味,说明了程鏊"且园"中"林下堂"修筑的缘由,也反映出河下盐商致富不忘志德的品格。

上述这些有关地方与人物的传说和故事,即为"桑梓之掌故"。

《山阳河下园亭记》不仅记录了地方与人物的传说和故事。《山阳河下园亭记》所记河下园亭的盛衰史,也是一部河下盛衰史。

吴兆登序《山阳河下园亭记》曰:"《山阳河下园亭记》,河下二百年盛衰兴废之故之所由托也。"吴兆登又云:"昔司马迁以世职汉史,作《史记》,人称'迁史'。今甀翁记河下园亭,岂不可谓河下之史,而近日之迁耶!"[①]

吴兆登将李元庚喻作当代司马迁,并将《山阳河下园亭记》称作河下之史,可谓赞誉极高。

李鸿年所作《山阳河下园亭记续编》"自序"云:"《山阳河下园亭记》编自先大父莘樵公。备志河下鼎盛之际如曲江楼、柳衣园诸名胜,综数十处,各系以说溯其时,上下二百余年。至陶文毅公盐纲更章,鞠为茂草者过半。厥后咸丰庚申,皖寇扰河下,庐舍且殆尽,更何论乎园亭。"[②]意思是李元庚记录了二百余年间的河下著名园亭,有园亭鼎盛时期的追溯,也有盐纲更章、皖寇扰掠后园亭殆尽的描述。

的确如此,《山阳河下园亭记》记录了河下鼎盛时期河下园亭的风光,也记录了河下衰落时期河下园亭的衰败。有些为李元庚亲眼所见,李元庚看见过它们"花木泉石之胜";但如今,这些园亭现状是:"今亦化为瓦砾场""今毁者半,存者半""杳不可寻矣"。而背后,无非是"盐法改革""甲午黄水""复遭兵灾"等原因之故。正是借助李元庚的描述,《山阳河下园亭记》反映出了一部河下盛衰史。

---

① 李元庚著、李鸿年续、汪继先补、刘怀玉点校《山阳河下园亭记》(附《续编》《补编》),方志出版社 2006 年,第 508 页。

② 李元庚著、李鸿年续、汪继先补、刘怀玉点校《山阳河下园亭记》(附《续编》《补编》),方志出版社 2006 年,第 557 页。

第二节　《山阳河下园亭记》之《续编》《补编》

一、李鸿年的《山阳河下园亭记续编》

李元庚去世以后,他的孙子李鸿年,名钟骏,字笠夫,承续李元庚之志,遍访世代居住河下的老者,在宣统三年(1911)写成《山阳河下园亭记续编》,补充了《山阳河下园亭记》所缺漏的 29 处园亭。

宣统三年(1911)仲春,李鸿年于暨阳醛馆所作《山阳河下园亭记续编》"自序"云:"同治中兴,复有凿池筑室,以为休息之所者。寄兴书画,逸情歌咏,行其庭,如见其人。虽不若全盛时之画栋飞甍、崇林茂竹,而结构经营,一拳石、一勺水,具有可观,亦一河下之幸与。曾几何时,而变为瓦砾场者,比比然矣。即不然,杨家、李家,率易其主,即有不尽然者,寥寥无几。异哉!无故而变更,竟如是之速也,则盛衰兴废之感,恒不能去诸胸臆间,较先大父之秉笔而书者,愈不能已,遂成《续编》。"①

也即李鸿年所记录的园亭为同治阶段的园亭,继咸丰园亭衰败后,这一阶段园亭有所复兴。园亭主人构园的目的是"以为休息之所者。寄兴书画,逸情歌咏"。这个阶段的园亭虽不像全盛时期的雕梁画栋,植物繁茂;却也有其结构,亦具水石,有可观之处。但毕竟河下园亭经历无数变更,或成为瓦砾场,或几易其主,完好继承者寥寥,所以兴废之感难去胸臆间,令编者不能自己,故成《续编》。

与李元庚编辑《山阳河下园亭记》正编一样,李鸿年编辑《山阳河下园亭记续编》,同样非常熟悉掌故,许多是他亲身闻见。下面列数条为例以证之。

譬如,李鸿年曾经在河下教授弟子,很多亭室皆为其亲身所临。

黄海长"有堂"条下曰:"子信臣,幼从年学,为文章笔姿不俗,以经历分发两淮。"即"有堂"主人黄海长的儿子信臣曾经跟从李鸿年学习。

---

① 李元庚著、李鸿年续、汪继先补、刘怀玉点校《山阳河下园亭记》(附《续编》《补编》),方志出版社 2006 年,第 557—558 页。

解世纯"息影草庐"条下曰："解二尹粹园寓居。……二尹名世纯。子福年,字唯百,二尹于七旬外始得。亦从学于年者。克守父业。"即息影草庐主人解世纯七旬外得子解福年,解福年也曾拜李鸿年为师。

杨绂来、杨鼎来兄弟"风雨对床之舍"条下曰："学博名绂来,……工部名鼎来,……聘年课其仲子发详,凡九年。发详字仲长,不良于行,亦善诗。"即杨鼎来工部曾经聘请李鸿年给他的二儿子发详讲课。

上述房舍主人聘请李鸿年给他们的子女上课,李鸿年进出过他们房舍是显而易见的。

除了李鸿年因教授弟子亲临许多房舍,也有李鸿年因问学别人而得见他人房舍的。

程春祺"敬一书屋"条下曰："程汝吉师馆于其地。年幼从学二载。"也即"敬一书屋"主人程春祺曾请程汝吉老师在此教育子弟,李鸿年便在敬一书屋和大家一起向程汝吉老师学习了二年的课程。

另外,李鸿年也会与朋友往来交游,如此自然也会涉足他人房舍,程小迂"伴竹居"条下曰："每岁春秋仲月,值祠祀日,年往与祭,辄坐其中。绿窗掩映,仍如故也。"这条是说每年春秋仲月,伴竹居主人程小迂会在家值祠祀日,李鸿年会参与此活动。

王全熙"师竹斋"条下曰："光绪庚子,斋前茁芝①数本,明经绘图征诗,一时题咏林立。年亦附以五古四首。"也即师竹斋前灵芝培植得很好,于是王全熙会邀请一批好友前来欣赏,绘图作诗,一时作品无数,李鸿年也写有相关诗作四首。

无论是李鸿年因问学别人而得见他人房舍,还是李鸿年去参与主人招邀的活动,李延年都是有机会走进相关房舍的。

还有一些宅第,因年代久远,李鸿年不知其所在,但却从其后人那里听说。

王一新"味腴斋"条下曰："宅为王明经(一新)旧居,年不知所在。先世第三文孙觐卿(茂才)云:'旧宅在湖嘴彤华宫北,……为先曾祖圣

---

① 芝:即灵芝,一种菌类植物;又引申为香草。

符公所建,以养亲志……。'"王一新是"师竹斋"主人王全熙父亲,王觐卿是王全熙的次子、王一新的孙子。如前例所述,王全熙曾在自己的"师竹斋"中邀请人欣赏其所苗之芝,并绘图征诗,李延年也附以五古四首,也即李延年对于自己同时代的王全熙的"师竹斋"较为熟悉,但对于老一辈王一新的"味腴斋"不是很了解,通过王一新的孙子王觐卿,李鸿年得知了王一新"味腴斋"的旧址以及建筑目的,也由此记录下来,让"味腴斋"之名得以保存。

总之,李元庚之后,李鸿年的《山阳河下园亭记续编》又得以保存一批关于河下园亭的相关史料。

二、汪继先的《山阳河下园亭记补编》

汪继先,近代淮安人,字青棠,号俭庵,出身于中医世家,是河下名医鄡竹山房主人汪筱川的次子。平时喜欢搜集地方史料,后来根据所整理材料,写成了《山阳河下园亭记补编》,记述了河下园亭 18 处。

丁志安(1914—?),原名丁步坤,号象庵,为丁晏后人。丁志安于己亥(1959)秋日作《山阳河下园亭记补编》序云:"河下为吾淮一镇,地在郡城西北隅。自城内文渠北流,穿水关,达萧湖,一棹可通,三城相接。蒲葭菡萏,台榭园亭。当清代之初,人文且极盛。道光中,纲盐改票,日形寥落,沦为丘墟。镇人李莘樵先生,少时犹及见其盛。及其老也,慨陵谷之迁变,耆旧之凋零,追述前尘,编《山阳河下园亭记》一书;文孙伯延,又成《续编》。然其中仍有遗缺,于是吾友汪君继先,更有《补编》之作。编成寄示,行将付印,嘱为弁言。予久客江南,思归不获。读君斯作,仿佛扁舟荡漾于菱芡之中,不禁神往者久之。"①

正如丁志安在"序"中所说,是因为《山阳河下园亭记》《山阳河下园亭记续编》两部"仍有遗缺",于是有了汪继先《山阳河下园亭记补编》之作。

---

① 李元庚著、李鸿年续、汪继先补、刘怀玉点校《山阳河下园亭记》(附《续编》《补编》),方志出版社 2006 年,第 577 页。

与《山阳河下园亭记》《山阳河下园亭记续编》的编著者一样,《山阳河下园亭记补编》的编著者对园亭也是非常熟悉,正如汪继先在汪筱川"槑竹山房"条中所云:"吾汪氏,自文益公于清初康熙间,因业鹾务,由徽迁淮,至先大父已经六世,均居住于此宅。"汪氏由徽迁淮,业盐致富,经过几代积累,成为大族。且几代皆居住于河下槑竹山房这块地上。汪继先祖父汪筱川是一方名人,汪继先长辈和许多园亭主人是亲朋关系,也常带汪继先走访乡邻,汪继先对园亭主人和河下掌故非常熟悉,有关园亭坐落、主人身世、个性脾性、著述留存、园亭结构、檐额长联出处等记录详实,材料令人信服。

根据《山阳河下园亭记补编》记载,有的园亭,汪继先幼年时曾随家中长辈游历过。

岳钟秀"白云楼"条下记曰:"前明孝廉岳公钟秀室也,……其裔孙树森,为余之太姑丈。余幼时,尝至其楼,楼上藏书甚富,楼下为会客处。太姑丈尝言其先世钟秀公逸事甚详。"

岳冠群"同田书屋"条下记曰:"岳明经超伯①设帐处,在白云楼东北数步。屋为草厅三楹。余幼随先嗣祖尝至其处。见屋内悬一长联云:'读兵书畏战,读律书畏刑,何如读儒书,战刑不畏。耕尧田忧水,耕商田忧旱,弗若耕砚田,水旱无忧。'额曰:'同田书屋'。均明经手书,唐隶体也。"

裴栴"卧风轩"条下记曰:"裴太世丈梓卿②著书室也,……余尝随先嗣大父至其处,见其额曰:'卧风轩',跋云:'柴桑先生有言,北窗下卧,遇凉风暂至,是羲皇上人。去秋自鄂踉跄归,杜门还读我书。今五六月中,尝踞绳床,晒庭柯。忆先生语意,乃撷卧风二字,为斯轩之额焉'。并集褉帖字,为楹联云:'虚竹幽兰,得此可为觞咏地;风和日永,于斯当诵古今文。'绘有《卧风轩图》,自题五古一首。见《卧风轩诗钞》。"

---

① 岳冠群,字超伯,同治甲子孙按科考诸生。
② 裴栴,字籽青,又字梓卿。

季逢元"面湖草堂"条下记曰："在萧湖滨，门临郭家墩，即灵慧桥东南是也。……堂为草屋三楹，有窗可眺湖中风景。……余幼随先嗣大父，尝至其处，今为菜畦耳。"

徐嘉"味静斋"条下记曰："徐道庵孝廉著书处，在竹巷街梅家巷。斋为草屋三楹，极幽雅。院中有古树数株，大可合抱。青棠童时，先大父携过梅家巷，云此宅即徐遁庵孝廉故居。孝廉名嘉。字宾华，道庵其别字也。"

以上段落中出现的"余""青棠"等，皆指汪继先自己。以下段落也是如此。

有的园亭是汪继先成年后，与房舍主人有交游往来自然熟悉的处所。

玛继宗吟咏处"绿桐精舍"条曰："余时至精舍中，与主人煮茗谈诗论文，徘徊于藤阴丛石之间，观玩竟日。仍徘徊不能去，足以愉快焉。"

有的园亭是汪继先亲自听其他目击者所谈及。

如张希曾"恬素堂"条曰："在茶巷古天兴观右侧。堂三楹，甚高大壮丽。额为先文端公（廷珍）所书。厅后正房数十间、后楼等。已于光绪初，毁于回禄。其房屋宏峻，更可想见也，今仅存厅事三椽耳。……余髫龄时，即闻故老云：吾淮河下茶巷，张母邱太夫人，著有《笔生花》弹词小说十六卷，三十二回，历数万余言。"也即"恬素堂"，原有堂三楹，甚高大壮丽，厅后正房数十间、后楼等。已于光绪初，毁于回禄。今仅存三椽耳。其房屋宏峻，只能靠"可想见也"。而关于张母邱太夫人著有《笔生花》弹词小说之事，便是编者髫龄时，听故老所云。

"糁竹山房"，是汪继先家人和汪继先自己居住过的宅屋。糁竹山房是汪继先祖父汪筱川吟咏处，所谓"先大父更购得北邻叶武举葵卿旧宅安乐窝船厅三椽，隙地一区，乃于园中种梅莳竹，改署曰：'糁竹山房'。……先大父更辟山房后两间，命青棠读书其中，署曰：'后实事求是斋'，以仰承文端公之先范云尔"。因为汪筱川是汪继先的祖父，这篇文字对于汪筱川住宅如何扩大、如何美化、如何更名为糁竹山房等等，记录尤其详细；而"先大父更辟山房后两间，命青棠读书其中"，说明当年就是祖父汪筱川在"槑竹山房"后面新增了"后实事求是斋",让汪继先在其中读书的。不难推断,"槑竹山房"和"后实事求是斋"都是汪继先亲自居住过的宅屋。

同样,《山阳河下园亭记补编》不仅保存了一份有关园亭和家乡名人的名单,也记录了河下园亭的盛衰。

岳钟秀"白云楼"条下记载,岳钟秀裔孙树森"逝世后,楼即为瓦砾场矣。"

季逢元"面湖草堂"条下记曰:"堂为草屋三楹,……今为菜畦耳。"

张希曾"恬素堂"条下记曰:"原有堂三楹,甚高大壮丽,厅后正房数十间、后楼等,……今仅存三椽耳。"

对于河下园亭盛衰的反复书写,最终让后来之人能通过这些记载对淮安河下的曾经辉煌充满骄傲,对其衰落充满唏嘘。

另外,民国王光伯原辑《淮安河下志》,于卷五设第宅,卷六至卷八设园林,亦对淮安河下园亭作了一定的资料整理。

此前,淮安荀德林等学者已经将《淮安河下志》和《山阳河下园亭记》《续编》《补编》合为一辑,作为《淮安文献丛刻》之一种整理出版,为了解明清淮安名园、名宅的繁盛,提供了一份较为详细的资料。

第三章　淮安河下与盐业盛衰

　　淮安河下园亭日渐走向华堂美屋,与河下盐商获得巨利有直接的关系,而河下盐商因盐获利,与两淮盐业兴盛及盐业制度改革有密切关系。但随着"纲盐制"废除,河下盐商尽失之前的风光,河下园亭也受到巨大影响。

第一节　淮安河下与两淮盐业兴盛

　　明清两代盐商聚集淮安河下并获利巨大,与两淮盐业兴盛不无关系。

　　从史料记载可知,盐利向来是政府财政最重要的来源。从中唐开始,盐业所获利益便能占到国家赋税的一半,《宋史》"食货"有载:"唐乾元初,……当时举天下盐利,岁才四十万缗。至大历,增至六百万缗,天下之赋,盐利居半。"[①]到了北宋阶段,盐业所获利益占到国家赋税的三分之二,这个时候,淮盐和北方解池盐是平分秋色的,《宋史》"食货"有载:"元祐间,淮盐与解池等岁四百万缗,比唐举天下之赋已三分之二。"[②]

　　到明清时期,因为气候等方面的原因,北方池盐的产量开始减少,又随着人口的增长,北方池盐的产量不再能满足百姓对食盐的需求。相反,淮盐质量好,产量高,无论水路陆路,交通运输都很便捷,淮盐自

---

　　①② (元)脱脱等撰《宋史》卷一百八十二,"食货下四",北京:中华书局 1985 年版,第4456 页。

然发展成为全国的大盐场,也成为国家税收的重要来源。

明清时期,盐业所获利益巨大,几乎占到国家赋税的十分之八九,又以两淮为胜,占到了国家赋税总额的一半。正如《元史》所说:"国家经费,盐利居十之八,而两淮盐独当天下之半。"①

两淮盐区是以淮河为界区分的,淮河以南称淮南盐区,淮河以北称淮北盐区。两淮总盐区南临浙江,北临山东,位居江苏的通州、泰州、海州所属之地。

在明代,两淮盐区产盐量达 3.87 亿斤,全国盐课银是两百万两,两淮盐区占到三分之一。到了清代,全国有十一大盐区,两淮盐区成为其中最大的盐区,产盐量高达 5.824 亿斤。清代乾隆和清代嘉庆年间的《两淮盐法志序》均有记载云:全国赋税之半来自盐课,而两淮盐课又居天下之半。清代乾隆时期,两淮巡盐御史李发元曾经说过这样的话:"两淮岁课当天下租庸之半,损益盈虚,动关国计。"②类似的表达很多。

由于两淮盐课占据天下之半,明清两代,统治阶级非常重视两淮盐区,先后把两淮盐区的最高管理机构安设在扬州。譬如明代,在扬州设立了隶属于中央户部的都转运盐使司的常驻机构,设盐运使一人(从三品);另外派遣两淮巡盐御史(非常制)。譬如清代,也在扬州设立了两淮都转运使司机构,设盐运使一人(正三品),另外派遣两淮巡盐御史一人(常制,一岁更代)。③随着两淮最高管理机构的常驻,扬州成为名副其实的两淮盐运漕运的中心。

两淮盐业的兴盛,给扬州带来了巨大的变化,扬州作为淮盐的重要产地,又有最高盐业管理机构的进驻,扬州由此吸引了大量盐商在此聚集。而自从京杭大运河开凿以来,扬州本就处在南北交通的枢纽位置,特别便利于盐商的集散,自然的,盐商蜂拥而至,在扬州做起支取与运销食盐的营生,并获得了巨大的利益。民国《歙县志》曾云:"彼时盐业

---

① 宋濂等撰《元史》卷一百七十,"郝彬",北京:中华书局 1985 年版,第 4001 页。

② 嘉庆《两淮盐法志》卷五十五,"杂志"四,"碑刻"下,同治九年(1870)扬州书局重刊本。

③ 朱正海主编《盐商与扬州》,南京:江苏古籍出版社 2001 年版,第 2 页。

集中淮扬,全国金融几可操纵。"①

因为贩盐的利润实在大得惊人,扬州盐商获得的丰厚财富,连皇帝都得惊呼:"盐商之财力伟哉。"而这种状况又以清代的康熙、雍正、乾隆三朝为最盛。

扬州盐商因盐获利,同样,老淮安(今淮安区,下同)也是因盐获利的城镇。

明清两代,老淮安不仅和扬州一样是京杭大运河沿线的漕运中心,也和扬州一样是重要的盐业管理机构所在地和纲盐集散中心。盐城、射阳、东台、大丰的产盐区属淮南盐场;海州、灌云、燕尾港、陈家港产盐区属淮北盐场。元、明两代,淮南盐场所产盐用的是柴灶煮盐法,淮南盐场所产食盐,主要在扬州、通州所属各县销售。到了明代,淮北盐场使用的是池滩晒盐的方法,和淮南盐场煮盐的方法比较,优势在于用工少、用时短、产量高、成本低、质量好等等,因此就有了取代淮南盐场之势。淮北盐是朝廷食盐采办的主要对象,售往全国许多省份。当时的淮北盐南销,是经由板浦东运到涟水的安东坝,再渡过黄河草湾对岸的盐河,然后运到淮安的河下镇。

到了明初,国家在扬州设立了两淮盐运使司机构,下辖通州、泰州、淮北三分司。其主要职责为管理下属各盐场。淮北盐运分司署原驻安东(今涟水),后移驻于山阳县河北镇。乾隆《淮安府志》卷五"城池"谈"河北镇":"盐运分司旧驻安东,此地但有行署,今亦移驻于此。"②

明清时期,行销官盐,需要持有"盐引",以为销盐凭证。私自卖盐,会获重罪。为避免盐商销盐多于盐引数,盐需要经过批验所批验再运往销地。批验所负责对盐商从盐场运出的盐斤进行抽查核验,过秤称重。

明清时两淮盐运司设有两个批验所,一在仪征,批验淮南盐;一在

---

① 民国《歙县志》卷一"风土",《中国地方志集成·安徽府县志辑》第51册,南京:江苏古籍出版社1998年版,第41页。

② 卫哲学志等修、叶长扬等纂、荀德麟等点校《乾隆淮安府志》,方志出版社2008年,第145页。

淮安,批验淮北盐。因为仪征和淮安,分别位于淮南、淮北纲盐运往销地的要道。

明初,淮北盐批验所先设立在淮河南岸的淮安坝西,乾隆《淮安府志》卷十一"公署",于"河北镇""批验所大使公署"条下有注释曰:"旧在淮安坝西,今在河北镇。"①明正德十年(1515),批验所移至淮河北岸的河北镇。并开支家河接通涟水,以避免盐船行经淮河时的风涛之苦。乾隆《淮安府志》卷五"城池"于"河北镇"条下记载曰:"明正德十年,开支家河接涟水,建批验所于此。"②乾隆末年,淮北盐批验所又迁到淮河南岸河下绳巷的懋敷堂院内。道光初,议改淮北运道,河北镇的盐业工人面临失业,聚集家属数千人,各置香于懋敷堂楠木厅中,火烧一昼夜,香彻四野。其后不久即纲盐改票。

一方面,随着盐务机构的迁移,河下镇与淮北盐运分司及淮北盐批验所近在咫尺,"产盐地在海州,掣盐场在山阳",河下成为淮北盐批验中心和集散中心。另一方面淮盐销售广,获利大,有大批淮北盐商在此经营盐业,河下镇也因此达到极盛。《明史·食货志》云:"因淮盐直贵,商多趋之。""淮北商人环居萃处,天下盐利淮为大。"③盐商麇集于河下,原来寂寞无闻的小镇变得热闹非凡。盐商在此大兴豪宅,构筑园林,锦衣玉食,恣意挥霍。李元庚在《山阳河下园亭记》中所追述的明清全盛时期的 65 家淮安河下园亭,大多为盐商所建。也就是说正是淮盐使河下富裕繁荣,达于极盛。

第二节 河下盐业兴盛与盐业制度改革

河下盐业兴盛与盐业制度改革密切相关。明初,为防范蒙古军,明

---

① 卫哲学志等修、叶长扬等纂、荀德麟等点校《乾隆淮安府志》,方志出版社 2008 年,第 391 页。

② 卫哲学志等修、叶长扬等纂、荀德麟等点校《乾隆淮安府志》,方志出版社 2008 年,第 145 页。

③ 张廷玉等《明史》"食货志三"。中华书局 1974 年,第 1916 页。

政府在北部边塞大量驻军,驻军多,就需要大量军粮。从洪武三年起,明朝开始实行"开中制",即由商人向北方运输粮草,粮草运到后,政府按照一定比例给商人发放盐引,盐引是政府发给商人的食盐运销许可凭证。商人凭盐引到各地盐场支取食盐,又到指定销盐区卖盐获利。《金瓶梅》第四十九回写西门庆对新任两淮巡盐蔡御史说:"去岁因舍亲那边,在边上纳过些粮草,坐派了有些盐引,正派在贵治扬州支盐。只是望乞到那里青目青目,早些支放,就是爱厚。"得到盐引的商人往往在支盐贩卖中获得暴利,故《金瓶梅》第四十八回中来保道:"咱旧时和乔亲家爹,高阳关上纳的那三万粮仓钞,派三万盐引,户部坐派。倒好趁着蔡老爹巡盐下场,支种了罢,倒有好些利息。"

到了明朝万历年间,为了解决盐引滥发、积压的问题,明朝政府又实施了"纲盐制",要求原先独立经营的商人结为"商纲",登记在册,纲册上有名的商人,可以世代垄断盐利,不在"商纲"登记范围内的商人不得从事盐业。此制使食盐由官家专卖演变为商人特许专卖,不仅可以垄断专卖,还能将这种资格代代相传。盐商之地位获得稳固保障,并迅速累积起财富。盐业的垄断性与专卖性,令经营食盐买卖所得的利润远高于别的行业。王庆云在《纪河东盐法篇上》中曾引黄钧宰语云:"扬州繁华以盐盛,两淮额引一千六百九万有奇,归商人十数家承办,……以每引三百七十斤庀计之,场价斤止十文,加课银三厘有奇,不过七文,而转运至汉口以上,需价五六十不等,愈远愈贵。"[1]这段文字说明盐业利润非常高,一般场价不过七文,到了汉口就卖到五六十文。也就是说转手就是近十倍利润。问题是商人们还会以次充好,用不法手段来牟利。所以只要经营盐业就能获得暴利。故乾隆时曾有人说:"天下第一等贸易为盐商,……利可坐获,无不致富,非若他途交易,有盈有缩也。"[2]。

如此由政府控制下的商人世袭的食盐专卖体制,一直延续到清朝

---

[1] 王庆云《石渠余纪》卷五《纪河东盐法篇上》中引,《续修四库全书》第 815 册,上海古籍出版社 2003 年,第 286 页。

[2] 欧阳星《见闻琐录》之《盐丁苦》条,岳麓书社 1986 年版,第 43 页。

道光年间,在数百年的传承中,盐商世家开始形成了,攫取到越来越大的利益,产生出很多的盐商传奇故事。

在"开中制"的实行过程中,盐商一开始是从别处将粮草运往边地,支取盐引,但这种方式比较费时费钱。后来他们逐渐由运粮输边,改为在边关垦种,产出粮食供给军队,边防得到加强,盐商也有所获利。到了明弘治年间,朝廷将开中制改为"开中折色制",即只须缴纳应纳粮食的银子,即所谓折色,便可像原先那样领到盐引。这样,商人不再纳粮边关,无需屯边种粮,各家商人放弃了北方的粮食业务,多集中在两淮盐业重镇扬州、淮安,专门从事盐业的经营。淮安河下由此成为盐业重镇。

第三节　淮安河下与徽州盐商

徽州自古多山少田,土地贫瘠,农业产出不足,徽州人为了更好生存,从事手工业和商业者较多。顾炎武曾言曰:"徽郡保界山谷,土地依原麓,田瘠确,所产至薄,……大都计一岁所入,不能支什之一。小民多执技艺,或贩负就食他郡者,常十九。"①顾炎武又说,徽人"中家而下,皆无田可业,徽人多商贾,盖其势然也。"②王世贞也有相关之论:"大抵徽俗,人十三在邑,十七在天下。"③总之,由于徽州独特的地理环境所致,徽州人向来在乡者少,在外经商者多。

到了明清时期,徽州商人更是声名远震,而盐政改革让徽州商人走向了事业的辉煌。

徽州商人事业的起伏和盐政制度息息相关。先是"开中制"实施时期,徽州商人与山西、陕西商人形成南北两大商业集团,他们通过屯边种粮、支盐贩卖和运输行盐的方式,在一众商帮中脱颖而出。而且在这

①② 顾炎武《天下郡国利病书》三,《四部丛刊》三编,第 21 册,上海商务印书馆 1936 影印版,第 75 页。

③ 王世贞《赠程君五十叙》,《弇州四部稿》卷六十一,《四库全书》第 1280 册,上海古籍出版社 1987 年影印版,第 92 页。

个阶段山西、陕西商人的实力超过徽州商人,所谓"富室之称雄者,江南则推新安,江北则推山右。新安大贾,鱼盐为业,……山右或盐,或丝,或转贩,或窖粟,其富甚于新安。"①山右即山西的别称,新安即指安徽人。其中原因是,"开中制"阶段,山西、陕西商人更靠近北方边区,他们在屯边种粮、支取盐引方面要比徽州商人在距离上占优势的多。

当然,随着弘治年间改"开中制"为"开中折色制",商人不需要再到北部屯边种粮,用粮食换取盐票,他们在内地就可以用银两到盐运司去换取盐票。徽州商人便超越了山西、陕西商人。因为徽州商人靠近两淮盐运司所在地扬州,他们就从原来远距离运粮塞下换取盐票的劣势,变成了近距离在扬州用银两换取盐票的优势。徽州商人由此奠定自己独尊的地位。根据《两淮盐法志》列传记载的统计,从明代嘉靖到清代乾隆期间,在移居到扬州的八十名商人中,有徽州商人六十名,陕西、山西商人则各有十名。②正如陈去病《五石脂》中所云:"扬州之盛,实徽商开之,扬盖徽商殖民地也。"③显然,盐业政策的改革直接导致了徽州商人的腾飞。

此外,徽州商人除了借助地域优势,抓住盐业改革的契机异军突起,另外他们也懂得如何依附政治势力,善于慷慨解囊,奉迎盐官,让自己在经营过程中得到政治保护。同时,他们还懂得教育子弟,利用步入仕途子弟的政治地位为自己的商业经营保驾护航。如此种种,徽商得以垄断盐业经营,积累巨额财富。

由于河下地处淮北盐必经地,大批盐商聚集于此,又由于淮南盐场的产盐量减少,原在扬州乔居的盐商,也有部分来河下聚居。

淮安籍学者刘怀玉在《富比王侯的盐商与私家园林》中考证道:"最先来淮的晋商是高氏、王氏、阎氏、乔氏,陕商杜氏等。徽州盐商接着也来了,他们主要是程姓、汪姓、黄姓、吴姓。"④

---

① 谢肇淛《五杂俎》卷之四,地部二,上海书店出版社 2001 年版,第 74 页。
② 薛宗正《明代盐商的历史演变》,《中国史研究》1980 年第 2 期,第 18—25 页。
③ 陈去病《五石脂》,张海鹏等《明清徽商资料选编》,黄山书社 1985 年,第 109 页。
④ 《淮安文史》第 18 辑,2005 年第 1 期。

来淮徽商不仅因经营商业,富甲一方,明清两代,更是科甲蝉联,文人辈出,文名很盛。

一开始,大批徽商集中于安东(今江苏涟水县),因为当时,淮北盐运分司驻于那里。

明人文震孟在《安东县创筑城垣记》中云:"御史臣王亦上书,言安东为河、淮入海之路,淮北锁钥,百万盐荚辐辏于此。"①

但由于安东"盐醯孔道,土沃物丰,……近罹河患,丰歉不常。"②淮北盐运分司本在安东,后改驻山阳河北镇,乾隆《淮安府志》卷十一"公署"中于"淮北镇"的"盐运分司公署"下有注释:"旧驻安东县,今改驻淮所。"③

而淮北盐批验所明初设立在淮河南岸的淮安坝西,明正德十年(1515),移至淮河北岸的河北镇,乾隆末年,又迁到淮河南岸河下绳巷的懋敷堂院内。随着盐务机构的迁移,除了一些人仍占籍安东,更多的淮北运商卜居河下。

较早迁居河下的徽商有黄氏。清人黄钧宰在《世德录》中曰:"黄氏之先,为皖南着姓,聚族于黄山,当明中叶,分支迁苏州,再徙淮阴,累世读书,科名相望,七传而至荆玉公,为明季诸生。"④

这段文字明确说明黄氏是由皖南徙淮阴者。而且家族中人"累世读书,科名相望"。

程氏更是徽州来淮大族。李元庚指出:"程氏,徽之旺族也,由歙迁于河下。凡数支,曰功、曰亘、曰大、曰仁、曰武、曰鹤,皆支分派别之所名。国初时,业禺策者计十三家,皆程姓,俱极豪富。"⑤

①　金元烺修、吴昆田、鲁贲纂《光绪安东县志》卷三"建置",《中国地方志集成·江苏府县志辑》第五十六,据清光绪元年(1875)刻本影印。

②　卫哲学志等修、叶长扬等纂、荀德麟等点校《乾隆淮安府志》,方志出版社 2008 年,第402 页。

③　卫哲学志等修、叶长扬等纂、荀德麟等点校《乾隆淮安府志》,方志出版社 2008 年,第391 页。

④　王振忠《明清淮安河下徽州盐商研究》,《江淮论坛》1994 年第 5 期,第 62—67 页。

⑤　《淮安河下志》卷六《杂缀》引。王光伯辑、程景韩增订、荀德麟等点校《淮安河下志》,方志出版社 2006 年,第 478 页。

程氏科甲及第人数众多，据《淮安河下志》卷十二"科目"所录，明清两代程姓有进士 6 人，举人 12 人，贡生 11 人，武举 1 人。进士六人为程涞、程崟、程沆、程晋芳、程元吉、程骏业。

在《淮安河下志》卷十三"流寓"中，立有小传的程氏家族文士，有程量越、程朝宣、程埙、程朝征、程增、程均、程銮、程崟、程垲、程嗣立、程坤、程锺、程鸷、程鉴、程沆、程洵、程易、程固安、程绛、程元吉、程晋芳等。

程氏家族中，文名盛藻，风雅一方，也属无两。《山阳河下园亭记》程嗣立"菰蒲曲"条下说："程水南先生别业，在伏龙洞。先生名嗣立，原名城。廪贡生，乾隆中举鸿博。兄爽林孝廉，即曲江楼主人也。群从如维高增、又庠均、退翁坤，犹子如坡士（銮）、葭应（锺）、秋水（鸷）、镜斋（鉴）辈，高文懿行，四世凡十余人，皆为时所推。先生尤名重海内。"意思是说程氏四世凡十余人，皆为时所推。而他所提及的程增、程均、程坤、程銮、程锺、程鸷、程鉴等都是其中高文懿行者。当然程水南、程爽林因为是主持文坛者，更是名重海内。

《淮安河下志》卷十三"流寓"于"程固安"条下曰："自以歙人侨居江北，先是爽林（程垲）、风衣（程嗣立）起淮上，开曲江坛坫，邗上则午桥（程梦星）集南北名流，缟纻交满天下。其后流风将歇，而鱼门（程晋芳）复起，而振其绪。"[1]

意思是，在淮安，程水南、程爽林是主持文坛者，在扬州则有程氏家族的程梦星在招邀南北名流。程水南、程爽林之后，程晋芳作为程氏家族中人，继续在淮安，起到主持文坛作用。

汪氏家族也是由徽迁淮的业盐大族，且文名卓然。

《山阳河下园亭记》"道宁堂"条下云："先外祖汪公隐园宅，在相家湾路南。汪氏自尧仙公由徽迁淮，三世至隐园公，卜居此宅。道宁堂，其大厅也。文端公生于此。"

文端公即汪廷珍（1757—1827）。这段明确记载了汪氏由徽迁淮的事实、几代的传承、住宅的迁移、家族中的名人，等等。也即汪氏是从尧

---

① 王光伯辑、程景韩增订、荀德麟等点校《淮安河下志》，方志出版社 2006 年，第 387 页。

仙公开始由徽迁淮的，到了第三代隐园公，就卜居在了河下相家湾路南。"尧仙公"是清代著名官僚汪廷珍的曾祖父，是业盐起家的鹾商大户。《淮安河下志》卷十二"汪士堂妻程氏"条，言汪士堂妻："既归于汪，家世故业盐，号巨商。程独泊然不以屑意。"①也旁证汪家是业盐大户。

《淮安河下志》卷十一载："汪廷珍，字玉粲，号瑟庵，其先自徽州来迁。祖兆锦，父士堂，以仁厚勤施耗其资，所析产为族人所并，弗较也。"②汪廷珍十二岁时父亲去世，母亲程氏贤良淑德，在家境困难的状况下，将汪廷珍抚养成人。《清史稿》记载汪廷珍："少孤，母程抚之成立。家中落，岁凶，饘粥或不给，不令人知。母曰：'吾非耻贫，耻言贫，疑有求于人也。'力学，困诸生十年，始举于乡。成乾隆五十四年一甲二名进士，授编修。"③

"一甲二名进士"，使汪廷珍获得了"河下三鼎甲之一"的称号。鼎甲，是中国古代科举制度中，殿试中进士第一、二、三名（状元、榜眼、探花）的合称。汪廷珍为榜眼，也做过道光帝的老师。堪称汪氏家族中出来的名人。汪廷珍出生于河下道宁堂。《山阳河下园亭记》"道宁堂"条记载："文端公通籍④后，……道宁堂售他姓。"

汪廷珍的一生谨守本分，为人谨慎刚直，不务虚名，大学士阮元（与汪廷珍同科，二甲第三名）很佩服他的学识，劝他著书，他认为六经的奥秘，古人已经有言，何需再喋喋相浑，读书目的是明白事理，明白了其中的主旨就可以了。后人收其书刊序跋及与人唱和诗词，编成《实事求是斋集》。汪廷珍官至礼部尚书，协办大学士，加太子太保，赠太子太师。道光七年（1827）七月，汪廷珍去世，赐谥号文端，入祀贤良祠。

吴氏先世是作为淮北盐商而卜居河下的，《山阳河下园亭记》于吴宁谔"梅花书屋"条下记载"慎公先生⑤先世，分运食盐，以金家桥为马头。"

---

① 王光伯辑、程景韩增订、荀德麟等点校《淮安河下志》，方志出版社2006年，第354页。

② 王光伯辑、程景韩增订、荀德麟等点校《淮安河下志》，方志出版社2006年，第317页。

③ 《清史稿》卷三百六十四"列传"。中华书局1997年，第2933—2934页。

④ 通籍：谓记名于门籍，可以进出宫门。因此后来便称做官为"通籍"。

⑤ 慎公先生，名吴宁谔，邑庠生。

吴氏门第清华,为山阳望族。自明代至清代,"凡十一世,为茂才、掇巍科,登华膴,领封圻者,多有传人"①。据《淮安河下志》卷十二"科目"统计,河下明清两代,吴姓进士有吴节、吴晟、吴泰(吴晟子)、吴虎炳(吴泰子)、吴玉镕、吴准等。

至于文名显赫者,吴氏家族中也有很多。如吴宁谔,字慎公,为邑庠生,中乡试第二,善于写诗,曾经迎銮献诗,也曾赴凤阳书院掌教。其从兄吴宁谧,康熙中举人,选广德州学学正。曾校正州志数十事。二人"皆以文章名噪曲江楼"。《山阳河下园亭记》"梅花书屋"条记载曰:"三吴名宿角艺于梅花书屋,慎公先生(宁谔)称巨擘焉。"

他们的后辈"皆以科第文章显名于世。"吴宁谔之子吴玉镕,字大冶,号稻孙。乾隆甲戌进士,"承接家学,淹灌群书",著有《稻孙斋诗》。吴宁谧有子吴玉搢、吴玉楫、吴玉抱等,以吴玉搢最为著名。吴玉搢(1698—1773),字籍五,号山夫。乾隆中岁贡生,清代著名的古文字和考古学家。所著有《别雅》《金石存》《说文引经考》《六书述》《部序考》《山阳志遗》《山阳耆旧诗》《钝研诗钞》并《文集》三十卷。

此外,吴氏家族还有第三代吴初枚、吴次枚等。三代人,"皆以科第文章显名于世"②。

除了黄姓、程姓、汪姓、吴姓,徽商曹氏因业盐来淮,河下的曹家山就是该家族的产业。(详后)

随着大批商人在河下定居,其他行业的商人也大批跟进,流动人口不断的增加,河下经济也得到了迅猛发展,商铺鳞次栉比,市面街巷繁华,既而建别墅,筑园林,河下逐渐成了运河沿线的繁荣昌盛之处。外地商人来此,需要互相联络乡情,也需要商议生意事务,所以他们相继建立了很多会馆。

盐商在河下也有很多义举,他们捐资办学,修整道路。据说,如今河下湖嘴大街至花巷的 1 500 米左右的石板街,大多是乾隆年间的徽

---

① 《淮安河下志》卷五"第宅"之"吴澹泉先生持白复斋"。王光伯辑、程景韩增订、荀德麟等点校《淮安河下志》,方志出版社 2006 年,第 136 页。
② 李元庚《山阳河下园亭记》"梅花书屋"条。

州程氏盐商大族,乘着运盐去浙江、江西、安徽等地,船回头时,带回了石板,铺设于街面而成的。

第四节　淮安河下与盐业衰败

河下是因为盐业而兴盛,也是因为盐业而衰败。道光年间,身为两江总督的陶澍施行盐政改革,废除世袭的"纲盐制",而以"票盐法"取代之,盐商不再能够垄断盐业。河下盐商尽失之前的风光,河下也在经历繁华之后逐渐衰落。具体说来,情况如下:

首先,票盐改革是河下盐商衰落的重要原因。所谓票盐改革指的是清代道光年间两江总督陶澍发起的废纲盐改票盐制度。此前,"开中折色制"与"纲盐制"的实施,使得部分商人获取了食盐的世袭权与专卖权,随着盐商对食盐运输与销售的垄断,导致盐价飞涨、盐引滞销、私盐充斥、盐课亏绌等大量社会问题。因此两江总督陶澍施行了票盐的改革,各地商人,只要交纳一定量的盐税,便能领到一定量的盐票,然后持盐票去购买食盐,自己运输和销售。这从国家层面来讲,票盐法手续相对简单,也让官盐一时由滞销变成了畅销,国家收入同时倍增。但票盐法的实施,给扬州、淮安的世袭盐商带来了厄运。因为非世袭的商人也能销售盐,就打破了扬州、淮安世袭盐商的垄断地位,很多大盐商就是在这个时候倾家荡产的。

其次,私盐的充斥横行也是河下盐商衰落的重要原因。所谓"正盐"是指生产食盐的灶户要交给政府的定额盐课,所谓"余盐"是指用剩余劳动额外生产的一些食盐。明代政府为了保证正盐销售,对于余盐生产是严格控制的。这样,额度固定的正盐,多被纲册上的盐商世袭垄断,一般商人难以拿到盐引领取现盐。这就是所说的"商人有自永乐中候支盐,祖孙相代而不得者"。①因此,很多人就做起了转卖私盐的生

---

①　《续文献通考》卷二十,"征榷考·盐铁"宣德三年条,浙江古籍出版社 1988 年版,第 2959 页。

意。到正统年间,每年在两淮盐场生产的余盐多达三百万引,是正盐的四倍多。①

而明代政府对于贩卖私盐也放松了控制。为了让手持盐引的商人领到现盐,政府允许他们去买灶户的余盐,来弥补正课的不足。②这就加剧了私盐的横行。私盐横行,带来正盐价高、盐引滞销、运销不畅等众多问题,这对于扬州、淮安盐商的打击当然就是致命的。他们的资金渐渐运转困难,到了嘉庆、道光年间,扬州、淮安的盐商纷纷遭遇破产厄运。也就是说,私盐泛滥也是扬州、淮安盐商破产的原因之一。

再次,清代的苛捐杂税也是套在河下盐商脖子上的绳索。当时,扬州、淮安盐商遭遇了清政府纳税、捐输、借贷等各种形式的盘剥。拿纳税来说,明代王士性《广志绎》曾云,"维扬中盐商,其盐厂所积有三代遗下者。……淮盐岁课七十万五千一百八十引,征银六十万两,可谓比他处独多矣。"③拿捐输来说,诸如修理衙署、衙门公费、书院、义学、普济、孝廉堂等等,都需要盐商捐资。拿借贷来说,当时称帑本或帑银,即国家机构以低息借贷给盐商运营的资本。康熙年间,帑本尚带有扶植盐商经营的性质,到乾隆时期,帑本即体现出剥削性质。政府机构向盐商大量发放高利贷帑本银,但遇到物价飞涨、天灾频繁、引盐滞销,盐商们自然就资金难以周转,不能及时还贷,债务累积,终致破产。

另外还有些原因,如盐商自己生活奢靡,太平天国战争等等,此不再述。

综上,扬州、淮安的盐商是在各种因素的夹击下衰落的。河下是在淮盐商聚集地,票盐制、私盐泛滥、国家过渡盘剥等皆为河下盐商衰落之因素。随着淮安盐商的衰落,淮安河下也由此衰败了。

要言之,清代道光十一年(1831),作为两江总督的陶澍施行了盐法

---

① 卢询《商盐加引减价疏》,贺长龄,魏源等编《清经世文编》卷四十九,北京:中华书局1992年版,第1197页。

② 《钞本明实录·明孝宗实录》卷二十五,弘治二年四月乙未,北京线装书局2005年版,第215页。

③ 王士性《广志绎》卷二,中华书局2006年版,第215—216页。

改革,之后,淮北盐引批验所从河下迁到西坝,淮北盐集散地也转到了西坝,盐斤运到西坝后,再由商人运到各地销售。河下的盐业之利失去了,河下华堂广厦化为瓦砾废墟。西坝则在很短的时间内就建有二十二家盐栈,清廷在这里设关收税。西坝一时变得车马云集,帆樯若林,商店酒楼密布,盐商财富剧增。待陇海铁路建成通车,津沪海轮又通航以后,淮盐不需要经过西坝,西坝的地位也一落千丈,淮安的繁华不再。

第四章　河下园亭五个分期及其特点

根据《山阳河下园亭记》《续编》《补编》的记载,河下共有一百多家园亭。这些园亭大致可以分为五个阶段,基本呈现了河下园亭逐渐走向兴盛,又由盛而衰的过程。从中,我们也能清晰地看到,河下园亭最盛期是清代中期,而盐商为河下园亭的辉煌,书写了较为重要的一笔。

第一节　明代隆庆到崇祯年间的河下园亭

明代隆庆到崇祯年间这个阶段,根据《山阳河下园亭记》《续编》《补编》记载,河下代表性园亭主要集中在湖嘴、郭家墩。由于年代久远,相关园亭规模结构已无可考。

《山阳河下园亭记》所录河下代表性园亭有:郭次甫的招隐亭、阮隐翁的阮池、夏曰瑚的恢台园。《山阳河下园亭记补编》录有明代吴承恩的射阳簃。

《山阳河下园亭记》记载,郭次甫的招隐亭,"在湖嘴运河西岸"。明隆庆间沔阳陈文烛为淮安郡守,与焦山隐士郭次甫交好,陈文烛建招隐亭,延请郭次甫来淮,至则觞咏于此。

所谓湖嘴,即沙嘴独出湖心部分。因运河经过,商人聚集,发展成为湖嘴大街,并日渐繁盛,而郭次甫的招隐亭,在湖嘴对岸,地点相对较偏。

《山阳河下园亭记》记载,阮隐翁的"阮池"①,"在郭家墩"。淮安山

---

① 《淮安河下志》卷十一录阮芝生《阮池考》:"淮城北郭家墩之旁有池曰'阮池',《郡志》注云:不知其所由名。《邑志》则作阮家池,《旧志》又作阮溪,莫能详也。壬辰,吴丈山夫罢凤阳学博归,贻兄弟书曰:在濠时,偶于故家书簏中见明故灵璧侯汤世隆《适园集》一秩,(转下页)

阳阮氏原籍是江西省的临江府,阮氏迁淮的第一代人名阮武德,生卒年与字号均不可考。元末时因武功彰显隶大河卫。阮氏家族代有文人。在阮氏名人阮葵生《阮池考》中,考证到阮氏家族中有个叫阮月窗的人,生于成化己未年(1475),卒于嘉靖壬子年(1552),被人以隐翁称之,后人慕其高致,故以其名池。阮隐翁的阮池,就在淮安联城外之郭家墩。

《山阳河下园亭记》"恢台园"条,记载夏曰瑚(1602—1637),号涂山,明崇祯辛未(1631)进士,第三人及第,授编修。历官未几,移疾归,葺恢台园于湖滨①。《山阳河下园亭记》"恢台园"条,引《县志·古迹》记载,说夏曰瑚的恢台园,在"在北门外郭家墩"。同时又引吴玉搢《山阳志遗》记载:说恢台园,"在东湖滨"②。这里说恢台园所在的东湖滨,指东湖(萧湖)郭家墩湖滨。

所谓郭家墩,有两说,一是北门外的郭家墩。《山阳河下园亭记》"恢台园"条,所引《县志·古迹》记载,即如此。《乾隆淮安府志》卷五"城池"亦记载:"郭家池,在城北隅老君殿前,龙兴寺后,由水门通城河,中有一墩,多古树。"③郭家池即郭家墩。二是在萧湖(东湖)北,也称萧

(接上页)盖当时积习,将帅率好称诗,所作殊庸陋不足观。然卷中咏淮阴故迹甚夥。乃官漕运总兵时作也。其《游阮池》诗序云:'昔有阮隐翁者,爱斯地佳胜,花晨月夕,泛舟往来,招同志流连觞咏,年八十犹不辍。后人慕其高致,故以名池云。'……隐翁不知何许人。请质诸贤昆仲于家传中,留心参稽,用志旧闻,俾异日续修志乘,有可据焉。山夫之意良厚,谨按:吾邑阮氏,寒宗外无二支,而家谱所载,自再二公以下,初无号隐翁者;惟李参政元《赠月窗老人》诗云:'隐翁阮月窗,貌古须眉苍。'疑同时人以隐翁称之,未可知也。月窗公,以成化乙未生,卒于嘉靖壬子,年七十八,与诗序年八十语亦相合。世隆任理漕,在隆庆、万历间,距月窗公下世二十年,流风高致,土人度犹能传之,据以入诗,后此则渐湮矣。更考正、嘉以前名人撰著,无有道及阮池片语,至隆庆中,陈玉叔守淮,始搜入《府志》,则其地之得名,断不在月窗公以前,益无可疑。谨识于此,以俟后来博雅君子,得援以补志书之缺云。"(王光伯辑、程景韩增订、荀德麟等点校《淮安河下志》,方志出版社2006年,第50页。)

① 湖滨:指郭家墩湖滨。郭家墩有两说,一是北门外的郭家墩,这是根据《县志·古迹》所载。一是在萧湖(东湖)北,也称萧湖(东湖)郭家墩。这是根据吴玉搢《山阳志遗》所载。

② 东湖,即萧湖。这里说恢台园所在的东湖滨,当指东湖(萧湖)郭家墩湖滨。《山阳河下园亭记》"恢台园"条,引吴玉搢《山阳志遗》载:"恢台园,一名绕来园,在东湖滨,陆醉吉(吉)尝读书其中,有记云:'绕来者,夏涂山先生恢台园之溪亭也。……面城带水,水阔处可百丈,曰郭家墩。墩侧酒家妓阁相望。墩之南曰萧田。'"

③ 卫哲学志等修、叶长扬等纂、荀德麟等点校《乾隆淮安府志》,方志出版社2008年,第128页。

湖(东湖)郭家墩。《山阳河下园亭记》"恢台园"条,引吴玉搢《山阳志遗》载:"恢台园,一名绕来园,在东湖滨,陆醉书(吉)尝读书其中,有记云:'绕来者,夏涂山先生恢台园之溪亭也。……面城带水,水阔处可百丈,曰郭家墩。墩侧酒家妓阁相望。墩之南曰萧田。'"也即根据陆吉所言,萧湖在郭家墩南,郭家墩在萧湖之北。恢台园在紧临萧湖的郭家墩。而郭家墩因为紧邻萧湖北面,有时也被称作萧湖郭家墩。

王光伯在《淮安河下志》中也曾经有按曰:"旧《县志》首卷地图,莲花街南为萧家田,其北即为郭家墩。"①

《淮安河下志》引《县志》:"萧湖,亦名珠湖,在城北里许,运河东岸。"②萧湖在运河东侧,和运河只有一堤之隔,又称为东湖、珠湖、萧家湖、萧家田等。

从上述这些信息可知,无论郭家墩是在北门外,还是在城北紧邻萧湖北面。当时,郭家墩相对于淮安旧城府城,都是较为偏僻的。且处于运河东岸,皆面向水域,为近水之处。

也即根据《山阳河下园亭记》记载,这一时期园亭主人有知名隐士郭次甫,有元末来淮代有文名的阮氏家族的阮隐翁,有三鼎甲之一的探花夏曰瑚。他们或因隐而名,或因文而名,或因官而名,不少事迹流传在诗文之中。记录在编的这几座园亭集中在湖嘴、郭家墩。

由于年代久远,对于招隐亭、阮池、恢台园园亭本身规模结构样貌已无可考,故相关记载欠缺;但因为湖嘴、郭家墩共有的特点是湖面开阔,岸边种柳,水中多莲藕,这些环境一直有迹可循,故这时期的园亭描写多侧重于环境的烘托,而较少园亭本身的描写。

《山阳河下园亭记》记"招隐亭":"明隆庆间,沔阳陈文烛知府事时,为五游山人郭次甫筑。在湖嘴运河西岸。亭前烟波浩渺,杨柳芙蕖,为一时胜境。"《山阳河下园亭记》记"阮池"时,(李元庚)有按曰:"明季、国初时,郭家墩园林极盛。阮氏家本新城,时而泛舟于池,一水可达。迄

---

① 王光伯辑、程景韩增订、荀德麟等点校《淮安河下志》,方志出版社2006年,第49页。
② 王光伯辑、程景韩增订、荀德麟等点校《淮安河下志》,方志出版社2006年,第38页。

今烟水茫茫,旧迹杳不可寻矣。"《山阳河下园亭记》记"恢台园"时,引吴玉搢《山阳志遗》语:"陆醉书(吉)……有《记》云:'……园中具花棚乱石,所植多高柳,沉绿如山。面城带水,水阔处可百丈,曰郭家墩。……墩之南曰萧田,田有寺,寺有塔,丛树周币,小舫如织。'"

高岱明《淮安园林史话》:"自成化年间始,直至崇祯末,古典园林建设进入成熟期。……其湖嘴大街紧临运河东岸,'舟楫往来,多舣于此,淮上称繁华者居最'。与河下镇一河之隔的西湖,因此成为游赏胜地,正德、嘉靖年间,达官别墅大多环筑于此。"①

可以看到,《山阳河下园亭记》对于上述几座园亭内部规模布局记录虽少,但也能看出几座园亭主人颇有享誉的身份,及其园亭所择地集中于湖嘴、郭家墩的情况。这两地皆是因运河经过,逐渐舟楫如织,市人积聚,街巷发展,但又临水面湖,视界开阔,园亭选址于此,既是河下发展的体现,也是河下园亭主人眼光和心境的体现。

第二节　明末清初时期的河下园亭

明崇祯末年到清顺治年间,河下代表性园亭具有亲近山水的隐逸特性。在《山阳河下园亭记》正编中,主要列有李挺秀的玉诜堂(湖嘴)、靳应升的茶坡草堂(河北镇),马骏的听山堂(东溪滨②),黄申的舫阁(萧湖),杜首昌的绾秀园(湖嘴),万寿祺的隰西草堂(菜市桥西、山子湖③滨),倪之煐的一草亭(湖嘴),等等。《山阳河下园亭记补编》录有明末岳钟秀的白云楼(中街文昌阁侧)。第二阶段,湖嘴是园亭集中处,

---

① 高岱明《淮安园林史话》"引子",中国文史出版社 2005 年,第 17—18 页。

② 萧湖又叫东湖。东溪滨当在萧湖湖滨。

③ 《山阳河下园亭记》"隰西草堂"条下有按曰:"山子湖一名君子湖,见徐北山《泛山子湖》诗,在板厂街西,即今苍龙桥罗柳河西北。国初时,笙歌画舫,游人骈集,由山子湖直达钵池山,中过邱家湖,今人尚称山、邱二湖。邱岘亭(兢)《游爱莲亭记》,称'湖与运河止间一堤,南始伏龙洞,北抵钵池山东,绕盐河一带,约十数里,皆淮之胜境也。'(附考:山、邱二湖,系三城坝以上雨潦,积年汇为巨浸,西北抵钵池山,名山子湖;东南过通源寺前,至三城坝,名邱家湖。乾隆甲午河决,二湖悉成平陆矣。三城坝下,旧设伏龙洞,由蒲音庵达苍龙桥,即今罗柳河也。"

如李挺秀的玉诐堂、杜首昌的绾秀园、倪之煌的一草亭等。原先郭家墩的选址移向了与郭家墩接壤的萧湖,如黄申的舫阁。此外,也有选址在河北镇、菜市桥、中街的。

这是个特殊时期,甲申(1644)鼎革后,李自成大顺军入主北京,崇祯皇帝自尽,明朝灭亡,史称甲申之变,又因清兵入关,引发一系列事变,百姓多所死伤,故也称甲申国难。国难后,一批士人或弃官或弃举业,或反清无望后隐居河下,成立望社,暂借一方净土,以诗酒浇块垒,表达家国覆亡的哀痛。他们不仅在园林史上留下重要印记,也在诗歌史上、对外交流方面展现出了一定的文化高度。河下是望社诗人的聚集地,望社诗人的园亭也是淮安园林隐逸文化的最好呈现。

上面所列这个阶段的河下代表性园亭主人,如李挺秀、靳应升、马骏、黄申、倪之煌等都是望社主要成员。除倪之煌为望社外籍成员外,其他四人都为本地人士。另外,外籍人士万寿祺虽不属于望社正式成员,却一直在参加望社成员活动。他们的住宅皆筑在远离闹市、适合隐居的地方。

隐居是望社成员住宅的共同特性。《山阳河下园亭记》载李挺秀有"玉诐堂"。《山阳诗征》李挺秀条后引《柘塘脞录》云:"先生少为名诸生,沧桑后托业市阓,藉以遁迹。"[1]也即沧桑后,李挺秀藉河下市井旧宅玉诐堂得以隐居。李廷秀与父亲李孙伟皆为望社中人,李孙伟著有《玉诐堂诗存》,也即玉诐堂在李孙伟时已经存在。靳应升有"茶坡草堂",《山阳诗征》靳应升条后引《柘塘脞录》云:"茶坡先生,戊子(1648)以后,卜居河北,与望社诸子隐居唱和。"[2]《山阳河下园亭记》云马骏的"听山堂"曰:"为马西樵先生隐居处。"《县志·古迹》载万寿祺的隰西草堂曰:"彭城万年少隐居处。"[3]

---

① 丁晏原辑、王锡祺重编、周桂峰点校《山阳诗征》卷十,陕西人民出版社2009年,第332页。

② 丁晏原辑、王锡祺重编、周桂峰点校《山阳诗征》卷十二,陕西人民出版社2009年,第412页。

③ 《山阳河下园亭记》"隰西草堂"条下引。

因为隐居的需要,这一阶段河下园亭仍表现出对于山水的亲近,对野趣的欣赏,园亭周边环境呈原生态特点,如马骏听山堂的环境是"清流古木,云峰苍然"。从所取名称来看,茶坡草堂、听山堂、隰西草堂、一草亭都突出了所居之简易与隐逸特征,且大多对于屋内构造没有特别的记载。即使是玉诡堂有"红桥绿柳,山石极多"的园内设计,也是从自然生态角度着墨。

同时,这一阶段园亭出现了新的元素,即盐商开始筑园。盐商杜首昌的缩秀园,呈现出了望社成员园亭所没有的华奢气息。

杜首昌,字湘草,明末清初人,杜氏祖籍山西太原,是最早来河下业盐的晋商之一。《山阳河下园亭记》云:"世以资雄里中。"吴玉搢《山阳耆旧诗》所录杜湘草诗后,吴进有按曰:"杜氏在淮昔称巨富。"杜首昌工诗词,善草书,亦一时俊彦也。家颇豪富,以钱买官,修名园缩秀园。杜首昌的缩秀园,也在湖嘴。但水石花木之胜,甲于一郡。吴进《山阳志遗补》中称:"杜氏园为淮阴园亭极胜者。"①

也即,这一时期记录在案的园亭,主要有一批望社成员的草亭;而缩秀园,则代表了盐商在淮安的进驻,且杜首昌作为山西盐商,反映了早期晋商的活跃。缩秀园彰显了盐商园亭与其他草屋不同,即呈现出了富商园亭华奢特点。这也预示了之后河下盐商的大量进驻和河下园亭建筑陆续走向繁盛。

第三节　清代顺治年间的河下园亭

这一阶段园亭主人以退宦、文人为多,盐商园亭数量有所增加。从园亭选址来说,萧湖与湖嘴一样,成为著名园亭集中处。此外,菜市桥、小绳巷、竹巷、杨天爵巷、判厅巷、打铜巷等,也分别坐立了一些名园名亭。清初的园亭选址基本奠定了清代河下重要的居住圈和交往圈。

---

① 王光伯辑、程景韩增订、荀德麟等点校《淮安河下志》,方志出版社2006年,第174页。

《山阳河下园亭记》记录了以下一批园亭：徐越的华平园（退休官宦，郭家墩），黄宣泰的止园（退休官宦，萧湖。止园中的梅花岭是曹锡侯曹家山所在），刘昌猷的居易堂（文人，菜市桥），程淞的漱石轩（文人，判厅巷），张泗水的漪园（文人，湖嘴），乐建中的凫亭（文人，地址不详），张新标的依绿园（退休官宦，萧湖），程用昌的依绿园（盐商，萧湖），李时震的且园（退休官宦，小绳巷），阎若璩的眷西堂（文人，竹巷），徐赋的西郊草堂（文人，古枚里），沈肇厚的移云堂（文人，地点不详），吴宁谔的梅花书屋（盐商世家，打铜巷），崔玉阶的春水楼（退休官宦，湖嘴），汪垂裕的九狮园（典商，杨天爵巷）。

根据上述所列，可知清初园亭的一些变化。环萧湖之园，在明代虽已有阮池、恢台园，但这两园实际坐落在萧湖以北、与萧湖接壤的郭家墩。到明末清初，马骏的听山堂坐落地"东溪滨"，虽也属于萧湖之滨，但应该也是较偏的。只有黄申的舫阁才真正称得上坐落在萧湖。而到了清初，徐越的华平园、黄宣泰的止园、张新标的依绿园，为萧湖住宅区涂上了浓墨重彩的一笔，萧湖文化圈基本形成。

湖嘴，在前面两个阶段，已经有招隐亭、玉诜堂、一草亭、绾秀园，这一阶段，张泗水的漪园、崔玉阶的春水楼、沈肇厚的移云堂，又坐落在了湖嘴。

此外，刘昌猷的居易堂（菜市桥）、李时震的且园（小绳巷）、阎若璩的眷西堂（竹巷）、吴宁谔的梅花书屋（打铜巷）、汪垂裕的九狮园（杨天爵巷），则分别反映并代表了河下菜市桥、小绳巷、竹巷、打铜巷、杨天爵巷等住宅及文化圈的形成。

从上面所列，这一阶段园亭主人以退宦、文人为多，但盐商对于河下园亭建筑的影响也有明显体现。

《山阳河下园亭记》中，于第一个阶段，无盐商园亭的记录；在第二个阶段，主要记录了山西盐商杜首昌的绾秀园；在这第三个阶段，则增长了盐商园亭的数量，主要记录有三家：吴宁谔的梅花书屋、曹锡侯的曹家山、程用昌的依绿园。

吴宁谔的"梅花书屋"。据《山阳河下园亭记》记载，梅花书屋是吴宁谔先生读书处,在打铜巷宅西偏。河下吴氏是山阳望族,吴宁谔先生的先世,以分运食盐为业。

曹锡侯的"曹家山"。曹锡侯是安徽籍盐商,曹锡侯的曹家山原为萧湖的梅花岭,梅花岭旧属黄宣泰。黄宣泰退官后,在萧湖构筑了止园,并有梅花岭在其中。黄宣泰次子黄之翰(字大宗),是一位文人,性情豪迈,喜欢在止园宴集宾客,谈论诗文,堪称盛极一时。止园的梅花岭后被曹锡侯购买,改称为曹家山。《山阳诗征续编》所录李元庚《丁穆庵蘧招同人曹家山看月》诗后有自注曰:"杜湘草先生有《登梅花岭哭黄大宗词》,梅花岭即今曹家山,山下旧有黄兰岩观察止园。"[1]

《山阳河下园亭记续编》在王一新的"味腴斋"条下云:"新安曹文敏公文埴,书'笃祜修龄'四字匾额以赠。款署:'锦堂年老先世,七十荣庆,茅原曹文埴拜题'。盖曹有族人,在河下办盐,亦有园亭之乐,曹家山即其遗址也。"从侧面证实曹族为盐商,曹家山曾经是曹家的园亭所在,后成为曹家园亭的遗址。

程用昌的"依绿园"。程用昌也是安徽籍盐商,他接管了张新标的依绿园。张新标,字鞠存,号淮山,生于山阳仕宦世家。《山阳河下园亭记》"依绿园"条记载道:"吏部之园[2],何时为克庵[3]先生所得,不可考矣。后为程眷谷先生(埈)易名柳衣园。……当时爽林孝廉(垲),风衣明经(嗣立)聚大江南北耆宿之士会文其中。……吁,一园而数易其主,而主是园者皆通儒硕彦,递执骚坛牛耳。且百余年,何其盛与!"

张新标何时出让依绿园给程用昌,时间无确切交代。程用昌后来又把依绿园转让给了程埈[4],程埈(字眷谷,号大川)是与程用昌血缘关系甚远的同族亲戚。他把依绿园改名为柳衣园。而他的弟弟程垲(字

---

[1]　王锡祺辑、沈家驹校、张强点校《山阳诗征续编》卷二十三,陕西人民出版社 2011 年,第 605 页。

[2]　即张新标的依绿园。

[3]　程用昌,字嘉仲,号克庵,岁贡生。敕授儒林郎、州同知。

[4]　程用昌、程埈是隔得很远的祖孙辈关系。

爽林)和程嗣立(字风衣)①,则在园中举办文会,吸引了很多文人前来倡和,促成淮安文风一时称盛。

曹锡侯和程用昌都是安徽盐商。如果说,第二个阶段,杜首昌作为山西盐商,反映了早期晋商的活跃。这一时期,我们看到了安徽盐商的崛起。且曹、程两家都是因盐巨富后,接管了淮安本地的望族豪宅。曹锡侯接管了黄宣泰(退休官宦)在萧湖的梅花岭(后更名为曹家山)。程用昌购买了张新标(退休官宦)的依绿园。这种行为,不言而喻,都体现了盐商在河下势力的增强。

以一斑窥全豹。清初,在一批退宦、文人的园亭中,又多了一些盐商园亭,并且我们也看到了安徽盐商园亭增多的趋势。

第四节　清代康熙至道光年间的河下园亭

高岱明《淮安园林史话》云:"康雍乾三朝,淮安古典园林建设达到顶峰,进入全盛期。达官富商府第中或大或小的宅园及依山临湖所建的大中型别墅、乡间富绅大户所建的庭院式或郊野式园林、寒士隐逸所建的窗景式微观园林,达四百余处。主要集中在郡城、清江浦与河下镇三地。"②

研究《山阳河下园亭记》等相关资料,可以看到,清代康熙至道光年间,河下园亭呈现出如下特征:第一,多个园亭文化圈形成。第二,园亭主人中徽州盐商家族增多。第三,淮安园林总体走向极致豪华。

---

① 《淮安河下志》录史震林《柳衣园记》后有按曰:"主是园者,实自二樵、封翁始,大川先生继之。爽林、风衣为大川从昆弟,曲江坛坫两先生主之。"(王光伯辑、程景韩增订、荀德麟等点校《淮安河下志》,方志出版社2006年,第199页。)也即《淮安河下志》编者认为主理柳衣园的先是二樵(程朝征),后是程垲(大川)。曲江园文会则由程垲(爽林)、程嗣立(风衣)两人主持。程垲是程垲、程嗣立两人的堂兄。淮安籍学者刘怀玉则认为,程朝征,字叔献,号二樵,有五个儿子,程垲(1762—?)是老三,字眷谷,号大川。非纯粹文人,主要是经商。程垲、程嗣立是程垲的亲弟弟而非堂弟。他们是真正的文人。(刘怀玉《富比王侯的盐商与私家园林》,《淮安文史》第18辑,2005年第1期。)本文持刘怀玉之说。

② 高岱明《淮安园林史话》"引子",中国文史出版社2005年,第19页。

一、河下多个园亭文化圈形成

这个阶段,河下园亭整体呈现出向街市中心发展态势。萧湖文化圈继续巩固,湖嘴文化圈重心移向湖嘴大街。此外,菜市桥、茶巷、大绳巷、打铜巷、竹巷、柳家巷、相家湾、杨天爵巷、三条巷、梅家巷、莲花街等街市中心区成为园亭集中区域。需要补充说明的是,文化圈的形成是个漫长的过程,所以有些文化圈涉的园亭,涵盖了清初的一些园亭。

（一）萧湖文化圈

尽管从明代至清初,萧湖上已经陆续有阮池、恢台园、舫阁、华平园、止园、依绿园,但是这一阶段程鉴的荻庄、程茂的晚甘园等盐商园亭又将萧湖园亭建筑推向新的高峰。

荻庄,为清代乾隆年间徽州籍盐商家族程鉴(1691—1770)的园亭。程鉴①字我观,号镜斋,为安东诸生。年幼时家境窘迫,后来因为经营了盐务,遂变得富有。《山阳河下园亭记》"荻庄"条描述道:"园在萧湖中,门在莲花街。"显然,规模较大。荻庄内部富丽豪奢,气宇非凡。故乾隆四十九年(1784),乾隆皇帝南下时,地方接驾者曾打算以荻庄为临时行宫,终因筹款不够而放弃。程鉴的儿子程沆在外为宦后归里,便在荻庄招引南北名士,拈题刻烛,令人称羡。

晚甘园,为清代乾隆年间徽州盐商家族程茂的别业。程茂②(1694—1762),字莼江,安东籍,贡生,盐商世家,世居淮安。《山阳河下园亭记》"晚甘园"条记载:"晚甘园,……在萧湖中,斜对荻庄,有土山。"程茂是柳衣园文会主持者程垲、程嗣立的侄子,故程茂也会和叔叔们,邀请海内外名士,在晚甘园举办文会,袁枚也曾出入晚甘园,留下诗歌。

另外,吴进的带柳园,"在莲花街,萧湖侧。"也是萧湖上著名的园亭。

---

①　程朝聘为岑山渡程氏第 12 世,有子三人,分别为程增(维高)、程均(又庠)、程垍(字泰六)。程鉴是程朝聘的孙子,程垍的儿子。

②　程朝征与程朝聘是兄弟,为岑山渡程氏第 12 世。程朝征有子五人,分别为程坤(号退翁)、程壎(早卒)、程埈(字眷谷)、程垲(字爽林)、程嗣立(原名程城,字风衣)。程茂是程朝征的孙子,程坤的儿子。

（二）湖嘴文化圈

这一时期,由于湖嘴基本干涸,湖嘴近水处的园亭已经往湖嘴大街转移。《山阳河下园亭记》记载了一些退官回来,在湖嘴街所建筑的园亭。譬如：

程沆的"情话堂",《山阳河下园亭记》记载"情话堂","在湖嘴大街宅后"。记载程沆,"由举人入官内阁中书、军机处行走,乾隆癸未成进士,改翰林院庶吉士,充方略馆篆修官。告归,日吟咏其中"。

丁兆祺的"引翼堂",《山阳河下园亭记》记载"引翼堂","在湖嘴大街"。记载丁兆祺,"嘉庆庚申,北闱登贤书。乙丑,捷南宫。以知县分发甘肃。……补正宁县,旋擢州牧,游升湖北武昌府,补江西盐法道。权皋篆。居家有声,卒以同列不合,告归"。

王履亨的"存质轩",《山阳河下园亭记》记载"存质轩","在湖嘴白酒巷头"。王履亨为嘉庆末期人。《山阳河下园亭记》记载王履亨,为"候选理问,……尊师重友,抚犹子成立,人咸重之"。

（三）其他文化圈

除了上述萧湖文化圈和湖嘴文化圈,河下的菜市桥、茶巷、竹巷、大绳巷、相家湾、梅家巷、莲花街等街巷成为名人园亭集中区域,另外,亘字店巷、打铜巷、杨天爵巷、三条巷也筑有名人园亭。河下整体体现出名人园亭向街市中心发展态势。仅录《山阳河下园亭记》中所载相关园亭如下：

（1）菜市桥：有万寿祺的隰西草堂、刘庭桂的慈和轩、刘愈的怡园、刘谦吉的思园。

（2）茶巷：有刘谦吉的一箕园、程昌龄的南藤花书屋。

（3）竹巷：有程云龙的师意园、程易的寓园、程世椿的耘砚斋、邱广德的小桐园、陈丙的潜天坞、黄粲的退一步轩。

（4）大绳巷：有李时谦的耕岚阁、程梦鼐的懋敷堂、程国俊的小山蹊、程宏楫的培兰书屋。

（5）相家湾：有汪隐园的道宁堂、杨泉兰的梧竹山房。

（6）梅家巷：有程埈的可继轩、程晟的燕贻轩。

（7）莲花街：有吴进的带柳园（在莲花街，萧湖侧）、程鉴的荻庄（位于萧湖中，门在莲花街）、杨寿恒的为谁甜书屋。

（8）亘字店巷：有程蘱的且园。

（9）打铜巷：有吴宁谔的梅花书屋。

（10）杨天爵巷：有邱广业的卧云居。

（11）三条巷：有程兆庚的宜园。

综上可见，清代康熙至道光年间，河下园亭多个文化圈已经形成。这种文化圈，主要以地理位置为区分。同时，河下园亭主人的身份、职业、文化禀赋，也影响着园亭文化圈的形成，赋予文化圈不同的特质。这点详后。

二、园亭主人中徽商家族一枝独秀

根据《山阳河下园亭记》正编所录，园亭主人的身份职业，在鼎革以前文人、退宦居多，盐商少。清初以后，特别是清代中期，园亭主人呈现出在职官员多、进士多、举人多、盐商多的特征。而且如果说清初崛起的盐商园亭，是由山西、安徽等不同地方的盐商平分秋色的，到了中期，盐商园亭则是由徽商一枝独秀。《山阳河下园亭记》正编所录十六家盐商园亭全部为徽商园亭，且只有一家非程姓园亭，即曹岂麟的补萝山庄。

据《山阳河下园亭记》"补萝山房"条记载："曹翁岂麟宅中之园，在许天和巷。岂麟徽人，文正公①之族也。文正公祖锡侯先生来淮，主其家。文正公过淮，亦通款洽②焉。翁昆季三，子姓凡十余人，皆读书于此。"也即补萝山房主人是曹岂麟，而曹岂麟的先人是曹锡侯，曹锡侯就是第三阶段中所述的买了黄宣泰止园梅花岭（后改为曹家山）的徽商，

---

① 文正公：指曹振镛。曹振镛（1755—1835），字俪生，安徽歙县人。乾隆时官侍读学士；嘉庆朝拜体仁阁大学士兼工部尚书；道光时，为军机大臣，晋升武英殿大学士，充上书房总师傅，入值南书房，赐太子太傅衔，堪称权倾朝野，显赫无比。道光十五年（1835），曹振镛死，道光皇帝为表彰其"品节"，特旨赐谥"文正"。

② 款洽：亲切融洽。

因此,补萝山庄主人曹岂麟是徽商家族之人。

除了曹岂麟外,余下的十五家盐商园亭的主人,《山阳河下园亭记》皆标记为程姓徽商,即程嗣立(菰蒲曲)、程云龙(师意园)、程兆庚(宜园)、程鋆(且园)、程埈(可继轩)、程茂(晚甘园)、程勋著(秋声阁)、程梦霦(懋敷堂)、程国俊(小山蹊)、程易(寓园)、程鉴(荻庄)、程沆(情话堂)、程世椿(耘砚斋)、程成文(可止轩)、程世桂(高咏轩)。

他们共同的特点,是因为家族行盐而巨富,资财剧增后,家族中有人或因捐钱而做官,或因重视读书而致仕。之后,则或因巨富而建宅,或于退官后在此筑室。所筑皆华屋美亭,盛极一方。

三、园亭走向豪华极致

园亭主人中盐商身份者增多,加之筑园风气很盛,河下园亭建设在这个阶段进入一个高峰时期,总体来说呈现如下几个特点:第一,园亭占地面积阔大,内部结构繁复,亭台楼阁齐全且华美精致。第二,重视对自然山水植物的利用,特点是依据自然,又极尽构造之能事。第三,注重在园亭中交往朋友,诗酒相酬频繁,且活动规模盛大。在这个阶段,程姓徽商家族中,程鉴的荻庄、程易的寓园、程鋆的且园、程梦霦的懋敷堂等等,都是代表。

根据《山阳河下园亭记》的描述,程鉴的"荻庄",占地面积很广,前临萧湖,后达莲花街。地理位置绝佳,一面占尽萧湖绝美的自然风光,一面临近莲花街都市的热闹繁华。内部则结构繁复,拥有房屋无数,亭、堂、馆、阁、斋、庵、轩齐全,且与各种自然景色结合,融为一体。每一处都讲究建筑美学和住宅风水,厅堂会面湖,屋后会种竹,阁有山依,园中土山,上立峰石,斋隐松间。荻庄主人于此宴集大江南北名流,拈题刻烛,堪称诗酒相酬频繁,且活动规模盛大。

根据《山阳河下园亭记》的描述,程易的"寓园",也是占地面积甚广。其园在竹巷,而后门在柳家巷。园内则亭台齐全,取名雅致,所谓:山垣、红桥、狮子石、平远山堂、樵峰阁、荫绿草堂、香云馆、殿春轩、半红楼、揽秀、跃如楼、射圃、涌云楼、澄潭山房,等等。且功能全面多样,如

"揽秀"，为征诗之地；"殿春轩"，旁有箭道、即射圃也；"澄潭山房"，为都转张乐斋副使①假馆消夏之地。内部建筑可谓既依据自然，又极尽构造之能事。

程鏊的"且园"，是"园有芙蓉堂、俯淮楼、十字亭、藤花书屋、古香阁、接叶亭、春雨楼、云山楼、方轩、亦舫轩。计22所"②，……楼、堂、亭、轩、阁一应俱全。

程梦鼐的"懋敷堂"，是"堂五楹，前廊后厦。宏深峻丽。归氏宣光书额。厅后正房数十间，后楼宏阔，栋梁以柏为之。西偏有园，园有楠木厅，余房曲折幽深，引人入胜。山石树木，今犹有存者"。③可惜后来，"其孙政扬，官山西河东道，以甘肃监事，牵连籍没，宅入官。为淮北批验大使公署"。私人房屋可以直接用于官署屋宇，不可谓不豪华。

除了上述盛大者，这一时期，程姓徽商家族中，园亭动辄在十间以上，且喜欢在园亭中饮酒赋诗者实为常见。

如程世椿属盐商世家，他在河下拥有耘砚斋。《山阳河下园亭记》"耘砚斋"条记载："程春塘部郎新居之书室，在竹巷状元楼西。……因湖嘴旧宅狭隘，卜居此宅。园中有咏歌吾庐、道凝堂、吟青楼等处。太史告归后，于室之西偏，置春草轩、一壶天、清芬馆、茶话山房。每与诸昆弟饮酒赋诗。后为庚舅氏姚某某所居，故常往来其中。"

如程埈是大盐商程朝征之子，程埈在河下有可继轩，《山阳河下园亭记》"可继轩"条记载："相传是宅，为沈祭酒故居。"园门内设斯美堂、箓（心）竹堂、兼山堂、新厅、听汲轩、可继轩、枣花楼、六有斋、怡怡楼，等等。

又如程氏盐商家族的程勋著有秋声阁，《山阳河下园亭记》"秋声阁"条记载："巷内有楠木楼，上下十楹，天阴则香气四溢。程氏中落，宅归李氏。"

除了上述盐商园亭动辄在十间以上，这一阶段一些文人建筑也能

---

①　张永贵，号乐斋，扬州人。曾官淮北监掣同知，正五品。

②　《山阳河下园亭记》"且园"条云。

③　《山阳河下园亭记》"懋敷堂"条云。

设屋十间以上,且也喜欢让园亭呈现亲近自然、向外拓展态势。

文人吴进有别业带柳园,《山阳河下园亭记》"带柳园"条记载:"先生名进,号甤村,乾隆间诸生。少贫,性介,不与世通,以课弟子为业。……性爱花木,隐居园中。先生著《一咏轩诗集》。……园中茅屋八九间,周遭种柳,左右渔樵相杂。先生青鞋竹杖,独游行草泽间。园不大,而结构曲折,题额甚多。有淡中堂、淡怀堂、红药草堂、碧润轩、听雨楼、一咏轩。"带柳园虽为文人隐居之用,但内在屋宇并不少筑。而且风格倾向茅屋,营造出亲近农村田园自然的氛围。

文人汪汲有一拳一勺,《山阳河下园亭记》"一拳一勺"记载:"园中有楼,即藏书处也。园由门东偏,穿竹径,门额署'一拳一勺'。族人瀚云所书。土山矗起,上有峰峦。旁峙平台,下即书屋五楹。外有抱厦,亦五楹。迤东曰'似村居',后有'围尺山房'。"如此描述,一拳一勺内部房屋至少十间以上,园中有藏书楼、竹径、土山、平台等。而"似村居""围尺山房"的起名,见出主人希望园亭向自然、郊野延伸的主观意愿。

第五节　清代咸丰、同治年间及以后的河下园亭

高岱明《淮安园林史话》云:"太平天国运动兴起后,南方各省烽火连天,江浙一带、淮河以南广大地区,惟剩淮安一座大都会安然无恙。一些原籍在江南而不能归,或世居北方而欲南迁的致仕官员、退职幕僚,纷纷看中淮地丰水乐土、清景胜境、美食佳肴以及崇礼尚义的古朴民风,挟资来此定居,构园增景,算是淮安古典园林的回光返照。"①

清代咸丰、同治年间及以后,河下园亭小巧可观,多适合用于读书养静。

在清代顺治以前,郭家墩、萧湖、湖嘴集中了很多有名的园亭;康熙至道光年间,菜市桥、竹巷、茶巷等也逐渐成为名人园亭最主要聚集地;咸丰、同治及以后,除了上述园亭集中区,打铜巷、三条巷等街巷开始积

① 高岱明《淮安园林史话》"引子",中国文史出版社 2005 年,第 19 页。

聚更多的名人园亭。这阶段园亭主要见于《续编》《补编》中,并呈现如下特点:

一、盐商逐渐退出历史舞台,不再是河下园亭的主体

《续编》《补编》所记录者,多半为咸丰、同治及以后的园亭,屋主身份多样,大致有退休宦官7个,文人18个,秀才5个,举人3个,医生5个,画家6个,退休将领1人,与盐有涉及的有4个。也即咸丰以后,盐业改革,盐商失去垄断地位,盐商世家大幅减少,再经历了咸丰捻军之乱,淮安河下盐商的园亭走向衰落。

《山阳河下园亭记续编》中,和盐有关系的有四家,黄海长的有堂、程春祺的敬一书屋、程广森的坐春草堂、武曾儵的小自在天。

四家中程广森属于盐商世家。《山阳河下园亭记续编》"坐春草堂"条载:"程明经松岩作画处,在竹巷梅家巷头住宅以南。……明经名广森,更名广誉,安东籍,世居河下。席先人之萌,境裕如。"从这条记录中,可以推断,程广森先人是早期在安东(涟水)业盐挣下产业的。

程春祺有敬一书屋,《山阳河下园亭记续编》"敬一书屋"条载:"徽州程醯尹子春寓庐,在相家湾。咸丰庚申,兵灾后,程汝吉师馆于其地。年幼从学二载。见隶书匾额,未识何人手笔,院中陈设盆景数事,颇幽洁。醯尹名春祺,子克仁、克让,均纳粟得官,需次于淮。"醯尹:就是负责盐务工作的。程春祺(子春)应该是咸丰前以盐务身份置业,程春祺的儿子克仁、克让通过纳粟在淮做官。咸丰庚申捻乱后,敬一书屋成为程汝吉老师设馆教学之地。

另外两人更非属于在淮盐商世家。如黄海长有有堂,《山阳河下园亭记续编》"有堂"条曰:"黄醯尹惠伯藏书处也,在小艾太守听秋馆南。"也即黄海长的身份是负责盐务工作的。至于他何时来淮的,我们可以参考《山阳河下园亭记续编》黄海安"听秋馆"条:"长白黄筱艾太守隐居处,在打铜巷内。……太守名海安,辽阳勋族。……咸丰间,卜居河下,遂家于此。与弟海长,字惠伯,埙箎竞爽,人咸称之。"可见,兄弟两人应该是辽宁人,咸丰庚申捻乱后馆于此地的。黄海长来淮安后是负责盐

的经营工作,所以并非属于淮安的盐商世家。

再如武曾偰有小自在天,《山阳河下园亭记续编》"小自在天"条曰:"武劫斋瑳尉寓庐,在茶巷。瑳尉名曾偰,浙江钱塘人,以巡检需次两淮,因居河下。善书画,尤工于隶。斋前水木明瑟,额为其弟亦重大令篆书。"武曾偰也是负责盐务工作的。是浙江钱塘人,以巡检①需次②两淮。并非属于在淮的盐商世家。

即便是做盐官,这阶段盐官颇用心于读书、作画。如坐春草堂主人程广森"善画梅,乡里有事,山为助理"。有堂主人黄海长"平生爱书成癖,频年所获,皆以购书罄之,不治生产"。小自在天主人武曾偰"善书画,尤工于隶。斋前水木明瑟,额为其弟亦重大令篆书"。

而在《山阳河下园亭记补编》中已无标明盐商住宅者。从河下园亭相关资料可以见出,同治以后,盐商在淮安基本上退出了历史舞台。

二、园亭格局较小,充满人工痕迹,功能以养静为主

李鸿年所作《山阳河下园亭记续编》"自序"云:"同治中兴,复有凿池筑室,以为休息之所者。寄兴书画,逸情歌咏,行其庭,如见其人。虽不若全盛时之画栋飞甍、崇林茂竹,而结构经营,一拳石、一勺水,具有可观,亦一河下之幸与。曾几何时,而变为瓦砾场者,比比然矣。即不然,杨家、李家,率易其主,即有不尽然者,寥寥无几。异哉!无故而变更,竟如是之速也,则盛衰兴废之感,恒不能去诸胸臆间,较先大父之秉笔而书者,愈不能已,遂成《续编》。"

也即继咸丰园亭衰败后,同治有所复兴。但园亭多为休息之用,结构上不再是全盛时期的宏伟壮观,更多是一拳石、一勺水的小巧可观。

从《山阳河下园亭记续编》所录,也可以明显看到,在建筑规模上,河下园亭格局已经变小。有的园亭虽为前朝大族后人的居所,但多半因家道中落,实际已经破败或缩小。这些园亭或已经为他人所购买居

---

① 巡检:官署名巡检司,官名巡检使,省称巡检。明清时,凡镇市、关隘要害处俱设巡检司巡检为主官正九品,归县令管辖。

② 需次:旧时指官吏授职后,按照资历依次补缺。

住;或仍有后代在经过洗劫的园亭中继续生活;或有后代另辟了他处,却模仿先人园亭筑一格局较小者以表达对先人的怀念。总之,这一时期的园亭已经不再是动辄十数间以上的重重叠叠的广物大厦,而多半是少于十间,甚至只有三间、五间。譬如:

王全熙的"师竹斋","在竹巷罗家大门北。宅中旧有厅事三楹,更于其西,筑书宅三楹。"

刘熙廷的"可园","先于住屋西部辟小屋两间,颜曰:'锄月种梅之馆',以庋①书籍。后得宅西南地,甚广,遂于旧宅厅事西,造茅屋三间,因名曰:'五架三间草堂'"。

解世纯的"息影草庐","正厅三楹,迤西更筑二室,分内外为二,颇修洁。"

许照南的"求福宧","旧为吴均甫太守厅事,三楹,南向。东西有廊,由西廊而北,至后三楹,榜曰:'求福'宧。"

《山阳河下园亭记补编》中,也记载了一些小巧可观的园亭。譬如:

岳冠群的设帐处"同田书屋","在白云楼东北数步。屋为草厅三楹。"

黄曰堪的读书处"吟清楼","在竹巷魁星阁东。包世臣大令题额。楼三楹,原系程氏故居,后为黄氏所购。"

玛继宗的吟咏处"绿桐精舍","宅内,其厅堂宏深峻丽,……厅之西,即绿桐精舍是也。舍为楼房,上下各一间。"

淮郡名医高映清的诊病室"鲁石山房","室为南向三楹,西临罗柳河。庭中树石花草,布置极为雅致。"

咸丰、同治年间及以后的河下园亭,从住宅与自然的结合方式来看,不像清初以前的园亭,完全融入原生态的自然环境中;也不像清代康熙至道光年间的园亭,依赖原有山水进行了豪华建构。而是向住宅内部发掘,住宅内部多靠人工造景,构造一些仿自然之物,多置盆景,或种植植物,增强住宅的自然特性。

---

① 庋(guǐ):放置;保存。

如根据《山阳河下园亭记续编》记载，黄海安隐居处"听秋馆"，"院中凿池引水，有石笋数茎环列。"王一新的"味腴斋"，"宅院中垒石为山，具有丘壑。"

根据《山阳河下园亭记补编》记载，"居易堂"是朱锡成宅内厅事业。堂之西南，有室二楹，为朱锡成长子朱廉的学书室。学书室前有"假山一座，怪石数十具。院中陈具盆景数事"。

从建筑目的来看，鼎盛时期的河下园亭中，常举办有大型社交往来、诗词唱和盛会。但《续编》《补编》所记录的河下后期园亭，则多附着上了书室、读书处、隐居处、画室等字样。构园目的，以隐居、养亲、守静为目的，更注重内心自省，或以二三人唱和为乐，如黄海安的听秋馆，王一新的味腴斋，朱锡成的居易堂，都是如此。

即便咸丰、同治年间及以后，河下园亭中仍有些见规模者，如《山阳河下园亭记续编》中记载的方琢的丰乐园、李元庚的餐花吟馆、潘琴侪的十笏园，亭台楼阁较全，园内曲折幽深，山石花树美观，但内在气象已经截然不同。其简单之屋宇，与鼎盛时期的豪华屋宇已不可同日而语。

第五章　河下园亭中的山水花木要素

依山傍水，广植花木，为中国古典园林的美学追求，河下的建筑具有中国古典园林的构园特点，在《山阳河下园亭记》《续编》《补编》的记载中，山水花木是河下园亭的重要构成。由于河下园亭经历了不同历史阶段，尤其经历了由盛而衰的过程，而河下园亭中的山水花木对此也有所折射，故对河下园亭建筑的山水花木要素予以关注，也是我们进一步了解河下园亭的一个窗口。

第一节　河下园亭中的山石之景

河下并不多山石，但是考察河下园亭，山石之景一直是河下园亭的重要构成部分。对《山阳河下园亭记》《续编》《补编》中所涉园亭粗略统计一下，河下园亭以山石为名的就有不少。如《山阳河下园亭记》中马骏的听山堂、曹锡侯的曹家山（在黄宣泰的止园中）、程国俊的小山蹊、曹岂麟的补萝山房、杨泉兰的梧竹山房，等等。如《山阳河下园亭记续编》中程锺的岑山草堂。如《山阳河下园亭记补编》中王亮宸的蝘石山房、高映清的鲁石山房、汪筱川的粿竹山房，等等，皆以山石名园亭，足见河下人对山石的青睐。当然还有很多园亭虽不以山石命名，但其中也是拥有山石之景的。

大致说来，河下建筑内的山石之景主要有自然形态的土山、土山与石峰结合、以湖石构筑的假山三类。而山石形态、种类的不同，与园亭盛衰及经济实力强弱都有一定的关联。以下述之。

一、自然形态的土山

这里指以简朴自然为特色的土山形态，在河下，建筑内外若能拥有一抔土山，既是闲适富有的象征，也是智者乐水的审美追求。根据《山阳河下园亭记》的记载，程茂的晚甘园、刘谦吉的一箦园、程孟昭的亦庐、杨皋兰的梧竹山房、程昌龄的南藤花书屋、黄粲的退一步轩等园均拥有一丘土山。

细究下去，程茂的晚甘园、刘谦吉的一箦园、程孟昭的亦庐，都是康熙、乾隆时期盐商、官员的住宅，杨皋兰的梧竹山房、程昌龄的南藤花书屋、黄粲的退一步轩是嘉庆、道光时期官员、文人的住宅。河下园亭由盛向衰，在园亭主人身份的变化上便可见一斑。另外，康熙、乾隆时期的住宅不仅喜欢择山而依，或在园中堆有土山，而且，屋宇自身是盛大豪华的，屋宇与土山彼此依存，相得益彰，共同渲染着河下住宅的繁华盛景。而嘉庆、道光时期的建筑，虽然也会择山而依，但是由于园中屋宇本身趋向简朴，土山和园亭的关系已经称不上是美学上的融合，只能算是简单的搭配了。

程茂的"晚甘园"，《山阳河下园亭记》记载道："程纯江先生别业，在萧湖中，斜对荻庄，有土山。"

晚甘园是康熙年间河下盐商程茂的住宅。程茂为河下岑山渡派程氏大族中人。这个家族因业盐而兴盛，支脉众多，享誉淮扬，声播文坛，为宦亦多。程茂的两个叔叔程垲、程嗣立两先生，是程氏最具文名的人，程茂晚甘园属于河下鼎盛时期建筑，萧湖的住址选择，斜对荻庄的文化圈的接纳认同，都彰显出了晚甘园作为盐商家族的独特身份，而"有土山"三字，虽没有明说土山在宅内还是宅外，有可能是住宅依山而建，也有可能是园内自筑土山，都足能烘托晚甘园的非凡气宇。

刘谦吉的"一箦园"，据《山阳河下园亭记》记载，一箦园是康熙间进士刘谦吉的住宅。刘谦吉中进士后，出任思南府知府，又迁山东提学金事。晚年归乡后，建构了一箦园，"中有箦山"，而且"几次易主，土山犹在"。箦山是进士刘谦吉宅第的特色。关于一箦园"几次易主"之事，《山阳河下园亭记》"南藤花书屋"条有相关记载："程一庵司马宅中花圃,在茶巷。司马名昌龄,由杭州归,迁此。有环云阁、春华秋实之馆。中有土山,紫藤一架。清阴可爱。子抒,受业于骆春池学博。盐务改道,司马郁郁卒,园售他氏。今则恽观察(光业)赁居之。园中结构,疑即刘诇庵金事'一簣园'旧址。或云,先为淮商萧在宽故居,内旧有片石山房。"

也即,程昌龄的"南藤花书屋",售给他人后,先为淮商萧在宽故居,今则由恽观察(光业)赁居之。但从园中结构看,"疑即刘诇庵金事'一簣园'旧址"。

可见,"中有土山"的"一簣园"是刘谦吉以功名圆满后退归家乡的居所,垒土为山也是河下鼎盛时期建筑的特点。

程孟昭的"亦庐",《山阳河下园亭记》记载是:"程孟昭宅中花圃,在高家巷。高楼一带,前有土山,山下有池。竹树掩映,文梓一株,具有园林之趣。后归张竹轩孝廉(培厚)。孝廉于亦庐旁,增筑小室。园中山水花树,开窗即见。孝廉为汪文端公门下士。"

也即张培厚为汪廷珍门下士,汪廷珍是乾隆间进士,后为道光帝老师。张培厚也是乾、嘉、道时期人。程孟昭应当年岁早于汪廷珍、张培厚二人。程孟昭宅院,"在高家巷。高楼一带,前有土山,山下有池。"说明程孟昭宅院所选地址是依山傍水。如此选址,也是河下鼎盛期审美追求与大家宅园的特色体现。

杨皋兰的"梧竹山房",《山阳河下园亭记》记载为:"杨太常师著书处,在相家湾。……屋三楹,极幽敞。对面土山,山上古树一株,参天蔽日,不知几何年矣。"

杨皋兰是清代嘉庆、道光年间文人,为河下最有名的老师之一。作为河下名人,他的宅园"对面土山,山上古树一株,参天蔽日,不知几何年矣"。显示出所处的地理位置、环境之不同寻常,也是相对大气磅礴。但是"屋三楹""对面土山",看得出,屋子不算多,土山并非自家所属,这一方面反映出文人对于建筑更重自然之趣而非极致豪奢的审美追求,另一方面,也反映出此阶段河下建筑由盛而衰的过渡期特点。

同一时期黄粲的"退一步轩",《山阳河下园亭记》记载道:"园在宅后,有土山,山下浚池,环以松柏,梧竹交映。……自禺策变后,家业荡然,资田为养。"

退一步轩是黄粲的作画所,同样也是河下由盛而衰的过渡期建筑。作为河下文人画家,自有乐山的审美追求,故"退一步轩"中,"有土山,山下浚池,环以松柏,梧竹交映"。但经历咸丰以后,家业荡然。屋宇本身的趋向简朴,已经不可能是盛时河下的繁华盛景气象了。

二、土山与石峰结合

土山与石峰结合,即先以土堆出起伏山形,再在土山高处竖立石峰,也即将自然与人工景致结合。依靠自然土山或在园中垒土,园亭是需要具备一定规模的,再在上面立上一些有特色的石头,也是需要一定的财力和审美眼光的。这样的构景方式,在鼎盛期的河下园亭中经常存在,如程鉴的荻庄、汪汲的一拳一勺、黄宣泰的止园等,都曾以此种方式构景。

程鉴的荻庄,是河下鼎盛时期建筑的代表之一。荻庄东西南北各有建构,《山阳河下园亭记》"荻庄"条中,有一段文字集中写西边之园:"西房三间,曰'绿云红雨山居',依山有阁曰'绘声阁'。西有船房曰'虚游',王虚舟先生篆额,壁嵌《五老宴集处》石碣。园中紫藤一株,夭矫三四丈许。中有土山,山有峰石。依山数楹曰'华溪渔隐',山后为'松下清斋'"。

也即,西边之园依山建有"绘声阁""华溪渔隐",足见荻庄土山之起伏,山中之曲折。而"中有土山,山有峰石",则见出荻庄构景之不同凡响。

汪汲的"一拳一勺",《山阳河下园亭记》记载道:"汪丈葵田宅,在钉铁巷。葵田丈名汪汲。……孙光大,字式斋,游同族文端公门。……园中有楼,即藏书处也。园由门东偏,穿竹径,门额署'一拳一勺'。族人瀚云所书。土山矗起,上有峰峦。旁峙平台,下即书屋五楹。外有抱厦,亦五楹。迤东曰'似村居',后有'围尺山房'"。

汪丈葵的孙子以同族汪廷珍为师,汪廷珍是经历乾隆朝的人,汪丈葵至少也是乾隆时期的河下大族汪氏族人。一拳一勺园内"土山矗起，上有峰峦。旁峙平台"，也是河下鼎盛时期园亭内部的风格。

黄宣泰的"止园"条下，《山阳河下园亭记》有编者按曰："郭家池在今曹家山，夷为平地。陈潜天丈(丙)云：'曹家山即黄园故址，山有美人峰，高三丈。曹文正公祖锡侯先生，购归安徽，江行遇风失去。土山今犹在，即梅花岭也。'陈为曹甥，故缕析如此。"

这里讲述了一个故事。止园为萧湖鼎盛时期黄宣泰的著名宅院，中有土山即梅花岭，后来被安徽曹锡侯购买，更名为曹家山，曹家山上立有一株奇石，名曰"美人峰"，高达三丈，极为秀美。多年以后，曹家山上的美人峰巨石被曹锡侯买走，打算运回安徽老家。不料船行江上遇风，一代名石遗落水中，就此湮没，曹家山上唯余土山。这段历史虽是让人遗憾，但也是侧面反映出顺治时期黄宣泰之园造景之奇特。

三、以湖石构筑的假山

河下鼎盛时期，盐商文人财力厚实，选址多在空阔处，住宅规模盛大，园亭建筑或择一土山而依，或在园中垒山，便能获得智者乐山的审美情趣，享受自然赋予人的一份闲适与悠然。早期，也有园亭筑在街市之中，随着时间的推移、城镇的繁华，有更多的园亭筑向城市中心。城市中心的建筑往往占地面积受限，没有宽广的自然土山，不少园亭主人便在园亭内部用湖石作假山，构景修饰，表达自己对山水自然的热爱。但即使是假山盆景，鼎盛时期与萧条时期的建构也是鱼龙有别的。

如汪垂裕的"九狮园"，《山阳河下园亭记》记载道："汪垂裕质库后园也，在杨天爵巷。岩壑玲珑，中有九孔。相传为李笠翁手点缀。敞厅数楹，假山曲折，池小水深，树木幽秀，山巅一亭。里老云：'是杨天官家园旧址，房约百余楹。'"

《山阳河下园亭记》在"九狮园"条下，对"杨天官家园"作了编者按曰："《府志》：杨靖，洪武乙丑进士，历官户部侍郎，晋尚书，改刑部。又杨理，孝子颙之子，成化丙戌进士，历官刑科都给事中，巡抚河南，擢工部右侍郎。卒年六十，遣官祭葬。旁有地官第巷，户部旧第也。时人犹呼'九狮园'"。

也即,九狮园,原为明洪武间进士、户部侍郎杨靖家园之旧第,规模很大,房约百余楹。在清初时,成为汪垂裕典当行的后园。汪垂裕时,园内"岩壑玲珑,中有九孔。……敞厅数楹,假山曲折。"这是典型的湖石作假山的园内造型了。

程易身为乾隆年间人,因业盐而巨富,又有过实权职位,他的"寓园",据《山阳河下园亭记》记载,人工设计巧妙精致,堪称河下卓绝者。所谓"从厅事侧,由山洞入,垒山为垣。周遭不断。……亭下松樱竹石,有狮子石,盘空矗立。"即寓园内有山洞、山垣、竹石,有狮子石,盘空矗立。该园亭虽建筑在市内,但仅在石头上,就种类多样,设计不同,足见盐商官员对于建筑装潢之极致追求。

王一新的旧宅"味腴斋",虽记载在《山阳河下园亭记续编》中,实际为嘉庆以前河下盛时的住宅。《山阳河下园亭记续编》云:"斋为王明经(一新)旧居,……先生第三文孙觐卿(茂才)云:'旧宅在湖嘴彤华宫北,正厅为荫槐堂。宅在正厅之北,花木周遭,回廊曲折。院中垒石为山,具有丘壑,为先曾祖圣符公所建,以养亲志,……先曾祖虽经营商业,喜吟咏,著有《吟秋馆诗草》。一时往来,皆知名士。……自纲盐改票,商业不振,此宅遂废。'""味腴斋"条后有"年按:先世名家铭,字一新,号月驭,为年妻党之戚。喜吟咏,著有《味腴斋诗存》。晚年缔里中诸老,为'后五老'。先大父莘樵公与焉。……造其宅,已为罗家大门北之新第。"

根据《山阳河下园亭记续编》编者李鸿年的"按"可知,王一新和李鸿年的爷爷李元庚曾结为后五老,如前所述,李元庚是嘉庆至咸丰间人,则王一新也应该是这一阶段人。味腴斋为王一新旧宅,王一新的孙子王茂才说是他的先曾祖圣符公所建,也即宅为王一新的父亲所建,故此宅应该是嘉庆以前建筑,即河下鼎盛时期建筑。圣符公建宅目的是"以养亲志","垒石为山,具有丘壑"是院中特色,也属于河下盛时有财力也有所审美追求的产物。

但是"自纲盐改票,商业不振,此宅遂废"。即咸丰以后,旧居不存。

王一新现在所居已经是新宅,相信其格局已非比昔日了。

道光、咸丰以后,一些文人、退宦的园亭也筑假山,但格局就明显小多了。

譬如,《山阳河下园亭记续编》记载,清代咸丰间退休官员黄海安的"听秋馆"内,"有石笋数茎环列";清代咸丰间文人潘琴侪的"十笏园",园内小池边"旁架石梁"。《山阳河下园亭记补编》中"居易堂"条记载,辛亥革命时期的朱锡成的长子朱廉学书室前,有"假山一座,怪石数十具。院中陈具盆景数事"。

从中都可以看出道光、咸丰之后,文人、退官仍然保持对于传统园亭自然山石的审美爱好,但由于时事日艰,生活不易,园亭的规模本身已经缩小,假山和少量石头的构筑也体现出了简易性。

第二节　河下园亭中的湖池水色

淮安属于平原地区,虽然没有高山,却富于水源。在河下东南侧的是萧湖,水面阔大,在西南侧运河西堤外,过去曾有管家湖,又称作西湖(在清代初期淤塞为陆地)。附近有大运河、盐河、乌沙河、罗柳河在流淌。

而从处于河湖之间的河下园亭来讲,当时一些著名的园亭临近萧湖、湖嘴建筑,利用萧湖、湖嘴的自然水域作为园亭池水。萧湖、湖嘴的湖光水色,就是这些园亭的一部分。进入中后期阶段,河下园亭建筑偏于走向城镇街巷中,凿池蓄水成了很多园亭的特色。

一、前期河下园亭占尽河湖自然水色

（一）园亭中的萧湖水色

《山阳河下园亭记》明确标注萧湖园亭的有黄申的舫阁、黄宣泰的止园、张新标的依绿园、程茂的晚甘园、程鉴的荻庄。《山阳河下园亭记补编》中记载有季逢元的面湖草堂(在萧湖滨,门临郭家墩)。

这批园亭多为清代初期至乾隆时期的园亭,筑在萧湖边,占尽萧湖

水色灵气。萧湖的特点是碧波荡漾,视野开阔,在此处筑园,可以在宅屋附近回环种荷,也可以乘兴移舟,饱览四季不同景色。所以有关选址萧湖的园亭的诗歌对此都有所描述。

如张新标的"依绿园",《山阳河下园亭记》记载:"依绿园,……在萧湖中。"丁晏《萧湖曲》有诗句:"萧湖瑟瑟春波绿,中构名园曲江曲。"依绿园又叫曲江园,丁晏写出了依绿园所在萧湖春波荡漾的美景。

程用昌有《依绿园赏荷次姚太守原韵》诗云:"荷静生微馥,林塘暮霭遮。翠擎千盖雨,红浸一池霞。凉气能消暑,秋风未老花。山公多雅致,光被野人家。"

首联写傍晚时分依绿园周围的池塘景色和整体氛围,林塘被暮霭笼罩,荷花在池中幽幽地散发出香气。颔联上句写荷叶,荷叶翠绿色,亭亭立着,犹如举着千把遮雨之伞;下句写荷花,荷花粉红色,倒映水中,将池水染得宛似红霞。颈联写主客在依绿园的赏荷体会,夏日的荷塘清凉宜人,能够消暑;秋时的荷花,无惧秋风,仍在盛开。尾联赞美依绿园的雅致美好景色,足令一方增色。这首诗歌不仅细描了依绿园荷叶荷花的姿态色彩特性,也烘托出依绿园所在萧湖的荷香水色灵气。

程用昌另一首《和苏友燕夏集依绿园》诗云:"夏日池亭上,与俱维好风。清音来竹圃,凉馥出荷丛。湖色澄无似,山光晓欲空。捧吟摩诘句,如入画图中。"写的是夏日在池亭上,当凉风习习,宾主于此乘凉,听竹林中传来的清音,闻荷叶上飘过的微香,看湖水之清澄,山光之空明。依绿园堪比王维写出的山水诗,画出的山水画。这些诗句描摹的是依绿园的美好,但依绿园也是得自萧湖湖光山色之灵气。

程鉴的"荻庄",《山阳河下园亭记》记载:"园在萧湖中,门在莲花街。"不仅如此,《山阳河下园亭记》更有详细描述:"此园三面临水,芦荻萧萧","厅事五楹,南面依水","东三间曰'带湖草堂',堂外有池,回环种荷。"即荻庄三面临水,主要厅堂是南向面湖而建的,东边三间草堂有池荷环绕。

徐嘉有《偕南丈荻庄泛游》诗云:"新水满春塘,扁舟过荻庄。岸风摇树影,城雨湿花香。蓑笠渔家在,琴樽老屋荒。我曹余涕泪,鸥渚咏沧浪。"前四句专写荻庄临水的美丽,而荻庄的美丽实际源自萧湖的"新水满春塘",源自扁舟过荻庄时看到的萧湖中的"岸风摇树影"。

黄宣泰的"止园",《山阳河下园亭记》记载道:"黄兰岩观察之园,在萧湖。……大宗性豪迈,喜交游。亭馆台榭,居东湖之盛。尝游西陵,为展重阳会,一时名士来集者数百人,当时传为盛事。"大宗名黄之翰,为黄宣泰仲子,他常招集名士来止园宴集。东湖即萧湖,也即止园选址萧湖。

马骏有《张鞠存移樽止园》诗云:"移舫西亭聚酒人,亭涵秋水净天尘。一声丝竹山光晚,四座湖山月色新。地以人传多谢朓,园宜客住说陈遵。夜阑促膝平湖上,玉盏寒空醉酌频。"诗歌描写了一些文人在止园小聚的情形,描摹了在秋高气爽时节,月色当空皎洁,湖山彼此相映,丝竹悠扬婉转,诗人浅酌微醉,促膝絮语。特别是"移舫""山光""湖山""平湖"等,都见出止园所在萧湖山光水色相映的自然空阔。

张鸿烈有《早春过止园探梅》诗云:"东湖春水绿初添,闻说梅花已覆檐。小艇缓随飞鹭入,深杯低拂柳条纤。盘飨菜共银丝错,艳曲箫吹阿鹊盐。只道君家多善酿,山堂频醉莫相嫌。"[1]写出了一个经常造访止园的好友,在萧湖泛舟赏梅,并在止园小憩,受到止园主人殷勤款待的愉悦。"东湖春水绿初添""小艇缓随飞鹭入"等句子,也是写出了随季节变化的萧湖自然水色及坐小艇闲游时所见到的萧湖生态环境。

吴进的"带柳园",《山阳河下园亭记》记载:"吴揖堂吴进别业。在莲花街。萧湖侧。"

《淮安河下志》录吴揖堂在《书〈带柳园图〉》中云:"城北莲花街,地冷僻,居人类以刈蒲、捕鱼为业、街南荒畦一亩,面临湖水,旧有古柳数十株,周环如带,余构为园,因名曰带柳。……东凿一塘,引水种鱼,客至可品。"[2]所谓"面临湖水""东凿一塘,引水种鱼",也是描述了带柳园得自地处萧湖而有的景色特点。

---

① 以上所录萧湖园亭诗歌皆录自《淮安河下志》卷六。王光伯辑、程景韩增订、荀德麟等点校《淮安河下志》,方志出版社 2006 年。
② 王光伯辑、程景韩增订、荀德麟等点校《淮安河下志》,方志出版社 2006 年,第 249 页。

总之,河下这批园亭依萧湖之水而筑,将萧湖水色灵气纳入园亭之中,激发了无数文人的诗兴,他们在游览、唱酬之间,留下很多赞美河下园亭的诗歌,同时也将萧湖的四季之美保存在了诗歌中。

(二)园亭中的湖嘴水色

康熙十五年(1676)以前的湖嘴,远离闹市,紧临运河岸边,相对荒芜辽阔,却又触目帆樯鸥鹭,特别适合隐居。尤其是 1644 年明清鼎革时期,一些淮安籍官员、文人不愿入清,或弃官或弃举业,筑室并隐居于湖嘴。建筑于湖嘴的这批住宅,因为年代久远,在《山阳河下园亭记》中,房屋本身并没有得到清晰的描绘,但我们却能看到,它们占尽湖嘴风光水色。

如郭次甫的"招隐亭",《山阳河下园亭记》记载:"明代隆庆间,沔阳陈文烛知府事时,为五游山人郭次甫筑。在湖嘴运河西岸。亭前烟波浩渺,杨柳芙蕖,为一时胜境。"

《山阳诗征》于吴承恩《邵郡公邀同郭山人饮招隐庵》诗后录吴山夫语云:"招隐亭在西湖嘴对岸,……后改为庵,庵前有清池茂树,与西湖相通,烟波浩渺,渔舟近远,亦一胜境也。"[①]

这二段文字,记载了站在招隐亭,目光所及,运河岸边最典型的景象:烟波浩渺,杨柳芙蕖,渔舟多帆,既辽阔荒芜,又野趣盎然。在此构亭而居,获得的是渔樵江渚的隐居自适的情趣。

倪之煌的"一草亭",《山阳河下园亭记》引《茶余客话》语云:"山左倪天章[②]先生寓居,在湖嘴。"《山阳河下园亭记》对倪之煌一草亭的外观及环境都无作描述。吴进有《忆一草亭》诗云:"旧日亭何在?人言枕市河。晚风花气冷,秋雨树声多。醉后犹开瓮,愁来益放歌。二三白社子[③],霁月坐藤萝。"[④]一句"人言枕市河"点出一草亭位于运河边西湖嘴

① 丁晏原辑、王锡祺重编、周桂峰点校《山阳诗征》卷七,陕西人民出版社 2009 年,第 222 页。

② 倪天章,名倪之煌。

③ 有原著注曰:"有'望社'。"

④ 王光伯辑、程景韩增订、荀德麟等点校《淮安河下志》卷五,方志出版社 2006 年,第 128 页。

上的地理位置。

杜首昌的"缩秀园",《山阳河下园亭记》记载为:"杜湘草先生宅,在湖嘴。(或传在湖心寺旁)先生名首昌,世以资雄里中。……园中有挥尘亭、如如室、天心水面亭。"杜首昌自己有联云:"天心月影羲皇意,水面风流士子情。"湖嘴深入湖心,他的住宅就在深入湖心的部分。日常便能领略天心月影、水面风流。

郭次甫的招隐亭纯为隐士之居,倪之煌的一草亭和杜首昌的缩秀园,则属于鼎革时期,文人、官员逃避世事的休憩所。园亭面向湖嘴水色,颇契合这时期园亭主人远离人事的隐居心境。

康熙、乾隆时期到嘉庆、道光阶段,湖嘴基本干涸,很多园亭移到湖嘴大街。湖嘴大街的园亭,基本已经无水可临了。

《山阳河下园亭记》《续编》《补编》所记录的后期湖嘴街房屋主要有情话堂(湖嘴大街宅后)、引翼堂(湖嘴大街)、存质轩(湖嘴白酒巷头)、旧梅花庵(湖嘴街)、卧风轩(在湖嘴街白酒巷尾)、居易堂(湖嘴街)等。在对他们进行描述时,无一座房屋外部或内部设计池水的。同样是湖嘴,前期的湖嘴园亭与后期的湖嘴街园亭有极大区别。这也是因为后期园亭筑向市内,受客观条件限制所致。

二、康、乾以后,园亭内外设立人工水池

随着萧湖胜境被各园亭占据,又由于湖嘴干涸,河下更多的园亭建向城镇内部的各条街巷。因为街巷内部没有像萧湖、湖嘴这样的自然水域,而水又是园亭文化重要的构成部分,康熙、乾隆时期,盐商、官员,有能力的,会在园中构筑深池,引用活水,池深而宽,同样可以小艇泛游。嘉庆、道光年间,一批园亭内会依土山开辟一些深池。咸丰以后,则只能添设一些小池假山,以获得观赏之功效。

(一)康熙、乾隆时期园亭内的活水深池

康、乾时期,是河下园亭发展的鼎盛时期,盐商巨富,园亭筑向城镇中心,虽不再占有萧湖、湖嘴水光山色,但园亭内部也是水源丰富,拥有活水深池。

程鏊的"且园",《山阳河下园亭记》记载云:"程秋水刑部别业,在亘字店巷东、文字店巷西。刑部名鏊,字艺农,号秋水。"程鏊是乾隆间人,曾流寓扬州,受一妇人相助,"携银挂引,获利三倍,由是致富。"程鏊后入刑部任职。属于盐商巨富又做官者,且园中"有芙蓉堂、俯淮楼、十字亭、藤花书屋、古香阁、接叶亭、春雨楼、云山楼、方轩、亦舫轩。计22所。"①而且且园中的布局,是围绕大水池,有许多亭楼立在池边,池中间小舟可泛。水源也相当茂盛。正如《山阳河下园亭记》"且园"条所云:"池水甚阔,小艇游泳,芙蓉堂依水尤胜。"在市内所建住宅拥有偌大水池,也是河下鼎盛时期,盐商大家所能拥有。

程易的"寓园",《山阳河下园亭记》云:"程吾庐副使宅后之园。……在竹巷。……红桥十丈,池宽而深,通金家桥,活水源源而来。"程易,乾隆、嘉庆间人,盐商家族,自己"候补两浙盐运副使,署嘉松分司、石门知县"。他的寓园结构恢宏,亭台繁复,堪称河下鼎盛时期园亭代表。虽在市内,但其中的水池也以宽深著称,直通金家桥,可引活水源源不断入园。

程鏊的且园、程易的寓园,共同的特征是,活水深池、可泛小舟,这既是河下园亭的内部构成要素,也是康、乾盛世阶段,达于鼎盛的河下盐商园亭的审美追求。

(二)嘉庆、道光年间,园亭所依土山侧掘深池一方

嘉、道年间,经历了数次水灾,和盐政改革,河下盐商园亭已经失去了康、乾盛世阶段的光景,《山阳河下园亭记》记载了一些文人园亭,延续着盛时河下园亭对于池水的重视,这时期的园亭,多喜欢依一丘土山,掘深池一方,也能获得自然观赏之功效。

梧竹山房的主人杨皋兰为嘉庆、道光年间人。《山阳河下园亭记》"梧竹山房"条载:"杨太常师(杨皋兰)著书处,在相家湾。……对面土山,……土山之侧有池,水深数尺,时出鲤。"

同时期黄粲的"退一步轩",《山阳河下园亭记》记载道:"黄叶村先

---

① 《山阳河下园亭记》"且园"条云。

生作画所。在竹巷魁星阁东。……园在宅后,有土山,山下浚池。

这些都是嘉庆、道光时期的园亭,共同特点都是园亭倚靠土山,山下浚有深池。但园内架构之简单,亭台屋宇之朴实,都是今非昔比了。

（三）咸丰以后园内多设假山小池

咸丰以后的河下园亭,已是经历过甲午水灾、盐政改革、咸丰捻乱数重的劫难,更是不复往日风采。

《山阳河下园亭记续编》在潘琴侪"十笏园"条下引李元庚《十笏园记》语云:"其轩曰:'遂初',志为山之初愿也。阶下数武即池,池有泉,深且清。游鱼历历可数。秋来菱莲葱蒨,深入临流之羡。"

"数武",意即不远处。这就说明"十笏园"园中分布较紧凑,并不阔大。因为是城市内部筑室,地狭景小,虽也有池,但多为人工所浚。不过,即便园亭池小景小,也能获得观赏之功效。

黄海长是咸丰、同治间人,《山阳河下园亭记续编》记黄海长"有堂"的"题跋"云:"余馆南有隙地数弓,有池一方,有山一丘,有竹树花鸟之属。乃为屋二楹,按有书,尊有酒,与二三有心人,徜徉于是,其堂遂以'有'名。"

"弓"是丈量田亩的器具,一弓约等于一点六五米。"有隙地数弓",也就是说有大约一二十米长宽的地方。黄海长便是在这样的地方建屋二楹,另外有池一方,有山一丘。可想而知,有堂屋不大,山不高,池不宽。不过,黄海长对自然的审美情趣,包括自由的精神追求,不逊于前人。所谓"案有书,尊有酒,与二三有心人,徜徉于是",即为体现。而将园起名为有堂,这也是内心充盈的象征。

显然,这阶段河下园亭的主人们,也是希望让园亭具有应有的山水要素的,但是时代所限,经济所限,也只能在园亭中添设一些小池假山,以获得观赏之功效了。

第三节　河下园亭中的花草树木

在淮安古淮河上,矗立着中国南北地理分界线。从地理位置上看,淮安在中国南北的中间地带,兼有南北气候特征。典型的植物有一些旱季叶落、雨季叶生的落叶乔木;一些花期较集中、花朵较大的灌木和草本植物;一些藤本植物,等等。

河下很多园亭内的部喜欢以植物装点,常呈现出花木繁盛特征。下面择《山阳河下园亭记》《续编》《补编》中有相关描述者分类述之:

一、落叶乔木类植物

《山阳河下园亭记》《续编》《补编》中记载的园亭内所栽种的落叶乔木类植物,主要有梧桐、竹子、柳树等。一些园亭内部往往以其中一种植物为标志性植物景观,并以之来命名所居园亭、书屋、作品集,等等。久之,植物不仅具有观赏作用,亦有借物明志之文化意蕴。

（一）河下园亭与梧桐

梧桐又名青桐,是一种落叶大乔木,枝干挺直,叶掌状,裂缺如花。夏季开花,花小,呈淡黄绿色。梧桐叶大形美,是一种优美的观赏植物,可点缀于庭园、宅前,也可种植于道路两旁。在河下,颇有名气的梧竹山房、小桐园、倚桐轩以及绿桐精舍等园亭都是以高大的梧桐树作为标志性景观的,这些园亭直接以桐命名。

"梧竹山房",为清代嘉庆、道光年间文人杨皋兰的宅园,位于河下镇相家湾街,《山阳河下园亭记》记载其有:"屋三楹,极幽敞。外有月台,上覆一亭。前有双桐,初名'双桐书屋',后易为'梧竹山房'。"此宅园中央为正房三间,房前种两株梧桐树。无论是之前房子叫"双桐书屋",还是之后改成了"梧竹山房",园亭名称多与此两株梧桐树有关。

"小桐园",是邱广德之居,在竹巷魁星阁东。《山阳河下园亭记》记载邱广德及其小桐园曰:"嘉庆癸酉拔贡。游京师,受业于汪文端公。晚迁竹巷,于宅中隙地,种桐栽竹,为息静之地。追思先世霖川先生桐园之胜,自题曰'小桐园'。邱氏自胜朝,即以科第起家,曁署戒侍讲象升,季贞洗马象随,尤为吾淮鼎族。……里人称文献者,首推邱氏,故鲁士数典不敢忘云。"因为邱氏先贤本有桐园之胜,邱广德便于新宅中种桐栽竹,并名之"小桐园",有追思先世和数典不敢忘祖之意。

"倚桐馆",为方琚所有,在淡华空地,后为光禄第巷。《山阳河下园亭记续编》记载方琚及其倚桐馆曰:"岁科试屡试冠军,名噪大江南北。咸丰庚申,皖寇乱后,辟宅东隙地,建草厅。厅东由廊至六角亭,厅西套室二,西则面东书斋二间,院中凿地为池,池旁梧桐高出檐际,因名。著有《倚桐馆文存》。"方琚建草厅,名其为"倚桐馆",因为"池旁梧桐高出檐际",颇有写实之意。而这也是其宅与众不同之处。也因此,其所著书也名之为《倚桐馆文存》。

"绿桐精舍",为玛继宗所有。《山阳河下园亭记补编》记载:"玛四叔继宗吟咏处,在干鱼巷罗家桥东。……宅内,其厅堂宏深峻丽,栋梁楹柱皆以楠木为之,且木料甚为阔大,两人方可合抱。玻璃格扇,前有走廊。厅之西,即绿桐精舍是也。……舍之前,……碧梧数本。"因宅舍前有碧梧数本,便直接以桐为名。

除了上述以梧桐命名的宅舍,《山阳河下园亭记》《续编》《补编》中也有园亭未以梧桐命名,但其中种有梧桐的。

如裴枏的著书室"卧风轩",《山阳河下园亭记补编》记载其"在湖嘴街白酒巷尾。……轩在厅之西,朝南瓦屋两楹。院中有老梧二株"。

总体来说,首先,梧桐外形优美,令人赏心悦目,树木高大,能造阴凉,以消暑热,适合宅院栽种。明代王象晋《二如亭群芳谱》云梧桐:"皮青如翠,叶缺如花,妍雅华净,赏心悦目,人家斋阁多种之。"[1]明代陈继儒《小窗幽记》云梧桐:"然碧梧之趣,春冬落叶,以舒负暄融和之乐;夏秋交荫,以蔽炎烁蒸烈之气。四时得宜,莫此为胜。"[2]

其次,梧桐还寄寓着一定的文化意蕴,《诗经·大雅·卷阿》云:"凤凰鸣矣,于彼高岗。梧桐生矣,于彼朝阳。"这里的梧桐生长,沐浴灿烂朝阳,赋予了梧桐高洁美好的品格基调。故淮安园亭主人于园亭中种植梧桐,在获得观赏效果的同时,也寄寓有令自己静心悦神之意。

---

① 王象晋《二如亭群芳谱》"木谱一",第 35 页。汲古阁影印本。
② 陈继儒《小窗幽记》,北京联合出版公司 2019 年,第 92 页。

（二）河下园亭与竹子

竹子是高大乔木状禾草类植物,茎为木质,生长迅速。由于竹子的外形高挑飘逸,其外直、中空、有节,常被用于类比人的正直谦逊有节的品性,故亦常被以诗词歌赋颂扬之。古人将"梅兰竹菊"称为四君子,竹子为"四君子"之一。园亭若以竹子装点,便多了几分飘逸疏朗、优雅清奇之气,也是园亭主人内心孤高正直的一种表征。

1. 直接以竹命名的园亭

河下直接以竹命名的园亭,有师竹斋、伴竹居、眯竹山房。

王全熙的"师竹斋",《山阳河下园亭记续编》记载:"王明经怡伯书室。在竹巷罗家大门北。宅中旧有厅事三楹,更于其西,筑书宅三楹。前有竹数百竿,梧桐、芭蕉十数本,满径绿荫,几忘羲驭。……潘汉泉广文慰祖,为书斋额,并跋云:'竹与木石等耳,何足师?师其虚心也。昔人有句云:竹解虚心是我师。故怡伯大兄用以颜其斋。光绪甲申仲春,慰祖书。'明经名全熙,邑诸生。……刘师梅江赠诗云:'自筑小轩开曲径,围棋消受竹风凉。'徐宾华师赠诗云:'当年谈共阿戎多,师竹斋成养太和'。皆实录也。……光绪庚子,斋前茁芝数本,明经绘图征诗,一时题咏林立。年亦附以五古四首。"

这份记载,充分写出了竹子之于园亭和园亭主人的意义。第一,王全熙的师竹斋不仅种竹,而且数量颇多,所谓"前有竹数百竿"是也。第二,师竹斋不仅以竹为书斋名,而且特请人为书斋题额,并有潘广文为之作跋,即:"竹与木石等耳,何足师?师其虚心也。昔人有句云:'竹解虚心是我师',故怡伯大兄用以颜其斋。"借此跋表达主人园中多种竹,是因为取竹之虚心特质。而这又恰是主人心性品格的写照。第三,不仅潘广文所跋如是认识,刘师梅江（刘熙庭）、徐宾华（徐嘉）所赠诗,也都题咏竹子,皆体会到了主人种竹有欣赏竹子君子特质的用意。第四,师竹斋前茁芝数本,王全熙绘图征诗,一时题咏林立。更是反映了园中竹子,可以成为激发盛大的画竹、写竹的文化活动。河下园亭所承载的文人气质和文化调性在"师竹斋"这个园亭描写中得到充分体现。

程小迂的"伴竹居"。《山阳河下园亭记续编》记载:"居在竹巷义贞祠缩堂前。……小迂善画山水,法吴子野,气韵浑然。筑茅屋数椽,以为作画之所,颜曰:'伴竹居'。"

此外,汪筱川的"緑竹山房"直接以竹命名,自然也会种竹。《山阳河下园亭记补编》"緑竹山房"条记载:"每逢春夏,梧竹各树交映,绿荫满布,日光全被遮盖,咸纳凉消夏于此。真是'五六月间无暑气'。"

2. 不以竹命名,但园亭拥有数百竿幽篁

除了直接以竹命名的园亭,河下还有许多园亭虽不以竹命名,却动辄拥有数百竿幽篁。园亭主人喜欢种竹以明志。

陈丙的"潜天坞",《山阳河下园亭记》记载道:"陈鬲斋先生养真室。在竹巷广福寺南巷内。屋二楹,院有小山,峰室层累而成。文竹数百竿。……少孤,太夫人曹氏苦志守节,教先生成立,为邑诸生。游痒后,不乐仕进。"文竹与养真、不乐仕进这种心性十分契合。

朱锡成的"居易堂",《山阳河下园亭记补编》记载道:"朱笠人广文宅内厅事也,在湖嘴街彤华宫对门。……堂之西南,有室二楹,署曰'洁庵',灌云武霞峰(同举)书。广文长子让泉茂才(廉)学书室也。前植修篁数百竿,……室颇幽雅绝尘,一般人罕到其处。"室颇幽雅绝尘与修篁数百竿不无关系,也营造了朱锡成长子朱廉学书室的独有氛围。

3. 未明说百竿,但园亭实际上是竹茂如带

《山阳河下园亭记续编》中记载一些园亭,虽未明说百竿,但实际上也是竹茂如带的。

潘琴侪的"十笏园",过重门后,西边有园,有"石径一条,两旁碧玉森森";十笏园内设山木,"山以东,峰峦尤美,山之西,一带竹篱。"解世纯的"息影草庐",有"正厅三楹,迤西更筑二室,分内外为二,颇修洁。西窗外,竹林深密。"《山阳河下园亭记续编》的相关记载,写出了两个园亭中竹之丰茂。

种竹的目的,使得园亭多了一份隐秘幽静,特别切合咸丰以后退官或文人养生、守静、退思的情怀。上述园亭多半如此。

4. 在《山阳河下园亭记》《续编》《补编》中,许多园亭,梧桐经常与竹子同植,形成梧竹交映的效果

《山阳河下园亭记补编》记载裴柟的著书室"卧风轩","院中有老梧二株,修竹数百竿,……每逢春夏之交,绿荫满庭。"

《山阳河下园亭记续编》记载王全熙的"师竹斋","前有竹数百竿,梧桐、芭蕉十数本,满径绿荫,几忘羲驭。"

明代陈继儒《小窗幽记》对中国庭院中梧桐树与竹子搭配种植的作用有所描写:"凡静室,须前栽碧梧,后栽翠竹。前檐放步,北用暗窗,春冬闭之,以避风雨,夏秋可以开,以通凉爽。"[1]

竹子清幽,有节,梧桐叶大,阴浓。梧竹交映,绿荫满布,既可避风雨,又令人觉得清爽。容易造就置身世外,远离尘嚣的幽静环境,尤其适合退宦、文人居住,适合读书养静,回味人生。

(三)河下园亭与柳树

柳树是杨柳科柳属落叶大乔木,性喜湿地,生长迅速,适合依水而植。隋帝杨广,为了游历江都(江苏扬州),开辟了运河;且听从臣下建议,在一千多里的长堤,种柳树。一方面可以加固运河河堤,另一方面,天气炎热逼人,纤夫可以遮阴避暑。由此柳树成为了运河特有的景观植物。早期,在与运河毗邻的西湖、萧湖这些水域阔大的湖之岸边,柳树是最常见的树木。在湖嘴[2]、萧湖岸边所建构的房屋,自然会以柳树为一景。柳树柳枝细长,柔软下垂,也适合在庭园中生长,故后来的城市中园亭,也会依水植柳,作为装点。

"招隐亭",为明代陈文烛知府为五游山人郭次甫所筑。《山阳河下园亭记》记载"招隐亭":"在湖嘴运河西岸。亭前烟波浩渺,杨柳芙蕖,为一时胜境。""杨柳芙蕖"写出了在湖嘴运河西岸招隐亭前杨柳依依、睡莲花开的绝美风景。

"玉诜堂",为明末清初李挺秀的读书室。《山阳河下园亭记》记载

---

① 陈继儒《小窗幽记》,北京联合出版公司2019年,第92页。
② 湖嘴:早先是沙嘴伸入湖心的地方,后成为河下之街。

"玉诎堂":"在湖嘴旧宅后,……宅有红桥绿柳,山石极多,雅擅园林之致。"旧宅在湖嘴,玉诎堂在旧宅后,也即是在湖嘴。故胡天放曾以"天心月影羲皇意,水面风流雅子倩"一联描述之,可见玉诎堂是依湖嘴水而建。尽管"红桥绿柳"是筑向玉诎堂园内,但也应该是依靠西湖活水而设。

"恢台园",为夏曰瑚的别业。《山阳河下园亭记》记载"恢台园":"园中具花棚乱石,所植多高柳,沉绿如山。面城带水,水阔处可百丈,曰郭家墩。"恢台园所在的是运河隔岸的郭家墩,水阔处可百丈。恢台园内,"所植多高柳,沉绿如山。"柳树、阔水,便将恢台园之美好呈现目前。夏曰瑚《恢台园成》诗中有一联:"杨柳月初上,薜萝风正凉。""杨柳月初上",也是园中多植高柳的真实写照了。

"菰蒲曲",为程嗣立的别业,在伏龙洞。《山阳河下园亭记》于"菰蒲曲"条中有编者"按"曰:"常履坦漕督(安)《驻淮集》中有《游菰蒲曲记》云:'淮城西北五里,为程子风衣之菰蒲曲。予于辛酉暮春往游焉。入门,小桥绿柳,有山林气。'"伏龙洞是建在里运河下,起到疏通运西积水,以防运水倒灌良田的涵洞。在伏龙洞建筑的菰蒲曲,倚靠运河。故漕督常安描述菰蒲曲园中有"小桥绿柳",菰蒲曲小桥下水应该源自运河水源,其绿柳也应该是本自运河边的特有风景。

"带柳园",是乾隆间吴进的别业,在莲花街,萧湖侧。《山阳河下园亭记》记载"带柳园":"园中,茅屋八九间,周遭种柳,左右渔樵相杂。"萧湖的大面积水域,为带柳园提供了自然水源,"周遭种柳",成为带柳园的主要风景。

"持白复斋",为吴兆登之室。《山阳河下园亭记续编》"持白复斋"条记载:"吴学博淡泉室,在倪家巷南旧居。……学博原名冲,更名兆登。……筑室三楹于宅之西南,窗外临河,柳荫笼罩,具有胜概。学博息静其间,兼以养疴。诗文俱豪放,有奇气。著有《持白复斋诗草》。""持白复斋"是典型的在城市内部的建筑,但是河下内部也有各种小河,持白复斋"窗外临河,柳荫笼罩",也体现了河下河水充沛,河边杨柳摇曳的常见景色。

二、灌木和草本类花卉

《山阳河下园亭记》《续编》《补编》中园亭涉及的花卉以梅花、牡丹、菊花、芍药等为多。河下不少园亭往往因拥有一种卓绝花卉而负盛名者,闲暇时园亭主人邀请朋友赏花吟诗,不亦悦乎。

(一)河下园亭与梅花

梅花有不同种类,有属于落叶小乔木的,如红梅;有属于灌木植物的,如蜡梅。在中国十大名花中,梅花位立首位。梅、兰、竹、菊被称为花中四君子,梅、松、竹被称为"岁寒三友"。梅花因为开在冬天,能傲霜斗雪,故在传统的中国文化中,被赋予了一种高洁、坚强的品格,能给人以奋发向上的动力。

1. 专以梅花命名的园亭

河下地区的梅花书屋、䅲竹山房、旧梅花庵、梅南堂诸园均以梅花直接命名。

"梅花书屋",《山阳河下园亭记》记载,为吴宁谔先生读书处,在打铜巷宅西偏。《山阳诗征续编》卷四十二录有潘夫人①《梅花书屋》诗:"绕屋梅花展卷香,吟来更觉味深长。枝头烂熳皆新蕊,架上峥嵘尽旧章。雪映冰心凭净几,炉烘暖砚近闲房。河阳名胜空今古,罗得群英入画堂。""绕屋梅花""枝头烂熳皆新蕊"等句,写出了"梅花书屋"梅花绕屋、新蕊烂熳的特征。

"䅲竹山房",《山阳河下园亭记补编》记载,为汪筱川的吟咏处,在二帝阁南。《山阳河下园亭记补编》言汪筱川:"购得北邻叶武举葵卿旧宅安乐窝船厅三椽,隙地一区,乃于园中种梅莳竹,改署曰:'䅲竹山房'。"

"梅南堂",《山阳河下园亭记》记载为相栋②读书的地方,编者于"梅南堂"条下有"按"曰:"梅南堂临湖,其竹巷之南与? 抑莲花街之滨与? 今不可得而考矣。"

---

① 潘夫人,雍正间广西巡抚吴虎炳室,著有《绮云轩诗草》。
② 相栋,嘉靖戊子举人,祀乡贤,人号梅南先生。

"旧梅花庵",《山阳河下园亭记续编》记载为王兆桢①的读书处,在湖嘴街。

2. 主园虽未以梅花命名,但园中屋、岭以梅花命名

黄宣泰的"止园",《山阳河下园亭记》记载:"黄兰岩观察之园,在萧湖。观察名黄宣泰,顺治乙丑进士。官宁夏道。归筑斯园。中有梅花岭。"梅花岭为止园中的一抔小丘。

黄宣泰有《鞠存、兰岩、季望、翁溪、岵思昆弟、云字、子宪、大宗;郎辈,夜集止园,酒行梅室,甚畅,各赋一首别去》诗。所谓"梅室",即梅花屋,为翁溪(黄宣泰昆弟)之居,并有藕塘。为止园中一屋。

止园中不仅有梅花屋、梅花岭,也的确因梅著称。《淮安河下志》卷六录张鸿烈②《早春过止园探梅》诗,其中"东湖春水绿初添,闻说梅花已覆檐"一联,即写出止园梅花盛开、遮住屋檐的美好景致。《山阳诗征》卷十六录杜首昌③《赵嘏宅,社集止园,各赋古迹,予得赵嘏宅》诗,其中"鲈飞雪脍怀乡美,笛送梅花隔院香"一联,也反映出友朋于止园梅花送香时节弄笛赋诗的快乐。

3. 园亭虽不以梅名,却以种梅为胜

值梅花盛开时节,园主常召集同人赏梅、喝酒、吟诗。

《山阳河下园亭记续编》记载黄海安"听秋馆",为"长白黄筱艾太守隐居处。在打铜巷内,……每当春初,红梅最盛。太守尝以诗代柬,召集同人赏梅,得隐居之乐"。

《山阳河下园亭记》记载程沆的"情话堂",为"程瀫亭太史书室,在湖嘴大街宅后。东偏有屋三楹,旁有瓶花馆、晚研堂等处。春塘先生《春草轩诗集》有瓶花馆东偏,有古梅一株,深藏北苑中,砚隐等弗知贵也。偶闲步至此,见其夭矫多姿,劝令移植情话堂南檐下。位置得宜,喜而有作》诗"。从程春塘的诗歌题名,可以得知,情话堂内瓶花馆东

---

① 王兆桢,咸丰辛酉捷拔科后,未就职,以军功保知县。

② 张鸿烈,字毅文,初名礽炜,字云子,为张新标之子。顺治十二年(1655)诸生,康熙十八年(1679)试博学鸿辞二等,授翰林院检讨,二十四年(1685),辞官回家。

③ 杜首昌,字湘草,著有《杜蘽编年》。今刻《绾秀园诗选》,《志·文苑》有传。

偏,有古梅一株,花开时夭娇多姿,足以激发诗兴。

(二)河下园亭与牡丹

牡丹属于落叶灌木,花大,单生,是著名的观赏植物。牡丹花主要呈深红、粉红或白色。色泽艳丽,富丽堂皇。因花大而香,被赋予"国色天香"的称谓。刘禹锡曾赋诗云:"庭前芍药妖无格,池上芙蕖净少情。唯有牡丹真国色,花开时节动京城。"到了清代末年的时候,牡丹被选作为中国的国花,被拥戴为花中之王,有关诗文和绘画作品很丰富。河下园亭也喜种植之,值牡丹花盛开时节,园亭主人常招邀喝酒吟诗。

《山阳河下园亭记》记载"梅花书屋"为吴宁谧的读书室,既以梅花名其读书室,梅花当为其读书室附近的主要花卉。不过,《山阳河下园亭记》于"梅花书屋"条又记载道:"吴宁谧曾孙兰陵茂才(承孝)时向庚述先德。茂才好客耽吟,每当鼠姑花放,婪尾春酣,犹于梅花书屋置酒哦诗焉。"鼠姑花是牡丹的别名,婪尾春是芍药的别名。可见梅花书屋除了梅花,也有不少牡丹和芍药。当其盛开时,会邀朋饮酒作诗。

《山阳诗征续编》即录吴承孝①《置酒梅花书屋,招同人看牡丹》诗:"曲江群彦好词华,金石流传撼百家。自笑风霜孤祖砚,一樽聊醉鼠姑花(牡丹的别名)。"其中的"一樽聊醉鼠姑花"一句,写出主客因牡丹盛开,醉酒赏花吟诗的情态。

"菰蒲曲",为程嗣立的别业。《山阳河下园亭记》于"菰蒲曲"条下有"按"曰:"常履坦漕督(安)《驻淮集》中,有《游菰蒲曲记》云:'淮城西北五里,为程子风衣之菰蒲曲。予于辛酉暮春往游焉。……堂之右,穿修廊,入方亭后,绿牡丹一本,色入绣球之新蕚。一时文人士群为诗词以识其异'"。借他人游记,写出程嗣立"菰蒲曲"中有绿牡丹一本,以致一时文人写诗作词,辨识其与众不同之处。

曹荣生、曹润生的"三益居",《山阳河下园亭记续编》记载,为"曹茂才欣斋、雨皆昆仲书室。在仓桥北。门南向,住门东向。居为三间,北

---

① 吴承孝,字兰陔,嘉庆戊寅诸生。

一间,复凸出一间,夹翠竹中,两旁窗牖轩广。院中牡丹剧佳,紫色者数丛。每当季春花开,召集同人小饮。欣斋名荣生,雨皆名润生,同岁游庠。欣斋善写竹,字规仿黄山谷,又似陈曼生。子三,……均善绘。雨皆喜为诗,子名学均,字种阴。"

曹荣生、曹润生的三益居,院中不仅牡丹众多,而且颜色为紫色,颇为稀有,故当春季开花时节,主人会召集友人赏花饮酒。且园主善画,子辈喜欢作诗,当牡丹盛开时节,大家自然是诗画兴浓。

"风雨对床之舍",是杨绂来学博、杨鼎来工部兄弟俩的书室名。《山阳河下园亭记续编》"风雨对床之舍"条记载,杨鼎来工部,由知县等职退官后,居家授徒,"更改造舍南旧屋一间为书室,南院栽各卉,有牡丹五本。"

总之,河下园亭喜欢种植牡丹,河下的牡丹品种常有奇异品种,主人则善诗善画。值花盛开时节,招邀喝酒吟诗,河下浓厚的文化氛围可以想见。

（三）河下园亭与菊花

菊花为多年生宿根草本植物,是花中梅兰竹菊四君子之一。元稹有诗"不是花中偏爱菊,此花开尽更无花"。因开花在秋冬季,菊花被赋予清寒傲雪的品格。中国人有重阳节赏菊和饮菊花酒的习俗,同时,菊花还被赋予吉祥、长寿的含义。陶渊明的"采菊东篱下,悠然见南山",孟浩然的"待到重阳日,还来就菊花",都为咏菊花名句。河下园亭主人,在以种菊装饰园亭的同时,也会以菊传递一份文化情结。

倪之煌有"餐菊草堂"。如前所述,倪之煌在湖嘴有"一草亭",其实"一草亭"侧,还筑有"餐菊草堂"。《山阳河下园亭记》"一草亭"条记载:"靳应升有《重九雨中,坐一草堂》诗云:'一天风雨当九重,欲步高台举足难。云外客来双屐湿,坐边花发几枝寒。不烦出户谋沽酒,且与吟诗共倚栏。最爱主人能好事,草堂秋兴正漫漫。'末句谓亭侧餐菊草堂也,茶坡先生《南涉杂诗》中及之。"意思是靳应升的"草堂秋兴正漫漫"一句,就是说一草亭侧有餐菊草堂。

《淮安河下志》也录了靳应升的《重九雨中,坐一草堂》,并有按曰:

"范良《幽草轩集》'天章三十初度'诗云:'秋深窗近才菊餐,冬近长馋又采芝。'注云:'餐菊,天章堂名。今之知餐菊草堂者少矣。'"①通过范良的诗歌及注,明确倪之煌还有一个餐菊草堂。

菊,不仅可供观赏,亦可制作为美食。雅称之为"餐菊"。在中国,餐菊之俗,似乎由来已久,早在屈原的《离骚》中,就有"夕餐秋菊之落英"的餐菊记载。有宋一朝,餐菊之风尤烈。宋人餐菊,以菊苗、菊花为主,吃法很多,如菊花饼、菊花糕、菊花粥等等。不过,菊花多用于点缀,其审美价值,胜过食用价值。今人餐菊之风已淡,纵有餐之者,更是以菊作为点缀。倪之煌餐菊草堂之起名,当是延续古人之风雅。倪之煌应该也会种菊,并邀请友朋赏菊、餐菊、写菊。

"餐花吟馆"是李元庚吟咏处,李鸿年编辑《山阳河下园亭记续编》,在"餐花吟馆"条下记载:"先大父(即李元庚)最爱菊,故名。更于宅南购地,专以养菊,得百数十种。适陈氏姑母,按色以小楷编其名成册。"

餐花,即餐菊之意。因为李元庚爱菊,故名其吟馆为餐花;因为爱菊,专门购地养菊,菊有数百种之多;因为爱菊,李元庚家人将菊花按色编辑成册。"餐花吟馆"之名,诚不虚也。

(四)河下园亭与芍药

芍药属多年生草本植物。芍药花大且美,花盘为浅杯状,花瓣呈白、粉、紫或红色,芍药花期约在5、6月。因为它开花较迟,故又称为"殿春"。

"寓园",为程易的宅后之园。《山阳河下园亭记》记载,寓园中有一"殿春轩",所谓:"楼下敞厅数楹,院中芍药一砌,即'殿春轩'"。

"殿春"即芍药花。因为它开花较迟,故又称为"殿春"。"殿春轩"所在院中有"芍药一砌",显然"殿春轩"起名与芍药有关。

三、藤蔓类植物

河下园亭中常见藤蔓类植物,如紫藤、葡萄架等等。既可观赏、食

---

① 王光伯辑、程景韩增订、荀德麟等点校《淮安河下志》,方志出版社 2006 年,第 126 页。

用,又能绿荫满庭。望之令人心神愉悦,容易激发诗情。

紫藤,为落叶藤本。紫藤花冠似蝶,虬枝盘干,叶子碧绿,《北墅抱瓮录》"紫藤"条曰:"紫藤缘木而生,……久之条蔓纠结,与树连理,屈曲蜿蜒之状,不异蛟龙出没。二月花发成穗,色紫而艳,披垂摇曳,一望煜然。"[1]利用紫藤的缠绕攀爬性能可搭建各种造型的拱门、长廊、棚架等。在紫藤架下品茗读书,易臻于妙境。

《山阳河下园亭记》记载"荻庄",为清代乾隆年间大盐商程鉴的别业,其中,"西边之园有山。……园中紫藤一株,夭矫三四丈许。"

《山阳河下园亭记》记载丁兆祺的居所"引翼堂","堂之南深房曲室甚多,其最佳者如'留荫山房',院中藤花一架,绿荫紫萼,旖旎可人。"

《山阳河下园亭记》记载"南藤花书屋",为"程一庵司马宅中花圃,在茶巷。司马名昌龄,由杭州归,迁此。园中有环云阁、春华秋实之馆。中有土山,紫藤一架。清阴可爱。"

《山阳河下园亭记补编》记载"面湖草堂",为"季风书太世丈[2]休憩处,……堂外豆栅瓜架,菜圃竹篱,葡萄紫藤,颇得山林风趣。闲时徜徉其间,可避嚣尘之俗氛。"

《山阳河下园亭记补编》记载"绿桐精舍",为"玛四叔继宗吟咏处,在干鱼巷罗家桥东。宅为其祖父玛峻亭,由总兵以老告归多购得。……舍之前,有紫藤一株。每逢春夏之交,绿荫紫萼,旖旎可人。"

四、河下园亭与苇草瓜菜

河下园亭除了以树木、花卉、藤蔓类植物作为景观装点,也有园亭着意用苇草瓜菜,打造出农家风格者。

淮安多水,水中植物如芦苇、茅草等很多,一些居民喜欢用其作为天然的建筑材料。河下一些园亭主人自然也喜欢使用芦苇、茅草构筑他们的茅屋、草堂、墙垣等等。尤其是早期萧湖、湖嘴,涌现出不少草

---

[1]　高士奇《北墅抱瓮录》,载于谢堃《花木小志》(外二种),浙江人民美术出版社2018年,第67页。

[2]　季逢元,字风书。

堂,如茶坡草堂、听山堂、隰西草堂、一草亭等,但《山阳河下园亭记》对这批草堂的内外环境构造没有详细的记载。

河下园亭中最具农家特色的园亭是吴进的带柳园,带柳园的农家特色体现为内部多以农家风物作为装点。吴进,字揖堂,号飔村,乾隆中诸生[1]。著有《一咏轩诗集》。《山阳河下园亭记》"带柳园"条记载:"吴揖堂吴进别业,在莲花街,萧湖侧。……园中茅屋八九间,周遭种柳,左右渔樵相杂。先生青鞵竹杖,独游行草泽间。"

《淮安河下志》中转录了吴揖堂的《书〈带柳园图〉》云:"城北莲花街,地冷僻,居人类以刈蒲、捕鱼为业、街南荒畦一亩,面临湖水,旧有古柳数十株,周环如带,余构为园,因名曰带柳。于西结茅屋数椽,不剪不斫,朴如也。植花数本,聊以自娱。隙地手锄,艺瓜豆,小人之事,不学而能也。东凿一塘,引水种鱼,客至可品。蒲至夏结干,干棒也,俗所谓蒲棒也。闲登小舟摘之,夏燃驱蚊,冬揭其英,纳被以代絮。柳枝可炭,蒲絮可被,冷僻之乡,吾暖甚也。"[2]

由上,带柳园在河下一众园亭中属于风格独特者,即呈现出一派农家风貌。首先,园中筑有"茅屋八九间",且"左右渔樵相杂",园内环境类于农家环境。其次,空地上开辟菜圃种瓜、植豆,凿鱼池养鱼,客至可品;甚至可以化身为农,自给自足。另外吴进本人夏天乘小船从水中采摘蒲棒,点燃驱蚊;冬天采摘蒲絮,纳进被子中代替棉絮,并以柳枝为炭烧火取暖。也即生活方式已经还原为农家最简朴的生活方式。即便有"古柳数十株,植花数本"自娱,也不妨碍吴进的带柳园成为农家田园风格的居所。

除了带柳园,其他也有一些园亭,内部装点有一些菜圃瓜架的。

如季逢元的"面湖草堂",《山阳河下园亭记补编》记载为:"季凤书太世丈休憩处,在萧湖滨,门临郭家墩,即灵慧桥东南是也。……君季姓,字凤书,名逢元,别署浣香词客。……堂外豆栅瓜架,菜圃竹篱。"

---

[1] 诸生:明清时期经考试录取而进入府、县学校学习的秀才生员。

[2] 王光伯辑、程景韩增订、荀德麟等点校《淮安河下志》,方志出版社 2006 年,第 249 页。

潘琴侪的"十笏园"，《山阳河下园亭记续编》记载："园在菜市桥东。潘广文琴侪创也。……先大父(李元庚)《十笏园记》云：'……主人少负奇气，南游吴楚，北走幽燕，其得于江山之助者深矣。岁戊午，徙居于此，结茅小隐。得隙地一区，遂有造园之思。入门，瓜田菜圃，饶田家风味。过重门，地甚广，东为住室，西即园。'"

《山阳诗征续编》录刘元方[1]诗《新春五日，潘琴侪(桐)招饮十笏园》："十笏名园别有天，山俱岌嶪水沦涟。万方安静新春乐，几辈招邀旧雨联。雅谊投醪宜纵酒，园蔬入馔胜烹鲜。追思早岁辛盘聚，此景依稀四十年。"其中，"雅谊投醪宜纵酒，园蔬入馔胜烹鲜。"反映了潘琴侪(桐)招饮十笏园，因有瓜田菜圃，园蔬入馔，素鲜胜荤。

邱衍礽的"学圃"，《山阳河下园亭记续编》记载："邱俊佑昆屋，即前编所载琴汜先生卧云居旧址，易姓有年，复业后旧居无存，遂结茅为屋，因以学圃名之。阜宁裴汜卿枬为书其额。跋云：'学圃为尼山所不许，然邵侯种瓜，东坡种菜，后之人恒有托于斯。……'佑昆名衍礽。为琴汜先生之玄孙。"

五、河下园亭中果树花木混杂

以上重点呈现一些园亭以某一种树木、花卉、藤蔓为胜，或以农家风物为胜。河下其实还有很多园亭，混合栽种着果树花木。

汪筱川的吟咏处"槑竹山房"，《山阳河下园亭记补编》记载："院中本有胡桃树一株，大可合抱，数百年之物业。更植樱桃、葡萄、桃、杏、枇杷、榴、梨、梧桐各果木树，每逢春夏，梧竹各树交映，绿荫满布，日光全被遮盖，咸纳凉消夏于此。真是'五六月间无暑气'，诚如乡先辈阎省庵先生题爱莲亭句，信不虚也。"显然，"槑竹山房"内，果树花木混杂，满园绿荫，能起到纳凉消夏作用。

也因为"槑竹山房"内植物丰茂，环境美好，故汪筱川日与诸先生，"徜徉于园内，置酒哦诗商谜焉。"友朋往来其中，"消寒消夏，唱和无

---

① 刘元方，字小艖，道光庚寅诸生，丁酉拔贡。

虚日。"

玛继宗的吟咏处"绿桐精舍",《山阳河下园亭记补编》记载:"舍之前,有紫藤一株。每逢春夏之交,绿荫紫蓥,旖旎可人。夭矫数丈。更兼墙上凌霄,朱花绿叶,清荫绝俗。又植修篁百余竿,碧梧数本。院内及舍中,陈设玲珑,丘壑山石,盆景甚多。花木竹石,周遭丛茂,颇幽洁,无尘俗之境。"紫藤、凌霄花、竹子、梧桐,营造出"绿桐精舍"不俗之境,故《山阳河下园亭记补编》编者曰:"余时至精舍中,与主人煮茗谈诗论文,徘徊于藤阴丛石之间,观玩竟日。仍徘徊不能去,足以愉快焉。"

李长发的吟咏处"绿天书屋",《山阳河下园亭记》记载:"在仓桥下关家巷。……(李长发)中年弃湖嘴老屋,徙居于此。……院中旧有古桑一株,房主人伐之。至是桃、李、桐、榆并生,春夏之交,绿荫覆窗,先大夫自颜曰:'绕屋树扶疏'。……黄叶村先生为绘《绿天书屋》便面,以志风景之美。"

王全熙的书室"师竹斋",《山阳河下园亭记续编》记载:"在竹巷罗家大门北。宅中旧有厅事三楹,更于其西,筑书宅三楹。前有竹数百竿,梧桐、芭蕉十数本,满径绿荫,几忘羲驭。宅后隙地,养花草,以短篱卫之。"

方琢的别墅"丰乐园",《山阳河下园亭记续编》记载:"在清妙观巷。……(方琢)籍南清河,乾隆末年移居河下。性嗜花木,尤擅丹青。……正厅三楹,两厢五厦,对厅三间,回廊一带。迤东门一,内南北屋各三间,南为自娱室,北为童仆所居。又圆门一,内有六角亭。窗棂均嵌五色玻璃。亭以外,古木参天,群芳匝地,偃息其中,足以愉快。……厅前植花数十种,后植枣树百余株,故额之曰:'丰乐轩'。取:'红枣林繁乐岁丰'意。遂以名园。"

岳冠群的"同田书屋",《山阳河下园亭记补编》记载:"岳明经超伯设帐处,在白云楼东北数步。屋子为草厅三楹。……院甚宽广,中有皂荚树一株,大可合抱,数百年之物也。春夏之交,浓阴密布,夏秋结实累累。旁植花木,颇幽洁。"

裴柟的著书室"卧风轩",《山阳河下园亭记补编》"卧风轩"条记载:

"裴太世丈梓卿著书室也。在湖嘴街白酒巷尾。宅为太世丈之大父光禄公,由船政乞休归所筑。……院中有老梧二株,修竹数百竿,葡萄、紫藤满架,樱桃、垂丝海棠各一株。每逢春夏之交,绿荫满庭。"

可以看到,上述以混合果树花木充实园亭的,大多为《山阳河下园亭记续编》《山阳河下园亭记补编》中的园亭。可以推断,在河下园亭极盛时期,值得书写的是各种名人题额的亭台楼阁;是山石起伏、池水泛舟的园内规模。而在后期,当园亭只剩下三五楹房屋,方寸之内的假山小池,果树花木无疑是园亭最容易添置的装饰物。而小小的园亭,配置上浓阴梧竹,比较符合退守河下的文人的闲淡心境,而按季节盛开的鲜花恰恰也表达了河下人内在不息的一种文化追求和热情。

第六章　河下园亭的读书、育人功能

　　淮安人热爱书籍，热爱读书，《山阳河下园亭记》及《续编》《补编》所记录的园亭，以书屋命名的就有9个。《山阳河下园亭记》中有梅花书屋、为谁甜书屋、南藤花书屋、培兰书屋、绿天书屋；《山阳河下园亭记续编》中有敬一书屋、惺惺书屋；《山阳河下园亭记补编》中有同田书屋、青棠书屋。

　　上述以书屋命名的屋宇，功能也是不同的。有的是用来作读书处，如《山阳河下园亭记》载"梅花书屋"为"吴慎公先生读书处"。"为谁甜书屋"为"杨小弢先生读书处。"有的是用来作藏书处，如《山阳河下园亭记》载"培兰书屋"为"程秀岩司马藏书处。"有的是用来作吟咏处，如《山阳河下园亭记》载"绿天书屋"为"先大夫（李长发）吟咏处也。"有的是用来设帐教书的，如《山阳河下园亭记补编》载"同田书屋"为"岳明经超伯设帐处。"有的是用来作为作画所，如《山阳河下园亭记补编》载"青棠书屋"为"杨玉农征君作画室。"

　　除了上述直接以书屋命名的，有的虽没有以书屋命名，但是内部专门设立了书屋。如《山阳河下园亭记》载杨皋兰的"梧竹山房"内设有"双桐书屋"；黄粲晚年，在自己的"退一步轩"前葺小室，题曰"西头书屋"；"引翼堂"为丁兆祺居所，"是园初为程维吉茂才之园。……'藤花厅'，在程（维吉）名'紫藤书屋。'"

　　淮安河下园亭文化起点高，许多园亭主人读书不是仅止于一般爱好，或者为了附庸风雅、装点门面。他们热爱读书，既而会藏书甚富；他们热爱读书，往往到了邃于经学，潜心学问，无所不窥的程度；他们热爱读书，便会著书立说，著作等身；他们热爱读书，往往举家成为读书人，也会设帐教书。下面分而述之。

第一节　河下园亭藏书甚富

《山阳河下园亭记》《山阳河下园亭记续编》中有直接将住宅或住宅中某楼室定性为藏书处的，如《山阳河下园亭记》载"培兰书屋"为"程秀岩司马藏书处。""一拳一勺"为汪丈葵（汪汲）田宅，"园中有楼，即藏书处也。""引翼堂"为丁兆祺之居室，"堂之南深房曲室甚多，其最佳者如'留荫山房'，……后为'学松斋'，藏书室也。"《山阳河下园亭记续编》载"有堂"为"黄鹾尹惠伯（黄海长）藏书处也"。还有的园亭虽没有标明是藏书处，但相关资料也记录了园亭主人的藏书癖好。

《山阳河下园亭记》《山阳河下园亭记续编》《山阳河下园亭记补编》对于园亭主人藏书甚富多有具体描述，从中，我们能感知到河下文人热爱读书，既而爱书成癖的情状。

如汪汲的"一拳一勺"，《山阳河下园亭记》记载："汪丈葵田宅，在钉铁巷。葵田丈名汲，清河人，及身见五世同堂。丈由清江浦移此，尤邃于经学，兼通壬遁术。孙光大，字式斋，游同族文端公门。著述亦富，藏书十余万卷。园中有楼，即藏书处也。""一拳一勺"的主人汪汲，字葵田，从清江浦移居河下。长于经学研究。汪汲有孙子，名叫汪椿（1767—1832），字光大，又字式斋，曾游学汪廷珍门下。汪椿著述亦富。一拳一勺园中有楼，即汪椿的藏书处，共藏书十余万卷。

《山阳诗征》于汪兆熊[①]条下引《柘塘脞录》云："石翁博涉经史，兼工书画。……殁后其孙葵田先生刻《石翁诗钞》。葵田名汲，博雅好古，移家山阳城外东隅，筑一拳一勺园，聚书数万卷，恣意读之，笃学自娱，不求闻达。"[②]

---

① 汪兆熊，字飞渭，号石翁。居山阳之清江浦。康熙中诸生，授同知。刻有《石翁诗钞》。
② 丁晏原辑、王锡祺重编、周桂峰点校《山阳诗征》卷十七，陕西人民出版社2009年，第623页。

　　根据上述材料可知,汪汲五世同堂。汪兆熊(号石翁)是汪汲祖父,博涉经史,有《石翁诗钞》,汪汲为之刻印。汪汲喜欢聚书,已经有数万卷。到汪汲的孙子汪椿时已经藏书十余万卷。

　　如黄海长的"有堂",《山阳河下园亭记续编》记载:"黄艖尹惠伯藏书处也。……四壁图书,计八万卷。艖尹名海长,……年夙知艖尹。凡书百行,一目成诵,不遗一字;凡书百卷,三五日辄卒读,所见书大旨皆罗列胸中。平生爱书成癖,频年所获,皆以购书罄之,不治生产。"

　　黄艖尹惠伯,即黄海长,"有堂"是他的藏书处,如上述记载,"有堂"四壁图书,计八万卷。之所以能积聚如此数量的书籍,是因为黄海长平生爱书成癖,将多年积攒的财产,全用来购书,不治生产。同时,黄海长也有超强的读书能力,看书快,记书牢。黄海长自己著有《借竹宦藏书题跋记》。段朝端《黄海长借竹宦藏书题跋记序》云:"此记是藏书者的随手札记,得书年月,访书之缘起,及当时交游之迹,书中要旨,书外轶事,一展卷而毕具焉,盖其一生精力所萃。"段朝端因此大发感慨道:"予谓借书还书为痴,即藏书亦一痴也。岂若君之自我得之,自我失之,撷其菁华,资为论著,以饷后人,公同好,虽散而俨若未散,且较胜于徒聚而不散者耶。"即一般会有一些痴迷于借书还书的人,但黄海长不止于此,他还痴迷于藏书,他不仅痴迷于藏书,还著了《借竹宦藏书题跋记》,将自己毕生精力所藏之书昭示他人。较之那些将书束之高阁,不令他人一观者,自是高出一筹。由此可见黄海长之于书籍的爱好成痴已非一般人可以理解。

　　岳钟秀的"白云楼",据《山阳河下园亭记补编》"白云楼"条记载,是"前明孝廉岳公钟秀室也","白云楼"楼名本身虽没有直接标明是藏书室,但是《山阳河下园亭记补编》记载道:"其裔孙树森,为余之太姑丈。予幼时,尝至其楼,楼上藏书甚富,楼下为会客处。树森,亦能诗,著有《后白云楼诗存》。"即岳钟秀的白云楼后来被其孙子树森继承,树森是《山阳河下园亭记补编》的编辑汪继先的太姑丈,汪继先幼年时,亲自到白云楼上,看到楼上藏书甚富。

黄曰堪的"吟清楼",在竹巷魁星阁东。《山阳河下园亭记补编》"吟清楼"条记载是"黄芷升①孝廉读书处",《山阳河下园亭记补编》虽没有直接标明"吟清楼"是藏书室,但说到"吟清楼"有"楼三楹,原系程氏故居,后为黄氏所购。楼上藏书甚富"。

"射阳簃",是"吴公承恩著书室也",《山阳河下园亭记补编》"射阳簃"条记载:"明清两代,凡十余世为茂才。掇巍科,登华腯,领封圻者,代有传人。著作如林,藏书亦富。后因就馆江南,全家南迁,打铜巷之宅,旋售于他姓。沈殿元所书匾额,尚存于宅中云"。

《山阳河下园亭记补编》记载"绿桐精舍"为"玛四叔继宗吟咏处","舍为楼房,上下各一间。楼上庋②藏书籍,楼下为会客处。"

"藏书亦富""庋藏书籍",也说明了"射阳簃""绿桐精舍"书籍甚多的情况。

第二节　河下园亭主人醉心读书

河下人文荟萃,热爱读书是河下人一直传承的文化习惯,在经济繁盛时期,更是河下人的一种自觉追求,也是河下园亭主人的一种自觉追求。因为热爱读书,河下园亭主人会将住宅专门辟作读书室。《山阳河下园亭记》《续编》《补编》有直接将住宅标为读书处的,《山阳河下园亭记》载"漱石轩",为"程娄东③先生读书室也。""梅花书屋",为"吴慎公先生④读书处"。"为谁甜书屋",为"杨小弢⑤先生读书处也"。《山阳河下园亭记续编》载"研诒斋;二十二研宅",为"王太使研荪⑥读书处"。"旧梅花庵",为"王拔萃峙甫⑦读书处。"《山阳河下园亭记补编》载"吟

---

① 黄芷升,名黄曰堪,父亲是著名画家黄粲。
② 庋 guǐ:放置;保存。
③ 程淞,字娄东,号寓庵,补秀水增生。
④ 慎公先生,名吴宁谔,邑庠生。
⑤ 杨小弢先生,名杨寿恒。
⑥ 王鸿翔,字燕孙,号研荪。
⑦ 王兆桢,字峙甫,号秋森,拔贡生。

清楼"，为"黄芷升孝廉①读书处"。

当然，还有一些没有直接标注读书处，但相关材料字里行间记录了他们醉心读书的情状。

河下园亭主人对于读书，是投入的、狂热的喜欢，所以这种热情有时表现到很极致的程度，譬如有的一家人都爱书读书；譬如有的人会爱书成痴，不计生业，家业为之耗光；譬如有的人潜心学问，邃于经学，到了无所不窥的程度。

一、举家热爱读书

《山阳河下园亭记》记载"补萝山房"："曹翁岂麟宅中之园，在许天和巷。岂麟徽人，文正公之族也。文正公祖锡侯先生来淮，主其家。文正公过淮，亦通款洽焉。翁昆季三，子姓凡十余人，皆读书于此。"

也就是说曹岂麟，是安徽人，为文正公家族中人。文正公指曹振镛。曹振镛（1755—1835），字俪生，安徽歙县人。乾隆时官居侍读学士；嘉庆朝拜体仁阁大学士兼工部尚书；到了道光时，又为军机大臣，晋升武英殿大学士，充上书房总师傅，入值南书房，赐太子太傅衔，堪称权倾朝野，显赫无比。道光十五年（1835），曹振镛死，道光皇帝为表彰其"品节"，特旨赐谥"文正"。曹振镛仕途顺畅，作为三朝元老而不倒，最后以"文正"美谥善终，实属历代罕见。曹振镛之祖是曹锡侯先生，是曹家最早来淮者，是他购买了黄宣泰在萧湖的梅花岭，也即后来所说的曹家山。

"文正公过淮，亦通款洽焉"，意思是曹岂麟与文正公曹振镛同族，曹振镛过淮，与曹岂麟相处很融洽。"翁昆季②三，子姓凡十余人，皆读书于此。"即曹岂麟有兄弟三人，加上子弟十余人，都读书于补萝山房，也即一家人皆爱读书之意。

《山阳河下园亭记》记载"漱石轩"："程娄东先生读书室也。先生名

---

① 黄芷升孝廉，名黄曰堪。
② 昆季：即兄弟。

淞,原名洙,号寓庵。……补秀水增生。初居光禄第巷,晚年卜居判厅巷。先生为望社中人。自题其轩曰'漱石',风骨可想。后旧宅就圮,裔孙在镕移居中街,室仍旧名。今为其孙庆生读书处。先生兄涞,字潍东,顺治乙丑进士。官直隶平谷县。弟涑,字扶东,郡庠生。"

也即漱石轩过去是程淞的读书处,现在是程淞孙子庆生的读书处。不仅如此,这段还交代了程淞的兄长程涞,字潍东,顺治乙丑进士。程淞的弟弟程涑,字扶东,郡庠生。都是读书致仕的。

《山阳诗征续编》于程庆生①条后录《遁庵丛笔》云:"程颂云茂才庆生,娄东先生裔孙也。咸丰甲寅,邀余及苏台夜读漱石轩。庚申兵灾后避地周庄,田舍额书室曰'遁庄',养亲读书。余赠以诗云'百岁光阴怜寸草,一编风雨爱名山。'甲子,孙松坪学使岁试,乃入泮,复归故居,未能恢旧业也。"②这一段不仅交代了程淞孙子庆生"养亲读书"经历,又补充了程庆生的孙子程松坪学使"岁试,乃入泮③"。家族以读书为要的精神传承可见一斑。而程松坪"复归故居,未能恢旧业也",也是时代艰难,家道中落的反映。

《山阳河下园亭记》记载"耕岚阁","在大绳巷,家苏庵公,名李时谦。字吉爻,康熙辛丑科进士。以河南道监察御史,擢陕西督粮道。少贫,与弟恕庵公(时晋)、恂庵公(时震),同读书于灵济祠之文昌阁后。恕庵公康熙乙酉举于乡,恂庵公与苏庵公同科进士。宅有'科甲蝉联'额。睢州汤文正公为兄弟立也。公通籍后,筑此阁为读书地。今人犹呼'绳巷李'云"。

说的是,李时谦少贫,与弟弟李时晋、李时震,同读书于灵济祠之文昌阁后。李时晋康熙乙酉举于乡,李时谦与李时震同科进士,即康熙辛丑科进士,故宅有"科甲蝉联"额。兄弟同科进士,实为罕有。李时谦通

---

① 程庆生,字颂云,同治癸亥诸生。

② 王锡祺辑、沈家驹校、张强点校《山阳诗征续编》卷三十九,陕西人民出版社 2011 年,第 1063 页。

③ 童生初入学为生员,称为"入泮"。

籍①后,筑此阁为读书地。今人犹呼"绳巷李。"

二、爱书成痴,不计生业,家为之耗

河下人爱书成痴,不计生业,家为之耗光,并非一例。

《山阳河下园亭记》记载"缩秀园":"杜湘草先生宅,在湖嘴。(或传在湖心寺旁。)先生名首昌,世以资雄里中。先生笃嗜书史,不计生业,家为之耗。"

《山阳河下园亭记续编》记载"有堂":"黄醝尹惠伯藏书处也。……平生爱书成癖,频年所获,皆以购书罄之,不治生产。"

三、潜心学问,邃于经学,无所不窥

河下人爱读书,有的已经到了邃于经学,无所不窥的程度。

《山阳河下园亭记》"梅花书屋"条云:"吴慎公先生读书处。在打铜巷宅西偏。先生名宁谔,邑庠生,与从兄吴宁谧,皆以文章名噪曲江楼。三吴名宿,分题角艺于梅花书屋,慎公先生称巨擘焉。子大冶(玉镕)承藉家学,淹贯群书,年四十五始成进士。犹子山夫(玉撎)、非木(玉楫)、稻孙(玉抱)。暨山夫子初枚、次枚,皆以科第文章显名于世。山夫尤究心六书,博通群籍,著有《山阳志遗》《金石存》。时翁方纲、朱筠,方以考据金石称专家,皆就山夫相质证"。

在这个记录中,虽然重点在于说明"梅花书屋"为吴宁谔书屋,但是却记录了山阳望族吴氏家族的荣光。所谓"皆以科第文章显名于世",包括第一代的吴宁谔、吴宁谧,第二代的吴玉镕、吴玉撎、吴玉楫、吴玉抱,和第三代的吴初枚、吴次枚等。

其中强调了第一辈的吴宁谔与从兄吴宁谧,皆以文章名噪曲江楼。第二辈中,梅花书屋主人吴宁谔之子大冶(玉镕)承藉家学,淹贯群书。尤其是吴宁谔侄子吴玉撎,"究心六书,博通群籍,著有《山阳志遗》、《金石存》。时翁方纲、朱筠,方以考据金石称专家,皆就山夫相质证"。

---

① 通籍:谓记名于门籍,可以进出宫门。因此后来便称做官为"通籍"。

吴玉搢（1698—1773），清代古文字和考古学家。自幼秉承家学，在他八九岁的时候就有辨识古字的嗜好。待长大，即专心六书，学有所本，博览典籍，亦涉金石彝器，所著的《别雅》《金石存》《说文引经考》《山阳志遗》等，皆刊行于世。游京师时，清代考据大家、诗论家翁方纲、朱筠等，"皆就吴山夫（玉搢）相质证"。淮安学者阮锺瑗曾写诗称赞吴玉搢道："当代儒林传，吾乡孰见收？阎杨①称绝学，继起有任邱②。博雅推吴叟③，精详志楚州④。一官虽博士，兹事足千秋。群雅源流别，遗文金石罗。人堪欧赵⑤继，泽衍顾张⑥多。旧雨三生隔，新诗七字讹。关心故园里，文献近如何。"

又如吴玉楫，号非木，为山阳县学诸生，也是嗜学如命，博学好古，吴玉搢在撰写《淮安府志》"分野"时，曾经向吴玉楫问其详。吴玉搢著《山阳志遗》，载里差说叙述多讹，根据吴玉楫所留遗书，可以正之。

故"梅花书屋"条记载的吴氏家族人，已经不是一般的喜欢读书，而是淹贯群书，以读书称名于世了。

《山阳河下园亭记》记载陈丙的"潜天坞"，"在竹巷广福寺南巷内。……（陈镐斋）少孤，太夫人曹氏苦志守节，教先生成立，为邑诸生。游痒后，不乐仕进，邃于心性之学，以慎独为切要功夫。晚年兼通内典，暇则观道书。喜吟咏，日凡数纸。"

"邃于心性之学，以慎独为切要功夫。晚年兼通内典，暇则观道书。"也是反映出陈镐斋先生邃于学问，养性为要的个人追求。

《山阳河下园亭记》记载"白云楼"，为"前明孝廉岳公钟秀室也，……西来公为钟秀之从子，家贫，事亲至孝。……读书淹灌百家，践屦笃实。馆里人刘禹度大令家，教子弟以程朱之学。""读书淹灌百家""教子弟以程朱之学"，皆反映了岳钟秀学问渊博、精于经学的深厚根底。

---

① 指阎若璩、杨开沅。
② 指任瑗、邱逢年。
③ 指吴玉搢。
④ 有原注曰："修郡志毕，辑《山阳志遗》四卷。"
⑤ 指欧阳修、赵明诚。
⑥ 指顾炎武、张弨。

《山阳河下园亭记》记载"一拳一勺"为汪汲田宅,"尤邃于经学,兼通壬遁术。"也是对于汪汲的文化学术修养的描述。

第三节　河下园亭主人善于著述

河下人热爱读书,便会著书立说,著述等身;因此涌现出不少勤于著书的学问家,甚至诞生了青史留名的学者。

《山阳河下园亭记》《续编》《补编》中,有直接将住宅标为著书处的。《山阳河下园亭记》载"眷西堂",为"阎百诗征君①著书处"。"亦适斋",为"骆春池学博著书处"。"梧竹山房",为"杨太常师著书处"。《山阳河下园亭记续编》载"松竹草堂",为"殷学博芷兰著书处"。《山阳河下园亭记补编》载"射阳簃",为"吴公承恩著书室也"。"卧风轩",为"裴太世丈梓卿著书室也"。"味静斋",为"徐道庵孝廉著书处"。"问心堂",为"吴鞠通先辈著书室也"。

河下最值得书写的当然是"眷西堂"主人阎若璩。

《山阳河下园亭记》"眷西堂"条记载:"阎百诗征君著书处,在竹巷状元里南。"阎若璩(1636—1704),字百诗,号潜丘居士。在《清史稿》中有传,为清代学术开风气的人,是乾嘉学派的代表,著述等身的学问家。明代中叶,阎若璩家"第七代祖居闾,号西渠,始由太原迁山阳。……西渠公业盐策,迁淮而后,世称素封②,皆代有隐德,多文学士"。③也即从第七代西渠公从太原迁至山阳,以经营盐业为生,便成为了淮安人。此后,家中富有,且出现更多文学之士。阎若璩祖父阎世科,为明万历甲辰进士。④阎若璩的父亲是阎修龄,明末贡生,在明代灭亡之后,专心读书交友,有"江以北之学者"之称,"以文名一时,撰述甚富",⑤著作有

---

① 即阎若璩。阎若璩,字百诗。
② 素封:指无官爵封邑而富比封君的人,出自《史记·货殖列传》。
③ 张穆《阎若璩年谱》,中华书局1994年,第3页。
④ 张穆《阎若璩年谱》,中华书局1994年,第6页。
⑤ 张穆《阎若璩年谱》,中华书局1994年,第8页。

《眷西堂诗文》。阎若璩继承了家学,终生孜孜矻矻,著书立说。在康熙十七年时,阎若璩进京应博学鸿词科,落第以后就留在了京师。康熙二十五年时,身为礼部侍郎的徐乾学奉诏成为《大清一统志》《清会典》和《明史》三馆的总裁,于是召集举国名士一起参加修订,其中阎若璩名列首位。康熙二十八年时,徐乾学迁书局到昆山,阎若璩便与顾祖禹、黄子鸿等著名学者随馆南下,参与修订《大清一统志》,希望能以自己的才学用世。徐乾学常曰:"书不过阎先生目,讹谬百出。"作为一个笃实学者,阎若璩著有《尚书古文疏证》《潜邱札记》《四书释地》《毛朱诗说》《日知录补正》《丧服翼注》《博湖掌录》《阎氏碎金》《眷西堂》等十多种著作,是一位真正的学术大师。一时名士如李太虚、方尔止、王于一、杜于皇,皆折辈行与交。

阎若璩秉承"舍经学无理学"的学术思想,坚持实事求是的怀疑与实证的科学精神,成为了清代学术开风气之先的人物,他的著作《尚书古文疏证》开启了清代学者辨伪疑经之风。

《山阳诗征》《山阳诗征续编》录了以阎修龄、阎若璩父子和眷西堂为题的诗。如《山阳诗征》卷十一录胡从中①写阎修龄的诗《阎再彭眷西堂》:"梅里藏幽址,杳然寄远心。帘前春草阔,花外暮云沈。秉钥云谁思,烹云自好音。主人高出处,淮海日浸浸。"《山阳诗征续编》卷二录胡介②写阎修龄的诗《题阎牛叟眷西堂》:"西渠留世德,鸣鹤隐淮阴。故国河山改,平泉草木深。遥知高士意,兼有美人心。寂寞烹鱼者,含情托好音。"

写阎修龄的诗,彰显了阎修龄的忧国忧民一面,如胡介《题阎牛叟眷西堂》诗中,"烹鱼",出自《诗·桧风·匪风》:"谁能亨鱼?溉之釜鬵。"亨,乃"烹"的古字。毛传解释:"亨鱼烦则碎,治民烦则散,知亨鱼,则知治民矣。"后以"烹鱼"喻治民。"好音":好听的音乐,也指反映民情之音。"寂寞烹鱼者,含情托好音",意思是阎修龄在乱世之时,虽然隐

---

① 胡从中,字师虞,号天放。崇祯壬午科举人。《志·文苑》有传。
② 胡介,字彦远,号旅堂,钱塘诸生,顺治间流寓山阳,著有《旅堂诗文集》。

居淮安一隅，但是仍然做到以诗讽谏，热爱山河，关心国家。

《山阳诗征续编》卷十六录梁廷桢①写阎若璩的诗《阎潜邱眷西堂》："蒲庵虽小一乾坤，南有蟜巢北鹤墩。太息新城遗宅尽，秋山红树泣龙门。"《山阳诗征续编》卷二十七又录张登元②写阎若璩的诗《泾河间潜邱先生墓土名塔儿头》："塔尖初日射溪村，谁策乌犍过墓门。太息眷西堂在否，更无人问学山墩"。

写阎若璩的诗，彰显了阎若璩的学问一面，如张登元《泾河间潜邱先生墓土名塔儿头》诗中有"太息眷西堂在否，更无人问学山墩"一联。"学山"二字，原有典故，即明代王文禄著有《廉矩》，为汇刻诸书。因为是拟宋左圭的《百川学海》，故王文禄名自己著述为《邱陵学山》。因此，"学山"一词有诸书汇集之意。在张登元诗里有以"学山"称美阎若渠之意。"太息眷西堂在否，更无人问学山墩"。发出了斯人不再，斯屋在否，其学问有无人再关注的疑问。反过来也是对于曾经著书等身的阎若璩的敬仰。

"一拳一勺"主人汪汲也是勤于著书。《山阳河下园亭记》"一拳一勺"条下记载汪汲"生平撰述有《事物原会》《竹林消夏录》《日知录集释》诸书"。

《山阳诗征》于汪兆熊条下录《柘塘脞录》云："石翁博涉经史，兼工书画。……殁后其孙葵田先生刻《石翁诗钞》。葵田，名汲，……筑一拳一勺园，……著有《十三经纪字》《座右铭》《事物原会》《方言纪字》《垒字编》《解毒编》，凡若干卷，镂板行世，皆学者有用之书。葵田先生孙名椿，字春园，号式斋，由诸生官国子监典簿。式斋古貌古心，人品悫实，吾郡博雅君子以式斋为第一。性能强记，自经史百家小说以及六壬三式占验术数无所不精。著有《十四经通考》《王制里亩二数考》《日知录补正》《周秦三式疏证》，藏于家。"③

---

① 梁廷桢，字维周，号薇舟，嘉庆戊寅诸生。
② 张登元，字体干，道光丙申诸生。
③ 丁晏原辑、王锡祺重编、周桂峰点校《山阳诗征》卷十七，陕西人民出版社2009年，第623页。

《山阳河下园亭记》记录的汪家,不仅藏书很富,且汪汲祖父石翁、汪汲自己、汪汲孙子汪椿都是博涉经史,著述若干。

"亦适斋"是骆腾凤著书处,《山阳河下园亭记》记载:"骆春池学博著书处。在安乐里。学博名腾凤,字鸣冈。世居新城,后迁于此。以辛酉科拔贡,中本科举人。屡困春官,晚以授徒著书为乐。善属文,刊有《亦适斋制艺》行世。以大挑二等,授安徽舒城教谕。时太夫人年九旬外,告养归。漕帅魏公,延主丽正书院讲席。学博少游汪文端公门,于学无所不窥。而尤邃于算学。……著《开方释例》《艺游录》,全小汀尚书(庆)为之刊行。尚书,先生高足也。"

骆腾凤少游汪文端公门,于学无所不窥。尤邃于算学。著有《开方释例》《艺游录》。

"师竹斋"主人王全熙父子皆多著述。《山阳河下园亭记续编》"师竹斋"条记载:"王明经怡伯书室。在竹巷罗家大门北。……明经名全熙,邑诸生。……性嗜金石碑版,尤好古泉,镇日摩挲。见异书,必手自校录,搜藏亦富。……辛丑冬,邀同志,请于漕督张安圃侍郎,为乡先哲阎潜丘征君,创建祠宇于河下竹巷征君故里。……工未竣,明经归道山。嗣君觐卿(茂才)①,仰承先志,锐意庚修,得以落成。茂才著有《阎征君祠堂记》,甚盛举也。明经著有《师竹斋文存》《诗钞》《杂识》《高丽古鼎图咏》《泉化集珍录》《改浚罗柳河图说》《筹办双烈祠事略》《创见阎征君祠事略》《南游记程》,均待梓。子国征,字慎斋,善画。次子朝征,字觐卿,诸生。著有《沈祭酒年谱》《景潜庵诗钞》《志学斋杂识》等。均未梓。今已散失矣。"

"师竹斋"主人王全熙父子对于阎若璩祠有修缮之功。王全熙性嗜金石碑版,搜藏亦富。王全熙的儿子觐卿(茂才),仰承先志,著书甚富,可惜,均未梓。今已散失。

"松竹草堂"是著名学者尹自芳的著书处。《山阳河下园亭记续编》记载"殷学博芷兰著书处。在后三条巷。学博名自芳,号霜圃。读书过

---

① 茂才:即王全熙的儿子王茂才,字觐卿;嗣君:称别人的儿子。

目成诵,下笔千言,倚马可待。著有《松竹草堂稿》。平日究心水利,著《筹运篇》万言。吴子健制军元炳代奏,荷天语褒嘉,一时称为盛事。邑东南数十里,新浚市河,灌溉民田数百顷,沾利者甚溥,殆由学博首建议焉。又著《导淮刍议》,王寿萱先生刊入《小方壶斋舆地丛钞》,学博季子名汝金,字砺甫,……亦有著作,名《蠖庐类稿》,为识者许可。孙实,亦善诗能文。曾孙佛生,均颖秀,识者以为方兴未艾。"

《山阳诗征续编》也云:"殷自芳字沚南,号霜圃,鸾孙,道光乙巳诸生,咸丰间增贡,候选训导,著有《松竹草堂遗稿》《筹运篇》。"①

殷自芳不仅有诗文集《松竹草堂遗稿》,还有水利专著《筹运篇》《导淮刍议》。季子有著作《蠖庐类稿》,孙实善诗能文,曾孙颖秀。

"白云楼"主人岳钟秀是一个政绩斐然,又能著书立说之人。《山阳河下园亭记补编》"白云楼"条记载主人岳钟秀时曰:"按《邑志·钟秀传》云:'钟秀万历丁酉科举人,两中会试副榜,授德化县。……以母忧去官。起复,知新野县事。……迁刑部主事。……恤刑云南,活死罪百五十人。寻备兵澜沧,兼摄六道篆。地杂苗蛮,钟秀抚驭安辑之。条上方略,俾各得其所。……甲申之变时,钟秀已耄老,尚与抚按官,练义勇,乘城固守。卒祀乡贤。'著有《白云楼诗集》《守城要略》《类说》一百卷。"

岳钟秀《山阳诗征续编》也介绍岳钟秀生平曰:"岳钟秀字完懿,万历丁酉举人,两中会试副榜,任新野县行取刑部主事,晋甘肃参政,著有《白云楼诗集》《守城要略类说》一百卷。"②《山阳诗征续编》于岳钟秀《祝宋翰卿四十初度》诗后录徐嘉《遁庵丛笔》语云:"岳钟秀所著《白云楼诗集》及《守城要略类说》,今无传本。此诗得之李遁夫钟骏《山阳耆旧诗续辑》。"③

《山阳河下园亭记》记载"卧风轩"是"裴太世丈梓卿著书室也。……

---

① 王锡祺辑、沈家驹校、张强点校《山阳诗征续编》卷三十一,陕西人民出版社 2011 年,第 863 页。

②③ 王锡祺辑、沈家驹校、张强点校《山阳诗征续编》卷一,陕西人民出版社 2011 年,第 4 页。

太世丈名栩,字籽青,……著有《卧风轩》集四种。曰《卧风轩稿》、曰《滨海蠡测》、曰《卧风诗钞》、曰《宾楚丛谈》。共八卷,于甲戌秋印行于世。"

《山阳河下园亭记补编》记载"味静斋"云:"徐道庵孝廉著书处,在竹巷街梅家巷。……孝廉名嘉。字宾华,遁庵其别字也。幼家贫,好读书,……专心攻苦,遂成吾淮一代名儒。……孝廉于亭林顾氏遗书,最所膺服,……德清俞曲园太史(樾),序孝廉所著诗文集,谓为'亭林之功臣',信不诬也。孝廉著述甚富,已刊印行世者:《味静斋诗文集》等。……其未刊印者,尚有散文《遁庵丛笔》等。"

徐嘉个人因刻苦读书成一代名儒,经其指点,很多人因学习出众,声名远播。他在整理顾考证顾炎武诗文方面用力很深,被俞樾赞为"亭林之功臣"。自己也著述甚富,刊有《味静斋诗文集》等。《遁庵丛笔》虽未刊印,却被《山阳诗征续编》大量引用保留。

《山阳河下园亭记续编》记载"问心堂"云:"吴鞠通先辈著书室也,……先生讳瑭,字培珩,鞠通其别字也……。家贫,弃举业,走京师。时《四库》馆开,佣书以自给。因得尽读秘阁所藏医家各书,益自磨砺,学乃大进。为人治病,皆奇效。……著《温病条例》四卷。曰《原病篇》、曰《上焦篇》、曰《中焦篇》、曰《下焦篇》,其书始于风,次焉温,继言暑、寒、湿、燥,六气之治法,于以完备,附以《杂说》一卷《解儿难》、《解产难》,各一卷。道光初年,民多吐利死者。先生曰:此燥之正气为病也。复补《秋燥胜气论》,并制'霹三雳'方,所活着众。……又尝叹俗医之谬妄,乃著《医医病书》七十二篇,辑录生平治验心得,为《问心堂医按》四卷"。

综上,河下很多园亭主人热爱读书,淹灌经史,学富五车,著述等身。

第四节　河下园亭主人乐于设帐授徒

河下人因为热爱读书,崇尚学问,喜欢将他们的园亭用于藏书、著书,此外,也会在园亭中设帐授徒,以教书为乐。

《山阳河下园亭记》《山阳河下园亭记续编》有直接将住宅标为教书处的。《山阳河下园亭记》载"存质轩",为"王铁崖先生之家塾也"。"一拳一勺",有"丁俭卿师设帐园中"。《山阳河下园亭记续编》载"倚桐馆",为"方上舍博庵①讲学处"。"岑山草堂","堂为程学博袖峰课徒处"。还有一些园亭虽然没有明确标明设帐课徒,但是住宅拥有者们,也是以在园中读书吟咏,教育子弟为乐的。

总体来说,上述材料在记载园亭时常涉及设帐授徒之事。其中,有的是园亭主人,作为河下著名的教育家,被人争相聘请,经常在别处设帐授徒;有的是园亭主人在家设帐授徒,在教授其他子弟的同时,也教授自家子弟;也有纯粹在园亭中督促自己子弟读书仰承先范的。由此可以看到河下对于教育的重视。

"梧竹山房"主人杨皋兰曾设帐河下。《山阳河下园亭记》记载"梧竹山房"云:"杨太常师著书处。在相家湾。师讳皋兰,字露滋,别号相湾老圃。……(太常)师少由涧河滨移居旧城,嗣设帐河下,因徙于是。负笈从游者日众,经师指画,无不蜚声痒序。申镜汀师按临淮安,河下入学者凡十五人,皆亲受业于梧竹山房。他率类是。盖教泽宏且远矣。师以嘉庆甲子(1804)登贤书,两赴春闱,绝意进取。子启悊,字樽村,道光乙未恩科举人,终吴县教谕"。

杨皋兰(1762—1840),嘉庆九年举人,拣选知县、太常博士,是河下最著名的教育家之一,学问极好。因设馆授徒,移居到河下。河下跟随他学习的人很多,经他教导,无不声名远播。道光十年这一年,河下有15人考中秀才,都是他的学生。不仅如此,他的儿子杨启悊(1795—1853),字秉初,号樽村,追随其父,后中道光十五年举人,官吴县教谕。

《山阳河下园亭记》"存质轩"条也记录了杨皋兰与儿子杨启悊(字樽村)在王履亨的家塾存质轩设帐教书的经历。

《山阳河下园亭记》"存质轩"条曰:"王铁崖先生之家塾也。在湖嘴

---

① 方上舍:即方琚,字韵清,号博庵。明清以"上舍"为监生(取得入国子监读书资格的人称国子监生员,简称监生。)的别称;也作为对一般读书人的尊称。

白酒巷头。先生名履亨,字步衢。候选理问。……铁崖尊师重友,抚犹子成立,人咸重之。延杨太常师与樗村学博,于存质中设帐,以故献南学正(琛),暨紫垣中翰(辅),先后登拔萃科。近松生茂才(虬)、峙甫上舍(兆桢),声誉日起,行将脱颖而出矣。"

王铁崖名履亨,刘怀玉《清代淮安王氏永茂肇庆当典及其主人》考证,王氏原籍是山西太原太谷县,于明代嘉靖年间迁淮。迁淮始祖名叫王有(字天佑),与其兄王才(字符凯)二人来淮。王有四世皆单传,至五世有子五人:维新、维德、维一、维忠、维诚。乾隆五十一年(1786),老二王维德(1713—1799),字懋昭,迁居山阳河下湖嘴大街业盐。

嘉庆元年,太上皇乾隆举行千叟宴,宴请"年七十以上者三千人"。王维德就是其中之一。乾隆后期至嘉庆间,盐政弊端丛生,私盐盛行,官盐滞销,王家不得已开始部分改行,一是在湖嘴开了一爿油麻店;二是在城内开设典当铺。当时主持店中事务者即王维德本人。

典当铺亦称为"质库",即存放抵押的东西的地方。王氏质库,在嘉庆后期因火灾歇业,其孙王履泰、王履亨便带着弟兄子侄们搬回河下湖嘴大街,在湖嘴白酒巷头,办起一个家塾,取名"存质",聘延举人杨皋兰课其诸子侄。

刘怀玉《清代淮安王氏永茂肇庆当典及其主人》解释道:"太常师"即指杨皋兰(1762—1840),"樗村学博"是他的儿子杨启愻(1795—1853)。父子二人被聘为老师。

"存质轩"中读书出来的人,有王履亨侄儿王琛,字献南,号玉航,道光十七年拔贡生。候选教谕,故称"献南学正"。工分隶,好为骈俪之文。少耽金石,晚精鉴别,著有《汉隶今存录》《汉隶释经》诸书,手辑《淮安艺文志》若干卷。性谦谨,无竞于世,人称长者。"紫垣中翰"是王履亨另一侄儿王辅,字紫垣,号紫丞,官内阁中书,所以称之为"中翰"。他是老二王履泰的儿子。"松生茂才"是王履亨长子王虬,字松生,试用训导。"峙甫上舍"是王履亨长兄王履安的孙子王兆桢,字峙甫,号秋森,也是拔贡生。王兆桢住在存质北边不远处,读书处叫旧梅花庵,与黄家香院相近。他于咸丰元年考取秀才,又于十一年考了个拔贡生,后远游新疆,厕身戎幕之中。光绪三年,以军功得左宗棠保荐为知县,并加同知衔,赏五品封典。梅花庵旧宅后出售于高幼攀,改名曰"行素轩"。①

《山阳河下园亭记续编》"旧梅花庵"条也有记载曰:"王拔萃峙甫读书处。去王铁厓先生存质不远。在湖嘴街。嘉道以来,湖嘴王临昌为商号巨擘,妇孺皆知。存质在南,旧梅花庵在其北,与黄家香院相近。……拔萃名兆桢,咸丰辛酉捷拔科后,未就职。以军功保知县。……此宅后出售于高氏,改名曰:'行素轩',主人高幼攀,亦善诗,辑有《行素轩无闻唱和集》,刊行于世"。

杨太常除了在王氏质库设帐教学,还被"培兰书屋"主人程宏楫延请在家督课。

《山阳河下园亭记》记载"培兰书屋"云:"程秀岩司马藏书处。在大绳巷市口,后移火巷宅中。司马名宏楫,捐职州同知,由徽迁淮。子四:长世□,字旦文,少亡,妇陈殉;次世烺,字云卿,以画名;三世熙,字春台;四葆光,字丽卿。长孙德均,字治平。延杨太常师于家督课,后均以名诸生称。云卿晚年,更葺晚翠轩于其侧。治平出嗣旦文,以母节请旌于朝,并汇辑士大夫传、志、歌咏一帙,刊以行世"。

"可园"主人刘熙廷,也是河下人争聘之为师的对象。

《山阳河下园亭记续编》记载:"刘梅江师,晚年课徒其中。在梅家巷。……师名熙廷,字于莼。善诗赋,名噪胶庠②,人争聘之为师。晚年构斯园,家居课徒,兼以课子,负笈从游者,不乏其人。著有《可园赋存》、《锄月山馆试帖》,刊行于世。"

刘熙廷,字于莼,本人长于诗赋,为学校中名人,当地人争着聘请他作老师。他干脆于晚年构筑可园专心在家,在教育他人孩子的同时,也教育自家的孩子。

除了"可园"条,《山阳河下园亭记补编》在裴枬的"卧风轩"条对刘

---

① 该内容参考了刘怀玉的《清代淮安王氏永茂肇庆当典及其主人》,《文史淮安》2014.11.2。

② 胶庠:学校。

熙廷也有记录。"卧风轩"条云："裴太世丈梓卿著书室也。……太世丈名栩,字籽青,与先嗣祖绍儒公,同受业于刘梅江夫子(熙庭)太世丈。"裴梓卿的祖父是船政官员,裴梓卿自己也是著作颇丰,而他即是受业于刘熙廷。

"岑山草堂",为程袖峰课徒处。《山阳河下园亭记续编》"岑山草堂"条记载："堂为程学博袖峰课徒处。在义贞祠飨堂以北。名岑山者,旧籍隶徽州岑山渡,示不忘其祖也。学博名锺。……小迁居士子,性至孝,不远游,不应省试。惧违色养,筑室课徒,藉以养亲。"

程袖峰为程小迁居士子,"岑山草堂"名"岑山",因为来自徽州岑山渡;示不忘其祖也。筑"岑山草堂"的目的是课徒,藉以养亲。

"倚桐馆",为方琚讲学处。《山阳河下园亭记续编》记载"倚桐馆"是："方上舍博庵讲学处,在淡华空地,后为广禄第巷。上舍名琚,字韵清,号博庵。岁科试屡试冠军,名噪大江南北。咸丰庚申,皖寇乱后,辟宅东隙地,建草厅。……著有《倚桐馆文存》。"方琚在科试中屡获冠军,名噪大江南北,皖寇乱后,在住宅边建草亭,为其讲学处。《山阳诗征续编》卷二十二录杨庆之[①]的诗《倚桐馆偕宾华访博庵不值》："看竹何须问主人,公然此例又重循。大苏泛艇偕名衲,小阮煎茶欵众宾。七子赋诗皆胜侣[②],三秋结契亦前因。西南一角晴岚翠,送到萧湖烟水津。"

"同田书屋",为岳冠群设帐处。《山阳河下园亭记补编》记载"同田书屋"云："岳明经超伯设帐处,在白云楼东北数步。……岳氏自明代钟秀公蔚起,其犹子西来公,均崇祀乡贤。凤毛继美,代有传人,为吾淮之世族。"

丁晏设帐于汪汲的"一拳一勺"。《山阳河下园亭记》记载"一拳一勺"云："汪丈葵田宅,在钉铁巷。葵田丈名汲。清河人。及身见五世同堂。……孙光大,字式斋,游同族文端公门。……式斋先生为谢金圃学使所得士,与先君子同芹谱。丁俭卿师设帐园中,庚常侍教矣"。

---

① 杨庆之,字笏山,道光庚寅诸生,咸丰间恩贡,著有《一草亭诗文集》、《春宵呓剩》、《骈斑歈枣簃诗话》、《五弗措子》、《一拳一勺就正草》。
② 有小注："余及莘樵、宾华、小樵、苏台、袖峰、笏林偕往。"

"一拳一勺"为汪汲田宅,汪家在此宅五世同堂。式斋先生即"一拳一勺"主人汪汲之孙汪椿。所谓"式斋先生为谢金圃学使所得士,与先君子同芹谱。丁俭卿师设帐园中,庚常侍教矣。"意思是汪椿与李元庚父亲皆为谢金圃所得士,是为同门。汪椿请丁晏在家教学子弟,李元庚也来汪家陪侍奉教。

丁晏(1794—1875),字俭卿,号柘堂,晚号石亭居士,清代中后期著名的经学家、文学家。道光辛巳(1821)举人,内阁中书。历嘉庆、道光、咸丰、同治四朝,根据《山阳丁氏族谱》记载,丁氏祖籍山东济南,明代万历年间,因到淮安来做布帛贸易,之后落籍于山阳。淮安丁家后来逐渐成为"世代书香,诗礼传家"的望门大族。正如丁晏在《柘翁七十自叙》中所说:"十科蕊榜,甲第传家,七代芹香,丁公衍绪。"丁晏性嗜典籍,勤学不辍,著作甚丰,为"当世之冠"。著有《颐志斋丛书》《山阳诗征》《颐志斋诗文集》,国史馆、府志皆有传。

除了上述河下名园名师设帐授徒,也有的园主在园亭中督促自己子弟读书仰承先范的。

"带柳园"主人吴进在园中以课弟子为业。《山阳河下园亭记》"带柳园"条记载:"先生名进,号飚村,乾隆间诸生。少贫,性介,不与世通,以课弟子为业。"即"带柳园"主人吴进在自家园中以课弟子为业。

"绿天书屋"后人李元庚"俾子孙读书其中"。《山阳河下园亭记》记载"绿天书屋"为"先大夫吟咏处也,在仓桥下关家巷。……中年弃湖嘴老屋,徙居于此。……今迁居曲房巷新宅,阅二十余年矣。追忆旧庐,不胜风木之感。拟于宅旁隙地,筑园曰:'补园',以补先人旧迹;建堂曰'玉诒',于山旁建舍曰'惕介山盘','绿天书屋'亦附焉。更葺数椽,取包大令世臣所题'知所止斋',吴明经廷飏所题'枕经书屋',亦装而悬之,俾子孙读书其中,以仰承先范云尔"。

"绿天书屋"为李元庚父亲李长发的吟咏处,李元庚自己迁居曲房巷新宅后,除了追忆旧庐,补先人旧迹,也新建几间房屋,"俾子孙读书其中,以仰承先范云尔"。在自己园亭中发挥教育子弟,弘扬先辈遗范的作用。这在《山阳河下园亭记续编》李元庚的"餐花吟馆"条可得到印证。

　　总之,淮安自古以来重视文化教育,明清时期,运河地位的上升,城镇经济的繁盛,使得淮安文教事业也获得较大发展。与之相应,河下园亭也发挥着较大的读书、育人功能。《山阳河下园亭记》及《续编》《补编》中,表达了很多园亭主人在藏书、读书、著书、教书方面的兴趣与收获,皆体现了园亭主人对于文教事业的重视。河下有"进士之乡"之称,河下园亭主人及其后代,也有不少进士身份者,从某种意义上,也是得力于河下园亭中文化教育之熏陶。

第七章　萧湖之退宦、盐商文化圈

在清代顺治年及以前，萧湖、湖嘴集中了河下最有名的园亭；康熙、乾隆、嘉庆、道光年间，萧湖文化圈继续巩固，湖嘴文化圈重心移向湖嘴大街。河下园亭整体体现出向街市中心发展态势。菜市桥、竹巷、茶巷、绳巷、打铜巷、柳家巷、相家湾、杨天爵巷、三条巷、梅家巷、莲花街等街区成为园亭集中区域。咸丰、同治及以后，上述园亭仍然是河下后期名人园亭集中区。河下园亭的积聚性构筑，导致河下园亭文化圈的形成。这种文化圈，主要以地理位置为区分。但是，时代经济的盛衰，河下园亭主人的身份地位，也是影响园亭文化圈形成的重要因素。加上河下园亭主人主体是退官、文人、盐商，他们自身的文化特性，所组织的文化活动，所留下的文化成果，及彼此之间的交游往来，都促成了不同文化圈的形成，并赋予了文化圈不同的特质。

第一节　萧　湖

在淮安，湖之有名，以萧湖为最。萧湖位于运河东侧，与运河仅一堤之隔，又名珠湖、东湖、萧家湖、萧家田。《淮安河下志》引《县志》："萧湖，亦名珠湖，在城北里许，运河东岸。"萧湖是因运河改道而形成，《淮安河下志》引程锺《萧湖游览记》："淮郡旧城之北，新、联城之西，有萧家湖，亦称萧家田，又曰东湖。不知始于何时，当运道经由城东之时，此湖盖与城西之管家湖、城北之屯船坞，溪巷交通，而波澜未阔。自联城东建，运堤西筑，中间洼下之地，乃悉潴而为湖，以成一方之胜概。"[①]

---

① 王光伯辑、程景韩增订、荀德麟等点校《淮安河下志》，方志出版社 2006 年，第 40—41 页。

王裕发《登曹家山晚眺》诗曰："缘树重重衬远洲，碧波深处漾扁舟。游人尽道湖中好，我爱长河帆影幽。"诗后小注云："土山外即萧湖，湖外即运河，长堤远舟，帆影冉冉而过，真如画景。夕阳眺望，殊畅幽情。"①

萧湖位于运河东侧，与运河中间只隔有一堤，沿岸有韩侯钓台、漂母祠等名胜；湖之南有几百亩水田，景色萧疏空旷；湖之北靠近河下街巷，行船较密；湖之中央横着一道石堤，使得东西湖岸和中心岛屿成为一体，俗名莲花街。

萧湖无论是清晨还是深夜，都给人以光影浮动，生机盎然之感。金玉鸣在《萧湖晓望》里写道："萧湖初纵目，旭日起东方。背郭鸡声远，连天露气长。蒲深迷曙色，波动耀晨光。四顾苍茫里，秋空雁几行。"用各种意象构筑了萧湖在秋天早晨的丰富的声色光影。

释灯岱在《同友人夜泛萧湖》中写道："萧家湖上散晴烟，最好凉秋薄暮天。绿酒喜看名士晏，青衫闲坐野人船。桂轮似镜亏犹半，玉露如珠滴已圆。夜色此时真入画，水光遥与白云连。"用各种意象，构筑了萧湖在秋日夜中的声色光影。

萧湖很适合在月下观赏，程晋芳在《饮席既散，复与家佺澭亭、涡亭登餐胜阁玩月，泛舟珠湖作》中写道："歌阑灯火歇，宾主蔼余欢。登高望素月，清气在林峦。惬此酒人怀，旷彼物外观。芳堂明夕景，平波试回沿。樵风响远音，丛筱澹疏烟。中流任容与，闲话羲皇帝。但觉夜钟永，不知风露寒。他时续幽思，澄水垂纶竿。"用各种意象，写出月下萧湖的一份清冷与远韵。

萧湖有蒲、柳、芦、莲、菊，这些水生植物会成为写萧湖诗歌的表现对象。

譬如金农有"回汀曲渚暖生烟，风柳风蒲绿涨天。"（《泛萧家湖》）金玉鸣有"蒲深迷曙色，波动耀晨光"。（《萧湖晓望》）吴玉搢有"开到桃花水满满，红桥三折绕菰蒲"。（《萧湖泛舟》其一）程嗣立有"树遥波影留，星落蒲根小"。（《珠湖泛月》）都写到"蒲"。张养重有"野水忽高芦叶

---

① 王光伯辑、程景韩增订、荀德麟等点校《淮安河下志》，方志出版社2006年，第170页。

冷,凉风初漾藕花秋"。(《再彭集东湖送方尔止还山左》)李时震有"青光何必醉,相赏在菰芦"。(《重五日陪阁学张公泛舟萧家湖,因易名曰学士湖,即用李白句作起》)都写到"芦"。程晋芳有"水阔芦初白,天寒菊有芳。依依数株柳,暮色似横塘"。(《中秋同人泛舟珠湖》),写到"芦"和"菊"。李时震有《东湖赏荷·眼儿媚》"湖绿水飐红莲,分韵合题笺"。写到"莲"。萧湖中的水生植物赋予萧湖独有的韵味。

名士喜欢在萧湖泛舟,诗歌也会予以表现。张养重"月上珠湖好放舟,清尊携与故人游"(《再彭集东湖送方尔止还山左》)写珠湖放舟与故人游玩。阎若璩"萍开绿桨动,凫散值舟横"(《东湖泛舟过石霞举紫岚兄弟》)写以桨拨萍,横舟惊凫的趣味。杜首昌"晴湖如镜画船开,琥珀香浮白玉杯。鸥引牙墙寻胜去,山分眉黛隔城来"(《东湖泛舟》)以镜湖、画船、琥珀、玉杯、牙墙,写出环境、舟船、酒器之美与人之乐。吴玉搢"隔岸帆声杂橹声,外河风起里湖平。扁舟泊向垂杨岸,总有风波也不惊"(《萧湖泛舟》其三)则以帆影、橹声,描摹出萧湖的生机与活力。

萧湖中自然会有可爱的生灵。李时震有"双鸳戏水,或增人妒,又使人怜。"(《东湖赏荷·眼儿媚》)周景行有"鸥鹭一池新月上,楼台几座暮钟遥。"(《萧湖即事》)杜首昌有"近舟鸥鹭狎,跃日鲂鲤或。"(《珠湖泛舟遥望韩侯钓台》),鸳、鸥鹭、鲂鲤等小生灵,使得萧湖如此灵动。

淮安是酒乡,名士相聚多喜置酒,如吴玉搢有"画船载酒看春涨,一折能消酒百壶。"(《萧湖泛舟》其一)张养重有"月上珠湖好放舟,清尊携与故人游。"(《再彭集东湖送方尔止还山左》)聚会时,或约几个人,摇动画舫,醉倒花前,如李时震的"开尊且与醉花前,雪酒泻珠圆。"(《东湖赏荷·眼儿媚》)或放浪形骸,饮酒作诗,如杜首昌"颓放任诗狂,吸吞快酒渴。"(《珠湖泛舟遥望韩侯钓台》)借酒释怀,几忘时日,人生如此,夫复何求?如程嗣立有"酒罢卷疏廉,春庭月将晓。"(《珠湖泛月》)程晋芳有"惬此酒人怀,旷彼物外观。"(《饮席既散,复与家伫滏亭、涡亭登餐胜阁玩月,泛舟珠湖作》)

以上写萧湖之诗①从各个角度描绘出了萧湖的美。美丽的萧湖，被大家视作园亭的最佳选址。

高岱明《淮安园林史话》云："而河下萧湖别墅区的形成，最迟也在明末。崇祯年间，复社在淮的重要人物、探花夏曰瑚因朝中倾轧纷扰，被迫谢病还乡，在联城天衢门外的萧湖边建了一座恢台园，面城背湖，水阔处可百丈。园中有绕来溪亭，花棚乱石，所植多高柳，沉绿如山。而此前，湖畔已有别家园亭数处。"②

夏曰瑚的"恢台园"在《山阳河下园亭记》中被标注在郭家墩。萧湖位于运河东侧，与运河仅一堤之隔，郭家墩紧邻萧湖北面，故有时被称作萧湖郭家墩，甚至郭家墩有时也被看作是萧湖的构成。高岱明的《淮安园林史话》，显然也是将郭家墩视为萧湖的。明代到清初，据《山阳河下园亭记》记载，郭家墩为一些著名园亭的集中地，比如阮隐翁的阮池、夏曰瑚的恢台园、徐越的华平园。到了顺治以后，特别是康、乾阶段，《山阳河下园亭记》中标记为萧湖的著名园亭增多，如黄宣泰的止园（萧湖）、张新标的依绿园（萧湖）、程茂的晚甘园（萧湖）、程鉴的荻庄（园在萧湖中，门在莲花街）、季逢元的面湖草堂（萧湖岸，《补编》中记载），等等。它们分别位于萧湖岸边或湖中长堤莲花街上。鼎盛期的萧湖园亭是河下园亭的真正代表。

《山阳河下园亭记》记载的这批园亭绝大部分在丁晏的《萧湖曲》中得到书写。丁晏《萧湖曲》诗有小序云："萧湖之滨有曲江楼，始建于张鞠存吏部。中有依绿园、云起阁，楼东为黄兰岩观察止园、舫阁③、梅花岭④。楼后归岑山程氏，改名柳衣园，而曲江楼旧额犹存。程氏又对于湖起荻庄，敞厅飞阁，曲榭回廊，园亭之胜甲于吾淮。"小序中提及了萧

---

① 以上所涉萧湖之诗，均见《淮安河下志》卷一。王光伯辑、程景韩增订、荀德麟等点校《淮安河下志》，方志出版社 2006 年。

② 高岱明《淮安园林史话》"引子"，中国文史出版社 2005 年，第 18 页。

③ 《山阳河下园亭记》"舫阁"条记载云："黄甫及先生之园，在萧湖。先生名申。《茶余客话》载舫阁，并及兰岩观察之止园。先生为观察之族。"故丁晏《萧湖曲》中记载为黄兰岩观察的舫阁，也是因为黄申（甫及）与黄宣泰（兰岩观察）为一族之故。

④ 有小注："今皆废圮，惟岭形犹存一坏，俗所称黄家山也。"

湖极盛时期的几家住宅,张鞠存吏部的依绿园;黄兰岩观察止园、舫阁、梅花岭;岑山程氏的柳衣园(原为依绿园);程氏荻庄等等。

总之,在萧湖鼎盛时期,湖中有十几家私人园林。有的是在京城做官,退宦回来而建,有的是盐商富有时而筑。不少园亭堪称经典之作。它们在园亭规模上,构造特点上,文化活动上,都是值得说道谈论的。

名士、名园、名楼、名湖,曾经令大家观赏咏叹羡慕,然而最终,它们又成为"诸遗迹今皆淹没无存。唯树色溪光如旧耳"。

下面择萧湖上代表性园亭而谈之。

第二节　依绿园、柳衣园、曲江楼

《山阳河下园亭记》"依绿园"条云:"吏部之园[①],何时为克庵[②]先生所得,不可考矣。后为程眷谷先生(埈)易名柳衣园。"这正好说明了依绿园的三个阶段。即张新标、张鸿烈的依绿园、程用昌(程克庵)的依绿园、程埈(程眷谷)的柳衣园。

先是由退官张新标、张鸿烈父子建了依绿园,此为第一个阶段;后盐商程用昌先生购得,仍名依绿园,此为第二个阶段;再后来又为盐商程埈先生所购得,程埈将其易名为柳衣园,园中其他楼阁名不变,此为第三个阶段。以下分述之。

一、张新标、张鸿烈的依绿园

在明末清初,张氏是淮安大族之一,世代皆有人读书做官。现存淮安地方志中所记载的张氏人物,最早是张世才。据《光绪淮安府志》卷二十八"山阳县人物一"记载:张世才,字德夫,号幼白,万历进士,累官仪制司郎中。……谪长芦盐运判官,寻迁南京户部员外郎。卒,祀乡贤。"[③]

---

① 即张新标的依绿园。

② 程用昌,字嘉仲,号克庵,岁贡生。敕授儒林郎、州同知。

③ 孙云锦修、吴昆田、高延第纂、荀德林等点校《光绪淮安府志》,方志出版社2010年,第850—851页。

　　张氏和其他官宦人家一样,好建园亭。张世才家有远心园。远心园,在联城东。《山阳诗征》卷八于张莲烛①《远心园怀古》诗后录吴玉搢《山阳志遗》语云:"远心园在联城东内,有三层楼,名倚楼,取赵渭南诗语也。园为张仪部幼白先生所构……。今园已不存,有尼庵一区,是其遗址。"②

　　也即张世才归乡后,在联城东,构建了一座远心园,远心园内有三层楼,署名"倚楼",用的是赵嘏著名诗语"长笛一声人倚楼"。可惜后来园已不存,成为了遗址。

　　张新标是张世才曾孙。张新标(1618—1679),字鞠存,号淮山,山阳人。顺治三年(1646)举人,顺治四年(1647)参加望社,顺治六年(1649)进士,官吏部考功司主事,改户部主事。为官清正,顺治十三年(1656)谪黑水监驿丞,以疾归里。康熙十七年(1678),张新标与其子张鸿烈同被举博学鸿词,二人一同进京,但称病未参加考试。康熙十八年(1679)张新标出游,卒于苏州。张新标有《涉江吟》《西湖小草》《淮山诗选》《吏部集》,惜皆不传。张鸿烈,为张新标之子,字毅文,初名礽炜,字云子。顺治十二年(1655)诸生,康熙十八年(1679)试博学鸿辞二等,授翰林院检讨,二十四年(1685),辞官回家。张鸿烈有《曲江楼集》《山阳县志》《淮人咏淮诗》《渡江草》等。

　　《山阳诗征》卷十二收张新标诗88首。《山阳诗征》于张新标诗后录《柘塘脞录》云:"鞠存征君性耽吟咏,于萧湖滨构依绿园,有云起阁、曲江楼诸胜,邀名流唱和。……余感念畴昔,为赋《萧湖曲》以志之。……又云:征君诗才赡丽,五言如'风和迎蛱蝶,溪暖浴鸳鸯''听松午睡足,劚药夜归迟''浮云淡白日,寒雨响寒潮',……沈郁之音,希踪老杜;七言如'鼓枻先随彭蠡月,登楼正及洞庭秋',《灵谷寺寻梅》云:'烟笼春色云千亩,风送繁香雪一林',《云台山》云:'人从层坂穿云窟,

---

　　① 张莲烛,一作泰烛,字尔调。万历己酉举人,仪部幼白公子。所著有《远心园诗》。(丁晏原辑、王锡祺重编、周桂峰点校《山阳诗征》卷八,陕西人民出版社2009年,第255页。)

　　② 丁晏原辑、王锡祺重编、周桂峰点校《山阳诗征》卷八,陕西人民出版社2009年,第255—256页。

僧向崩种石田',……具见风骨。"①

依绿园是张新标所建。张新标以疾归乡后,在少时读书的东溪草堂附近另构新园,地址由城内老宅向北移入萧湖,远离了张世才的远心园。

乾隆间周台孙②有《过张岸斋太史宅》诗云:"两水湾环太史家,门临北郭带烟霞。风流消息无人问,破壁残亭点落花。"《淮安河下志》编者王光伯在周台孙此诗后面加了一条按语云:"太史旧第,《续耆旧诗》未着地址。吴山夫先生《十忆诗》注有'曲江楼旧为余外王父张太史家园',云云,知园所在即家所在。味菘此诗,谓'两水湾环,门临北郭',绝肖东溪滨风景。夷考太史鞠存吏部,旧有东溪草堂,夙经名流题诗,核其名义,草堂当即在第中。"③

吴玉搢(吴山夫)母亲是张鸿烈的四女儿,吴玉搢自己是张鸿烈外孙,故吴玉搢称张鸿烈是外王父(即外祖父)。按王光伯的意思,吴玉搢《十忆诗》注有'曲江楼旧为余外王父张太史家园',周台孙《过张岸斋太史宅》诗歌云"两水湾环太史家,门临北郭带烟霞""两水湾环,门临北郭",绝肖东溪滨风景。故可证张新标的曲江楼在东溪(萧湖)滨。

张新标新园以杜甫《陪郑广文游何将军山林》之"名园依绿水"句,取名依绿园。西南三楹正楼极宏丽,名曲江楼。唐开元名相张九龄,韶州曲江人,有《曲江集》传世,故"曲江楼"楼名系数典不忘祖之意。吴进《曲江楼旧额》诗中即云:"园主旧系九龄裔,两世清名策天府④。楼起当时名曲江,犹似数典不忘祖。"⑤

顺治十四年(1657)左右,张氏曲江楼造好之后,就迎来了它的辉煌时代。《茶余客话》载:"张鞠存(张新标)吏部、毅文检讨(张新标之子张

---

① 丁晏原辑、王锡祺重编、周桂峰点校《山阳诗征》卷十二,陕西人民出版社2009年,第435页。
② 周台孙,字味菘,号梅居、宣衡,乾隆十四年诸生,著有《绿满山房吟稿》。
③ 王光伯辑、程景韩增订、荀德麟等点校《淮安河下志》,方志出版社2006年,第132页。
④ 原有小注:"谓鞠存吏部、毅文太史"。
⑤ 王光伯辑、程景韩增订、荀德麟等点校《淮安河下志》,方志出版社2006年,第184页。

鸿烈)依绿园在萧湖,中有云起阁、曲江楼最宏丽。"①

因为依绿园所在的萧湖环境绝佳,曲江楼为依绿园中最宏丽的建筑,文人雅士以曲江楼作为雅集的最佳场地,屡屡来此宴饮吟诗。这就赋予曲江楼很多文化意义。故有时将依绿园称为曲江园。

特别是康熙三年中秋夜,张新标、张鸿烈所组织的曲江楼大会轰动大江南北。

《山阳志遗》记载道:"萧山毛检讨奇龄微时,避难来淮阴,改姓名为王彦,字士方,匿迹天宁寺。刘勃安先生闲过寺中,与语,奇之,因与订交。渐引所知相往还,遂遍与淮安诸名宿相友善。张吏部鞠存公有曲江园在东湖之滨,八月十五夜,遍集诸名士之寓淮者,张灯水亭,设伎作诸色,爨弄而爇,星盘火树于洲渚间。酒再巡,清歌间作,丝竹幼眇,西河先生为赋《明河篇》。诗成,争相传写。适宣城施愚山过淮,吏部公同年友也,出此诗示之。惊曰:何物王士方? 此非吾友江东小毛生,谁辨此者? 急物色之,果然。后西河与吏部子岸斋公同登康熙己未博学鸿儒。其集中与淮人相酬和诗最多。且与友人札曰:'韩王孙,一漂母耳,而予之为漂母者无数',皆指避难时淮阴故人也。"②

说的是,某年中秋,张新标与他的儿子张鸿烈,在曲江楼邀请来淮安的鸿儒硕学,喝酒赏月,同时有歌舞杂技,焰火映天。萧湖上挤满了各种游艇画船,大家彻夜不眠,有数千人围观。恰逢化名王彦方的萧山的毛奇龄因避祸流落在此,毛奇龄乘兴挥毫,写下了《明河篇》,大家因感叹其为佳作,争相抄写,毛奇龄也由此被好友施闰章(张新标同年进士)识破端倪。从这个故事可以想见当年中秋节聚会的浩大规模,如织人流,甚多诗歌,巨大影响。以后,曲江楼名声凸显,以至于成了依绿园的代称。曲江楼也被很多文人写进诗文中。

丁晏为之写就一篇《萧湖曲》,其中:"萧湖瑟瑟春波绿,中构名园曲江曲。飞檐架阁耸凌霄,水榭回廊三十六。自从吏部起新楼,金管词人

---

① 王光伯辑、程景韩增订、荀德麟等点校《淮安河下志》,方志出版社 2006 年,第 179 页。
② 王光伯辑、程景韩增订、荀德麟等点校《淮安河下志》录,方志出版社 2006 年,第 179 页。

擅胜游。萧山赋就明河曲,皓月连湖万顷秋。"为诗歌首八句。

"萧湖瑟瑟春波绿,中构名园曲江曲"二句:云张新标、张鸿烈在萧湖中构名园曲江曲之事。"飞檐架阁耸凌霄,水榭回廊三十六"二句:云曲江楼楼阁之巍峨壮观,水榭回廊之丰富曲折。"自从吏部起新楼,金管词人擅胜游。萧山赋就明河曲,皓月连湖万顷秋"四句:云张新标及其子张鸿烈在园中酬客,毛奇龄在淮赋就《明河篇》之事。也即,诗歌首8句讲的是曲江楼及其中秋节曲江楼大会之事。

《淮安河下志》卷六录有曲江楼诗多首。

张坊《七夕曲江楼诗》:"密柳丛篁拥一楼,碧溪新涨入初秋。争言问渡当兹夕,谁复浮槎续旧游。云隐长河看漠漠,月来高阁故悠悠。赋惭庾谢空凭眺,乞巧无心问女牛。"

阎尔梅《秋夜题张鞠存新园》:"水色经秋未染尘,筤筜疏落不曾匀。归来万里谁相识,竹巷南头此故人。""处处芙蓉夹白莲,随风上下小渔船。缘溪歌舞还歌舞,不是当年旧管弦。""荒园深夜一灯青,犬吠阴阴透竹榉。架上牙签无旧史,参同新本附黄庭。"

宋荦《张鞠存曲江楼雨后赏牡丹》:"空林雨过送春寒,别墅追随访谢安。待月杯从芳径设,撩人花似故园看。渔歌乍逐清风起,鹤梦闲思碧海宽。向夕振衣高阁上,珠湖烟水正漫漫。"

张养重《张鞠存吏部招陪周栎园司农曲江楼看牡丹,余因醉卧邱曙戒桐园三日未归,遥和其韵》:"花开时节却春寒,细雨轻风满画栏。访旧已成三日醉,登楼遥对几人看。名园选伎歌声缓,上客催诗礼数宽。如此风流谁不羡,更烧红烛夜漫漫。"

李挺秀《花朝前三日曲江楼雨中宴集》:"君子多幽兴,园林向水隅。花情闲里得,鹤影静中娱。好客忘风雨,行吟入画图。临轩看不厌,把酒听鹈鹕。""地旷苍烟迥,水行绿树殊。主人开秘阁,招我入方壶。细听林间鸟,长歌山下榆。不辞今夕醉,天地正须臾。"

程淶《展重阳曲江楼宴集》:"春园宴桃李,秋篱把兰菊。达人贵乘时,陶然天真足。文皇眷重九,嘉节展十宿。自兹良辰传,千秋相似续。卓哉东溪翁,望古寻芳躅。名园迟宾朋,清尊泛醽醁。鸣鸿肃高旻,紫萸垂珍木。贶以风日佳,雅音发丝竹。群季皆惠连,咏歌绝尘俗。论物体性情,析理畅心目。共此永日欢,冰壶如濯魄。羲辔驰西泛,夜游继秉烛。古道允在兹,永言矢弗告。"

杨斐荩《张太史毅文招集依绿园观荷》:"芳洁拟君子,相怜其举杯。艳殊桃李质,香逐鹭鸥来。胜会三秋好,新诗五色裁。自渐蒲柳质,萧瑟欲生哀。"

戴晟《阎大复申召同毛十姬璜饮依绿园观荷,用苏子美韵》:"细雨停桡泊岸平,珠花遥睇接层城。风翻叶露千杯泻,日照莲房一晌明。镜里云峰天外至,溪边香气坐中清。黄昏各上归舟去,分手情深重此行。"又,《端阳后数日过依绿园,用苏公携妓乐游张山人园韵有赠》:"东湖画船惊相熟,避喧往看新栽竹。童子剥啄启柴门,杳不见人步空谷。竹里小亭聊暂憩,行厨偭仄来何速?急缘归路负斜阳,摇曳清波环夏木。"

杜首昌《九日,张鞠存吏部招同方邵村侍御宴曲江楼,调寄〈满江红〉一阕》:"我爱东篱,东篱有花之隐逸。唤渔童①荡桨,探他疏密。对酒朗吟邪老句,题糕直夺刘郎笔。尽沈酣、满把觑双眸,休轻率。秋去也,十之七。发白也,五之一。劝断鸿凄雁,不劳萧瑟。歌向曲江楼上放,香当栗里丛中出。愿年年、同健醉登高,如今日。"

以上所录诗歌所咏大多是张新标、张鸿烈时期的依绿园,或因为节日,或因为赏花,良辰美景,主人招邀,宾主兴浓,达旦宴饮,留下诗句。

如李挺秀的《花朝前三日曲江楼雨中燕集分得七虞》诗,所谓"花朝",指的是农历二月十二日,为百花生日的一天。尽管诗题中写的是"花朝前三日",也属于节日期间。故这是一次节日聚会。诗题说这首诗是宴集与分韵作诗的成果,而诗歌内容则将大家于节日聚会时见到的曲江楼美丽的景致、所激发的雅人性情以及神迷心醉的状态写出。

如程涞②《展重阳曲江楼宴集》诗,从诗题可知,这是一次在重阳节中的活动。"文星眷重九,嘉节展十宿",赞美文友杰出,表明为文友的

---

①　据《词谱》,此处缺二字。

②　程涞,字濰东,是顺治辛丑年(1661)进士,曾任平谷县知县。《淮安诗城》选其诗 2 首,《山阳诗征》卷十二录其诗 1 首。即《展重阳曲江楼宴集》。

定期活动,写出相聚日期之多。"共此永日欢,冰壶如濯魄。羲辔驰西泛,夜游继秉烛"描写聚会盛况,大家宴饮,放浪游玩。写出了节日间主客的欢乐。

当然,第一个阶段,张新标、张鸿烈的依绿园,因为二人是望社成员,望社成员即使在依绿园中诗酒相酬,内心仍然有一种家国愁情拂之不去。譬如李挺秀《花朝前三日曲江楼雨中燕集分得七虞》,写的是曲江楼一批雅人宴集的情景,诗中有一句"好客忘风雨"很是格格不入,但却正反应出当时望社人的集体潜意识,他们正经历着体会着时代的纷扰,也许只有在美好环境中宴饮的时刻,会忘掉时事和烦恼。

《淮安河下志》卷六也录有刘湘沄的《过张氏废园看玉兰》、吴进的《曲江楼旧额》、黄以炳的《过曲江楼废址》,从诗题看,是在曲江楼成为园废之后所写。

刘湘沄《过张氏废园看玉兰》:"名花簇簇出篱樊,上客曾闻过此轩。欢笑场中成梦境,伤怀不独晚甘园。①玉树临风不染尘,荒林时伴读书人。②东皇送暖枝头苗,雪蕊纷纷点仲春。"

吴进《曲江楼旧额》:"五月朔日游园圃,新施丹垩敞檐宇。偕客登楼仰署题,故额高高墨痕古。园主旧系九龄裔,两世清名策天府。③楼起当时名曲江,犹是数典不忘祖。记得前人道盛时,宴集名流式歌舞。西河醉后赋明河,④元亮花前感细雨。⑤主易楼仍当日名,善为前贤存处所。无复冠盖翔清池,空将风度传幽渚。吾淮旧事久俱移,触目伤心为谁语?揽衣缓步下金梯,斜阳淡漱花香坞。"

黄以炳《过曲江楼废址》:"一溪寒玉淡斜晖,客到西园盖不飞。海内文章今日尽,眼前风景此楼非。断垣淋雨无三尺,老树醋霜尚十围。若问昔时觞咏地,画廊曲槛总依稀。"

---

① 有原注曰:"荻庄旧名。"
② 有原注曰:"汤君秀夫、方君琚曾读书于此。"
③ 有原注曰:"谓鞠存吏部、毅文太史。"
④ 有原注曰:"毛西河中秋宴此赋《明河篇》。"
⑤ 有原注曰:"周栎园留看牡丹句有'细雨难催孤棹去。'"

废园、废址,从诗题,即可以看出上述诗歌,是曲江楼颓圮后,人们的怀旧之作。

二、程用昌的依绿园

程用昌原名陵,字嘉仲,号克庵,岁贡生。敕授儒林郎、州同知。程用昌为安徽岑山渡程氏的第十一代人。《山阳河下园亭记》"依绿园"条云:"吏部之园,何时为克庵先生所得,不可考矣。"张鸿烈后来将依绿园转让给程用昌,用昌成了依绿园的第二任主人。但其何时出让依绿园的,时间无确切交代。

程用昌也是一个醉心诗文的风雅之人。段朝端《淮人书目小传》云:"克庵业盐策,居于淮,喜为诗,清警真朴,古体尤高。陈沧洲为选定其集。"①

《淮安河下志》卷六"依绿园"条下,录程锺《淮雨丛谈》:"先高王父克庵有别业在萧湖之滨,名依绿园。花晨月夕,尝与一时名流宴集于此。克庵公诗集中,题咏及依绿园者不下数十首。又,黄山毕氏《大颠诗钞》内有《春日同罗在郊、方涑水游程克庵依绿园用工部韵》十首,备述院中胜概。"②细数一下,在《淮安河下志》卷六中,共录了程用昌 77 首有关依绿园的诗,此列于下:

《依绿园张灯赏荷,复泛湖上,回顾园景弥胜,宾客极欢而罢,因作此诗志之》:"依绿园中满沼荷,或红或白参差多。白若玉女亭亭立,红如妃子醉颜酡。生平好客颇不倦,夜夜开筵罗小膳。回廊曲折总张灯,光焰万丈一齐见。环围观者如堵墙,纷纷缉缉舣舟航。有时抚掌忽大笑,有时歌吹声苍凉。坐久众宾叹观止,也有豪呼兴不已。醉余扶掖共登舟,远处观灯胜于迩。舟行园外泊湖心,灯映湖光一片明。骊龙水底争出没,蜃楼隐隐起峥嵘。复来亭树光焕烂,芙蓉夜静香溢清。香清缘风袭衣袂,忽然入鼻能解醒。更看荷叶园如笠,采作碧筒香共吸。快哉

---

① 王锡祺辑、沈家驹校、张强点校《山阳诗征续编》卷四,陕西人民出版社 2011 年,第36 页。

② 王光伯辑、程景韩增订、荀德麟等点校《淮安河下志》,方志出版社 2006 年,第 185 页。

沁入心与脾,顿令怀抱除郁悒。酒阑宾客禁呹呼,射覆争奇静索枯。偏我诗肠近塞涩,举觞搔首复踟蹰。烛跋频换不肯熄,座客逡巡辞转力。良会虽稀不竭欢,东北雷声催雨亟。"

又,《七月十六日夜依绿园池上观灯赋此纪胜》:"淮阴之城西北隅,诸园环处中有湖。依绿园居湖南面,园后枕湖前开渠。湖影澄澄水如镜,池花密茂荷成区。池荷湖水一堤隔,绕堤轩廊何绎绎。延缘墙垩透玲珑,外内相窥非一隙。最是此园灯月宜,宜尤宜于秋之夕。七月既望时初凉,坐花飞觞灯可张。一天星月罗檐际,南箕北斗焕文章。廊下池上交辉映,花枝低亚红白光。兰桡夜泛风谡谡,遥睇还观真炫目。丽如笔花五色开,奇如仙岛三山矗。多如宝藏出龙宫,皎如明珠剖蚌腹。湖为厅,灯为屏,琉璃云母相晶莹。湖为盎,灯为障,霞锦冰丝光荡漾。淮人睹此眼界宽,万丈光芒一片寒。笑语笙歌群辐辏,余乃因之感跳丸。人生乐境乌可极,金鸦玉兔真相逼。古言行乐当及时,秋声瑟瑟起阶墀。"

又,《己卯闰七夕园集》:"今年七月闰相连,七夕之月月如弦。秋来已历两旬半,风景凄清不似前。前月七夕桐叶密,银河灿灿带炎天。世人乞巧列瓜果,今夕重陈又复然。那识星桥劳仆仆,相继停梭织未全。尝慨今年别离苦,趁兹再渡与迁延。双星相见不相弃,我亦因之意缠绵。依绿园开湖景阔,秋风秋月堪醉眠。酒酌星星星未没,直欲乘槎到斗边。"

又,《酬蒋荆名望夕集小园登台玩月》:"绕屋多嘉树,沿台有曲栏。人来花上坐,月向雨余看。素影三洲澈,清辉一座寒。愿言藏斗酒,枉驾莫辞难。"

又,《春集依绿园即事》:"日日春风坐,梅花苦不闲。冰姿符绿水,雪艳压青山。晴老坚游兴,灯明润醉颜。诗题拈两韵,相约共舟还。"

又,《依绿园赏荷次姚太守原韵》:"荷静生微馥,林塘暮霭遮。翠擎千盖雨,红浸一池霞。凉气能消暑,秋风未老花。山公多雅致,光被野人家。"

又,《和苏友燕夏集依绿园》:"夏日池亭上,与俱惟好风。清音来竹圃,凉馥出荷丛。湖色澄无似,山光晓欲空。捧吟摩诘句,如入画图中。"

又,《春日邀赵襄舒、吴研溪暨陛升婿集依绿园,研溪赋赠十首,用少陵游何氏山林韵次答》:"扫径迟君至,相迎已渡桥。英标凌杲日,爽致逼青霄。喜得高轩过,真惭折柬招。春来芳草地,聊可共逍遥。""芳草娟娟绿,湖波淡淡青。平沙初去雁,嫩柳未来莺。鲜岂银丝脍,香非锦带羹。开怀花下酌,赠子醉歌行。""小筑依湖上,岩栖颇自宜。幸邀山简驾,不是习家池。饮仅能蕉叶,行多拂柳丝。相逢才一笑,云雾豁然披。""昨诵奚囊句,疑君笔吐花。词源如倒峡,字势若惊蛇。草径荒初理,林皋望欲赊。何当留信宿,相共话烟霞。""偈来成雅集,春日好怀开。风拂临池竹,人看绕屋梅。丝罗欣并集,兰茝快同来。几处停游屐,还应步碧苔。""今岁疏游屐,谁烹石鼎泉。非关春寂寞,每恨雨缠绵。乱柳已飞絮,高榆欲散钱。新晴来上客,佳咏胜斜川。""二月春将半,淮阴梅始香。繁英方烂漫,气候异温凉。石上疑霜积,林间似雪藏。几枝映水处,瘦影正苍苍。""双桥春雨足,新渌涨深池。便可浮歌舫,何妨倒接䍠。穿花来燕子,戏水爱鹅儿。有客时相访,琴樽与鹤随。""当暑池莲吐,遥瞻若锦云。把杯思觅句,啜茗待论文。香满催晨起,凉生向夜分。偶逢风雨至,珠玉落纷纷。""下里闻高调,其如难和何?少微殊慷慨,季札自英多。共把春风袂,同听白雪歌。肯移访戴棹,乘兴可重过。"

又,《庚辰夏仲,顾天石南来,留宿依绿园小饮话旧,见赠八章,依歆奉和》:"坐听新诗思不穷,羡君杰出气如虹。轩窗辟爽湖临北,台榭延辉月上东。小小荷钱含露湛,星星渔火带烟蒙。醉吟藉有龙门客,愧我桑榆白发翁。""园枕湖滨暑可忘,烟云一望影微茫。松调箫管风中韵,莲泻珠玑雨后光。跌宕狂吟宗李杜,淋漓醉墨法锺王。尘氛隔绝心无事,尤笑穿帘燕子忙。""位置天然亦自成,何尝役役苦经营。每因淮地邀青顾,遂擅湖干依绿名。已待秋风吹桂蕊,倏逢春信到梅英。栖迟独爱沧浪里,霜镜无时不气清。""水映园亭景最真,随映变换复清新。秋思泛月乘槎客,夏拟虚窗高卧人。聊藉一樽倾杜酒,不须千里忆吴莼。淹留共剪西窗烛,莫慨天涯寄此身。""环堤杨柳万条烟,垂绿拖青与水连。最是开怀秋爽候,偏能引兴夕阳天。郭家旧有高墩地,萧氏曾闻宿麦田。俯仰古今兴废事,临风不觉思凄然。""常乘逸兴泛轻舠,到此方知人事劳。静玩游鱼吹浪细,闲看去鸟入云高。女垣影立迎丹旭,僧寺光凝见白毫。欲向荒楼怀赵暇,还寻旧宅问枚皋。""林塘小筑郡城西,人拟东坡万柳堤。冉冉重篱分内外,盈盈一水隔云泥。林藏积翠侵衣透,步衬残红与屐齐。斗酒堪携芳草坐,绿荫汀里听莺啼。""挥麈清谈向月阴,客秋曾记惜分襟。百年衡论操君手,两载交情快我心。竹翠丛中双鹤舞,槐黄高处一蝉吟。持觞三复阳春调,戞玉铿金寄意深。"

又,《六月二十四日,俗称荷花生辰,因集依绿园为荷花寿。兼是日值立秋节,雨景可观。同拈五微、五歌韵,分赋二首》:《雨景》"才惊玉女忽披衣,急雨延秋入竹扉。长线千寻纷点缀,平湖万颗坠珠玑。风中卷叶驱炎尽,日外浓云带湿飞。水面何殊星宿吐,昆仑观海似依稀。"《庆荷》"樽开今日兴如何,送夏迎凉且庆荷。风已兼秋侵琬液,雨犹带伏曳池波。人瞻槛外诗情涌,鹤立花边寿意多。怪是清芬殊昨昔,为酬吾辈特相过。"

又,《题依绿园八首》:"快得园亭绿水依,水浮一绿几重围。葱茏影护花间屋,婀娜枝垂柳外扉。上下乌樯悬夕照,东南雉堞漏朝晖。人来浑似山阴棹,坐卧怡情未肯归。""小坐回廊带岸斜,数间书屋卧烟霞。绕园内外全通水,夹路高低半是花。忽觉霜钟来寺里,时窥星火出渔家。此中顿喜尘难到,唯见撩人野色赊。""野色缤纷匝四维,时时幽兴足栖迟。鹢浮清浅衔丹旭,虹落长空跨碧漪。景借邻园夸绝胜,地临古渡擅清奇。欲吟桐叶秋来好,且纳荷风夏更宜。""水阁深深到芰荷,玲珑四面得风多。酒含花气幽香送,人向桥心倒影过。千顷玻璃消积暑,一堤杨柳逗清波。喧闻竞渡笙歌杂,忽对珠湖忆汩罗。""秋月临空此独清,那知水映十分明。一湖遥望连天白,万籁无闻彻夜晴。濯濯高梧侵户牖,疏疏垂柳动檐楹。长吟静赏携余兴,影趁婆娑竹外行。""骀荡春光信有时,杏红梅白柳新枝。如斜如整成蹊径,半密半疏间竹篱。倦憩花茵莺作侣,醉眠草地蝶相随。园居最爱周遭水,目送行舟冉冉迟。""人来堤上看舟行,我爱移舟兴倍生。堤只留连孤棹趣,舟能摇曳一园情。森森花树遥辉映，历历亭桥叠送迎。携酒尤宜同泛月，何妨狂饮到参横。""湖中水月共青荧，载酒环游亦复停。近把一觞酬漂母，[①]遥倾五斗吊刘伶。吹来人倚高楼笛，看去僧敲野寺扃。欲问园林幽胜处，荫浓便是绿杨汀。"

又，《立秋后一日，集依绿园赏荷，次和方二如，兼订廿四佳辰之约二首》："荷风昨已弄新秋，歊焰余威渐渐收。避俗敢称河朔集，赏芳幸共右军游。[②]雪花藕可同珍馔，碧叶筒堪代玉瓯。幽兴不随晖落尽，犹乘小艇放中流。""今年闰在夏秋中，廿四重吟馥馥风。天亦爱莲增寿考，我为载酒报诗翁。游人前度期虽误，[③]好友重来兴岂穷？醉似花容同不老，愿将衰鬓转童蒙。"

又，《九日集饮依绿园，次答汪诞嘉留别之作》："登山屐齿滑新苔，泛菊还携旧雨来。桂子近从槐子落，木莲遥续浦莲开。清光节爱重阳好，白发晨惊寒露催。[④]此去海陵逢鹗荐，伫看夺锦羡君回。"

又，《九月十日次答张绣裳集饮依绿园四首》："登高逸兴昨宵悬，今日襟怀始豁然。好景得经崔颢眼，新诗题向薛涛笺。林峦欲伴琴书老，泉石频教日月穿。感慨古今兴废事，那知更历几何年？""北牖晴开湖上筵，城隅小艇往来便。已欣张仲还相访，敢效青莲醉欲眠。凉籁渐生秋水岸，余霞未散夕阳天。独惭蓬径非名胜，辜负游人拟辋川。""只因此地远尘埃，常引高人日往回。看竹亭边衣染翠，抚松石上屐沾苔。茂先博物空相赏，承吉豪吟别有裁。幸借酒酣挥健笔，一时为我扫蒿莱。""疏篱初吐拒霜花，夹岸亭亭照水涯。每惜菊开三径雨，何如波浸一池霞。桥边改席留佳客，渡口移舟噪晚鸦，醉醒莫嗟重九后，半规明月未西斜。"

又，《次武邑侯宴集依绿园原韵五首》："严公江阁兴，山简习家游。化日兴多暇，高吟爱早秋。簇金花傍丽，洗玉竹间幽。画舫乘流远，悬

---

① 有原注曰："地近漂母祠。"
② 有原注曰："王羲之曾于百里芳赏荷。"
③ 有原注曰："前廿四日，园为贵客宴集，误此佳辰。"
④ 有原注曰："初十日节交寒露。"

灯映水稠。光开千户月,烂彻万人眸。散野疑萤苑,腾空似蜃楼。竹吟凡几马,刀割不须牛。一夜沾膏雨,济时仰作舟。""已奏遏云调,还从秉烛游。色连千树晓,影逗一湖秋。忽觉鲸鳞跃,能开蛟室幽。帘垂珠箔直,屏列水晶稠。豹髓分桃面,龙膏散柳眸。有园皆玉宇,无岸不琼楼。灿且凌奎壁,辉将逼女牛。今宵新听视,共醉缓回舟。""园非何氏比,幸致少陵游。湖阔舒清昼,亭凉乐素秋。虹霓瞻气达,邱壑识情幽。苔藓阴多润,莲芬晚更稠。华檠低映水,凝蜡远侵眸。藜映校书阁,月明谈咏楼。焰如云出岫,彩似火驱牛。醉返芙蓉府,还登李郭舟。""胜事传今夕,焚膏继昼游。文光临古渡,福曜占新秋。不月能明远,无犀可烛幽。乱萤惊赤散,丛蕊羡红稠。烂漫三城色,晶莹两岸眸。斜辉风里棹,倒影水中楼。火树联珠玉,星桥聚女牛。相看如白日,那肯即归舟。""七月园林爽,高阳可共游。槐阴犹弄日,莲露已凝秋。击钵敲诗细,飞觞遣兴幽。纵观湖景丽,叠奏雅音稠。香炧凌歌扇,檠光眩醉眸。千枝开铁锁,万盏灿灯楼。惊起栖林鹊,疑生喘月牛。此欢兼昼夜,有酒且停舟。"

又,《依绿园杂诗三十首》:"城居有水能医俗,况复环流种修竹。列植青丝与翠筠,客襟何处不依绿。""垂杨丛里莺声小,三径参差春未老。红雨醺人景且佳,桃花满地何须扫。""枕湖幕月台连屋,暑夜凉如江上宿。梦断三更忽觉来,穿窗暗度荷风馥。""风樯杰出凌霄汉,山上平观犹未半。俯仰如何异昔时,船头十载高于岸。""芍药芳时日正长,翻阶红艳带奇香。到春却唤将离草,暗引相思欲断肠。""梅子黄时雨意深,丛凝万绿正森森。密沾苹叶擎团玉,乱搅榴花落碎金。""坐我花墙雾縠中,隔墙犹见石榴红。平湖一带兼山色,正与西廊夕照通。""寂寂渔舟依柳岸,纤纤萤火隐云隈。醉归缓步冰轮下,余滴犹闻在绿槐。""笑倚园亭覆掌杯,凉秋夜集好怀开。灯光错落风中舞,莲气清芬雨后来。""春暮婆娑白裕翁,往来一艇水云中。匝园柳送摇摇绿,遍野花迎簇簇红。""对山独坐北窗开,忽觉池风叶上回。人影沉波留不住,荷花香里过桥来。""湖上清和四月时,小亭环碧好题诗。游鱼自去能无乐?啼鸟来亲似有知。""别业周遭烟水连,画船斜系绿杨边。只疑世外浑无暑,却到湖中别有天。""出谷黄鹂音睍睆,迷花粉蝶影蹁跹。午余人坐垂杨里,湖上春风三月天。""园里寻秋秋更清,小廊曲曲豁轩楹。云看沉水波中影,雨听枯荷叶上声。""休讶春归花事残,池边金带映雕阑。色香留得天工在,冒雨还来看牡丹。""春风二十四番阑,天日晴和出牡丹。非是主人偏爱护,赏花容易养花难。""远客遗花有杜鹃,嫣红如火照当筵。直须留得春光住,榆荚无因更落钱。""茧栗梢头灿似霞,朱栏欲与斗繁华。羡他绰约多情致,四月开来第一花。""制得新航泛碧虚,载来床灶与琴书。今朝且学操莲叶,摇荡湖光纵所如。""米囊花发满阶芳,娇艳迷人入醉乡。闻说此花能幻出,乍红乍绿演新妆。""忽报池塘出瑞莲,一茎连缀两跗鲜。潇湘姊妹娇相倚,抹月梳风我亦怜。""每到荷池兴倍生,留人香气雅多情。归舟不忍离花去,幸有娟娟月共行。""池上张灯灯倍明,灯前望水水偏清。扁舟湖面轻摇去,疑向菱花镜里行。""梅花林下坐春风,冉冉香生韵不同。有酒一樽成独酌,雪花相送鬓如蓬。""赏到梅残桃又开,秾桃可得似疏梅。总然一样嫣红在,毕竟寒香去酒杯。""置身如在辋川中,远近园林并郁葱。小立桥心舒独眺,湖光晴雨不相同。""长堤绿暗护池塘,贮得清阴遣夏凉。濯月凝烟非一状,蔚然深柳读书堂。""临水东开得月台,台前空旷绝纤埃。昏鸦才带云归去,已觉蟾辉皎皎来。""名花好鸟共追陪,乘兴扁舟任往回。不问主人看竹客,清风时送啸声来。"

从上述所列,有三个方面值得注意。首先,程用昌大部分诗歌,仍是以《依绿园》为题。这也说明,虽然程用昌已经是依绿园的掌门人,但依绿园在他手上并没有更名。

其次,程用昌的诗歌多写园亭春夏盛景、友朋宴集、观灯赏荷、人生乐事。依绿园盛时光景,从诗题上就可以见出一斑。

如《七月十六日夜依绿园池上观灯赋此纪胜》,诗题便揭示出,这是记录一次观灯盛事,诗歌中诗人以"最是此园灯月宜,宜尤宜于秋之夕。"指出秋季月圆之时在该园观灯赏月正当时。以"湖为厅,灯为屏,琉璃云母相晶莹。湖为盖,灯为障,霞锦冰丝光荡漾"。描写出月圆张灯后依绿园附近湖面开阔、彩灯如霞、光影璀璨的氛围。以"笑语笙歌群辐辏"描摹了在场赏月观灯者之欢乐情态。这些华美的诗句勾勒出了依绿园池上观灯活动之盛大美好。

《依绿园张灯赏荷,复泛湖上,回顾园景弥胜,宾客极欢而罢,因作此诗志之》这首诗的诗题更是直接说明,诗歌的目的在于记录一次灯光中赏荷的活动。在诗人的笔下,依绿园的灯光是璀璨之极,诗歌中有"回廊曲折总张灯,光焰万丈一齐见""醉余扶掖共登舟,远处观灯胜于迩,舟行园外泊湖心,灯映湖光一片明"等诗句,其中"光焰万丈""湖光一片明"都是极写依绿园灯火之炫目。依绿园的荷花是色彩繁复、品种多样,诗歌中有"依绿园中满沼荷,或红或白参差多。白若玉女亭亭立,红如妃子醉颜酡"等诗句,即写出了依绿园荷花的多彩多姿。在诗人眼中,这样的景物是值得反复观看体味的,所谓"复来亭榭光焕烂,芙蓉夜静香溢清。""更看荷叶圆如笠,采作碧筒香共吸。"即表达了主客被依绿园美景吸引并沉醉其中在情态。而所谓"环围观众如堵墙",则说明依绿园的盛大聚会浩大声势也吸引了很多周边的人。

再次,程用昌诗歌还有一点值得注意,即他的萧湖诗往往一题多首。譬如《题依绿园八首》《九月十日次答张绣裳集饮依绿园四首》《次武邑侯宴集依绿园原韵五首》《依绿园杂诗三十首》等等,皆是如此。大约也是依绿园景色太美,活动太丰富,故诗人不免思如泉涌,因此便一题多咏,一发而不可收。

可以说,程用昌是以新园主的身份在抒情,但因为当时依绿园并未更名,故这些诗歌也依然以依绿园为题。

三、程埈、程垲、程嗣立时期的柳衣园

程用昌把曲江园转让给了程埈,有人以为程用昌、程埈均为岑山渡派程氏,便是一家,其实不是。二家血缘关系甚远。

程氏祖上是安徽歙县岑山渡人,程诚为岑山渡第一代祖。岑山渡程氏第四代名祖义,生子彦祚、彦昂。第九世有大鹏为彦祚之裔,有大典为彦昂之裔。程大典,业盐来淮,生五子,长子量入,为程梦鼎、程晋芳的先人。五子量越,即程用昌(11世)的父亲。程用昌(11世)为大典

之孙,程必忠(11 世)为大鹏之孙。程埈(13 世)为程必忠之孙。叙起来,程用昌、程埈是隔得很远的祖孙辈关系,园林易主应该是实实在在的买卖关系。

《淮安河下志》卷七引《县志》云:"曲江楼在联城北门外,邑人张新标建,后其地属于徽商程孝廉垲。即其旁益辟为林园,层轩曲榭,夹水相望,日延四方名士觞咏其中。王汝骧、沈德潜、王澍诸人皆主其家,时称胜集。其后业衰,不数传,荡为荒烟蔓草矣。"①

《淮安河下志》卷七引《淮亭脞录》云:"曲江楼为张鞠存吏部觞咏处,有依绿园、云起阁诸胜。后归程爽林、水南兄弟,邀集名流,如会稽徐笠山、宛陵汪师退、涂山吴钝人及里中白民、万资、镜湖、慎公、颐公诸老,结为文社。其为文幽微隽异,离绝众致。金沙墙东老人评为一集,白田王予中序以行世。"②

《山阳河下园亭记》"依绿园"条云:"依绿园后为程眷谷先生埈易名柳衣园。庚始见时,大门临水,西南正楼三间,仍旧名曰'曲江楼'。面东楼三间,亦仍旧名曰'云起阁'。西首面南三间,房一间曰'娱轩'。西南船房六间,东曰'水西亭',西曰'半亩方塘'。又,北首有亭翼然,曰'万斛香',后门竹扉四扇犹存。当时爽林孝廉垲,风衣明经嗣立聚大江南北耆宿之士会文其中。以金坛王罕皆、耘渠两先生,长洲沈归愚先生主坛席。吾淮周白民振采、刘万资培元、万吹培风、王素元家贲、邱庸谨谨、长孺重慕、吴慎公宁谧、边颐公寿民、戴白玉大纯及风衣称'曲江十子'云。《曲江楼稿》风行海内。时环宇升平,人文蔚起,河下又当南北之冲,坛坫之英、风雅之彦,道出清、淮,鲜不至柳衣园者。吁,一园而数易其主,而主是园者皆通儒硕彦,递执骚坛牛耳。且百余年,何其盛与!"

根据以上材料,最初是由清初的张新标父子构建了"依绿园"。后"依绿园"为徽商程用昌购得,未更名。再后来"依绿园"又转到程埈手

①② 《淮安河下志》卷七"园林二""柳衣园、曲江楼"条引。王光伯辑、程景韩增订、荀德麟等点校《淮安河下志》,方志出版社 2006 年,第 196 页。

上并易名为"柳衣园",不过,除了整座园林易名为"柳衣园"外,其余各座亭台楼榭,都仍沿用张氏旧名。

《淮安河下志》录史震林《柳衣园记》后按曰:"此《记》叙述程氏世系极详。知主是园者,实自二樵、封翁始,大川先生继之。爽林、风衣为大川从昆弟,曲江坛坫两先生主之。以是官私著述称是园者皆知有爽林、风衣,不知复能稽先世,溯厥滥觞,讹谬相传,夫岂逮梧冈见闻之确?若《河下园林记》谓眷谷易名柳衣园,亦未知所据。眷谷即大川,风衣即水南"①。

也即《淮安河下志》编者认为主持园林自二樵(程朝征)开始,大川(程埈)继之,曲江坛坫为程埈的弟弟爽林(程垲)、风衣(程嗣立)主持,但后来的著述只知道程垲、程嗣立,而忘记了程朝征、程埈。

淮安籍学者刘怀玉认为,程朝征,字叔献,号二樵,有五个儿子,程埈(1762—)是老三,字眷谷,号大川。非纯粹文人,主要是经商,其弟程垲(1676—1720)字爽林,康熙四十四年举人,候补内阁中书,程城后更名嗣立(1698—1744),字风衣,号水南,乾隆初举鸿博。即程垲、程嗣立是程埈的亲弟弟而非堂弟。因他们是真正的文人,又参与主持曲江楼各种活动,自然人们更多记住他们两人。而忽略其兄程埈。②

从上述材料可知,是程埈将依绿园更名柳衣园,程埈的兄弟程爽林、程嗣立二人在柳衣园举办文会,形成了该园亭的极盛的文化高峰。《山阳河下园亭记》"依绿园"条云:"时环宇升平,人文蔚起,河下又当南北之冲,坛坫之英、风雅之彦,道出清、淮,鲜不至柳衣园者。吁,一园而数易其主,而主是园者皆通儒硕彦,递执骚坛牛耳。且百余年,何其盛与!"

丁晏《萧湖曲》序曰:"萧湖之滨有曲江楼,始建于张鞠存吏部。中有依绿园、云起阁,……楼后归岑山程氏(原在安徽歙县),改名柳衣园,而曲江楼旧额犹存,……使此园而易主,犹得为游观之所,燕集之区。"

---

① 王光伯辑、程景韩增订、荀德麟等点校《淮安河下志》,方志出版社 2006 年,第 199 页。
② 刘怀玉《富比王侯的盐商与私家园林》,《淮安文史》第 18 辑,2005 年第 1 期。

这阶段柳衣园内文化活动有如下几个特点：

第一，往来文人除了本土的，还有外地的，皆通儒硕彦，文坛地位极高。

正如《淮安河下志》卷七引《县志》云："曲江楼，……日延四方名士觞咏其中。王汝骧、沈德潜、王澍诸人皆主其家，时称胜集。"①

又如《山阳河下园亭记》"依绿园"条云："依绿园，……当时爽林孝廉（垲），风衣明经（嗣立），聚大江南北耆宿之士会文其中。以金坛王罕皆②、耘渠③两先生，长洲沈归愚先生主坛席。吾淮周白民（振采）、刘万资（培元）、万吹（培风）、王素元（家贲）、邱庸谨（谨）、长孺（重慕）、吴慎公（宁谧）、边颐公（寿民）、戴白玉（大纯）及风衣称'曲江十子'云。"

上述两段中涉及的沈德潜、王汝骧、王澍诸人皆外地通儒。

沈德潜（1673—1769），字确士，号归愚，长洲（今江苏吴县）人。乾隆四年（1739）进士。累官至内阁学士兼礼部侍郎。有《沈归愚诗文全集》。王汝骧，字云衢，亦字云劬，亦称耘渠，江苏金坛人。生卒年均不详，约清圣祖康熙中前后在世。由贡生官通江县知县。王汝骧著有《墙东杂著》一卷，见《四库总目》。王罕皆：疑为王澍。王澍（1668—1743），字蒻林，号虚舟，江南金坛人。官至吏部员外郎。康熙时以善书，特命充五经篆文馆总裁官。沈德潜、王汝骧、王澍诸人皆外地通儒，文坛地位极高。

《山阳河下园亭记》"依绿园"条列举的"曲江十子"，皆本土硕彦。

第二，柳衣园内组织有诗社，并辑有诗歌集。

《山阳河下园亭记》记录程埈的兄弟程垲、程嗣立两人在园中主办文会，当时，程嗣立与当地名士周振采、刘培元、刘培风、王家贲、邱谨、邱重慕、吴宁谧、边寿民、戴大纯合称"曲江十子"，"曲江十子"就是诗社组织。他们创作了很多诗歌，后集为《曲江楼稿》。

---

① 《淮安河下志》卷七"园林二""柳衣园、曲江楼"条引。王光伯辑、程景韩增订、荀德麟等点校《淮安河下志》，方志出版社 2006 年，第 196 页。

② 王罕皆：不确定是否为王澍。

③ 耘渠：即王汝骧。

《山阳诗征续编》录程埈的孙子程得龄①的《宝应怀王少林太守》一诗，诗歌中有一联曰："高论每低淮浦月，清吟别绘曲江春"，所附注释是："太守寓居柳衣园，屡与先君子及淮郡诸宿倡和，并编成《曲江楼诗集》。"②

根据以上所述，程埈兄弟及淮郡诸宿倡和，不仅结有诗社，也辑成了诗歌集。

第三，柳衣园（曲江楼）诗歌选录。

曾经在曲江楼流连活动的淮郡宿儒，他们的倡和诗歌被编辑为《曲江楼稿》《曲江楼诗集》），虽然已经散佚，但可以想见其数量之多。《淮安河下志》在卷七的"柳衣园、曲江楼"所陈内容中收集有十二位诗人的相关诗词十五首。

如程嗣立的《暮春曲江楼晚眺，同杜太史云川赋，调寄〈沁园春〉一阕》云："上巳才过，何意逢君，共上曲江。正花间竹里，蜂须蝶粉；楼前槛外，燕织莺簧。向晚风吹，白沙堤柳，帆影遥遥乘夕阳。吾生懒，悔良辰虚度，负了清狂。虽然入道何妨，对烂漫风光真道场。看清波照影，随流不去，落花沾袖，脱蒂犹香。尽好林亭，黄昏渐近，莫便匆匆归去忙。且小住，再从容半晌，可否商量？"

程晋芳《曲江楼怀旧，同储茗坡作，寄李芋圃兼柬路直夫》："珠湖湖水涵天碧，独上高楼思远客。柳䍿柔丝委魏尘，绕堤芳草纷如积。草绿波明似昔年，旧游历历在当前。孤怀落寞逢今雨，良友分携隔断烟。断烟楼阁斜阳里，曾记幽人此栖止。短棹闲寻扣竹扉，萧湖夜月搴兰芷。花发红兰袭素枝，几回相见慰相思。芍药春亭闲命酒，梧桐秋馆共题诗。诗筹酒斝韶光度，只愁鹍躱催时暮。无恙蒲帆十幅风，吹人却向秦淮住。秦淮一带水迢迢，满目山川忆六朝。桃叶香生看系艇，绿杨烟冷听吹箫。箫声月色频相访，旅病逢秋倍惆怅。乍入词场试八义，置身还

---

① 程得龄，字与九，号湘舟，安东增贡生，世居山阳，著《枣花楼诗略》，《人寿金鉴》。《安东县志》有传。

② 王锡祺辑、沈家驹校、张强点校《山阳诗征续编》卷十七，陕西人民出版社 2011 年，第432 页。

拟从天上。天上人间自此分,几人争折月中芬。拥衾归卧淮干雪,并辔遥冲蓟北云。云开太液光辉射,灵鹊何期依丙舍。尺五回翔叹故人,枝栖重托湖边树。榭冷飘红倦鸟啼,绕廊觅遍旧时题。花繁远忆兰陵驿,树密还疑鼋画溪。兰陵鼋画悲离索,问我行藏近何若。垂帘卜易类君平,隐几嘘天肖南郭。独有伤今感夕游,每逢佳处不胜愁。锦笺遥付离亭燕,为寄吹香杜若洲。"

程得龄《宝应怀王少林太守》:"雪篷风景证前因,我又天涯忆古人。[1]高论每低淮浦月,清吟别绘曲江春。[2]少年科第为循吏,吴会英才列上宾。不识仲宣楼在否,白田西望水粼粼。"

王汝骧《寄淮上曲江楼文会诸子》:"美人不可见,频梦亦奚为?落日华阳道,长风漂母祠。相思寻旧简,投报渴新诗。剩有论文意,竿头进昔时。"

程国耆《登曲江楼》:"潋滟晴湖一望收,登高频上曲江楼。千帆出树烟中没,万雉连云天际浮。绿染须眉循竹径,凉生襟袖问渔舟。东邻台榭吾家近,载酒何妨日日留。"

邱谨《甲子九日,锦江招集柳衣园感赋》:"苍凉秋色满林皋,岁岁同人荷胜招。舟拥绿萍临水槛,手披红叶过溪桥。迎霜朔雁呼寒侣,浥露山萸摆旧苗。独把一樽追昔梦,竹林萧飒首频搔。[3]"

又,《曲江楼宴集》:"二十年前此宴游,文筵重启嗣风流。坐中暗忆襄阳老,满目西风两鬓秋。[4]"

又,《题王渊如〈曲江楼宴〉诗后》:"曲江良会渺如尘,云物登临几番新。一首新词深感喟,雪鸿曾是旧游人。"

汪廷珍《题柳衣园图》:"披图乡思总依依,碧水沿门柳映矶。头白已沾三月絮,汁青曾染几人衣。梁园宾客空遗迹,张绪风流早嗣徽。何日扁舟访幽野,绿荫深处咏遗晖。"

---

[1]　有原注曰:"飞雪洒篷背,天涯共此时,太守过淮舟,中東先君子"句也。

[2]　有原注曰:"太守寓居柳衣园,屡与先君子及淮郡诸宿倡和,并编成《曲江楼诗集》。"

[3]　有原注曰:"时水南下世。"

[4]　有原注曰:"时汪思退、王虚舟、吴颖长诸老宿皆下世矣。"

阮锺瑗《曲江楼感怀，呈李祜堂丈、业师翠崖先生》："高楼崒嵂撑晴空，云敛烟霏夕照红。四围菜畦混一碧，俯延野绿吹天风。闻说此间宜对雨，昔年雅集兼宾主。墙东老子爽林翁，坛坫初开屦满户。宾主东南臭味亲，琴歌酒赋德为邻。独将牛耳推先辈，只为猪肝累故人。故人纷至何杂还，柳荫舣艇携蛮榼。名士争夸郭泰巾，高人惯下陈蕃榻。文战谁堪旗鼓当，二难四杰并昂藏。①隽才合住东西屋，豪气同眠上下床。酒酣耳热掀髯起，秋风飐飐枚生里。天遣文星谪此方，风雅凌夷追正始。当时大雅说扶轮，多恐君苗笔砚焚。蔼蔼春云觇态度，粼粼秋水见精神。物忌名高赏音少，广陵遗响清风缭。南皮盘敦倏皆空，东阁樽罍忽已了。百年人事日萧条，后起文章总寂寥。不见匀湖襟带水，只今芦荻咽寒潮。我来荡桨菰蒲曲，楼外湖光豁心目。风衣图画柳衣园，犹见新民旧高躅。"②

杨寿恒《黄南堂招饮柳衣园，时梅花盛开》："日依竹杖渡危桥，多感先生两见招。旧雨结成林下约，东风吹得酒痕消。十年作客花如梦，一水相邻路不遥。却怪儿童真好事，折将香雪小肩挑。"

李元庚《柳衣园怀水南先生》："突兀高楼在，闲游一叩扉。名流传月旦，③盛概缅风衣。高会金樽满，论文玉麈挥。④推窗凭眺处，杨柳尚依依。"

程锺《柳衣园废址》两首："阮池北岸本名园，⑤柳色青青压粉垣。中有曲江楼最古，主人珍重旧题存。⑥""亭馆如今已就湮，珠湖烟柳几经春。晚甘曹墅都榛蔓，⑦胜迹何堪问水滨。"

徐嘉《同穆庵、澹泉、袖峰、遹夫访曲江楼故址》："萧湖一曲澄镜光，

---

① 该句有原注："爽林、万资、庸谨有弟后起，并负盛名，白民、万资、素修、慎公为四杰。"
② 该句有原注："柳衣园内悬风衣画数幅。"
③ 该句有原注："园属张毅文太史时，毛西河、张虞山诸公觞咏于此。"
④ 该句有原注："水南先生招致王墙东、王虚舟、周白民诸巨公宴集于此，刻有《曲江楼文集》。"
⑤ 该句有原注："阮池详见《县志·古迹》。"
⑥ 该句有原注："楼本建自张氏，后归程氏，匾额仍旧。"
⑦ 该句有原注："晚甘园及曹氏别墅皆附近名园也，今同湮没。"

老渔鼓枻歌沧浪。西者柳衣南荻庄，曲江陈迹烟微茫。始规此楼名省
郎，①爽林玉昆恢词场。②祭酒者谁沈③与王④，同时十子皆龙骧。标映
经术能文章，如控骐骥骖鸾凰。上清五铢云锦裳，吐弃腥腐斟天浆。欲
赋子虚朝未央，抗希东马严班扬。贡登王室光岩廊，梨枣一寿墨海航。
就中周叟不可当，⑤能为浊流扫秕穅。圣主御宇民阜康，海内静谧崇缥
缃。兰台硕彦鸿鹄翔，金轩朱盖时相望。客吾土如归故乡，灵蛇家握玭
珠藏。复社星散畴颉顽，忆赋明河天雨霜。⑥乌兔代谢成沧桑，我苦生
晚池馆荒。有瓦砾在无琳琅，安得置祠陈蕉黄。与二三子登此堂，呼群
英起羞我觞。但见浮鸥依石梁，蒲芽出水春风香。"

　　另外，《淮安河下志》还记载："《枣花楼诗集》有咏柳衣园六景诗，
曰《曲江楼》、曰《云起阁》，曰《万斛香》，曰《水西亭》，曰《半亩方塘》，
曰《娱轩》。又有涵清轩、水仙别馆、香雪山房诸境，则见于《华阳散稿》
中也。"⑦

　　《枣花楼诗集》为程得龄所著。《山阳诗征续编》有程得龄小传曰：
"程得龄字与九，号湘舟，安东增贡生，世居山阳，著《枣花楼诗略》，《人
寿金鉴》。《安东县志》有传。"⑧

　　程得龄有咏柳衣园六景诗，收录在《枣花楼诗集》中。

　　第四，柳衣园（曲江楼）诗歌中的新元素。

　　在柳衣园时期，园亭已经易主，尽管这阶段，柳衣园的文化声名达
到鼎盛，但在这批诗歌中我们能看到一些新的元素，即大家会感慨其易
主之事，感喟于不可避免的人事代谢。之后，随着园亭的颓败，描写柳

---

①　该句有原注："张吏部育才昆仲。"
②　该句有原注："程爽林部郎，风衣明经。"
③　该句有原注："归愚"。
④　该句有原注："已山"。
⑤　该句有原注："白民"。
⑥　该句有原注："毛西河事。"
⑦　王光伯辑、程景韩增订、荀德麟等点校《淮安河下志》卷七，方志出版社 2006 年，第
198 页。
⑧　王锡祺辑、沈家驹校、张强点校《山阳诗征续编》卷十七，陕西人民出版社 2011 年，第
431 页。

衣园的诗词增添了很多的世事难料的凄怆情绪。如邱谨《曲江楼宴集》云："二十年前此宴游，文筵重启嗣风流。坐中暗忆襄阳老，满目西风两鬓秋。"一样的在曲江楼集会，但在二十年后的现在，已经园亭易主，曾经风流一时的才俊之士，或已经离世，或虽然在世却鬓发斑白，个中感慨一言难尽。

即使是程氏后代亦不能接受此衰颓状况。程用昌的后代程锺写了《柳衣园废址》二首，第一首云："阮池北岸本名园，柳色青青压粉垣。中有曲江楼最古，主人珍重旧题存。"①第二首云："亭馆如今已就湮，珠湖烟柳几经春。晚甘曹墅都榛蔓，②胜迹何堪问水滨。"第一首写的是园亭易主之事，第二首写的是园亭衰废之事。无论是依绿园，还是柳衣园，它们都经历过极盛时期，曾经是那样的繁华。但最后却衰颓了，而后人只能立于故迹废墟上，或回忆、或想象过去的盛时光景了。

正如丁晏在《萧湖曲》中序曰："萧湖之滨有曲江楼，始建于张鞠存吏部。中有依绿园、云起阁，……楼后归岑山程氏，改名柳衣园，而曲江楼旧额犹存。……呜呼！使此园而易主，犹得为游观之所，燕集之区，在彼在此，自达观视之，则一也。乃一旦毁而为墟，以百有余年之名园，不三旬而划尽，过客经此，能无咨嗟！抚今迫昔，作《萧湖曲》。"

综上，依绿园在张鞠存名下时，堪称萧湖中最为著名的园亭，到了康熙三十年之后，盐商程氏家族，接管了张家园亭，到了程埈时期，依绿园改名叫柳衣园，这个阶段柳衣园仍然可作为"游观之所，燕集之区"。但遭遇盐政改革之后，程氏家族和其他的盐商家族一样，高筑债台，随之华堂美屋陆续倾倒，只剩下一些废墟，徒然激发着诗人们悲愤惋惜的苍凉情绪了。

第三节 止　　园

止园为黄宣泰退官后所筑。《山阳河下园亭记》"止园"条记载："黄

---

① 有原注曰："楼本建设自张氏，后归程氏，匾额仍旧。"
② 有原注曰："晚甘园及曹氏别墅皆附近名园也，今同堙没。"

兰岩观察之园,在萧湖。观察名黄宣泰,顺治乙丑进士,官宁夏道,归筑斯园,中有梅花岭。张虞山先生(养重)《秋日杂感》诗注:'黄武部兰岩家止园,在郭家池。京师所居梁家园,曰:半山房,有疑野亭,饶丝竹管弦之盛。'"①

黄宣泰字兰岩,山阳人,顺治三年(1646)举人,顺治六年(1649)进士,康熙十三年(1674)擢宁夏兵备道。根据张养重《秋日杂感》诗注,黄宣泰在京师所居园亭中,"饶丝竹管弦之盛"后黄宣泰退职回乡后,依托梅花岭修建了止园。止园位于萧湖郭家池一带。

丁晏在《萧湖曲》的序中也有相关说明:"萧湖之滨有曲江楼,始建于张鞠存吏部。中有依绿园、云起阁,楼东为黄兰岩观察止园。"同张新标父子的依绿园一样,黄宣泰的止园,也是萧湖中之胜景。

黄宣泰自己是经常在止园中招集文人雅士聚会的。《山阳河下园亭记》"止园"条云:"马西樵征君《听山堂诗集》中有《寒夜饮集止园》。"马西樵即马骏,康熙己酉举人,和黄宣泰同时代人,上述这条是立足于马骏角度,写他应黄宣泰之邀赴止园雅会,并写作该诗。《山阳河下园亭记》也记载了黄宣泰自己所写作的相关诗句和诗歌。如《山阳河下园亭记》"止园"条记载"黄宣泰有'一轮明月到箜亭'之句。又有《鞠存、兰岩、季望、翁溪、岵思昆弟、云子、子宪、大宗;郎辈,夜集止园,酒行梅室,甚畅,各赋一首别去》诗。按:季望名新栋,岵思名新杼,系鞠存昆弟,翁溪系兰岩昆弟。(疑图泰别号)以下郎辈三人:云子名礽炜,系张氏;子宪名之屏,大宗名之翰,系黄氏。大宗为兰岩仲子,见《山阳志遗》。"说明这次聚会,主要有张新标(鞠存)、张新栋(季望)、张新杼(岵思)三兄弟;黄宣泰(兰岩)、黄图泰(翁溪)二兄弟。子辈中有张氏子辈,如张鸿烈(字毅文,初名礽炜,字云子),为张鞠存之子;有黄氏子辈,如黄之屏(子宪)、黄之翰(大宗),为黄宣泰后辈。他们聚集在止园中翁溪(黄宣泰昆弟黄图泰)的梅花屋,宴集赋诗。上述记载的就是立足于黄宣泰自己,招集一些文化活动时,朋友以及黄宣泰自己的诗歌成果。

---

① 王光伯辑、程景韩增订、荀德麟等点校《淮安河下志》,方志出版社 2006 年,第 165 页。

从现存的资料记载来看，止园中举办的文化活动，黄宣泰的儿子黄之翰起到更多的组织和主持作用。黄之翰，字大宗，是黄宣泰的仲子，康熙中邑诸生。黄之翰写有《止园诗集》。

《山阳诗征》于黄之翰条下转引了《柘塘脞录》语曰："先生工吟咏，家有舫阁、止园、梅花岭，其遗址在今萧湖滨，岭形犹存一坯，俗所称黄家山也。"①也就是说，鼎盛时期的止园，既属于黄宣泰，也属于黄之翰。黄之翰见证了止园的鼎盛时期，在止园的鼎盛时期，黄之翰执掌着止园的相关文化盛事。

《山阳诗征》于黄之翰条后录引吴进语曰："先生性豪迈，喜交游，折节下士。家有止园，亭馆台榭，居东湖之胜，停骖投辖，宴赏无虚日。尝刻《止园宴集诗》数卷，今皆散佚。庚戌（1670）年秋，游西陵，值九日为登高之会，游未畅，仍仿古为展重阳，客集而无雨，曰，'吾再展以二十九日可！'至期，舟徒杂进，诸名士闻风事会者凡数百人。……三会皆有诗，凡文、启、序、出、引、说、记、纪事、赞、赋、词、题词、曲、乐府、操、诗余、演连珠、骚、七问、书后共二十体合为一集，刻名《登高集》，魏叔子为序，至今湖上传为盛事。"②

从上面资料得知，首先，黄之翰性情豪迈，与人交游，不分贵贱。其次，止园选址于萧湖风景绝佳处，平时宴集频繁。再次，因为经常宴集赋诗，故曾经刊刻过《止园宴集诗》数卷，但没有很好留存。另外，在庚戌（1670）年秋天，止园曾经组织过一次登高活动，吸引几百人参加，这次活动所激发产生的作品后来辑成了各种文体都有的《登高集》。成为一时佳话。

一次重阳节就吸引了几百人前来集会，场面隆重，主客兴浓，诗文丰厚，着实让人击节称赏。可惜的是，记录大家观园游湖、彼此唱和的《止园宴集诗》和《登高集》，如今已经散佚不见了。

---

① 丁晏原辑、王锡祺重编、周桂峰点校《山阳诗征》卷十五，陕西人民出版社 2009 年，第 557 页。

② 丁晏原辑、王锡祺重编、周桂峰点校《山阳诗征》卷十五，陕西人民出版社 2009 年，第 233 页。

可以说,在很长的时间中,止园是大江南北的骚客雅士喜欢集聚燕游之地,每逢良辰,高朋满座,觥筹相交,因此留下了很多有关止园的吟咏,丁晏的《山阳诗征》、王光伯的《淮安河下志》也辑录不少。

在《淮安河下志》的卷六收存了黄之瀚的一首《张大云子归自东浙过止园诗》,诗曰:"向晚微风起,兼之月倍明。湖山淹夜话,风月得深情。留酌侵花露,方秋辨树声。东西来往处,曾似六桥行。"

张大云子,即依绿园主人张新标之子张鸿烈。张鸿烈字毅文,初名礽炜,字云子。黄宣泰、黄之瀚父子与张新标、张鸿烈父子为至交。张鸿烈从东浙回来,在止园逗留,黄之瀚这首诗歌表达了与友人湖山夜话,风月情深的友情。

《淮安河下志》卷六还录有张养重、马骏、张鸿烈、杜首昌有关止园的诗歌等。张养重、马骏、张鸿烈、杜首昌皆为望社中人。

张养重有诗《初秋程次青招泛萧湖黄园二首》:"小港通幽处,深林隐曲池。岸移花不改,人到鸟先知。渔屋孤舟系,僧门一石支。今年秋水阔,来往任篙师。""池外陂塘满,移舟就止园。山红归夕照,水绿射秋村。鸟落寒潭净,蝉吟晚树昏。众宾各尽醉,舟子吸余樽。"第二首诗歌即写止园,诗人在萧湖泛舟,不觉到了止园,这里山红水绿,鸟鸣蝉吟,船上的人醉捧余樽,该诗写出了位于萧湖岸边的止园的景色之美,宾客之乐。

马骏的《张鞠存移樽止园》曰:"移舫西亭聚酒人,亭涵秋水净天尘。一声丝竹山光晚,四座湖山月色新。地以人传多谢朓,园宜客住说陈遵。夜阑促膝平湖上,玉盏寒空醉酌频。"诗歌描写了秋天天气纯净,秋水无痕,在山光月色中,听着悠扬婉转的丝竹声音,主客把盏醉饮的一种快乐。

张鸿烈《早春过止园探梅》诗云:"东湖春水绿初添,闻说梅花已覆檐。小艇缓随飞鹭入,深杯低拂柳条纤。盘飧菜共银丝错,艳曲箫吹阿鹊盐。只道君家多善酿,山堂频醉莫相嫌。"写的是作为客人,趁着早春,来止园赏梅的整个过程。先写乘坐小船一路看到的萧湖水色鸥鹭,再写赴止园后得到主家佳肴美酒的精心招待。深厚的友情溢于言表。

　　杜首昌也是止园的常客,《淮安河下志》卷六录杜首昌写止园的就有七首。《早春忆止园》曰:"名园正放及时花,屐齿轻轻惜草芽。鱼怯微寒藏暗水,鸥乘新暖浴晴沙。金尊满引雕栏曲,绵缆徐牵画舫斜。风景分明才到眼,云山偏向意中遮。"杜首昌这首诗前两句主要写初春时候的止园,鲜花开放,小草萌芽,非常稚嫩,使人不由心生怜意。颔联描写止园中的小生灵,鱼由于畏惧寒冷,潜伏在水下,鸥鹭乘有暖阳,沐浴在晴朗的沙土上。颈联描写止园中的雕栏船舫,觥筹交错,在奢华的环境中宾主欢愉的场景。尾联,紧扣题目"忆"字,点出自己记忆中的止园的早春美景。

　　《正月五日自湖心寺归泛止园》诗云:"到处韶华入眼新,和风晴日媚良辰。佛容纵酒吟诗客,天爱寻花问柳人。养就闲心能耐老,酿成佳兴好禁春。辋川风景如亲见,试放扁舟忆隐伦。"

　　《人日黄大宗召集止园,有怀陈阶六少参程潍东明府》诗云:"一水环园接浣花,望春春近柳初芽。人怀几处空留句,我悔频年不在家。香沸菜羹调细碧,绿争花胜剪繁华。良辰珍重看芳草,多少王孙路自赊。"

　　《偕南庵雨中止园看梅》诗云:"老僧爱花不顾雨,破袖淋漓促摇橹。朝来水添三尺余,小船直到梅花坞。雨中颜色胜夭桃,大都开有十之五。力向狂风骤雨持,能禁数片新沾土。惜花莫若第僧心,叮咛看着休攀取。"

　　《赋得朱华冒绿池集止园》诗云:"新雨溢广岸,遥碧交涟漪。万类各沾泽,芙蓉悦其姿。红衣静摇曳,清香细透迤。所乐贵自得,亭毒岂偏私?公子张高宴,华馆错金卮。有酒清且旨,半醉揽文词。莫怨日坠速,只防杯行迟。浴鸥翼鲜洁,游鱼尾参差。菡萏自在放,外物总不知。提壶亲曲沼,碧筒相与持。奇怀挹清景,耳目非近思。圆月既已望,愿无孤良时。"

　　《重阳日,同金远水登止园梅花岭,哭黄大宗》一阕,调寄:"忆旧游"云:"名园当令节,若黄郎在世,兴如何?诗筒兼酒盏,花时竹夕,生怕蹉跎。今朝菊含怆,开也不能多。办几点红冰,一瓢清醑,浇酒岩阿。回思,垆畔吟,虽视此非遥,邈若山河。把从前绮语,尽翻为《薤露》,感慨悲歌。况是夷门知己，生死肯消磨。莫认作羊县，西州忍恸特来过。"

《十八日，追寻重阳梅花岭之哭》，又填一阕，云："枫林都是血渍鹃醒，一一出心窝。风流和慷爽，一朝顿尽付东坡。从兹孔尊郑驿，料理有谁么？望晓岫①春星②，卧龙何在，空自嵯峨！中秋前月闰，犹折柬相招，忽抱沉疴。奈皇天不吊，竟兰摧玉折，断送吟哦。惨得山憔林悴，猿鹤泣烟萝。恨笔绝芙蓉，将他瓣瓣扯来搓。"

《淮安河下志》卷六还录徐麟吉《人日黄大宗招同诸子止园登高，调寄〈春从天上来〉一阕》云："犹是新年，却堤软沙明，柳暗梅鲜。着一双屐，信步随缘。枝头可否携钱？憩黄家亭子，看白石细泻清泉。怨东风，放游蜂相见，燕子萧然。""人望春波皱碧，似幅《辋川图》，挂向尊前。影彻冰壶，歌翻金谷，倩云扶醉登巅。倘流连小倦，结嫩草，一枕高眠。懒周旋，尽人人唤我，烟火神仙。"

《山阳诗征》有其小传："徐麟吉，字日驭，号北山。康熙中诸生，刻有《北山诗存》"③。

从上述所录诗歌，止园的繁华、文化活动之频繁、主客酬唱之忘我，可谓尽在不言中。

止园后来归属徽州籍盐商曹氏，梅花岭改称曹家山。李元庚在《丁穆庵蓬招同人曹家山看月》中有自注："杜湘草先生有《登梅花岭哭黄大宗词》，梅花岭即今曹家山，山下旧有黄兰岩观察止园。"

《淮安河下志》卷六附有曹家山诗数首。

王裕发④《登曹家山晚眺》诗云："绿树重重衬远洲，碧波深处漾扁舟。游人尽道湖中好，我爱长河帆影幽⑤。"

李元庚《丁穆庵蓬招同人曹家山看月》诗云："舞雩归咏日将晡，秉

---

① 有原注曰："阁名"。
② 有原注曰："楼名"。
③ 丁晏原辑、王锡祺重编、周桂峰点校《山阳诗征》卷十四，陕西人民出版社 2009 年，第519 页。
④ 王裕发，字震亭，号梅坡，浙江杭州人，后入山阳籍，乾隆间监生。
⑤ 有原注曰："土山外即萧湖，湖外即运河长堤，远舟帆影冉冉而过，真如画景。夕阳眺望，殊畅远情。"

烛重游境又殊。月到天心看水阔,人来山顶觉身孤。懒吟杜老新诗
句①。愁话黄公旧酒垆②。万籁无声涵妙景,青青杨柳绿菰蒲。"

丁蘧《曹家山步月》诗云:"良夜呼朋兴倍豪,青天寥廓月轮高。
河山照影哀鸿集,衫履忘形野鹤翔。我辈抚轮新御李③,此间荒垤旧
思曹。淡然相对觉胸豁,安得长圆重首搔。光夺星躔收历历,寂无风
籁动骚骚。杂英绕树飘如霰,点水明珠笑欲捞。烟景春江殊谢尚,邱
墟故里感枚皋。剧怜增怅梅花岭④。拼醉须倾竹叶醪。鲸柝一声飞
缥缈,蛙塘两部兢喧嘈。老人矍立欣扶杖⑤,余子清才共吮毫。鬼
唱鲍诗凄露冢,谁翻霓谱奏云璈。吟怀搅乱湖西警⑥。弓矢何时赋
载櫜?"

薛超⑦有《三月十二曹家山步月分体得五律二首》:"策杖伴神仙,
行歌笑拍肩。人间春不夜,云净月横天。灯影穿林小,钟声渡水圆。梅
花寻旧岭,抔土曲江边。""世界冰壶里,尘音净远村。波光明荻港,夜色
画柴门。吠犬惊人影,跳鳞乱水痕。幽情正无限,归梦引诗魂。"

程锺《上元日登曹家山远望》诗云:"登高舒啸学陶公,景色苍茫指
顾中。细草平连春水绿,疏林遥射夕阳红。楼台金粉沧桑变,城郭烟霞
今古同。世网不撄游物外,羡他溪上一渔翁。"

第四节　荻　　庄

荻庄为盐商程鉴的园亭。淮安盐商以安徽徽州籍为多,特别是徽
州程氏,堪称在淮安因经营盐业起家的大族。《山阳河下园亭记》记述
了65处园亭,有22处归属徽州程氏。而程氏荻庄是河下园亭中最为

---

① 有原注曰:"杜湘草先生有《登梅花岭哭梅花岭黄大宗祠》,梅花岭即今曹家山。"
② 有原注曰:"山下旧有黄兰岩观察止园。"
③ 有原注曰:"谓甦翁。"
④ 有原注曰:山即黄氏梅花岭。
⑤ 有原注曰:"谓程师。"
⑥ 有原注曰:"止吟哦间闻盱眙警。"
⑦ 薛超,字苏台,咸丰甲寅诸生,同治间恩贡。

耀眼的。

《山阳河下园亭记》"荻庄"条记载："程镜斋先生别业也。先生名鉴,字我观,安东诸生。秋水先生胞弟也。园在萧湖中,门在莲花街。有亭曰'补烟'。厅事五楹,南面依水,颜曰'廓其有容之堂'。高凤翰书。迤东接小屋一,背临修篁百竿,曰'平安馆舍';东三间曰'带湖草堂',堂外有池,回环种荷。王梦楼太守为题额。西房三间,曰'绿云红雨山居',依山有阁曰'绘声阁'。西有船房名曰'虚游',王虚舟先生篆额。壁嵌《五老宴集处》石碣。园中紫藤一株,夭矫三四丈许。中有土山,山有峰石。依山数楹曰'华溪渔隐',山后为'松下清斋'。又屋三楹,题曰'小山丛桂留人',铁冶亭漕帅所书也。有岫窗、香草庵、春草闲房八九间诸处。黄叶村先生写《荻庄后图》,并有六咏。"

程鉴属于清代乾隆年间的大盐商,幼年时较贫穷,后来因经营盐务而致家境大富。该园坐落于萧湖中,门在莲花街。说明其地理位置绝佳,坐落于萧湖中,可以欣赏到绝美的自然风光,门临莲花街,可以享受都市的热闹繁华。荻庄内部拥有房屋无数。亭、堂、馆、阁、斋、庵、轩齐全,且与各种自然景色结合,融为一体。非常讲究建筑美学和住宅风水。厅堂设为面湖,所谓"正厅五间,面南依水";"东厢有三间带湖草堂。堂外辟水池,回环种荷。"屋后种以翠竹,所谓"东侧接小屋平安馆舍,会背临百竿翠竹。"依山有阁,所谓"西厢三间,山侧有绘声阁",又如"园中有土山,上立峰石,临山构数间曰华溪渔隐"。松间隐斋,所谓"山后筑松下清斋",等等。而且,如上所述,荻庄每一处的题额都非常讲究,文化品位很高。

荻庄有几件事特别值得一提:

一、皇帝曾拟驻跸

在河下园亭中。荻庄属于规模较大的,不仅富丽堂皇,而且精致典雅。《淮安河下志》卷八录陈丙《潜天老人笔谈》云:"乾隆四十九年春,纯皇帝南巡过淮,盐宪谕诸商人。自伏龙洞至南门外,起造十里园亭,以荻庄建行宫御宴。时晴岚太史正告养归。其工程需三百万,因盐宪经纪稍后,诸商筹款未充,而为时甚促,遂寝其事。只于运河两岸,周鹅黄步障包荒,中间错落点缀亭台殿阁,间以林木花草。时在春末夏初,林花、萱草、牡丹、芍药、绣球,一一争妍。由西门至于府前,家家舒锦悬灯,户户焚香燃烛。"①

就是说,乾隆皇帝南巡时来到淮安,负责接驾的盐务官员想把荻庄作临时行宫,最终由于需要更大花费,诸盐商没有筹足款项而作罢。但有此意向,已经足见荻庄底子雄厚。

二、有《五老宴集处》石碣

《山阳河下园亭记》"荻庄"条下,记有:"西有船房名曰'虚游',王虚舟先生篆额。壁嵌《五老宴集处》石碣。"《山阳诗征续编》程易条下,录《淮壖小记》云:"先生自五十即家居,壬戌,年七十五,与含山王醒斋检讨、临汾王文山待诏、德清徐东簏封君、桃源薛竹居征君为五老。会漕督铁公题《五老宴集处》于荻庄,系以诗。无锡薛进士科联亦有诗。先生自咏云云。"②即程易曾经和其他四位老人,为五老,在荻庄会宴,并有石壁题词。

三、陈沆经常邀请名流在荻庄宴集

陈沆自己有书室名叫"情话堂"。《山阳河下园亭记》"情话堂"条下云:"程瀣亭太史书室,……太史名沆,号晴岚,行四,镜斋先生子。……瀣亭先生,由举人入官内阁中书、军机处行走,乾隆癸未成进士,改翰林院庶吉士,充方略馆篆修官。告归,日吟咏其中。"也即程沆(1716—1787),字瀣亭,号晴岚、寿补,是程鉴先生的第四子。由举人官内阁中书,军机处行走,乾隆二十八年(1763)进士,授翰林院庶吉士,俗称为"庶常""太史"。充方略馆篆修官。告归后,常在情话堂之中吟咏。

---

① 王光伯辑、程景韩增订、荀德麟等点校《淮安河下志》,方志出版社2006年,第222页。
② 王锡祺辑、沈家驹校、张强点校《山阳诗征续编》卷五,陕西人民出版社2011年,第114—115页。

此外,程沆作为程鉴的儿子,荻庄也是他的生活与活动的场所。正如程锺[①]所云:"家寿补太史沆,有荻庄别业。"[②]程沆从官位上退下回淮后,在荻庄经常宴请名流作客吟诗。甚至,外地诗坛大家赵翼、袁枚二人和程沆关系很好,是荻庄的座上客并写有赞美荻庄的诗歌。

《山阳河下园亭记》"荻庄"条云:"此园三面临水,芦荻萧萧,栖霞岭不是过也。晴岚太守告归后,于此宴集江南北名流,拈题刻烛,一时称盛。袁简斋先生枚题云:'名花美女有来时,明月清风没处逃。'赵瓯北先生翼题云'是村仍近郭,有水山可无'"。

按《淮壖小记》所记,袁枚的题诗:"名花美女有来时,明月清风没处逃。"和赵翼的"是村仍近郭,有水山可无"等,都被荻庄主人用作为对联了。[③]

四、荻庄与诗歌

除了《山阳河下园亭记》"荻庄"条所录包括赵翼、袁枚二人的诗歌,《淮安河下志》录有更多吟咏荻庄的诗歌如下:

寓园主人程易与其他四位老人曾在荻庄有宴集,故留下诗歌《自题荻庄〈五老宴集图〉》二首:"枝头香雪艳阳催,会止耆英快举杯;笑我形骸常约束,爱君富贵有栽培。安闲欲占林泉福,奔走渐同樗栎才;携杖且寻觞咏地,胜游保幸得追陪。""平生出处浑难定,禹策曾抛杂掾曹。久向军门抽手版,却从天上听云璈。[④]笼沙过眼新诗换,序齿随肩行雁高。吾爱吾庐春正好,狂歌一任醉酕醄。"

虽不是五老之一,但是在荻庄为五老宴集题字的漕督铁保也写有《荻庄》诗:"姹紫嫣红绝可怜,颓唐我亦擘吟笺;分无好句争酬唱,笑说旗亭被管弦。"

在萧湖侧选址的带柳园主人吴进有《夏日同薛竹居荻庄》:"清旷足

---

① 程锺,字袖峰,曾参与《山阳诗征续编》的资料搜集。
② 《山阳河下园亭记》"荻庄"条下云。
③ 王光伯辑、程景韩增订、荀德麟等点校《淮安河下志》,方志出版社 2006 年,第 224 页。
④ 有原注曰:"与千叟宴。"

销夏,薛公偕我过。人谓繁林屋,我爱多水波。二寸一寸鱼,一池雨池荷。帘卷空庭坐,四面清风多。心气得疏爽,一时忘沉疴。把酒对花饮,不觉屡颜酡。"吴进《宴集荻庄》:"萧飒园中雨,阴深碧草稠。寒泉清酒器,高竹冷诗楼。老至时防悖,欢逢暂解愁。水亭浮大白,醉眼看群鸥。"

周台孙,字味菘,号梅居,乾隆间附贡,著有《绿满山房吟稿》。他的《过程氏荻庄》诗云:"水与潆洄山与遮,①早梅篱外一枝斜。春深桃李都堪羡,谷雨还添富贵花。"

杨日炯,字光麓,号戒轩,乾隆中诸生。他的《程嵩厓招饮荻庄》诗云:"花底曾经醉玉醅,又随裙屐踏歌来。一天云气犹含雨,二月风光未放梅。短彴疏畦低度鸟,横塘曲磴寂生苔。卜邻久拟烟波住,不为春宵首重回。"

马镅,字煜堂,乾隆间廪生。他的《过荻庄》诗云:"春草闲房八九间,高吟有水可无山。而今一树藤花雨,村郭萧条燕子还。白华溪曲墓田荒,松下清斋亦渺茫。最忆绿云红雨屋。补烟听事带湖堂。"

孙浚,字哲明,乾隆间布衣,著有《杏庵医余》。他的《暮秋步荻庄,谒静斋太史未值》诗云:"停桡上荻庄,庄在水中央。岸隔桥为路,堂偏竹当墙。风回几雁断,木落一山苍。极目烟波远,伊人何处望。"

李蒸,字云岫,有《寿藤山房剩编》。他的《宴杨应亭、沈蔼轩、王皞堂、许静亭、马洲蓼、马贲于程氏寿补太史荻庄》诗云:"芳龄开别墅,高会离群仙。沓至情先洽,重逢兴倍颠。花溪遥若引,草路近相延。入座时方早,贪游势正便。南通沙岸阔,西接水亭偏。云路题今额,风衣忆昔贤。地兼淮浦胜,园似蜀冈连。共对芳辰景,频催卓午筵。佳肴纷进馔,旨酒酌如泉。共解藏阄谜,频教拇战全。"

鼎盛时期的荻庄,在诗人的笔下,多呈现出花径曲折幽深,绿水香荷相映,翠竹华亭互倚,名人应邀题额,高才群至赴会,把酒言诗相酬的场景。

---

① 有小注:"用成句"。

如李蒸《宴杨应亭、沈蔼轩、王皞堂、许静亭、马洲蓼、马贲于程氏寿补太史荻庄》诗。"芳龄开别墅"四句,写荻庄主人建筑斯园,引得诗才群集。"花溪遥若引"四句,写客人于开席之前乘着兴致游览园亭。"南通沙岸阔"六句,写客人在闲游园亭时映入眼中的荻庄的宏大精美的建筑、名闻遐迩的题额、环境极佳的地理位置。"共对芳辰景"四句,写宾主一同在良辰美景中品尝珍馐佳酿。"共解藏阄谜"两句,写最后的解谜、猜拳、游戏活动。整个诗歌用写实的方法,展现了荻庄鼎盛时期一次活动的全过程。

《淮安河下志》也录有不少嘉庆以后吟咏荻庄的诗歌,如:

程世椿,字庄树,安东人,世居山阳,嘉庆间廪贡,候选员外郎,著有《春草轩诗稿》。他的《过补烟亭,见桃杏争妍,小憩林下,忽遇潘纶川乘兴而至,缓步花阴,诗以志喜》诗云:"桃鬟杏靥笑相迎,到处秾华照眼明。风过众香迷蝶梦,春深新柳碎莺声。刚逢上巳初弦月,雅爱花朝十日晴。正是客来当意惬,登临吟眺有余情。"

黄粲,字叶村,嘉庆间监生,著有《退一步轩诗存》。有《题〈荻庄后图〉》六首:

《小山丛桂留人》:"踏径来香风,庭前木樨放。太史此留人,意在云霄上。"

《春草闲房八九间》:"随地为结构,幽闲出自然。青袍帘外色,春意自年年。"

《岫窗》:"地僻含烟迥,开窗人对山。晴岚悦飞鸟,深处听关关。"

《香草庵》:"幽花杂丛竹,书带侵阶绿。清寂妙香闻,心空余鼻触。"

《花溪渔隐》:"虚亭倚古木,时花呈媚妍。解得钩纶意,无机忘乃筌。"

《松下清斋》:"松风送涛声,密荫宜清夏。绣佛对苏公,露葵甘于蔗。"

黄以覨,字斗南。道光中岁贡生。有《听秋阁诗钞》。他的《携王古夕、焦文甫、徐海峰、李少白饮域北酒楼,放棹至荻庄二首》诗云:"霜落寒溪远放舟,蓼花红处几同游。故人小别无多日,衰柳凄然又一秋。僧寺晚钟声渡水,酒家斜照客登楼。相逢意气休轻负,试听淮南雁满洲。"
"旗亭风色奈愁何,岸隔平沙起夕波。野水接天征棹远,荒园绕郭夕阳
多。江湖满地余秋思,丝竹中年付醉歌。明日河梁更分手,扁舟回首载
樽过。"

潘德舆,字彦辅,号四农。道光戊子科,江南解元,安徽试用知县。
著有《养一斋诗文集》。他的《荻庄小憩》诗云:"高卧荷亭花气清,午风
吹上葛衣轻。不知天壤有何事,但觉烟波无尽情。坐外白云千万里,梦
中沙鸟两三声。柳塘日落休回棹,要看残霞画远晴。"潘德舆《将赴金
陵,荻庄别勤子》:"别馆踌躇日易斜,片帆悬处便天涯。地邻野水长屯
雨,人似秋荷勉着花。文字谋身原太拙,园亭称意欲为家。归来也舣孤
舟待,盘石渔竿坐晚霞。"

邱广益《荻庄补禊和盛子履韵》诗云:"无心寻曲水,有约践残春。
地僻宜高会,天闲寄此身。客逢青眼少,交缔白头新。今日幽情叙,尊
前得几人。醉面迎风笑,东来柳受偏。相看无芥蒂,过此即云烟。待补
诗中画,重聆还上弦。"[1]

邱广益《携奕儿游荻庄怀潘四农》诗云:"未尽秋荷水一湾,北窗吟
眺暂消闲。满天云影峰峦叠,子久何须更补山[2]。荻花两岸待君来[3]。
儿辈闲携小艇开。独上红楼东望久,折将莲子竟空回。"

邱广益《和潘四农过荻庄旧址》诗云:"读罢君诗百感生,萧萧芦荻
忆凄清。邀来童叟皆侪辈,品到云山见性情。人往淮西流水隔,境空城
北小园倾。言归纵复同携酒,何处红楼听鸟声。"

朱友三,字觉厓,清河庠俗生,道光间寓居山阳,著有《觉厓诗存》。
他的《荻庄歌》云:"淮阴城外波光碧,沙渚萧萧扬芦荻。阆苑人归林下
居,不惜千金购幽僻。丹青邱壑绘名图,园仿萧家池仿习。泉引珠湖百
折来,峰环迭嶂迎人立。月榭风廊苣港通,画桥曲槛连山脊。绣阁雕甍
岂惜工,锦屏宝障玻璃壁。舟入深崖别有天,松藏幽境仙禽集。高楼隔

---

[1] 有原注曰:"子履纪之以诗,少霞属和。并嘱南郭翁绘之。斜阳人散后,倚槛望归船。"

[2] 有原注曰:"黄叶村欲于对岸补一山,绘《补山图》悬于水亭。"

[3] 有原注曰:"四农荻庄补禊诗有'重来此地寻秋禊,渔唱西风荻又花'之句。"

岸出层云,楼台仿古曲江名。夏栽红藕通兰桨,春种垂杨坐听莺。名传海内招名士,牵引天涯名士至。书额标题记胜游,碧纱笼护珍珠字。从此主人心意遂,弦管终朝花下醉。食客三千拥户来,金钗十二添娇媚。鸟飞兔走岁悠悠,物换星移几度秋。成阴树已将园覆,转瞬杨凭到白头。白头人老庄犹在,一邱一壑谁堪爱。岂识丹霄小凤雏,只把黄金换粉黛。情共长门弃美人,可怜花柳争无奈。栏折垣颓废不修,芳池砥石由他坏。榛芜满径游人歇,主人叵奈将园别。那解先人创置心,官书卖字街头帖。出价空教王绪求,市人却欲零星拆。转眼萧条事可悲,依然芦荻是当时。谢公别墅成荒土,绿野山居不系思。碑残碣断苔封字,夜雨凄凉鬼唱诗。东风海燕空留睇,秋月寒虫泣诉谁。重来四顾成田舍,闲请只共园丁话。园丁也是感恩人,话到伤心双泪下。我闻此语重咨嗟,果信沧桑事不差。归来惆怅重回首,老树斜阳噪暮鸦。"(该诗后有王锡祺按:"曲江衰歇,先王父将构为别墅,已成议矣,忽为忌者尼沮,'王绪'句殆指此耶。"项君发荣云:"觉厓清河庠佾生,咸丰庚申避乱居郡城,因家焉。工诗善画,题《淮西得胜图》见赏于诸巨公。陈军门国瑞遂招入戎幕,诗名甚噪。亡后,以稿殉,此从傅介清先生卓处抄得,其全集不得见矣。")

　　熊德庆,字兰坡,原名裕棠,道光间监生,山东候补主簿,著有《浣花阁诗草》、《词草》。有《荻庄晚眺》三首:"半依城郭半横塘,信步行来傍廯廓。深院无人芳草绿,曲栏绕涧藕花香。""楼台寂寞窗三面,芦荻苍茫水一方。莫向夕阳堤上望,关河容易起离肠。""向晚催归去,诗怀借酒温。叶舟时傍岸,芦溆又逢村。衣尚余香气,鞋犹带藓痕。夕阳红闪闪,雁齿认桥门。"

　　程锺《荻庄晚眺》诗云:"老渔日落返钓舟,游人闲行曲江头①。绿杨城郭烟已暝,芦花两岸孤艇留。逍遥散步一何事,惟向前溪狎白鸥。碧临深际露微月,月影来照空山丘。水色天光渺无际,星火明灭涵汀州。我亦超然羡闻逸,良宵携伴时临流。"

---

　　① 有原注曰:"柳衣园中旧有曲江楼,故云。"

李元庚《荻庄怀程鲑亭太史》诗云:"芸局归来日,珠湖别业开。弓刀频小集,棋酒每迟徊。觞咏多耆宿①,遨游尽俊才。风徽犹可继,簪笔亦邹枚②。"

按照邱兔《〈梦游荻庄图〉题后》的记载,嘉庆年间荻庄已经逐渐颓败,嘉庆辛未、壬申年(1811—1812),有潘姓文人作《程氏废园记》。嘉庆庚辰年(1820)程氏后人程蔼人对园林进行重修,使园林焕然一新,并与乡贤在此雅集酬唱,绘图纪事。十余年后,荻庄又成往迹,烟波无极,风景顿殊。③

"荻庄又成往迹"的原因是"道光初,醆务凋敝",后来,"南河袁司马(堋),出五百金,意构为公宴之所,程族阻之,旋成废圃矣"。(《山阳河下园亭记》"荻庄"条记)

第五节　晚　甘　园

晚甘园为清代乾隆年间徽州盐商家族程茂所有。程茂(1694—1762),字莼江,歙县人,安东籍,世居淮安。程茂博览群书,贡入太学。但是考举屡屡不顺,后遂无意仕进,于淮上筑晚甘园,日种树课书其中以终。

程茂工诗文,著有《吟晖楼遗文》三卷、《晚甘园诗》六卷。还于康熙五十五年(1716)刻印清王源评《公羊传》一卷、《谷梁传》一卷,雍正八年(1730)又刻王源评定《公谷合刊》二卷。

程茂父亲是程坤(号退翁)。程坤父亲为程朝征。程坤有程壎(早卒)、程埈(字眷谷)、程垲(字爽林)、程嗣立(字风衣)四个兄弟。

程茂父亲程坤有"谁庄"。据《光绪淮安府志》卷三十三"安东县人物"载,程坤,为贡生,平生没有太多作为,所以自称"退翁",在山阳石

---

① 有原注曰:"'五老宴集处'在此。"
② 有原注曰:"谓蔼人太史。"
③ 王光伯辑、程景韩增订、荀德麟等点校《淮安河下志》,方志出版社 2006 年,第 223—224 页。

塘,买了近万亩的废田,凿了近四千余丈的沟渠,辛勤浇灌,终得肥沃田地。并在屋子左右种了很多牡丹和芍药,取王维"来者复为谁,空悲昔人有"的诗意,给自己屋子取名为"谁庄",隐居啸咏其中。①

许志进有《看芍药长句赠谁庄主人》诗:"君不见广陵芍药天下稀,旧谱争夸金带围。六百年来风景异,曹州亳州花最奇。谁庄主人老好事,名园丽锦光纷披。牡丹千朵十日尽,殿春芍药翻宜迟。夜来风雨大作恶,拂晓尚有三千枝。主人兴发招宾友,花间觞斝同淋漓。嘉名肇锡旧多种,一一变态从何为。王刘品列三十九,古无今有谁能知。主人种花极花趣,薄暮更为花催诗。翻阶傍砌有名作,咏花不工愁花嗤。主人学为老农圃,垦辟自冒多田讥。山林经济得管乐,娱老服食追安期②。名园高会列万本,维扬胜事仍依稀。诸君但醉不须辞,好花常恐东风吹。"(许志进《谨斋诗稿》)

程茂为程埈、程垲、程嗣立的侄子。清初张氏的"依绿园",先为程用昌购得,后又转给了程埈,程埈将依绿园易名为柳衣园。程垲、程嗣立两先生,在柳衣园举办风雅文会,邀约海内外知名人士,堪称一时之盛。他们延请的多为大江南北耆宿之士,有会稽徐笠山、宛陵汪师退、涂山吴钝人等,并成立文社,以金坛王罕皆、耘渠,长洲沈归愚三先生主持坛席。社中成员有名闻大江南北的"曲江十子",大家相聚觞咏,每次历经旬月不知疲倦。

在父辈们的影响下,程茂流连于书社,耳濡目染,学业日进。后来程茂在曲江楼之南新辟一园,即晚甘园。他在园里种树课书,时人比之陶岘、倪高士。

晚甘园小巧精致,风景秀美,大约也是因为晚甘园坐落在曲江楼之南,故又称之为"南园"。《淮安河下志》卷七于周台孙《过晚甘园》诗后录《淮雨丛谈》语云:"……初不知'南园'为何地,后读邑人李云岫先生

---

①　孙云锦修、吴昆田、高延第纂、荀德林等点校《光绪淮安府志》,方志出版社 2010 年,第 1029 页。

②　有自注:"安期生有服芍药方。"

诗注云：'晚甘园一名南园，中有柳带沙亭。'"①高延第②有《南园》诗：
"南园乌雀鸣，初日照高树。微风送新凉，幽虫咽残露。"突出了晚甘园
的恬谧宁静，不愧是读书治学的好去处。当然，更多的诗文资料，都是
以晚甘园称之。

黄达③曾写过《游晚甘园记》："余客淮阴久，荻庄、柳衣岁或一至再
至。晚甘与之鼎足而立，游屐未到，盖士人所称南园者也。四面环水，
菰芦丛杂，不寻其径。虽近在咫尺，如蓬莱仙岛，可望而不可即。故园
特幽异而深秀。庚寅秋，蒋君丹山邀余游。轻舟如叶，可容两三人。水
清见底，浮萍随风荡漾。过一小桥，持篙者伛偻然后能入。再进，则所
谓南园者在焉。醉霜红叶，参差掩映，夕阳欲下，宛如一幅画图。又有
残花满庭，萧疏可爱；孤鹤一声，戛然如在空际。因各据石坐，少憩焉。
已而登楼，向所一再至之荻庄、柳衣，历历在目。将无置身高处境象，又
有不同者耶？"此篇游记描写了晚甘园内部水可容舟，花木满庭，宛若画
图般的美好。

虽然，程塏、程嗣立主持的柳衣园文会名闻遐迩，程茂经常加入
之。同时，程茂也常和两个叔叔在晚甘园组织文会活动，晚甘园同样
是诗人云集场所。黄达《游晚甘园记》："园为晚甘主人别业，曾偕其
叔父爽林、水南两先生，提唱风雅，延致海内知名之士，文酒宴会，
一时称盛。"

晚甘园的建园时间当在康熙末年。建园伊始，这里就成了程家叔
伯子侄诗酒欢乐的场所。

《淮安河下志》卷七录程嗣立④的诗歌《庚申（1740）人日立春，闻

---

① 王光伯辑、程景韩增订、荀德麟等点校《淮安河下志》，方志出版社2006年，第219页。
② 高延第，字子上，咸丰间监生，光绪间因人荐，赐翰林院待诏。主纂有《淮安府志》、
《山阳县志》、《盱眙县志》、《老子证义》、《广韵重文补注》、《涌翠山房集》八卷、《论文要旨》、《五
朝近体诗选》、《山阳耆旧诗选》等。
③ 黄达，字上之，江南华亭人。清乾隆十七年（1752）进士，官淮安教授。早岁工诗，思
与吴中七子争名，刻意为之。有《一楼集》。
④ 程嗣立（1688—1744），字风衣，号篁村。贡生。工诗善画，性好客。于城西菰蒲曲营
构有别业，逐日与友讲论其间。乾隆初举博学鸿辞，坚辞不就。著有《水南遗稿》。

子侄集晚甘园，分韵戏示》一首，诗云："六日余残腊，今朝第一辰。遥怜群从乐，解咏小园春。应候风和律，清声鸟乘人。如何金谷酒，不待老夫亲。"

从诗歌中可以看出，晚甘小园春色如许，子侄辈在此举办春天诗会，程嗣立作为长辈到场，给晚辈助兴，同时也是分享了一份晚辈的快乐。

晚甘园不仅是程氏叔侄宴集场所，也是程垲、程嗣立和程茂等叔侄招邀海内知名之士文酒宴会的场所。

沈德潜（1673—1769），长洲（今江苏吴县）人。清代乾隆四年（1739）进士。著名的官员、学者、诗人，累官至内阁学士兼礼部侍郎。有《沈归愚诗文全集》。沈德潜（1673—1769）①《归愚诗钞》卷十有《访程莼江于晚甘园，莼江季父风衣、周白民、边颐公、邱庸谨，砥澜亦至，日暮言别》诗："珠湖一曲波弥弥，明镜乍磨清见底。篙师导我上艀艖，直到迹杨深处舣。此邦佳士杂狂狷，主客相逢弄柔翰。前者唱于后唱喁，乐事从来我曾擅。雄飞雌伏那有常，一笑浮云看变幻。相送还携酒满壶，回船欲听晚啼乌。参差楼阁衔斜照，身在松年平远图。"

当时，"曲江十子"成员主要有淮安的周白民（振采）、刘万资（培元）、刘万吹（培风）、王素园（家贲）、邱庸谨（谨）、邱长孺（重慕）、吴慎公（宁谧）、边颐公（寿民）、戴白玉（大纯）及程风衣（嗣立）。

从沈德潜诗题可见，诗歌写于沈德潜访程茂于晚甘园时，在场有一批人，首先是莼江季父②风衣，即程茂的叔叔程嗣立（风衣），程嗣立是"曲江十子"之一。程嗣立之外，"周白民、邱庸谨、边颐公"皆为名重一时的"曲江十子"成员。

也即，"曲江十子"是晚甘园常客，他们留下不少聚会时的即兴诗歌。

---

① 沈德潜（1673—1769），字确士，号归愚，长洲（今江苏吴县）人。乾隆四年（1739）进士。累官至内阁学士兼礼部侍郎。有《沈归愚诗文全集》。

② 季父：叔父；多指父亲兄弟中年纪最小者。

《淮安河下志》卷七录"曲江十子"之一周振采①的《晚甘园芍药盛开莼江招饮》"君留燕,吾适鲁,去年花时各羁旅。鞭梢两地却归来,一时花下同宾主。殿春朵朵翻琼英,白头相对千花明。有酒但作长鲸饮,有句肯学寒螀鸣。物情共艳三公爵,魏国声名兆花萼。我与君家共息机,无须离别怅分飞。朱朱白白皆堪赏,不羡扬州金带围。"

《淮安河下志》卷七录"曲江十子"之一邱谨②的诗歌就有数首,如:《春日莼江招集晚甘,病不能往》《秋日泛舟游晚甘园怀莼江》《九日莼江招集晚甘园,翼皇太史首发高唱,同人继和,不揣弇鄙,书事述怀,成二十四韵》《秋晚莼江招集南园》《瓶荷卸去再柬莼江》,等等。

乾隆 16 年(1751),无锡华淞客淮安,晚甘园掀起了聚会小高潮。程晋芳有《仲夏同史梧冈、边苇间、周白民、邱浩亭、李情田、华半江、曹尚友、家兄莼江、侄滏亭、涡亭集晚甘园,次李情田原韵》诗歌。(见《淮安河下志》卷七)

这次聚会,有外地友人,如史梧冈(史震林)③、华半江(华淞)④等。有本地人,如"曲江十子"中的边苇间(边维祺)、周白民(周振采)等。有程氏家族人,如写这首诗的程晋芳,和莼江(程茂)、滏亭(程沆)等。

晚甘园中名人云集的盛况,在程氏家族程沆⑤的《壬辰正月二十八日,吟晖叔招同人集晚甘园,分体得七古一首》诗中,也得到过充分的描绘。

《山阳河下园亭记》"晚甘园"条云:"滏亭太史《集》有⋯⋯,《壬辰正月二十八日,吟晖叔招同人集晚甘园,分体得七古一首》云:'春风不上

---

① 周振采,字白民,号菘畦。雍正乙酉拔贡,乾隆丙辰举博学鸿词。著有《清来室诗存》。

② 邱谨,邱谨字庸谨,号浩亭。雍正元年(1723)拔贡。授六合县教谕。资性敏特,文章过目成诵。

③ 史震林,字公度,号梧冈,别署瓠冈居士、华阳外史等。江苏金坛人,清乾隆二年(1737)恩科进士,曾任淮安府学教授,后辞官归田。

④ 华淞,字半江,号淀山。清江苏无锡人,诸生,受业王虚舟。工篆书,兼擅治印,仿秦汉章几能乱真。

⑤ 程朝聘、程朝征是兄弟。程茂(贡生)是程朝征的孙辈。程沆(增生)是程朝聘的曾孙。

赵嘏楼，美酒不到刘伶土。白日忽起又忽匿，花开花落知谁主？吾家大阮怜景光，上日筵开谢公墅。偶然一呼陵谷应，坐令山泽生龙虎。洞庭飞下两仙人，屈宋风骚冠三楚①。气韵沉雄幽燕客②，幅中萧散王谢侣③。淮南高人大小山，八公词赋烟霞语④。阿大中郎叹逸尘⑤，仲容驱驰堪步武⑥。封胡羯末张吾军，如过雷门挝布鼓⑦。东风吹园花冥冥，座上酒酣日亭午。临流长啸发高咏，鸟为歌唱松为舞。眼前正喜春光好，风雨有灵占十五。清溪绕屋绿涨天，山青云白相媚妩。山翁既醉玉山颓，翩翩双袂风前举。人生欢会岂有常，风花过眼如飘雨。竹林往事已陈迹，辋川佳概谁堪补？他日溪山历旧游，雪泥鸿爪君看取。'今园已圮，尚余枫树一株，深秋泛舟入城，遥见红叶如锦，其地其人，犹可想象也。"

在程沆的这首诗歌中，充分地表达了晚甘园中名人云集的盛况。从诗歌原注可知，来客中外地人有湖南冯别驾方南、丁太史澹筠、北平钟溪堂、白下刘灵一、会稽杨孙符、秀水蒋秋泾、钱黄与诸君。当地人有王素修、周白民、边寿民、邱浩亭、周蓼圃诸君子。程氏族人有程沆的叔辈程晴江、程鱼门（程晋芳），另有侄辈是若，兄雨田、弟少泉等等。的确是声势浩大的一场文人盛会。

因为程茂与程晋芳关系密切，袁枚与程晋芳也关系密切，因此，袁枚也曾出入过晚甘园，留下诗歌《到淮游程纯江晚甘园作》。

乾隆二十七年（1762），程茂卒，时年六十九岁。八年后，久客淮安的华亭黄达来游程氏故园，写下了《游晚甘园记》，故文末有："余始至，主人尚未宿草，畴昔觞咏之地，每思携短筇纵览其胜，乃迟至数年后始得问津焉。徘徊凭吊，恍如晚甘主人晤语于珠湖绿水间也。"

① 有原注曰："谓湖南冯别驾方南、丁太史澹筠。"
② 有原注曰："谓北平锺溪堂。"
③ 有原注曰："谓白下刘灵一、会稽杨孙符、秀水蒋秋泾、钱黄与诸君。"
④ 有原注曰："谓郡中王素修、周白民、边寿民、邱浩亭、周蓼圃诸君子。"
⑤ 有原注曰："谓晴江、鱼门两叔。"
⑥ 有原注曰："谓侄是若。"
⑦ 有原注曰："谓兄雨田、弟少泉。"

黄达在游记中说这是他初临晚甘园。他的《一楼集》中还有《晚甘园》《蒋丹山招游晚甘园归复酬饮》等诗词。如《一楼集》卷九中的《晚甘园》诗："何必问沧洲,名园坐小楼。花繁铺碎锦,树老作蟠虬。白雨烟村晚,红云水郭秋。隔桥篰板急,早稻带云收。"又如《一楼集》卷八中的《蒋丹山招游晚甘园归复酬饮》："秋深柳色尚毶毶,短楫夷犹到晚甘。砌畔黄花冒雨冷,山头红叶醉霜酣。闲行竹径看僧去,小立溪桥听客谈。游倦归来还赌酒,挂橹凉月镜开函。"

显示他多次造访晚甘园。也即,晚甘园主人程茂虽不在,但程沆等子侄辈都在,晚甘园有新主人在打理。

但不管怎样,程茂之后,已无法换回晚甘园衰落之势。

《淮安河下志》卷七录沃林①《过南园吊晚甘主人》诗："苍烟碧水绕山围,蔓草荒凉寂掩扉。画舫无人来钓渚,芙蓉空自映苔矶。绿荫亭上悲题句,明月楼头忆下帷。日暮招魂何处是,楚江秋色送斜晖。"

《淮安河下志》卷七录周台孙②《过晚甘园》诗："荒园老树杂荆榛,满目苍凉不见春。争是隔溪风景好,清华水木一时新。"

《淮安河下志》卷七录钟曙《初秋过晚甘园泛舟》诗:"为爱清幽到水庄,蓼花莲叶绕回塘。波间棹举凫鹭散,桥上人归虾菜香。落日楼台偏窈窕,新秋烟树倍苍茫。扁舟便有江湖兴,一片西风蕙带凉。"

附:郭家墩的恢台园、华平园

一、恢台园为夏曰瑚历官归后所筑之园亭

明清两代河下就出过进士 55 名,举人 110 多名,贡生 140 多名。有"进士之乡"之称,其中沈坤(明嘉靖状元)、汪廷珍(清乾隆榜眼)、夏曰瑚(明崇祯探花)被里人称为"河下三鼎甲"。夏曰瑚即是"河下三鼎甲"之一的探花。

---

① 沃林,字松亭,乾隆戊寅(1758 年)诸生,著有《秋心集》。
② 周台孙,字味菽,号梅居,又号宁衡,乾隆间附贡。著有《绿满山房吟稿》。

《淮安河下志》引"县志:恢台园在北门外郭家墩东。邑人夏曰瑚建。"①

《山阳河下园亭记》"恢台园"条:"恢台园,夏肤公太史别业。太史名曰瑚,号涂山。崇祯辛未(1631)进士,第三人及第,授编修。奉命封江川王,丰采凝重,馈赠一无所受。历官未几,移疾归,茸恢台园于湖滨。"

吴玉搢《山阳志遗》载:"恢台园,一名绕来园,在东湖滨,陆醉书(吉)尝读书其中,有记云:'绕来者,夏涂山先生恢台园之溪亭也。园中具花棚乱石,所植多高柳,沉绿如山。面城带水,水阔处可百丈,曰郭家墩。墩侧酒家妓阁相望。墩之南曰萧田,田有寺,寺有塔,丛树周币,小舫如织。'"②

《山阳诗征》"夏曰瑚"诗后录《柘塘脞录》:"涂山少有文誉,及登第,奉命封江川王,馈遗一无所受。未几,移疾归里。于北门外郭家墩茸恢台园,赋诗饮酒其中,逾年卒。"③

综上,夏曰瑚(1602—1637),字肤公,号涂山。江苏淮安山阳人。明崇祯四年(1631)辛未科进士,官至翰林院编修。后因病归乡,就在郭家墩筑造了一座"恢台园"。园亭面水临田,花香柳绿,夏曰瑚每日在此邀请友朋赋诵畅饮,不关心其他。很快便在此故去了。

恢台园在郭家墩,但本身郭家墩有不同说法。

一是萧湖郭家墩。《山阳河下园亭记》"止园"条,有编者按曰:"郭家池在今曹家山,夷为平地"。曹家山即萧湖曹家山。

《淮安河下志》卷一录张珣《日夕携同人入郭家荡堤上小游》:"郭家池对曲江楼,风景堪宜五月游。"④曲江楼在萧湖,与曲江楼相对的郭家池也应在萧湖。《淮安河下志》卷一"郭家池"条下,编者王光伯有按曰:

① 王光伯辑、程景韩增订、荀德麟等点校《淮安河下志》,方志出版社 2006 年,第 164 页。
② 《山阳河下园亭记》"恢台园"条引。
③ 丁晏原辑、王锡祺重编、周桂峰点校《山阳诗征》卷九,陕西人民出版社 2009 年,第293 页。
④ 王光伯辑、程景韩增订、荀德麟等点校《淮安河下志》,方志出版社 2006 年,第 49 页。

"郭家池、郭家墩,地联相属,皆在萧湖。……在萧湖者,旧《县志》首卷地图,莲花街南为萧家田,其北即为郭家墩。……"①上述表达皆是说郭家墩在萧湖。吴玉搢《山阳志遗》载:"恢台园,一名绕来园,在东湖滨"《山阳河下园亭记》"恢台园"条:"葺恢台园于湖滨。"皆是此意。

另一处是北门外郭家墩。《淮安河下志》卷一"郭家池"条下,编者王光伯亦有按曰:"……又《古迹》恢台园注:在北门外郭家墩。"②

总之,关于恢台园在郭家墩,吴玉搢《山阳志遗》持恢台园在萧湖之说,《柘塘脞录》认为恢台园在北门外。此不缀语。

目前所见有关恢台园的诗歌不是很多。夏曰瑚自己曾赋《恢台园成》一首:"傍水成幽筑,诛茅得草堂。所期垂钓处,俨似浣花庄。杨柳月初上,薜萝风正凉。何能谢缨冕,读易濯沧浪。"诗中将此园比作唐代大诗人杜甫在成都浣花溪上所建的草堂,并且说自己甘心辞去官职,以读《易经》、濯沧浪之水为乐,表现出高洁的志趣。

另外徐嘉有《恢台园》诗:"太史恢台卜筑初,东湖春水招簪裾。薜萝杨柳闲风月,输与青蓑夜打鱼。"描摹出恢台园主人离开官场后,傍水而居,遁迹江湖的心态。

二、华平园为徐越引疾归后所筑之园

《淮安河下志》卷六引《茶余客话》语:"徐山琢侍郎家南门大街,其华平园有容园、岭云阁,在郭家墩。"③

《山阳河下园亭记》"华平园"条:"徐山琢兵部之园,并容园皆在郭家墩。兵部名越,顺治壬辰进士,官御史,左迁兵部督捕左理事官,引疾归。园有岭云阁,辑《岭云编文集》行世。"

《山阳河下园亭记》"华平园"条中,编者王光伯有按曰:"府、县《志》地图,郭家墩在莲花街北,南为萧家田。又陆醉书《绕来园记》亦云郭家墩之南为萧家田。范咏春(以煦)《淮壖小记》谓郭家墩在龙兴寺后,姑

---

①② 王光伯辑、程景韩增订、荀德麟等点校《淮安河下志》,方志出版社 2006 年,第49 页。

③ 王光伯辑、程景韩增订、荀德麟等点校《淮安河下志》,方志出版社 2006 年,第 172 页。

存以俟考矣。"

也即华平园和恢台园一样在郭家墩,因此也有两说。一说是郭家墩在萧湖,一说是在北门外龙兴寺后。有待考证。

而且,华平园和恢台园主人,都是先在外做官,后因病而归,在此筑园。

《光绪淮安府志》卷二十九"山阳县人物二":徐越字山琢,顺治九年进士,授行人,擢御史。说直敢言,十三年上疏言事五十有九,皆关时政之大者。其言漕河事先后凡十六疏,陈黄淮冲决州县被灾状,语尤切至。迁兵部督捕左理事官,引疾归。有《奏议》四卷,子觉,由监生官宣武令,惩恶兴教,市民赖之。后亦以疾归。[①]

目前所见有关华平园的诗歌也不是很多。杜首昌有《一寸金词·徐山琢司马招同邱曙戒诸子宴集华平园观荷》云:"曲沼涟漪,雨歇宾来,递香吹。看碧筒珠走,乱抛鹦鹉,红衣粉褪,轻沾翡翠。萍嗦金鱼碎。朱栏引,矶头闲钓,可思旧封事。在台中殿上,柏霜凛凛,水边林下,荷风细细。小草情何淡,只耽着东山滋味。恐东山,丝竹难留,不暇丘壑计。"

《山阳诗征续编》卷三十录程华封(字□□,道光间人)《萧田忆徐山琢兵部岭云阁》:"华平园亦雪泥痕,雨歇宾来酒一樽。谁唱观荷湘草曲,画桥犹指郭家墩。"

有关恢台园、华平园的诗歌都不多,如果说有限的诗歌,描摹出的是恢台园主人遁迹江湖的一面,对于华平园的描写则执着于其曲池画廊、红衣翡翠、朱栏流连、荷风送香的热闹。

---

① 孙云锦修、吴昆田、高延第纂、荀德林等点校《光绪淮安府志》,方志出版社 2010 年,第 866 页。

第八章　湖嘴之隐退文化圈

湖嘴是隐士、早期盐商世家、退官文人的集中地。隐退，是湖嘴文化圈的重要特色。

第一节　湖　嘴

湖嘴，也即西湖嘴。据《续纂淮关统志》卷十二记载："西湖故迹即管家湖……今运河西岸，淮城西门以北，历湖嘴至板闸，皆西湖故迹也。"①永乐十三年(1415)，陈瑄开清江浦运河，从山阳城西管家湖，凿渠二十里，引管家湖(亦称西湖)水通至鸭陈口(今码头附近)入淮，这条漕河被称为清江浦河(清以后称里运河)，贴湖东侧垒筑长堤，以便纤夫挽舟，行人走马。运堤以西水面则称西湖(管家湖)。管家湖烟波浩渺，野趣横生。明代三百年间咏景诗词极多。

所谓(西)湖嘴，即西湖边沙嘴②伸入湖心部分。本来是捕鱼为生的渔民所居住的地方，后来因为运河从此经过，商人渐渐积聚，日益繁盛，发展成为西湖嘴大街。

《淮安河下志》卷二引《县志》曰："西湖嘴大街：两旁旧系河荡，沙嘴独出湖心，自运河筑堤后，居民商贾甚盛，南至运河堤，北至相家湾。"③

《淮安河下志》卷二于"西湖嘴大街"条又云："往时渚泽平连，居人

---

① 马璘修、杜琳等重修、李如枚等续修、荀德麟等点校《续修淮关统志·淮关小志》，方志出版社2006年，第369页。

② 沙嘴：指从陆地突入水中的前端尖的沙滩。

③ 王光伯辑、程景韩增订、荀德麟等点校《淮安河下志》，方志出版社2006年，第61页。

156

所以纬萧捕鱼为业，惟沙嘴一支独出，故得斯名。自运河筑堤，聚处者众。后又为淮北掣盐之所，南自运河口，北抵相家湾，万商之涧，尤为繁盛。列屋裁宇，则萧曼云征。连袂揥裳，则芬菲雾合。晴炊接乎花竹之巷，雨屐喧于姜菜之桥。富有无限，甲于诸镇。明邱浚诗所谓'扬州千载繁华景，移在西湖嘴上头'是也。"①

《淮安河下志》又引程纲《圣帝觉世经注证》载："丹林从叔以满浦一铺街（即湖嘴街）为商贾辐辏之地，地崎岖，不便往来。捐白金八百两，购石板铺砌，由是继成善举者指不胜屈。郡城之外，悉成坦途。"②也即湖嘴街是商人集聚之地，为了让大家往来方便，盐商捐赠重金购得石板铺地，该地由此到处成为坦途，经商亦更为便利了。

《淮安河下志》卷二录曹应熊《河下口占》："河下盛处是湖嘴，往时极目多帆樯。北来运道久淤塞，南去江天空阻长。乱后车尘灰已冷，旱余稗屑价都昂。故人相遇一慰问，话到兴衰欲断肠。"

邱浚《夜泊淮安西湖嘴》："十里朱旗两岸舟，夜深歌舞几曾休。扬州千载繁华景，移在西湖嘴上头。"该诗前有小序云："唐时'扬一益二'是天下繁华地，扬州为最，其地阛阓人烟之盛，视淮阴反若不及焉，有感书此。"

这首诗从诗题上就表达了这是诗人某次夜泊西湖嘴时有感作焉。诗歌小序给我们昭示了当时西湖的繁华，胜过扬州。从诗歌正文来看，前面两句是正面描写湖嘴的繁华盛景。十里长的运河两岸，有招摇的酒旗，一艘接一艘的运船，已经是深夜十分，仍然笙歌不歇。后面两句，写诗人仿佛在这里看到了扬州的千年繁华胜景，恍惚间，把西湖嘴看成了扬州。诗人一方面是将西湖嘴与扬州作比，认为二地的繁华不相上下，另一方面，也反映出湖嘴在成为盐业集散中心后，的确是盐商云聚，财富激增的富庶之地。

顾达写有《西湖烟艇》，诗云："船载香醪乐趣多，暖烟深处酌金螺。

① 王光伯辑、程景韩增订、荀德麟等点校《淮安河下志》，方志出版社 2006 年，第 61 页。
② 王光伯辑、程景韩增订、荀德麟等点校《淮安河下志》，方志出版社 2006 年，第 62 页。

萍开白鹭窥苍沼,荷动红鳞跃碧波。清颖风光真可并,古杭时景未能过。醉归不用喧丝竹,自有渔人送棹歌。"

顾达(1439—1523),字居道,号贯初子,山阳人。明代成化十四年(1478年)进士,做过宜阳知县、兵部员外郎、陕西行太仆寺卿等。顾达工于诗文,文章写的渊深宏博,诗歌风格豪放明健。著有(正德)《淮安府志》《眺丰亭记》《题锦屏山二十咏》《存道诗集》等。

顾达的《西湖烟艇》前两句写自己和朋友驾着船只载着美酒,在西湖烟波中醉饮美酒,可谓乐趣良多。三四句写西湖上浮萍拨开,可见白鹭于沼泽中引首亭立。荷叶轻摇,是有红鲤鱼在碧波间跳跃。这两联,对仗工整,用词生动明丽,将西湖中的小生物写的无比灵动。五六句用杭城相比,直言该地风光清丽,古杭州未必能超过这里。这话难免有些夸大,目的也是为了称美淮安西湖风光之美丽。最后两句写一群朋友醉酒归去时根本不需要弹奏丝竹以助雅兴,因为在西湖上自有渔人送来棹歌助兴。这里意味极为丰富,表面写的是西湖渔歌之美,实际上寄寓归隐西湖之意。诗歌总体来说,反映了淮安西湖曾经的繁盛与本地人生活之安适。

除了上述几首诗,亦有其他诗歌,认为淮安西湖可以与杭州西湖相媲美的。

如蔡昂的《西湖烟艇》诗:"三年京国纷尘鞅,十里西湖劳梦想。披图一见已欣然,况复移家对萧爽。杭州颍州天凿开,渔舟远泛苍烟来。倚棹回看天欲雨,鲤鱼吹浪声如雷。"是将淮安西湖,与杭州西湖、颍州的西湖相提并论。

虽然比作西湖,但是淮安是南北交界处,河下的西湖有着南北交界之处的特有的特点。徐日劲的《西湖嘴送北山兄南游》云:"楚州西望片帆飞,岁暮歌诗志采薇。风雨垂杨秋又老,池塘生草梦先归。移家栗里前期在,泛宅苕溪旧隐非。兄弟相看更无语,天涯涕泪湿征衣。"其中,"风雨垂杨秋又老"和"天涯涕泪湿征衣"两句,呈现的深秋荒凉、凄怆征人恰恰有着北方特点。"片帆""泛宅苕溪""池塘生草"等,又有着江南水乡的清新灵动。南北兼有的景色其实与西湖地处南北交界处的地理位置相关。

从《山阳河下园亭记》中的记载来看,湖嘴的名人园亭区域分布前后略有区别。其转折点是,康熙十五年(1676),西湖烟墩堤倒,淤一丈八尺深,成为平陆。这在《山阳诗征》吴承恩条后有材料可证之。

《山阳诗征》于吴承恩①条下,录吴承恩诗歌《邵郡公邀同郭山人饮招隐庵》:"水环幽树绿渐渐,暖日从游二妙兼。秋社欲催元鸟去,晴沙喜见白鸥添。斜阳野望移前席,远树轻阴入半帘。多幸山公怜病客,许陪高逸侍清严。"并于该诗后录吴山夫语云:"招隐亭在西湖嘴对岸,明五岳山人郭次甫与郡守陈公文烛交好,守建亭以待次甫,至则觞咏于此。后改为庵,庵前有清池茂树,与西湖相通,烟波浩渺,渔舟近远,亦一胜境也。自西湖变为陆地,亭亦日就倾圮。本朝顺治中,张吏部鞠存先生归田后,复加修葺,与胡天放、陈潍东诸先辈时来集饮,赋诗纪事,后此又不可问矣。诗所云邵郡公者,名元哲,万历二年继陈公守淮者也。西湖自康熙十五年(1676)烟墩堤倒,淤一丈八尺深,始为平陆。张吏部修葺时,尚未淤也。"②

即康熙十五年(1676)夏,黄河决烟墩口,淮安城西湖泊俱淤一丈八尺深,始为平陆。正是西湖淤平影响了湖嘴的名人园亭区域分布。

第二节　前期具有隐逸氛围的湖嘴园亭

前期湖嘴园亭多分布于湖嘴近水边处,如:招隐亭(湖嘴),一草亭(湖嘴),玉诜堂(湖嘴旧宅后),漪园(湖嘴),绾秀园(湖嘴),移云堂(湖嘴),春水楼(湖嘴)等。③

上述园亭,建筑在西湖湖嘴周边水未淤平时期,当时的西湖烟波浩渺,人烟稀少,适合隐居。《山阳河下园亭记》对一批建筑在湖嘴的园亭

---

① 字汝忠。嘉靖中岁贡生,官长兴县丞。所著有《射阳先生存稿》。《志·文苑》有传。

② 丁晏原辑、王锡祺重编、周桂峰点校《山阳诗征》卷七,陕西人民出版社2009年,第222页。

③ 皆为《山阳河下园亭记》中所标示的地点。

本身并无多少描述,但对于其所处的湖嘴水中岸边景色描绘却较为真实细腻,且侧重其隐逸氛围。

一、隐士居所招隐亭

《山阳河下园亭记》"招隐亭"条记载:"明代隆庆间(1567—1572),沔阳陈文烛知府事时,为五游山人郭次甫筑。在湖嘴运河西岸。亭前烟波浩渺,杨柳芙蕖,为一时胜境。后渐颓。国朝顺治初,邑人张鞠存吏部张新标加修葺,与同郡胡天放从中、程潍东涞诸老,赋诗纪胜。今复圮。……张岸斋太史鸿烈诗云:'亭改名仍旧,风流忆主宾。能文陈太守,高士郭山人。此道今如土,招贤事莫论。沙荒湖嘴外,望古绿杨津。'"

我们从这段描写可知,建筑在湖嘴的招隐亭具有一些独特的文化标签。第一,招隐亭是隐士居所。郭次甫是隐士,陈文烛任淮安知府时,特地为招徕云游四方的隐士郭次甫而建。招隐亭选址湖嘴,原因就是符合隐的要求。第二,招隐亭建筑在具有运河独特景致的湖嘴运河西岸。"亭前烟波浩渺,杨柳芙蕖,为一时胜境",描摹了湖嘴运河岸边特有景色。"烟波浩渺"说明湖嘴湖水之盛,水面之广。"杨柳芙蕖"则是湖嘴运河特有的植物和景致。第三,隐逸氛围中的隐士风流,是招隐亭赋予湖嘴园亭的固定意象。到张鸿烈阶段,招隐亭几番颓坏与修葺,留在大家心目中,仍是"沙荒湖嘴外,望古绿杨津"的荒凉景象,仍是一份记忆中的陈文烛知府与郭次甫友朋往来,诗人相酬的风流。

或者说,自招隐亭建立,这份隐士风流便一直被以诗歌记录着。

张新标有《招隐亭即事》诗:"吾庐一水隔,问渡即花宫。石井苔犹碧,丹炉火欲红。荷香当带雨,竹荫自生风。挥麈来高唱,元言未许同。"

邱象随有《过招隐亭》诗:"太息五游去①,风流事事残。一林疏雨细,半壁夕阳寒。烽燧留筇杖,烟波倚石栏。凄凉词赋客,未许吊刘安。"

胡天放有《招隐亭》诗:"古人邈难即,姓字寄琳宫。日落神仙远,花

---

① 该句有小注:"五游山人郭次甫。"

分杖衲红①。鸣琴怀晚节,采药挹真风。云树西湖末,高天沧海同。"

在上述诗歌写作之际,招隐亭仍然存在着,诗人们更多的是在招隐亭前无限感慨着隐人风流。

到了后来,招隐亭其实已经不存,却仍然有不少人在此流连遐想。《山阳诗征续编》卷二十三录杨元凯②《访招隐亭故址》诗:"此日谁招隐,当年剩一亭。高风溯城市,遗迹怅烟汀。径古庭芜碧,湖空岸柳青。荒碑人不识,闲鹭下郊坰。"

《山阳诗征续编》卷三十一录殷自芳《冬仲偕平孺、袖峰游运河西岸诗》:"万顷湖流建屋瓴,沧桑此地几曾经。清池茂树依然在,不见当年招隐亭。青莲庵外水痕枯,六月荷香知有无。烟舫渔榔何处是,一溪寒照浸菰蒲。"

这两首诗歌写作的时候,招隐亭早已颓败,成为故迹。第一首是怀想以前的亭在人无,第二首直接写人亭俱没,皆给人以沧海桑田变化之感,同时,两位诗人用怅烟汀、庭芜碧、湖空岸柳、清池茂树、烟舫渔榔、等等,描摹着曾经的招隐亭面对的浩渺湖光,自然仍能让后人去追怀那份已经逝去的隐士风流。

二、望社人士的隐居集中地

前期西湖园亭文化圈的一个高峰在 1644 年鼎革时期至 17 世纪中叶以前,这个阶段,由于明清鼎革,一批本该有大好前程的士人,国难后,不想仕清,或弃官,或弃举业,或反清无望后隐居这里。一草亭(湖嘴),玉诜堂(湖嘴旧宅后)即为代表。(参见第十二章第一节"望社",此处从略)

三、盐商的临水之园绾秀园

绾秀园主人杜首昌属于早期盐商世家,为晋商。杜首昌绾秀园建

---

① 该句有小注:"陈玉叔守淮安,招山人郭次甫来,遂以杖衲悬北亭。王凤洲兄弟尝往来焉。"

② 杨元凯,字尧臣,道光庚寅诸生。

在西湖嘴,甚至有些亭室探入湖心,亦能见出杜首昌所怀有的远离尘世之心。杜首昌虽不是望社中人,却与望社人,如张虞山、邱曙戒、方尔止等有所往来。而且,杜首昌入清不仕,与望社人有相同心态,望社诗人的遗民退隐性质,也给与望社诗人交往频繁的杜首昌添加了一份独有的色彩。

杜首昌(1632—?),明末清初人,字湘草,杜氏祖籍山西太原,是最早来河下业盐的晋商之一。"世以资雄里中"。《山阳诗征》于杜首昌诗后录吴揖堂语云:"杜氏在淮,昔称巨富,至先生家渐落,然园林物产犹在。先生工诗词,善草书,风流宏长,巍然为一时闻人。结交遍天下,游踪所至无不倒屣相迎。"[①]《山阳诗征》于"杜首昌"诗歌后录:"阮吾山[②]《淮故》云:'杜湘草工书法诗词。家于西湖嘴,辟缩秀园,水石花木之胜甲于一郡。名士满座,尊酒不空,有孔北海之目。'"[③]

《山阳诗征》卷十六有杜首昌小传云:"杜首昌,字湘草。著有《杜稿编年》。今刻《缩秀园诗选》。"[④]《山阳河下园亭记》"缩秀园"条记载:"尝有诗云:'黄鹂养就矫情性,骂得桃花没处飞。'诗人目为:'杜黄鹂'。"《山阳河下园亭记》"缩秀园"条又曰:"园中有挥尘亭、如如室、天心水面亭。"

杜首昌对湖中的挥麈亭、如如室、天心水面亭皆有诗句。远探于管家湖心的"天心水面亭",杜首昌有联云:"天心月影羲皇意,水面风流士子情。"[⑤]关于"挥麈亭",杜首昌词《五彩结同心·集缩秀园》有句云:"三峰削,直插崔嵬;亭高旷,帆来鸟去,俨然画里登台。"写的是三峰壹

---

① 丁晏原辑、王锡祺重编、周桂峰点校《山阳诗征》卷十六,陕西人民出版社 2009 年,第 580 页。

② 阮葵生(1727—1789),字宝诚,号吾山,晚号安甫,清代淮安府山阳县(今楚州区)人,乾隆壬申科举人,辛巳会试取中正榜,历任内阁中书、刑部侍郎等职,是清代中期的诗人、散文家和法学家。

③ 丁晏原辑、王锡祺重编、周桂峰点校《山阳诗征》卷十六,陕西人民出版社 2009 年,第 581 页。

④ 丁晏原辑、王锡祺重编、周桂峰点校《山阳诗征》卷十六,陕西人民出版社 2009 年,第 572 页。

⑤ 胡天放略作改动后,曾书赠李氏玉诜堂。"天心月影羲皇意,水面风流雅子情。"

立的大型土石假山上建有的挥麈亭。杜首昌《湘佩弟招同蒋荆名诸子集挥麈亭,调寄〈春从天上来〉一阕》云:"欲破程愁城,拼倾倒壶觞,快说生平。半老兄弟,都怕逢迎。学成闭户先生,放开双眼孔,看千古一局楸坪。任逍遥,却春光正好,水碧山青。留得荒原破屋,经百十余年,更觉多情。李杜诗歌,柳秦词曲,满堂金石同声。遇欢场耳热,不知有身外功名。纸窗明,是梅花枝上,月挂三更。"也以"挥麈亭"集会为题。

如如室,取自白居易"不禅不动即如如"诗句。此园拥有湖山胜景的阔大与野趣。杜首昌有数首相关之诗,如《独坐如如室偶成》诗云:"径草腰深懒去芟,年来闲却就长镵。野花红正当幽户,老树青能补破岩。院走山云哗百鸟,屋拖湖烟乱千帆。道人独坐贪看久,不觉蒙蒙暗湿衫。"《蒋荆名携诗过访,小酌如如室》诗云:"正惜秋光好,朋来是素心。呼童忙赏酒,对我忽开襟。旧事缠绵说,新诗慷慨吟。此间一醉后,三载到而今。"《秋日同黄虞谐坐如如室和韵,调寄〈减字木兰花〉一阕》云:"也知秋好,花径不曾缘客扫。想到君来,日向蓬门立几回。但能闲坐,一任浮云头上过。那有仙人,是处桃源好结邻。"《坐吴楚源天竺居,适蒋荆名、金远来,同过如如室小酌,调寄〈辘轳金井〉》云:"春寒犹峭,怪春光、不肯放人怀抱。欲待寻花,又梅开还早。风欺雨搅,着不得许多烦恼。散闷延陵,却逢访我,二三朋好。高阳唤声杜老,将瓶罍拔出,邻酒赊到。谁主谁宾,便沉酣倾倒。频年会少,把良晤莫看轻了。柳渐浮青,草将引绿,常来听鸟。"以上几首皆以如如室为题。

绾秀园,代表了早期盐商在淮安的进驻,而且杜首昌作为山西盐商,反映了早期晋商的活跃。绾秀园彰显了盐商园亭的华奢特点。但是选址在湖嘴湖心亭,也体现这一阶段河下筑园临水亲水的特点。

明末,南北名士过淮,必造访绾秀园。

《山阳诗征》卷十六录杜首昌《仲秋集绾秀园》诗云:"好友频年各一方,故园嘉会惜秋光。晴烘砌草衰犹绿,暖放瓶花晚更香。鸣鸟嘤嘤求旧雨,征鸿呖呖叫新霜。一尊情话真难尽,剩水残山恋夕阳。"诗题及诗歌内容,都反映出天各一方的好友,会因珍惜友谊,在绾秀园中择佳日聚会。

阮葵生曾祖父阮晋与其为莫逆之交，阮晋《春日雨集杜湘草挥麈亭限韵》云："剩水残山一古亭，到来幽径雨冥冥。阴晴但遇春皆好，尌酌虽当醉亦醒。宿鸟枝头啼树晚，落花风信倚帘听。主人爱客还多兴，送我归途驾小舠。衔杯夜夜烛光红，不觉春消旅舍中。巢鸟引雏齐出树，庭花放叶半翻风。归鞭触物情难缓，别绪临歧话不穷。他日耦耕君有约，负锄相待射湖东。"

《山阳河下园亭记》"绾秀园"引："吴山夫《山阳志遗》载：'甲申三月六日，有福、周、潞、崇四藩避难船八十余只至浦。十八日，福王命司房陶进喜、向路抚借船，路抚以借潞王船与之。又借寓湖嘴生员杜光绍家花园。至四月二十二日，舟方南去。'《明季南略》所记略同。庚童时，先君子携过杜家大门，见墙阴巨石方四尺许。先君子曰：'此即福王驻跸时听事柱础也。'宏峻可想，今亦不知所在。"

崇祯十七年暮春，福王避难居其园中，见杜首昌妹妹极美，琴棋皆能，遂订婚约，并得到杜的资助。

杜首昌不是望社众中人，但是与望社张虞山、邱曙戒、方尔止等有往来。

《山阳诗征》卷十六录杜首昌写给邱象升的两题。一首诗是《同邱曙戒侍讲香山来青轩夜话》："清钟静四山，泠泠细泉响。高轩驾悬崖，徙倚长廊敞。丛谈各忘倦，患难述既往。事隔三十年，历历如指掌。犹记脚不袜，捧粥遭兵抢。感叟负戴恩，欲报无从访。言与泪俱下，令我心神怆。半规生远空，悄悄傍轩上。岚气袭衣襟，后夜飒森爽。置身霄汉齐，万象泮苍莽。"另一首是《送童求禅师之闽和邱曙戒侍讲韵》："两道黄淮水，交萦惜别心。长途孤笠往，旧雨万山寻。云树江天变，须眉岁月深。嘉桑知更茂，好待返禅林。"

邱曙戒，即邱象升（1629—1689），字曙戒，号南斋，山阳人。顺治十二年（1655）进士，官大理寺左寺副丞，有《南斋诗集》《邱曙戒诗》《桐园杂咏》《江淮集》《縠音集》《入燕集》《岭海集》《白云集》《草堂集》等，前两种尚存。其父邱俊孙于顺治二年即入清任刑部郎中，是山阳最早与清廷合作的人。邱象升与弟邱象随少即以诗文名，时称"淮南二邱"。邱象升在清初不仅入望社,筑西轩以待客,而且在晚年病时,犹刻行张养重、靳应升选集,古道热肠,笃于友朋,为世称道。

《山阳诗征》卷十六录杜首昌悼念张养重的一首诗《哭张虞山》云:"海内才名四十年,江山万里涉风烟。忍饥至死穷能固,守己平生老更坚。赤手苦完婚嫁事,白头愁累陆沈田。再来尊酒论文地,红树楼中听杜鹃。"

张虞山,即张养重(1617—1680),字斗瞻,号虞山,又号虞山逸民、椰冠道人,山阳人,明崇祯间诸生。顺治十四年(1647)与靳应升、阎修龄等人结望社,诗酒唱和。十八年随邱象升幕游琼州。善作诗文,品节高洁,有《古调堂集》(今存)、《秋心集》(与靳应升、阎修龄合集)。张养重一生,行走四方,登临凭吊,无不见之于诗。虞山诗,在当时和后世均得到过好评。丁晏《柘塘脞录》载:王渔洋至淮招名士为文酒之会,见张虞山,揖甫罢,曰:"夙爱足下'南楼楚雨三更远,春水吴江一夜生'之句,平生如此好诗复有几?"

杜首昌湖嘴住宅也是虽然华丽,却因为筑向湖心,也具有了隐的成分。而且杜首昌入清不仕,与望社人有相同心态,故望社人与杜首昌往来频繁,在绾秀园共话沧桑。

杜首昌晚年,不问产业,遍访天下,家遂败落。《钵池山志》载:杜湘草家道晚渐中落。《山阳河下园亭记》载:先生笃嗜书史,不计生业。家为之耗。《山阳耆旧诗》于杜湘草诗后,有吴进按曰:"杜氏在淮昔称巨富,至先生家渐落,然园林物产犹在。……风流宏长,巍然为一时闻人,结交遍天下。"

高士奇序《绾秀园诗选》云:"山阳杜湘草,……足迹半天下。访名山川,不以尘埃自累。盖孟浩然、张志和一流人也。……衣冠古朴,举止疏放,如繁花缛秀中孤松挺出。"尤侗序《绾秀园诗选》云:"杜子年七十矣,少壮不仕,终为大布衣。名山佳水,恣意邀游。所至,名公巨卿无不倒屣而迎。其人品之高,为何如耶?"

高士奇、尤侗与杜湘草为同一时代人,他们不约而同对其性格和人品有较高评价。

绂秀园到清初,已百多年。康熙十五年,为大水冲毁。所以《钵池山志》载,杜湘草家道晚渐中落,曾寓山紫庵。其《湖边即事》云:"湖西隐隐两三树,几片轻帆没浪痕。钓罢归来读《秋水》,白云随我到柴门。"即咏于此时。后不久,又寄居涟水能仁寺。卒年不详。

四、退官、文人的湖嘴住宅

《山阳河下园亭记》以极其简略的笔法记录下了清初的文人住宅移云堂、退官居所春水楼。

移云堂主人是清初文人沈肇厚。《山阳河下园亭记》"移云堂"条云:"沈肇厚先生居,在湖嘴,见《茶余客话》。名与地俱未详。"

春水楼主人是清初退休官宦崔玉阶。《山阳河下园亭记》"春水楼"条载:"崔西畹鸿胪之居,在湖嘴。鸿胪名玉阶。徐北山(麟趾)诗集有《立冬前一日,西畹鸿胪招集春水楼看残菊》诗。又杜湘草《绂秀园集》有《初夏,金远水之任城,同人饯于崔氏东山草堂》诗,《湘草诗余》有《金远水归自北平,诸同人集重倚幕斋》一阕。皆指春水楼余房也。"意思是,《初夏,金远水之任城,同人饯于崔氏东山草堂》诗中涉及的"东山草堂"、《金远水归自北平,诸同人集重倚幕斋》一阕涉及的"倚幕斋",都是"春水楼"的余房。

这两条记载的确较为简略,即便如此,也可以看到,春水楼主人与绂秀园主人杜湘草,同住湖嘴,诗酒相酬,也是一个文化圈。

康熙十五年(1676)夏,黄河决烟墩口,淮安城西湖泊俱淤一丈八尺深,始为平陆。今青莲庵南净土寺北,即其遗址。

第三节　后期湖嘴街的退官、文人园亭

康熙时期,湖嘴基本干涸,湖嘴水域已经不再。湖嘴近水边处的园亭记载渐少,而湖嘴大街园亭记载渐多。《山阳河下园亭记》中记录的后期湖嘴街园亭,有情话堂(湖嘴大街宅后),引翼堂(湖嘴大街),存质轩(湖嘴白酒巷头)。《山阳河下园亭记续编》中记录有味腴斋(湖嘴),

旧梅花庵（湖嘴街），《山阳河下园亭记补编》中记录有卧风轩（在湖嘴街白酒巷尾），居易堂（湖嘴街）等。总体来说，后期湖嘴街园亭主人也以退官、文人为主，心态上持深房曲室中寂寞自守态度。

康熙、乾隆时期，是我国清王朝统治下的盛世。国家统一、政治经济稳定、国力强大、文化昌盛。清政府对知识分子采取笼络政策，文人官员顺应潮流，和清政府合作，取得功名，踏入仕途。

从乾隆末期开始，清朝的政治日益腐败。嘉庆皇帝、道光皇帝消退了早年积极进取的作风，治理政治的风格变得保守僵化。为官者私结朋党、买官卖官风气盛行。为军者，疏于操练、纪律废弛。国家财政日亏，百姓度日艰难。各种阶级矛盾激化。这时的知识分子多有避世态度。寂寞自守，教书为乐，简易为人。

康熙、乾隆以后，湖嘴街的文化圈的房屋主人，以退官、文人为主。多半为先是在外做官，后退官归来，在河下置一别业。其别业多半环境优雅，适合闲居。房屋主人在此，或隐居读书，或招朋饮酒，或养亲教子。与前一个阶段遗民愤懑心态比较，房屋主人在此居住，更多怀有的是赋闲心态。

譬如，据《山阳河下园亭记》记载，"情话堂"主人程沆，属于盐商世家，由翰林院庶吉士，告归。"引翼堂"主人丁兆祺，由江西盐法道任上告归。"存质轩"主人王履亨，为候选官。据《山阳河下园亭记续编》记载，"味腴斋"主人王一新，为文人。"旧梅花庵"主人王兆帧，以军功保知县。在《山阳河下园亭记补编》中，"卧风轩"主人裴栯，为文人。宅为其祖父由船政乞休归所筑。"居易堂"主人朱锡成，为文人。

湖嘴街园亭建筑的特点是深房曲室，其价值主要趋向于吟咏、教书、养亲。

《山阳河下园亭记》"情话堂"条记载程沆"日吟咏其中。晚年乐善戒杀，每日临池，皆书格言。"丁兆祺的引翼堂"堂之南深房曲室甚多"，丁兆祺，告归后，"与同芹谱者八九人，花晨月夕，酒榼聚谈。"王履亨的存质轩"其地房廊窈曲，"王履亨"延杨太常师与榑村学博，于存质中设帐。"《山阳河下园亭记补编》记载裴栯的"卧风轩"，有额，跋云："去秋自鄂跟跄归,杜门还读我书。"记载朱广文的"居易堂",是"室颇幽雅绝尘,一般人罕到其处。""广文由山左宦游归,筑此室内以颐养"。

总之,《山阳河下园亭记》《续编》《补编》中的后期湖嘴街园亭,体现出退官、文人园亭的某种共性特征,即,多守得一份清贫寂寞,以养亲、教子为要务,同时也自有一种诗情诗性的表达需要。

第九章　菜市桥园亭之进士文化圈

《淮安园林史话》："此镇园林最密集处,除萧湖及湖嘴大街外,一为罗家桥向西至菜市桥,多为文人园林。"①

《淮安河下志》卷二引旧《县志》语:"古莱桥市(罗家巷西)"。②又于"罗家桥街"条下,引《县志》注:"东自花巷头,西至古菜市桥。旧《县志》:'商贾辐辏,里巷相望,横贯各巷,居人最为稠密。'"③

可见菜市桥街在罗家桥街的西边,两街所在之地,多商贾车马,交通便捷,里巷互通,居民稠密,是一方富庶之地。

《山阳河下园亭记》标注为菜市桥的园亭有万寿祺的隰西草堂(菜市桥西,山子湖滨),刘昌猷的居易堂(菜桥),刘愈的怡园(菜桥),刘谦吉的思园(菜桥)。刘庭桂的慈和轩(在菜桥巷内),潘琴侪的十筠园(菜市桥东)。④

其中,刘愈、刘谦吉,都是进士。实际上,刘愈兄弟刘始恢也住在菜桥怡园,也是进士。而且刘愈、刘始恢兄弟的先祖是刘世光,正如高岱明《淮安园林史话》所言,"河下镇明清两代共出了65名进士,刘世光子孙连续五代有6名进士,人称'五世巍科',其家三园⑤皆在菜市桥。一为竹巷街。"⑥另外,李时谦、李时震兄弟二人都是进士,李时谦住在大绳巷,有耕岚阁;其弟李时震住小绳巷,有且园。而大绳巷、小绳巷都临

①⑥　高岱明《淮安园林史话》,中国文史出版社 2005 年,第 24 页。

②　王光伯辑、程景韩增订、荀德麟等点校《淮安河下志》,方志出版社 2006 年,第 67 页。

③　王光伯辑、程景韩增订、荀德麟等点校《淮安河下志》,方志出版社 2006 年,第 65 页。

④　皆为《山阳河下园亭记》中所标示的地点。

⑤　《淮安园林史话》对于"三园"未明说。在《山阳河下园亭记》中,涉及的刘世光的园亭有刘愈、刘始恢兄弟的怡园、刘昌猷的居易堂、刘庭桂的慈和轩。本著作后面文中有详述。

169

近古菜市桥。李时谦、李时震兄弟二人和刘谦吉来往密切,也可以算作菜市桥文化圈中人。所以,居住菜市桥园亭,并有进士身份者可谓不少,故菜市桥堪称是一个进士文化圈。

从可见的材料来看,菜市桥文化圈可以分为两个阶段来关照。第一个阶段是在顺治、康熙年间,这是菜市桥文化圈发展的鼎盛期,另一个是咸丰以后的平淡衰落期。

第一节　顺治、康熙年间,菜市桥文化圈发展的鼎盛期

《山阳河下园亭记续编》在记录后期咸丰年间潘琴侪别墅"十笏园"时引李元庚《十笏园记》云:"十笏园,吾友潘予琴侪别墅,在菜市桥东,创于己未①,成于辛酉②。岁戊午③,徙居于此,结茅小隐。得隙地一区,遂有造园之思。……顾园之左右,国初时多名人别业。如万年少先生隰西草堂、吾家舍人昆季之息园、耕岚阁、刘退庵工部昆季之怡园、刘讱庵佥事之思园。越百余年,园虽颓废,其名尤啧啧入口。今得十笏园以继之,将来与国初诸老之名并传矣。"

潘琴侪是咸丰年间人,从李元庚的这段话可见,在清朝初年,菜市桥是个名人集中区域。如今园虽废,但名却存。潘琴侪之所以在此筑园,是他认为日后"十笏园"可以与国初诸老园亭之名并传了。《山阳河下园亭记续编》关于"十笏园"的这段记载中,主要涉及四家。

第一家是万寿祺的"隰西草堂"。《十笏园记》所谓的"万年少先生隰西草堂",万年少即万寿祺。第二家是李时震兄弟的住宅,兄李时谦有"耕岚阁",弟李时震有"息园(且园)"。所谓"吾家舍人昆季之息园、耕岚阁",吾家:即李元庚称自己的李氏家族;舍人:宋元以来俗称显贵子弟;昆季:明确指出是李时震和李时谦兄弟。这里所谓息园,当是且园。(在《山阳河下园亭记》"且园"条,记录主人为李时震)。第三家是

---

① 即咸丰九年(1859 年)。

② 即咸丰十一年(1861 年)。

③ 即咸丰八年(1858 年)。

指刘愈、刘始恢兄弟的怡园。所谓"刘退庵工部昆季之怡园"，刘退庵工部：即刘愈。昆季指刘愈、刘始恢兄弟。第四家是刘谦吉的思园。所谓"刘切庵佥事之思园"，刘切庵佥事，即刘谦吉。

《山阳河下园亭记》记录李时震的"且园"："在小绳巷。……恂庵公与刘切庵佥事友善，居亦密迩。其时菜桥左右园亭，如刘文起吏部昆仲之怡园、切庵佥事之思园、暨公兄弟之耕岚且园，俱极一时之盛。"这段记载与"十笏园"条记载有三家重合。

"且园"条所谓"刘文起吏部昆仲之怡园"，指刘愈（字文起）、始恢（字价人）兄弟，他们寓居怡园。"且园"条所谓"切庵佥事之思园"，指刘谦吉寓居的思园。"且园"条所谓"公兄弟之耕岚且园"，指的是李时震在小绳巷的且园，李时谦在大绳巷的耕岚阁。

"且园"条所谓"恂庵公与刘庵佥事友善，居亦密迩"，是说李时震（恂庵公）住在小绳巷，与菜市桥的刘谦吉（刘切庵佥事）靠的很近，且"刘文起吏部昆仲之怡园、切庵佥事之思园、暨公兄弟之耕岚且园"都是"菜桥左右园亭"，显然，《山阳河下园亭记》记录李时震的"且园"时，是将李时震归于菜市桥文化圈的。而且，《山阳河下园亭记》"耕岚阁"条云："家乘载，在大绳巷，家苏庵公，名李时谦。"即李时震的兄弟李时谦住在大绳巷。但是《山阳河下园亭记》潘琴侪"十笏园"条下把大绳巷的李时谦也归入菜市桥。

这也是因为大绳巷、小绳巷和古菜桥市临近。《淮安河下志》卷二云："古菜桥市，（在）罗家巷西。""（大）绳巷：《县志》注：'罗家桥西'。""小绳巷、古菜市口大街：《县志》注：'菜市桥稍西北转'。"[①]可见（大）绳巷、小绳巷和古菜桥市临近，都在罗家桥西，菜市桥西北。

《山阳河下园亭记》"且园"条除万寿祺之外涉及的三家，和潘琴侪"十笏园"涉及的三家，完全吻合。用《山阳河下园亭记》"且园"条中原话，几家园亭是："俱极一时之盛。"其中意，应该是除了房屋有名，更

---

① 　王光伯辑、程景韩增订、荀德麟等点校《淮安河下志》，方志出版社 2006 年，第 65—67 页。

在于他们地位高,交往广,影响大,名声远。一批进士共同住在菜市桥,所谓"多名人别业",绝非虚言。因万寿祺是避乱流寓山阳,卜居的菜市桥西、山子湖滨,相对偏僻,不属于进士文化圈。万寿祺结交的多望社人士,在后面望社一节中会简述,此处略之。

一、耕岚阁主人李时谦和且园主人李时震

《山阳河下园亭记》李时谦"耕岚阁"条曰:"家乘载,在大绳巷,家苏庵公,名李时谦。字吉爻,康熙辛丑科进士。以河南道监察御史,擢陕西督粮道。少贫,与弟恕庵公(时晋)、恂庵公(时震),同读书于灵济祠之文昌阁后。恕庵公康熙乙酉举于乡,恂庵公与苏庵公同科进士。宅有'科甲蝉联'额。睢州汤文正公为兄弟立也。公通籍后,筑此阁为读书地。今人犹呼'绳巷李'云。"

《山阳河下园亭记》记录李时震"且园"曰:"在小绳巷,恂庵公以进士考授内阁中书,二载余,告养归。于宅旁辟地数楹,颜曰:'且园'。著有《去来吟》,集中《且园记》曰'中有颐堂,朝夕承欢,示颐养之意'。堂以东,别构'玉立山房',堂以南,建一亭,曰'桂白亭';侧有楼,曰'养拙';北有阁,曰'云岫'。皆自撰楹帖。多读书乐道语。迨养亲事毕,入京,旋复乞假归。闭门课二子:幼和公(师熹)、起北公(师邕),均以名诸生闻。后移居城内,恂庵公与刘切庵金事友善,居亦密迩。其时菜桥左右园亭,如刘文起吏部昆仲之怡园、切庵金事之思园、暨公兄弟之耕岚(大绳巷,李时谦)且园(李时震,小绳巷),俱极一时之盛。"

李氏兄弟其祖为襄陵(在今山西省境内)人,明末其父李开先以经营盐业始迁淮,遂定居于淮。兄李时谦,字吉爻,号苏庵。弟李时震,字雷中,号恂庵。兄李时谦于清顺治十七年(1660)庚子科顺天举人。弟李时震于清顺治十一年(1654)甲午乡试中举,兄弟二人于清顺治十八年(1661)中辛丑科进士。在我国的历史上,兄弟同科中进士的并不多见。李时谦以敢言为人称道。刻有奏疏一卷《国朝李侍御奏疏》。曾上书弹劾时任河道总督靳辅治水之弊。以劳卒官。李时震后以进士授内阁中书,二载告归,筑且园,养亲自娱。著有《去来吟》。

加上李时谦弟李时晋为康熙己酉(1669)顺天榜举人,三兄弟,两个进士一个举人,一时传为佳话。

二、思园主人刘谦吉

《山阳河下园亭记》刘谦吉"思园"条记载:"园在菜桥,《茶余客话》谓为刘切庵佥事所筑。《杜湘草集》有《秋日集思园诗》,佥事《诗集》载有《读书思园,秋水涨,戏签主人紫琳诗》,又有《阎国博紫琳招集思园限韵》诗。陆密庵先生(求可)《诗钞》有《登阎园山亭》,自注谓'阎紫琳思园',未知孰是。"

也即因为刘谦吉(刘切庵佥事)和陆求可的诗歌中的相关表达,有疑思园为阎国博(紫琳)所有者。但根据《茶余客话》所言,思园为刘谦吉(刘切庵佥事)所筑。

刘谦吉(1623—1709),字切庵,一字六皆,号雪作老人。江苏山阳人,康熙三年(1664)进士。

刘谦吉的祖父是刘宗远,父亲是刘源长。《光绪淮安府志》卷二十九"山阳县人物二"记载:"刘源长,字介祉,父宗远,为广西怀集所吏目,以劳卒官。"刘源长"长为邑诸生。……乡里高之,竞以名节相矜尚。……卒,祀乡贤。子谦吉,字皆六,进士。出参抚远大将军幕,条议用兵六事,皆中机宜。入补刑部主事,……升山东提学佥事,期满,以老乞归。卒,年八十七"。①

刘谦吉祖父刘宗远,为广西怀集所吏目,以劳卒于官。刘宗远父亲刘源长,字介祉,江苏淮安人。明末诸生。少壮砥行,一生著书甚丰,他酷爱饮茶,杂录诸茶书,编纂而成《茶史》一书。凡二卷,上卷记茶品,下卷记饮茶,共三十子目。另外还著有《二十一史略》《古今要言》。在乡里受人敬重。死后祀乡贤祠中。

刘谦吉进士及第后,开始任中书职,入幕抚远大将军,所拟六条治

---

① 孙云锦修、吴昆田、高延第纂、苟德林等点校《光绪淮安府志》,方志出版社 2010 年,第 872—873 页。

军之策,颇令大将军称赏。后来入补刑部主事,平反了不少冤案。后来职思南府知府期间,整肃讼师,严惩奸商,振兴文教。后又任山东提学使职。期满后以老乞归。于康熙四十八年(1709)八十七岁时卒于寓所。著有《雪作须眉诗钞》。

刘谦吉与李时震、李时谦关系很好。《山阳河下园亭记》记录李时震且园时特意加了一句:"恂庵公(即李时震)与刘讱庵金事(即刘谦吉)友善,居亦密迩。"

刘谦吉与李时谦同样关系也好。《山阳诗征》李时谦条下录《柘塘脞录》云:"苏庵先生(即李时谦)起家台谏,出视鹾政诖误,归以大学士昆山徐公荐再入台垣,仁庙称为真御史。同时,刘讱庵提学(即刘谦吉)赠诗云:'不死良云幸,能归是旷恩',又云:'非因宸鉴在,何以脱邱樊。'意当时白简生风,必有直言谠论,极陈时事。今所传奏疏无之,汪文端作序谓'避人焚草,不欲示后',而其后人亦无从得之欤。"①

也即在李时谦政治上有争议时,刘讱庵提学赠诗给他,予以支持。

可见,刘讱庵金事与李时震、李时谦,同为进士,一个文化圈,交往密切。

三、怡园主人刘愈、刘始恢兄弟

《山阳河下园亭记》录刘愈"怡园":"刘退庵工部所筑,在菜桥。工部名愈,字文起。禹度先生昌言子也。康熙壬戌进士。登酉科山东副考官,自京乞假归,绝意仕进。筑斯园,与弟弟价人吏部始恢唱和其中。刘氏五世以科第显。"

刘愈,字文起,是刘昌言长子。康熙十六年(1677)乡试中举,康熙二十一年(1682)进士。《光绪淮安府志》卷二十九"山阳县人物二"也记载刘愈"少随父官岑溪。……后由进士官屯田司主事,减黜浮费,

---

①　丁晏原辑、王锡祺重编、周桂峰点校《山阳诗征》卷十二,陕西人民出版社 2009 年,第453 页。

为上官所重。时有议海运者,愈力持非策,议者无以难。主试山东,以内艰归,卒。"①

也即刘愈官屯田司主事期间,悯铺户之苦,力减浮费,上官信其诚,遇事多询问之。曾据理力争,不主张海运之策。也任过山东典试副考官。后绝意仕进,归筑怡园。

刘始恢,字价人,刘昌言次子,康熙二年(1663)乡试中举,康熙九年(1670)进士。刘始恢开始授大理寺右评事。之后为吏部考功司郎中,又拔为文选司郎中。当时有人建议"束河注海",刘始恢与宝应乔莱等认为不可,事遂止。

《光绪淮安府志》卷二十九"山阳县人物二"也记载刘愈"子二。永祯,字紫涵,拔贡生。……永禄,副贡生。"②即刘愈有二子:永祯、永禄。

刘愈父子交往皆名人。《山阳河下园亭记》刘愈"怡园"条记载:"工部子紫涵萃科永祯,为闫若渠婿,日侍父叔,养疴家园。晚年在河西石桥稍筑别业,为习静地。赵秋谷执信赠联(紫涵)云:'若教闲里功夫到,始识谈中滋味长。'秋谷过淮时,有赠退庵工部联云:'渔阳老将多迥席,鲁国诸生半在门。'工部与桐城方灵皋侍郎苞友善,喜为古文,汪文端公序《修凝斋集》曾及之。紫涵刻意为诗,笃行穷经,不为俗学。师事鄞人万季野(斯同)先生,尝手抄季野所著《明史稿》三百卷,藏于家。"

也即刘愈工部与桐城派创立者方苞友善,喜为古文。清代著名诗人、诗论家赵秋谷赠诗"渔阳老将多迥席,鲁国诸生半在门"给刘愈。刘愈儿子永祯,为阎若璩婿。师从清代著名史学家万季野(斯同)先生。赵秋谷赠诗紫涵:"若教闲里功夫到,始识谈中滋味长。"方苞曾经评价紫涵云:"吾见居兄弟之丧颜色称其情者,惟王昆绳与刘紫涵二人而已。"③

《山阳河下园亭记》"怡园"条除了提及刘愈父亲刘昌言、兄弟刘始恢、儿子永祯,还有一句值得注意的,即"刘氏五世以科第显"。

①②　孙云锦修、吴昆田、高延第纂、荀德林等点校《光绪淮安府志》,方志出版社 2010年,第 869 页。

③　孙云锦修、吴昆田、高延第纂、荀德林等点校《光绪淮安府志》卷二十九,方志出版社 2010 年,第 869 页。

《淮安河下志》卷三"五世巍科额"条云："明季至国朝,河下科第极盛者莫如刘氏。刘居菜市桥西。'五世巍科匾',学使李之芳所题。第一世名刘世光,明万历己卯(1579 年)举人,第二世名刘一临,世光子,万历己丑(1589)进士。第三世名刘自竑,一临子,甲戌(1634)进士。又芳声,一临侄,己丑(1649)进士。第四世名昌言,自竑子,乙亥(1659)进士。第五世名愈(字文起),昌言子,壬辰(1682)进士。又名始恢(字价人),昌言次子,庚戌进士(1670)。"①

对于刘家几代成员,《光绪淮安府志》卷二十八、《淮安河下志》卷十、《淮安河下志》卷三都有相关表述,但与《光绪淮安府志》卷二十八和《淮安河下志》卷十的表述相比较,《淮安河下志》卷三的表述有些不同,《淮安河下志》卷三将刘自竑的儿子芳声,当做一临侄,将昌言当做自竑子,是为错讹。②

基本的人物关系应该是:第一代,刘世光,举人。第二代刘一临,刘世光子,进士。第三代,刘自竑,刘一临长子,进士。刘自靖,刘一临次子。第四代,刘芳声,刘自竑子,进士。刘昌言,刘自靖子,进士。第五代,刘愈(字文起),刘昌言长子,进士。刘始恢,刘昌言次子,庚戌进士。下面稍详之。

第一代刘世光,举人。《光绪淮安府志》卷二十八"山阳县人物一"记载:刘世光,"字晦卿,万历举人,聘福建同考官。历知赵城、沈丘县事",在任期间,勤政爱民,"仿古常平仓法为社仓,劝富民出粟实之,复捐羡金市谷,期年,仓粟充溢。值岁祲,所活以万计。"而且颇有胆识和方略,后颍州流民倡乱,刘世光设法平乱。"曰:'此饥民,欲得赢粮活旦

---

① 王光伯辑、程景韩增订、荀德麟等点校《淮安河下志》,方志出版社 2006 年,第 74 页。
② 《光绪淮安府志》卷二十八记载:"刘世光,字晦卿,万历举人,聘福建同考官。……子一临,字天幸,号星楼。七岁能属文。举万历进士。历知常山、长兴、信丰县事,有异政……一临子自靖,当名季弃举子业,隐居乡里,诗酒自娱。淮水暴涨,倡义捐资筑堰以障之。城赖以安。子昌言,孙愈、始恢,相继成进士,别有传。"(孙云锦修、吴昆田、高延第纂、荀德麟等点校《光绪淮安府志》,方志出版社 2010 年,第 850 页。)《淮安河下志》卷十"刘自竑"条下记载:"(刘)自竑,……子芳声,字何实,进士,授刑部主事。""(刘)自竑,……信丰公之长子也。"《淮安河下志》卷十"刘自竑"条下"附:刘自靖"中记载:"(刘)自靖,……信丰公之次子也。"(王光伯辑、程景韩增订、荀德麟等点校《淮安河下志》,方志出版社 2006 年,第 276—277 页。)

夕耳。'遂单骑诣贼(对农民起义军的蔑称)垒,贼露刃相向,世光不为动,好话慰抚之,令安居境上,给以社粟,众投刃罗拜。乃徐察其魁,执而戮之,余悉解散。抚按交章,荐其功,竟移疾归。家居数十年。卒,祀乡贤。"①另外,刘世光著有《青藜馆集》。

第二代刘一临(1559—1599),世光子,进士。《光绪淮安府志》卷二十八"山阳县人物一"记载:"刘世光,……子一临,字天幸,号星楼。七岁能属文。举万历进士。历知常山、长兴、信丰县事,有异政。"②刘一临任常山知县期间,因常山与其父为官所在地沈邱相距不远,再加父子皆善施惠政,因而"父子以循吏,一时并登荐牍③,当世以为美谈。"④然而因其天性高简,不能觍颜侍奉权贵,故屡调而不得竟其用。终因郁郁不得志,年仅四十,卒于官。著有《甲申警戒录》。

第三代,刘自竑和刘自靖。

刘自竑,刘一临长子,进士。《光绪淮安府志》卷二十九"山阳县人物二"记载:"刘自竑,字任先,进士(明崇祯甲戌 1634 年)。知潼川县,积官刑部郎中。"在任期间,某吏因脏获罪,欲通过贿赂他来免罪,"自竑怒叱,置之以法。"后出为真定府知府。按照惯例,"官有麦折银岁二千两,……自竑裁免之",成为佳话。"顺治初,升浙江按察使。时新罹兵火,民多以逆首株连获罪,自竑察其冤,释之。"⑤后来刘自竑升任湖广右布政,但没有上任,就乞休而还乡,并于家中卒。刘自竑擅长著文,有《尺蠖鸣》《河朔吟》《輨音集》等集。

刘自靖,刘一临次子。

第四代,刘芳声和刘昌言。

刘芳声,字何实,为刘自竑子,进士,授刑部主事,《光绪淮安府志》卷二十九"山阳县人物二"记载,刘芳声在任期间,"执法平允,全活者

①②④　孙云锦修、吴昆田、高延第纂、荀德林等点校《光绪淮安府志》,方志出版社 2010 年,第 850 页。

③　荐牍:推荐人才的文书。

⑤　孙云锦修、吴昆田、高延第纂、荀德林等点校《光绪淮安府志》,方志出版社 2010 年,第 862 页。

众。常疏清理刑狱,于是特遣恤刑诸臣,分行天下"。后迁户部,"榷关九江,厘剔宿弊,擢山东提学佥事,卒官"。[①]

刘昌言,刘自靖子。《光绪淮安府志》卷二十九"山阳县人物二"记载:"刘昌言,字禹度,自靖子。进士。授岑溪令。捐涤烦苛,杜绝请托,市民怀之。"[②]《淮安河下志》卷十记载,刘昌言授岑溪县知县任间,很有谋略,岑溪县地接五岭,当地瑶族、壮族混杂居住,"会邻县贼彭奇纠党压境,城中兵士仅三十人,乃躬率吏民,激以忠义,登城固守,贼不敢犯,又出方略诱之,贼党遂缚奇以降",且颇具仁爱之心,"并献同盟姓名册,昌言焚之,全活数千家。"后"摄苍梧县事,卒于官。祀乡贤"。[③]

第五代,刘愈和刘始恢。刘愈(字文起),刘昌言长子,进士。刘始恢,刘昌言次子,庚戌进士。

刘愈和刘始恢,前面已经作了介绍。此略。

刘氏家族,明清两代,一门六进士,五世皆有闻人,朝廷特以"五世巍科"匾额褒扬刘家。"河下科第极盛者莫如刘氏",这种情况在古代,即使放到全国范围内亦不多见,形成了楚州河下一道亮丽的风景。

四、居易堂主人刘昌猷

除了上述四家,同时代,菜市桥文化圈还有居易堂主人刘昌猷。《山阳河下园亭记》"居易堂"条录:"居易堂为刘繡宸先生读书处,在菜桥。先生名刘昌猷,顺治丁酉副榜。赋性诚笃,不以贵介自炫。筑斯室以莳花种竹,日吟咏其中,诗篇中时及之。"关于刘昌猷的居易堂,《山阳河下园亭记》记载道光年间刘庭桂"慈和轩"条下,有编者按曰:"居易堂、慈和轩均在晦卿[④]进士第中。"刘世光,字晦卿,为刘氏第一代,举人。从"慈和轩"条下的编者按,可知刘昌猷居易堂是在刘氏屋宇之内。

---

① 孙云锦修、吴昆田、高延第纂、荀德林等点校《光绪淮安府志》,方志出版社 2010 年,第 862 页。
② 孙云锦修、吴昆田、高延第纂、荀德林等点校《光绪淮安府志》,方志出版社 2010 年,第 868 页。
③ 王光伯辑、程景韩增订、荀德麟等点校《淮安河下志》,方志出版社 2006 年,第 283 页。
④ 刘世光,字晦卿,刘氏第一代,举人。

刘昌猷应该是刘氏家族人。

综上可见,上述这批人主要生活在顺治、康熙时期,菜市桥文化圈在这一阶段处于鼎盛期。其主要特点是,第一,刘氏家族人众。第二,进士较多。李时谦和李时震兄弟的大绳巷、小绳巷的住宅就靠近刘愈兄弟的住宅,也可以纳入菜市桥文化圈。所以菜市桥可以说是个进士文化圈,也是刘姓积聚的地方。

第二节 道光、咸丰年间,菜市桥文化圈发展的平淡衰落期

《山阳河下园亭记》及《山阳河下园亭记续编》记录了道光、咸丰间菜市桥的两家园亭,一个是刘庭桂慈和轩(在菜桥巷内),一个是潘姓的十笏园(菜市桥东)。

前者为国初名人后代继续居住在此;后者为被外姓所购买。这也是更多河下园亭在道光、咸丰以后发展的真实写照。

譬如,刘庭桂的"慈和轩",《山阳河下园亭记》记载:"刘慕苓丈习静处,在菜桥巷内。丈名庭桂。邑庠生。嗣子元方,道光丁酉拔贡。其室辟一楹,名慈和轩,又一楹,名芥栖院,中有竹数十竿,冰梅一株。屋虽不多,地极幽僻。庚少时往来其中,犹见'五代巍科'额也。(靓按:居易堂、慈和轩均在晦卿进士第中。)"

也即道光年间,慈和轩为刘庭桂在住宅中的一间,李元庚还亲自看到过"五代巍科"匾额。根据"靓按",说明"慈和轩"是在刘家屋宇之内。刘庭桂应该是刘氏家族的后代。

说明道光、咸丰间,刘氏后人仍居住于河下菜市桥。

甚至,民国时期,其匾额尚存。民国编者王光伯《淮安河下志》卷三"五世巍科额"条下,于刘愈兄弟条下记曰:"先生世居河下菜市桥,其额尚存。"

而咸丰年间潘琴侪十笏园则属于外姓在此新构建。

据《山阳河下园亭记续编》记载,"十笏园"是潘琴侪别墅,"在菜市桥东,创于乙未,成于辛酉。"潘琴侪造园目的是"今得十笏园以继之,将

来与国初诸老之名并传矣。”

事实上，潘琴侪与国初诸老的后人有交游往来。

李元庚在《山阳河下园亭记》中未录“十笏园”，于是另写了《十笏园记》，并在文后写道“余与主人友善，且心折其为人，尤服其缔造之工且速。今落成，故述其梗概，以补《山阳河下园亭记》之未列焉。”《十笏园记》被李鸿年录入《山阳河下园亭记续编》“十笏园”中。

李元庚是李时谦、李时震的后人，与潘琴侪为同时代人，显然，潘琴侪与李家后人彼此友善，有交游往来。

潘琴侪与刘家后人亦有往来。

《山阳诗征续编》卷二十三录刘元方[①]诗歌《新春五日，潘琴侪（桐）招饮十笏园》“十笏名园别有天，山俱岌嶪水沦涟。万方安静新春乐，几辈招邀旧雨联。雅谊投醪宜纵酒，园蔬入馔胜烹鲜。追思早岁辛盘聚，此景依稀四十年。”

可见，道光、咸丰以后，菜市桥仍是一个文化圈，这里的人仍然踵先人风流，“日与名流觞咏”。

同时，我们看到，此时的园亭风光已今非昔比，再也回不到过去了。

《山阳诗征续编》卷二十三录刘暄[②]诗《过菜桥旧宅》：“怡园衰草篑山隤，中垒遗书守曲台。葛帔儿孙诗述德，芹宫人士尺量才。岱云河雨空陈迹，谢草江花望后来。何意烽烟消一炬，敝庐重过重低徊。”

意思是刘愈、刘始恢兄弟的怡园如今已经付于衰草，只空留下陈迹继续经受云雨之袭，只剩下园亭主人的子孙在反复诉说先人的德行故事。而他们园亭的彻底寥落，也是因为捻军烽火所致。

---

① 刘元方，字小艭，道光庚寅诸生，丁酉拔贡。

② 刘暄，字映宸，道光庚寅诸生，岁贡。

第十章 竹巷状元里文化圈

第一节 竹巷状元里

淮安人自古重视文化教育，淮安也一直是在教育方面较为发达的地区。仅河下，明清两代就出过进士 55 名，举人 110 多名，贡生 140 多名，有"进士之乡"之称，其中沈坤（明嘉靖状元），汪廷珍（清乾隆榜眼），夏曰瑚（明万历探花）被里人称为"河下三鼎甲。"

河下有状元里街，因为这里是状元故里，是沈坤的状元楼所在地。另外状元里街也称竹巷大街。

《淮安河下志》卷二载，"竹巷大街:《县志》注:东起新城城根，西止姜桥，中称竹巷。"《淮安河下志》卷二又载，"状元里街:乾隆《山阳志》注:沈状元、夏编修故里。"[1]

《乾隆淮安府志》卷五载:"状元里街:东自新城城脚起，西至姜桥止，中名竹巷。沈状元、夏编修故里。"[2]

夏编修，即夏曰瑚（1602—1637），字肤公，号涂山。江苏淮安山阳人。明崇祯四年（1631）探花及第。授翰林院编修。正待重用，夏曰瑚却以疾归乡。于湖滨修建"恢台园"。而夏曰瑚的故宅在河下二帝阁北仓桥旁，人们又称其宅为"夏探花故宅"或"夏太史第"。也即并不是乾隆《山阳志》"注"中说的"状元里街"是"夏编修故里"。不过，状元里街的确是沈坤状元的故里。

---

① 王光伯辑、程景韩增订、荀德麟等点校《淮安河下志》，方志出版社 2006 年，第 63 页。
② 卫哲学志等修、叶长扬等纂、荀德麟等点校《乾隆淮安府志》，方志出版社 2008 年，第 130 页。

沈坤(1507—1560),字伯生,是淮安历史上第一个状元,并且是一位抗倭民族英雄。沈坤祖籍苏州府昆山,其高祖以军籍迁徙淮安,父亲沈炜经商。沈坤在嘉靖十年(1531)时考中了举人;嘉靖二十年(1541)时,考中了进士,为一甲第一名状元,任翰林院修撰①。嘉靖三十三年(1554)五月,升为右春坊右谕德②,改南京国子监祭酒③。嘉靖三十八年(1559),因母亲丧事去职在家守孝时,遭遇倭寇扰淮,沈坤于是变卖家产,亲自招募两千乡勇训练并征战,为保卫淮安立下大功,民间称其为"武状元"。然而,这一年底,沈坤升任北京国子监祭酒尚未赴任之际,被地方官诬陷私练武装、图谋不轨,被嘉靖皇帝下令逮捕入狱。嘉靖三十九年(1560)三月,沈坤病死狱中。

沈坤状元楼有二处,《乾隆淮安府志》卷五"城池""坊表"条下记载有:"状元楼坊(为沈坤立),……状元坊(为沈坤立)。"④

状元楼坊传闻即新城的南门楼,是沈坤少年时期的读书处。后来沈坤因抗倭被诬病死于狱中,乡人为表彰沈坤的抗倭之功,修复了他的读书处,并命名为状元楼。但后来新城南门的状元楼已经踪迹难寻。《乾隆淮安府志》卷五"城池""新城"条下云:"旧传南门为祭酒沈坤读书处,楼上有'状元楼'匾,为邑人熊斗阳署书。后各楼俱颓坏,无一椽存,城垣亦倾圮殆尽。"⑤

状元坊,当指竹巷的状元楼,是沈坤故居所在地。《淮安河下志》卷四"状元楼"条曰:"沈祭酒十洲先生故里,在河下竹巷东。旧有状元楼,创于何时,志乘未载,只见于魁星楼碑记,屡圮屡新。……其原委详载

---

① 翰林院修撰:职官名,从六品,主要职责为掌修实录,记载皇帝言行,进讲经史,以及草拟有关典礼的文稿。

② 右春坊:机构名,詹事府内部机构之一(詹事府是明清时期中央机构之一,创设于明洪武朝,主要从事皇子或皇帝的内务服务)。右谕德:隶属明朝隶詹事府右春坊,掌赞谕规谏太子,从五品,以翰林院官兼任。

③ 国子监祭酒:古代中央政府官职之一,隶属于朝廷最高学府国子监。主要任务是掌大学之法与教学考试。

④ 叶长扬等纂、荀德麟等点校《乾隆淮安府志》,方志出版社 2008 年,第 139 页。

⑤ 叶长扬等纂、荀德麟等点校《乾隆淮安府志》,方志出版社 2008 年,第 123 页。

里人所辑《垂永录》①中"。②河下状元楼经历过数次重修。《淮安河下志》卷四"状元楼"条有明确记载的一次是："咸丰壬子（1852），王君月航天池、殷君沚南自芳、程君袖峰锺、答卷君训忠德基、吴君澹泉兆登诸君子，募赀修复之。"③他们不仅集资修复状元楼，还绘制了沈坤像，供奉于状元楼中，按时祭祀，"每岁三月十二日一祭，是日为先生诞辰，后改为春秋二祭"。④

抗日战争期间，淮安被日本侵略者占领，河下状元楼亦遭损坏，为了缅怀和纪念抗倭状元沈坤，淮安市淮安区按照修旧如旧、恢复原貌的原则，历时4年，2017年沈坤状元府重建工作完成。

第二节　康熙、乾隆时期的竹巷状元里文化圈

《淮安河下志》卷二载，竹巷大街上有管家大门、宣家大门、柳家巷、罗家大门、裤脚巷、高家巷、仁字店巷、文字店巷、梅家巷、药店巷、阎家过道巷、状元楼巷、张家巷、许天河巷、沧浪巷、土地庙巷、小广福寺巷、大广福寺巷、北关厢巷等等。

竹巷大街上，以沈坤的状元楼为中心，形成了竹巷住宅区，也是河下重要的核心文化区。尤其在康熙、乾隆阶段，竹巷名居主要有阎若璩眷西堂，程埥的可继轩，程云龙的师意园，程易的寓园。

他们是晋商、徽商世家成长起来的文人代表。阎若璩是享誉国内外的国学大师，程埥是名震遐迩的柳衣园文化集会场所的提供者，程易的寓园是淮安文化园林鼎盛期的代表。他们共同造就了竹巷状元里的鼎盛期。甚至可以说竹巷文化圈是由盐商家族的文人构成的文化圈。

---

① 《垂永录》指王天池的《沈十洲先生垂永录》。王天池，字月航，道光二十九年（1849）诸生，家住河下竹巷街状元里巷内，为人素醇谨，乡里称他为长者，曾参与重修沈坤状元楼，编辑《沈十洲先生垂永录》。

②③④ 王光伯辑、程景韩增订、荀德麟等点校《淮安河下志》卷四引，方志出版社2006年，第103页。

一、阎若璩的眷西堂

状元楼西边有小巷叫阎家过道,出生于晋商世家的国学大师阎若璩的故居眷西堂坐落于此。阎若璩、阎咏父子均在此住过。

阎若璩先世为陕西太原人,五世祖以盐商身份迁居淮安。家室盈富,世居新城。父亲阎修龄,字再彭,号饮牛叟,明末贡生,以词章名。阎修龄居有"眷西堂""金石庋""嘉树轩"等。《山阳诗征续编》卷二录胡介《题阎牛叟眷西堂》诗:"西渠留世德,鸣鹤隐淮阴。故国河山改,平泉草木深。遥知高士意,兼有美人心。寂寞烹鱼者,含情托好音。"明代末年,兵乱时,阎修龄便由新城迁居到平河桥避乱,居有一蒲庵、饮牛草堂、鹧巢、鹤墩、影子阁等。

阎若璩(1636—1704),字百思,号潜邱,清经学家。顺治中诸生,康熙己未举博学鸿词。著有《眷西堂集》《志·儒林》有传。《山阳河下园亭记》"眷西堂"条云:"阎若璩著书处。在竹巷状元里南。征君一代名儒,撰述极富。一时名士如李太虚、方尔止、王于一、杜于皇、皆折辈行与交。"阎若璩有子阎咏,字左汾,康熙四十八年进士,官至中书舍人,同样长于文论。

阎若璩、阎咏父子均在沈宅附近"眷西堂"住过。陈其年《赠阎梓勤二十初度》诗序自注云:"梓勤(阎咏字)居淮之竹巷状元里。"①阎咏《左汾近稿》:"邱琼山过山阳诗②'扬州千载繁华景,移在西湖嘴上头','西湖嘴',在运河东岸,距余家状元里仅二百步。余尝笑此谓成、弘之西湖耳。"③所以,今竹巷状元楼西边之巷,名阎家过道,即阎若璩、阎咏父子故里,所言不虚。

《山阳诗征续编》卷十六录梁廷桢《阎潜邱眷西堂》诗:"蒲庵虽小一乾坤,南有鹧巢北鹤墩。太息新城遗宅尽,秋山红树泣龙门。"《山阳诗征续编》卷二十七录张登元④《泾河间潜邱先生墓土名塔儿头》诗:"塔尖初日射溪村,谁策乌犍过墓门。太息眷西堂在否,更无人问学山墩。"

---

① ③　张穆《阎若璩年谱》,中华书局1994年,第4页。

②　邱琼山,即明大学士邱浚。"过山阳诗"诗题为《夜泊淮安西湖嘴》。

④　张登元,字体干,道光丙申诸生。

阎若璩代表了淮安文化的高峰。梁廷桢的诗题《阎潜邱眷西堂》，张登元的诗句"太息眷西堂在否，更无人问学山墩"，皆证明状元里眷西堂是阎氏父子故居。

二、程埈的可继轩

程埈字眷谷，号大川，乾隆时期人，是安徽大盐商程朝征之子。程埈本人终身以盐务为业，后来购得萧湖依绿园，并将依绿园更名为柳衣园。程埈的弟弟程垲、程嗣立兄弟，在柳衣园园中主办文会。吸引诸宿倡和，促成淮安文风一时称盛。

程埈自己又筑宅名为可继轩，因为程埈是商人，文采不如其弟弟程垲、程嗣立，却很羡慕他们俊采风流、驰名文坛，便在园中筑宅"可继轩"，希望自己及子孙能够继承祖先，在学术文章方面取得更高的成就。

李元庚《山阳河下园亭记》云"可继轩"："程眷谷先生宅，在梅家巷头……相传是宅，为沈祭酒故居。（见《枣花楼诗集》）门以内，前为斯美堂，向东八角门内，面南者为箓竹堂，后为兼山堂，后为新厅，又后曰'听汲轩'，旁为可继轩。兼山堂有楼一，其裔孙禹韭（得龄）题曰：'枣花楼'，所著诗集以楼名。"

所谓"程眷谷先生宅，在梅家巷头。"梅家巷头即在竹巷中。又所谓"相传是宅，为沈祭酒故居"，更直接说明程埈的可继轩在竹巷的核心文化圈内。

"相传是宅，为沈祭酒故居"这句本有小注"见《枣花楼诗集》"。《枣花楼诗集》是程埈裔孙程得龄的诗集。程得龄后来也居住于可继轩中，可继轩中有很多楼阁，其兼山堂后的一个楼，被裔孙程得龄题曰"枣花楼"，所著诗集即以楼名。

《山阳诗征续编》录程得龄生平是："程得龄，字与九，号湘舟，安东增贡生，世居山阳，著《枣花楼诗略》《人寿金鉴》。《安东县志》有传。"[1]

《淮安河下志》卷五"沈十洲祭酒第"条下云："安东程与九（得龄），

① 王锡祺辑、沈家驹校、张强点校《山阳诗征续编》卷十七，陕西人民出版社 2011 年，第431 页。

余族人也。著有《枣花楼诗集》，中有一题云：'余祖居在竹巷中，相传为明祭酒沈伯生坤故宅。巷东旧有楼，俗呼状元楼，岁久渐圮。甲戌①夏，重加修葺。'"②

由此，我们大致可以理解《山阳河下园亭记》中"程眷谷先生宅，在梅家巷头。……相传是宅，为沈祭酒故居"的意思。

《淮安河下志》卷五录程得龄枣花楼诗歌二题：

一题是《枣花楼春日闲兴诗》："晓日初晴上屋檐，东风才止雨廉纤。趁花在树连邀客，待燕归巢缓放帘。铜鸭香添灰屡拨，玉储水润砚均沾。不知春困何时卖，刻漏壶中又报签。"

一题是《盛子履学博大士画〈枣花楼图〉，赋谢二首》："蜗舍图成老画师，郑虔三绝喜兼施。幽栖纵近枚生宅③，还羡松巢稳一枝④。""湘缣一幅壁间横，抚景教人逸兴生。仙子楼居谁敢拟，似闻云外步虚声。"

《淮安河下志》卷五录骆腾凤《答程与九诗》："他时醵饮登君楼，还看枣花散香屑。"并按："可继轩、二杞堂、枣花楼皆在一宅，名随代易，地以人传，与前刘晦卿进士第及居易堂、慈和轩同。"

"按"中所说的"刘晦卿进士第及居易堂、慈和轩"涉及的是菜市桥的刘家。《淮安河下志》卷三"五世巍科额"条，所列第一人是刘世光，字晦卿。刘世光，万历举人。也即淮安楚州河下有一刘氏家族，从明万历的刘世光到清康熙间的刘愈、刘始恢，该家族连续五世皆有闻人，连续四世皆中进士，共涌现了一名举人，六名进士。他们居住在菜市桥。经历数代之后，仍有刘氏子孙居住于此，如刘昌猷的居易堂、刘庭桂的慈和轩。

《山阳河下园亭记》于刘庭桂"慈和轩"条下记载，有"刘慕芗丈（刘

---

① 嘉庆 19 年(1814)。
② 王光伯辑、程景韩增订、荀德麟等点校《淮安河下志》卷七，方志出版社 2006 年，第117 页。
③ 有小注："先生《题画》诗云：羡君幽栖筑此楼，枚生宅畔澄寒漱。"
④ 有小注："先生所居学舍，名一枝巢。"

庭桂)习静处,在菜桥巷内。……庚少时往来其中,犹见'五代巍科'额也。"(靓按:居易堂、慈和轩均在晦卿①进士第中。)

居易堂主人刘昌猷。顺治丁酉副榜。慈和轩主人刘庭桂,道光丁酉拔贡。为菜市桥"五代巍科"刘家后裔。一直住在万历刘世光兴建的后来挂上"五代巍科"的宅第中。

而骆腾凤诗后所"按"的"可继轩、二杞堂、枣花楼皆在一宅,名随代易,地以人传,与前刘晦卿进士第及居易堂、慈和轩同。"意思是可继轩和菜市桥的刘家一样,经历了几代,主人一代代更换,从程埈到裔孙程得龄,程姓家族在这个地方这个房屋中仍一代代延续。同时也说明了淮安的更多街巷中有更多的代表性的人家在一个地方代代传承着。

三、程云龙的师意园

程云龙,可继轩主人盐商程埈之子。乾隆时期人。

《山阳河下园亭记》"师意园"条记载:"园在竹巷西程锦江宅。锦江名云龙。园中有不夜亭,《水南先生集》有《过云龙侄师意园》诗。子昶,字上农,郡庠生,瀣亭太史《集》中有《上农弟招集竹所》诗,竹所,即在园中。园址今称旦华空地。"

所谓"《水南先生集》有《过云龙侄师意园》诗"。水南先生即乾隆年间的程嗣立,程嗣立与程埈是兄弟,与程云龙自然是叔侄关系,故程嗣立称程云龙侄子。

程埈、程云龙父子除了在竹巷都有自己住宅。也是萧湖柳衣园的主人。金坛名士史震林有《柳衣园记》,其中有言曰:"淮阴教授既辞官,亨道人馆之于珠湖柳衣园。园之中有曲江楼。尝携酒登楼,饮余,曰:'此吾二樵公,既吾父大川公,与贤士大夫宴游处也,……吾不愿子孙徒有富贵,习为骄侈。愿读书好善,亲贤远佞……'"②史震林,字公度,号梧冈,别署瓠冈居士、华阳外史等。江苏金坛人,乾隆二年(1737)进士,

---

① 刘世光,字晦卿,刘氏第一代,举人。
② 王光伯辑、程景韩增订、荀德麟等点校《淮安河下志》卷七,方志出版社2006年,第198—199页。

乾隆十二年(1747)入淮安府学教授。为人孤高耿介,曾经主持过曲江园西席。史震林所说的亨道人即程云龙。大川,即程埈。程埈,字眷谷,号大川。史震林在这里明确说明程埈是程云龙父亲。

《山阳诗征续编》于程昭①条下录《诗录》云:"金坛史梧冈先生官淮安教授,罢官后,程君云龙招居珠湖之柳衣园,课其四子昶、晟、昭、皓。诗父子昆弟酬唱无虚日。昶字尧峰,皓字升白,右二诗俱从梧冈《华阳散稿》录出。"②

也即史震林辞官淮安教授后,程云龙请史震林教其四个儿子,程云龙的四个儿子为:程昶字旦华,号尧峰,乾隆庚申诸生;程晟字盘村,嘉庆间附贡;程昭字令和;程皓字升白。

《柳衣园记》所谓的"亨道人馆之于珠湖柳衣园",《诗录》所谓的:"程君云龙招居珠湖之柳衣园",皆佐证了程云龙不仅是柳衣园中程氏家族人,而且程云龙后来是柳衣园的主人。

前面说,程云龙父亲程埈在园中筑"可继轩",有让自己及子孙能够继承祖先,在学术文章方面取得更高的成就之意。当自己的儿子程云龙长成,自然让他继程垲、程嗣立之后成为了柳衣园的继承人和主持人。而同样程云龙也继承了程埈的观念,故在子孙教育上决不懈怠,并有希望自己子孙继承程埈、程垲、程嗣立读书好善、文采风流的愿望。正如史震林《柳衣园记》中所记,程云龙曾对史震林说过:"吾不愿子孙徒有富贵,习为骄侈。愿读书好善,亲贤远佞……。"

那么,程云龙是何时主持程氏曲江园的?

陈民牛有《曲江楼》一文,考证道:史悟冈辞官淮安教授的时间是乾隆十九年(1754),史震林写《柳衣园记》的时间是乾隆二十八年(1763)重阳。就是说在程嗣立死后十年,程氏曲江园传到了第三代程云龙手中,程云龙请史震林课其四子。程云龙下世后,第四代园主程昶等人继续请史悟冈主持讲习。这也就是史震林《柳衣园记》所云"亨道人既下

---

① 程昭,字令和,晟弟,乾隆间人。

② 王锡祺辑、沈家驹校、张强点校《山阳诗征续编》卷五,陕西人民出版社 2011 年,第 117 页。

世,其子尧峰、盘村、令和、升白重扫曲江楼,以延余……。"①

综上,作为盐商程氏家族的程埈、程云龙父子不仅是风景绝佳之地的柳衣园的主人,在那里主持文坛,而且在文化氛围浓厚的竹巷也有居所。程埈有可继轩于竹巷,同样其后辈程云龙居住在竹巷师意园。他们在萧湖依绿园的文化影响力,自然也会扩展到竹巷。

四、程易的寓园

寓园是河下园亭鼎盛时期程姓盐商家族的代表性园林。

《山阳河下园亭记》记载:"程吾庐副使宅后之园。一名可园,又名可以园,在竹巷,后门在柳家巷。从厅事侧,由山洞入,迤西高楼,画栋朱阑,有飞云卷雨之势。垒山为垣,周遭不断。红桥十丈,池宽而深,通金家桥,活水源源而来。峰回路转,有亭翼然。亭下松楼竹石,有狮子石,盘空矗立。敞亭三楹,曰'平远山堂'。西有樵峰阁,又横列三椽,曰'荫绿草堂'。后有香云馆、殿春轩、半红楼。东有长垣洞辟,横廊三楹,白石铺地。有合六间为一间者,曰'揽秀',为菊部征歌地。揽秀西有门。署石曰'寓园',梁山舟先生书。揽秀东,高楼一带,中有一楹跨街,接东向大楼,三面朱栏,名'跃如'也。楼下敞厅数楹,院中芍药一砌,即'殿春轩'。旁有箭道、即射圃也。庚初过时,已凋敝不堪。揽秀后,有楼四围、名'涌云楼'。又有澄潭山房,都转张乐斋副使假馆消夏,刻有《澄潭诗社图诗》。吾庐副使名易。字则圣,候补两浙盐运副使,署嘉松分司、石门知县,乞假归。为人任侠有智,遇事果断。比盐务有改道之议。副使力持不可,所活亿万人。与铁冶亭漕帅、徐心如河帅,暨榷使某公相契。又与含山王醒斋检讨、临汾王文山待招、德清徐东麓封君、桃源薛竹居征君,为五老会,宴集于荻庄。冶亭漕帅序而志之,刻石尚存。嘉庆元年赴千叟宴,恩赏优渥,亦禺策中之铮铮者。庚与其裔孙莆庭戚,曾游园中。今毁者半,存者半,除莆亭所居,余归族人,恁为茶肆。悲夫!"

程易(1726—1809),字圣则,号吾庐。世代居住在安徽歙县的岑山渡。盐业兴盛后先祖来淮从事食盐运销生意,便在安东(今涟水)落籍,但世居河下。程易为程埈长子程亮侑之子。程朝征是其曾祖。程易为乾隆间岁贡,以盐运副使候补两浙盐运副使,署嘉松分司、石门(在今浙江境内)知县,做盐运副使时,因力持自己意见,所活亿万人。后乞假回归故里河下,构"寓园"以娱。

寓园堪称河下园亭鼎盛时期盐商家族的代表性园林,其中有这样几点值得一述:

其一,寓园的地理位置绝佳,东临沈坤状元宅,处于竹巷文化圈的核心区。

其二,该园在河下园亭中规模最大、布局最讲究。《山阳河下园亭记》记载"寓园":"在竹巷,后门在柳家巷。"显然,寓园占地较广,横跨两条街。粗略数一下,寓园内部房屋在二十间以上,且功能全,有征诗之地,有射箭之道、有消夏之处。而且,园内造景奇特,明明在城市中,居然是"由山洞入","垒山为垣","红桥十丈,池宽而深"。另外,寓园各处房屋取名讲究,皆由名家书额。

其三,程易交游层次高,文化影响力大。下面略述之:

(1)曾应诏赴清廷千叟宴。

据史料记载,嘉庆元年(1796)正月初四日这天,太上皇乾隆在宁寿宫皇极殿又一次举办了"千叟宴"。列名参席者 3 056 人,即席赋诗三千余首。程易时七十岁,应诏进京,赴千叟宴。恩赐诗杖、内务府珍奇之物。嘉庆己巳十月卒,年八十有三。诰授奉政大夫,封朝议大夫。

(2)曾结五老会。程易贵为盐官,却十分喜欢与文人往来,正如赵翼在《吾庐程公墓志铭》中所云:"易自宦游归,总领淮北盐策,四方宾客,献缣投纶无虚日。而易坐镇,雅俗昂昂,如野鹤之立鸡群也。"他与文人交往的非常有名的一件事情,是和其他四人结为五老会。(参见第十二章"河下园亭中的'五老会'"一节。)

(3)招集赋诗活动

在他人的诗歌中,我们看到程易有招集赋诗活动的痕迹,如:《山阳诗征》卷十八录程沆①《和寓园五律四首》：

淡文征臭味，坐对辄悠然。世眼漫相识，古心常共鞭。孤怀成独往，高抱拟遐骞。夙昔论公道，情知遇我偏。

自携冰雪卷，酌酒更论文。爱客推何逊，联吟忆范云。暗虫终夜语，高鸟彻天闻。卧病沧洲晚，诗来解俗纷。

小桥垂柳畔，帘卷绿芜鲜。自择清凉界，还居洞壑天。谈深连暮雨，吟苦接幽蝉。主客园中景，闲林屋数椽。

萧散山公在，水流花竞开。试看垂钓手，旋展济川才。文字留情座，风云接上台。悬知旋节去，梦远几时回。

《山阳诗征》卷十八录程洵②《和寓园韵》："小住池塘山畔楼，好将暂憩作清游。半窗雨过疏帘润，三径阴多曲槛幽。到处篇章凌鲍谢，偶然觞咏挹羊求。一从蓬岛神仙过，都把云林妙迹留。"

程沆和程洵是兄弟，他们的父亲是程鉴，祖父是程阶，曾祖是程朝征。程易父亲是程亮俦，祖父是程埈，曾祖是程朝征。也即程易和程沆兄弟是同一班辈的族兄弟。可以想见，程沆、程洵的"和寓园"类诗歌，是程易招集的赋诗活动中的成果。

（4）程易与赵翼

赵翼与程易本不相识，最初他只认识河下程沆。1785 年，赵翼来到淮安，并再次来到荻庄，正赶上程沆七十大寿，赵翼因误造程易寓园，得以和程易认识并成为朋友。

赵翼有《程吾庐司马招饮观剧赋谢》一诗，即记载了这件事。诗云："淮水秋风暂泊船，敢劳置酒枉名笺。翻因误入桃园洞，又荷相招菊部筵（原注：去岁因访晴岚，误造君宅，遂成相识）。玉树一行新按队（原注：歌伶皆童年），《霓裳》三叠小《游仙》。殷勤最是留髡意，别后犹应梦寝悬。"（《瓯北集》卷三十）从"又荷相招菊部筵"句的原注即可知赵翼与程易的奇遇相识故事。

---

①　程沆，字澧亭，一字爽林，号晴岚，又号琴南。安东籍，世居山阳。乾隆己卯科举人，内阁中书充方略纂修官。癸未科进士，翰林院庶吉士。

②　程洵，字少泉。安东人，世居山阳。乾隆中附贡生。乙酉召试诗赋二等。

二人认识之后,程易请赵翼来寓园观剧,赵翼曾为程易的小照题诗,赵翼《瓯北集》卷三十三有《题程吾庐小照二首》:"买宅淮阴郭外村,手营别墅足邱樊。高情偏忆先畴好,不写新园写故园(原注:君歙人而家于淮,画乃其故乡岑山景也)。""丝竹中年兴不孤,教成歌舞足清娱。可应添写梨园队,补作花间振笛图(原注:家有梨园小部,最擅名)。"

程易去世后,赵翼又撰写了《吾庐程公墓志铭》,收录在《瓯北集》中,两人的深厚情谊不言而喻。

其四,张永贵在程易寓园的文化活动。

程易寓园中的文化活动与曲江楼、孤蒲曲、荻庄等园亭中的文化活动有不同之处,在曲江楼、孤蒲曲、荻庄鼎盛时期,园亭中举办相关文化活动时,一般由园亭主人及自家子弟来主持操办,但寓园中举办一些文化活动时,主持操办者既不是程易本人,也不是他的孩子,而是在此借宿消夏的监官张永贵。

张永贵,号乐斋,扬州人。此时官淮北监掣同知①,正五品。在《淮壖小记》有记载曰:"寓园在宅东,梁山舟侍讲所题,张乐斋永贵借以消夏,一时觞咏成集,集首列图有澄潭社、樵峰阁、香云馆、殿春轩、荫绿堂、半红楼,今皆湮矣。"②也即张永贵在任淮北监掣同知时,有一阵是借宿在程易寓园的,恰恰就在借宿寓园消夏的这个阶段,张永贵把寓园的文学活动搞得轰轰烈烈,远近闻名。一群名士在这里通宵达旦,唱和觞咏,后来,张永贵还把大家寓园唱和而就的诗编成一集,名曰《寓园赠答诗抄》。《淮安河下志》卷八即收录了《寓园赠答诗抄》一些诗歌。

如张永贵《乙未夏五,暂憩程吾庐副使寓园作》四首:

枚皋旧里起高楼,景物依稀记凤游。明月光添清涧满,好云晴护小亭幽。少陵佳句同赓和③,摩诘真图独许求。④看竹漫嫌偕野客,主人情

---

① 监掣同知:清代于山西(河东)、两淮(淮南、淮北)各设一人,管理盐斤之盘验掣巡之事。

② 王光伯辑、程景韩增订、荀德麟等点校《淮安河下志》卷八,方志出版社2006年,第236页。

③ 有原注曰:"时宫霜桥、林霏厓、杨啸谷同用杜工部《游何将军山林》韵。"

④ 有原注曰:"属王雨亭补图。"

重且勾留。

当门峭壁隔尘市，揽秀①浑忘暑气侵。月榭花台联旧雨，松涛竹韵和新吟。始疑仙窟人难到，今喜名园路可寻。劳攘半生聊借憩，宦情稍淡即山林。

高轩恰似野人居，鹄立苍苔池跃鱼。半壁斜阳堪入画，一林修竹好藏书。狂歌不惜金樽满，幽意长从永簟舒。暮卷朝飞帘影静，此心哪得不凌虚。

江上山间无尽藏，一丘一壑亦相忘。天将夜雨催诗猛，人爱新晴涤砚忙。心远自知鱼鸟乐，地偏还觉水云凉。且携琴鹤挮堆抱，登眺消磨夏日长。

张永贵《寓园再得五律四首》：

小住为佳耳，寻幽亦偶然。沙痕量旧水，竹径数新鞭。虎豹形堪踞，龙蛇势可搴。优游消夏日，情味向诗偏。

山馆连云起，池荷向晚鲜。那知游宦日，却际纳凉天。蛛网罗檐雀，蚊雷肃暮蝉。物情忘象外，聊结静中缘。

胜地饶风雅，苍苔没石文。有松皆挂月，无栋不飞云。坐久山花落，歌停天籁闻。习池千古韵，投赠正纷纷。

复道通幽阁，东偏射圃开。风流原缓带，揖让尽雄才。醉月飞觞羽，披襟上砌台。习劳身愈健，日课两三回。

张永贵《园中月夜口占》：

面对洪湖背绕河，层楼高枕夜听歌。十年始觉扬州梦，翻爱渔郎衣芰荷。

张永贵《秋七月十四夜，澄潭诗社月下放歌》：

高秋皓月海底来，徘徊牛羊去复回。寓园暂见候三转，秋风送上刘伶台。刘伶台上当年月，曾照伯伦荷锸埋。我欲仰天问明月，月光忽尔入金杯。今夕斟酌连月饮，鲸吞牛饮玉山颓。一枕黑甜殊自得，庄生蝶梦果悠哉。

---

① 有原注曰："堂名"。

对于程氏且园,张永贵于诗中毫不吝啬赞美之词,他既赞美程氏园林秀美,"始疑仙窟人难到,今喜名园路可寻",又赞美其文风浓厚,"习池千古韵,投赠正纷纷"。

特别是张永贵写作《乙未夏五,暂憩程吾庐副使寓园作》诗歌这次,乙未年,即乾隆四十年(1775)。这次应该是张永贵与宾客互相唱和的一次盛会。张永贵《乙未夏五,暂憩程吾庐副使寓园作》第一首中的诗句"少陵佳句同赓和"下有原注曰:"时宫霜桥、林霏厓、杨啸谷同用杜工部《游何将军山林》韵。"而张永贵原注中提到的这几人也的确用杜工部《游何将军山林》韵写了和诗。《淮安河下志》卷八有录。

宫国苞有《夏日过乐斋主人寓园,即事漫成十首,与林霏厓、杨啸谷同用杜工部〈游何将军山林〉诗韵》:

胜地临淮浦,名园接画桥。有山皆傍水,无树不凌霄。波静鱼堪数,烟青鹤可招。我来当夏日,披葛足逍遥。

曲江开馆处①,风景倍幽清。次第来新雨,从容听晓莺。杯传金谷酒,香泛玉盘羹。醉里多佳兴,相谢绕径行。

竹影斜难倚,花梢瘦莫支。题诗分扫石,蘸墨共临池。露冷秋先得,林深暑不知。清风吹细细,衫袖任离披。

绿岸多芳草,红阑点落花。石形蹲虎豹,藤势走龙蛇。望望情何极,行行意自赊。遥知良夜里,烟月好为家。

云屋依山叠,风亭面水开。沙明低紫燕,叶暗隐黄梅。艳卉无春夏,幽禽自去来。莫教移屐齿,石路破新苔。

旧雨开莲席,深房抱涧泉。离情惊荏苒,清话故缠绵。窗竹新抽箭,池荷小叠钱。此间堪寄傲,何必定樊川。

疏帘深绿影,冰垫欲生香。地僻尘难到,心清梦亦凉。爱闲鸥故立,习静蝶深藏。更喜阑干外,蒲梢叶半苍。

宦游人远别②,爱此习家池。有山皆山简,频来接倒罋。蛮笺挥绮

---

① 有原注曰:"谓乐斋主人。"
② 有原注曰:"谓吾庐副使。"

席,新咏付歌儿。幽处联裙屐,偏宜月倒影。

凉轩飞素魂,旧馆宿停云。永夜亲雄剑,高怀发大文[①]。尽教灯共剪,生怕手重分。说到关河路,伤离绪若分。

南皮十日会,游兴竟如何。鱼鸟情都惬,山林迹已多。放情抛短梦,回首付长歌。一夕抽帆去,他时好再过。

宫国苞,字霜桥,泰州廪生,工诗善画,是泰州历史上影响最大的诗社"芸香诗社"的创始人。宫国苞乾隆间曾寓居山阳的杨稼轩家。乾隆乙未年,宫国苞从北京游历归来,拜访淮上友人,受到张永贵的热情招待。正如宫国苞诗题《夏日过乐斋主人寓园,即事漫成十首,与林霏匡、杨啸谷同用杜工部〈游何将军山林〉诗韵》所云,宫国苞用杜工部《游何将军山林》诗韵,写有即事诗十首。也正如宫国苞的诗题所说,林霏匡、杨啸谷也用杜工部《游何将军山林》诗韵,写有诗歌,且皆成十首。林霏匡即林开,有《乙未夏日,乐斋主人偕同下榻寓园,漫成十首》,杨啸谷,即杨文炳,有《前题依韵》十首。

林开《乙未夏日,乐斋主人偕同下榻寓园,漫成十首》为:

惜春扬子渡,消夏杜康桥。数里寻芳圃,层峦耸碧宵。好从羁客赏,不待主人招。幞被娱佳日,几忘故里遥。

入径饶幽意,心清迹亦清。新篁含宿雨,高柳隐啼莺。味进龙团茗,香分锦菜羹。此间游泳好,肯便逐人行。

八载淮阴市,聊凭短策支。客寻红豆馆,我爱碧莲池。林鸟如相识,岩松是故知。晚来新浴后,细葛对风披。

隔岁惊秋涨,凌霄尚有花。枝繁多裛露,根老任藏蛇。猿鹤今无恙,烟霞此正赊。登楼一长啸,浑欲醉为家。

堂籍春卿署,门缘豸绣开。闲情耽树石,清誉重盐梅。宾客因风至,琴樽共我来。每当新雨过,腊屐踏苍苔。

苔痕沿古井,莫漫忆甘泉[②]。皓月澄于水,重茵软似绵。尽多寻友

---

① 有原注曰:"谓诸名作。"
② 有原注曰:"山名,在蜀冈西北廿里,与余家相望,上有泉,其水甚甘。"

谊梦,不用买山钱。为语王摩诘,依稀是辋川。

水榭朝云护,山亭夜合香。先眠柳自适,小坐渐生凉。好景隔帘得,奇书满架藏。百年觞咏地,罗薜色苍苍。

疏窗开四面,面面总临池。驱暑挥团扇,迎风接到罱。波光窥月姊,花影戏猫儿。若倩诗兼画,分曹好共随。

苏园酬唱后①,几度赋停云。酒忆陶彭泽,才怜郑广文。高朋今复聚,雅韵此重分。大有山林趣,如何万绪纷。

裁笺盈几按,得句愧阴何。小住亦云乐,丛谈未觉多。莫先愁去日,且共放长歌。记取曾游处,重来挈侣过。

杨文炳《前题依韵》十首为:

咫尺清淮曲,纡回白板桥。古藤盘峭壁,杰阁倚层霄。昔许梦相接,今忻客共招。诗情与画意,未觉辋川遥。

高轩供揽秀,帘卷午风清。浅草翻蝴蝶,深林啭谷莺。松筠君子操,藜藿野人羹。独抱素餐耻,微吟绕砌行。

秋水昔年泛,芳菲半不支。断虹重驾石,古井暗通池。沙汰痕犹在,桐枯闻莫知。凌霄得所附,绿荫尚纷披。

晓起晨光霁,香清夜合花。狂歌惊宿鸟,健笔绾秋蛇。室邃千重达,篱疏一径赊。此间看竹好,何必问东家。

石榻从予扫,花关待客开。雨风联白社,时节近黄梅。舞燕纷高下,游鱼自去来。临渊羡童子,把钓立苍苔。

闲愁如垒石,渴思欲吞泉。结子榴花艳,依人鸟语绵。每怀招隐客,谁赠买山钱。岁月蹉跎老,临风慨逝川。管弦孤鹤邀,奇迹野孤藏。林月迟迟上,烟含夜苍茫。

尘氛期共涤,昕夕俛清池。不用拖筇杖,无烦戴幂罱。眠沙输鸭母,酿蜜笑蜂儿。潦倒波间影,多情到处随。

数载欢星聚,无端感断云。去留都幻景,风雅属斯文。赖有芝兰契,曾无畛域分。主宾同作客,聊尔谢纠纷。

---

① 有原注曰:"壬辰夏,主人摄转运使篆,驻节苏园,偕同人聚此。"

倚栏时独啸,幽意竟如何。宿雨愁边积,奇峰天际多。暂教安旅梦,且莫唱骊歌。异日怀芳圃,还期载酒过。

除了宫国苞、林霏压、杨啸谷,于时泰有《乙未夏日,乐斋主人偕同借榻程吾庐副使园林,即事漫成》,王松有《乙未夏日,乐斋主人偕同借榻程吾庐副使园林》,说明他们当时都参与了这场盛会。另外郑基的《夏日奉访乐斋主人于程氏别墅,赋赠一章》不知是否亦为当时之作。

于时泰《乙未夏日,乐斋主人偕同借榻程吾庐副使园林,即事漫成》云:

萍踪忽泊枚皋里,程氏名园贯人耳。昨从使节来仙居,恍惚天台游梦里。山外有山楼外楼,屋中更见屋通幽。一泓清水池塘静,四面轩亭倒影流。阑干曲折相回向,人语依稀互酬唱。虬藤怪石密周遮,北垞南荣隔屏障。丘壑漫云小,安排思致宦。窗中岫锁云,帘外林啼鸟。林啼鸟,友声求,苍松翠竹吾匹俦。淮南仙迹不可再,洛下遗风此更留。图书压架琴樽古,香放芝兰庭砌午。郎中三影句撩人,旧雨新歌意飞舞。板桥重架横斜渡,点缀鱼津与鸥路,飞觞醉月小游仙,潇洒襟怀乐其素。何必桃源寻,已领濠梁趣。会心不远飞跃中,花开花落自朝暮。忆我方少时,龙山常放棹。水阁与峦亭,幽探快登眺。蓬飘三十年,荒林子规叫。岁晚游兹园,景物堪同调。何时买得金沙舟,携家安卧云林洲。绿荷消夏丹桂秋,回头重话清淮游。

王松《乙未夏日,乐斋主人偕同借榻程吾庐副使园林》云:

曾记苏园三月留,至今风雅重扬州。溯淮复动萧闲兴,借榻无如揽秀幽①。映日红榴遮杰阁,笼云翠柏倚层楼。使君移节消长夏,博得琴书自在游。

花间石畔忆同群②,座满春风笑语温。老我梦怀当日景,惊心永记去年痕。回廊昼静松声细,曲径风清鸟语喧。好共山公修竹里,《南华》一卷坐云根。

---

① 有原注曰:"揽秀,堂名。按:揽秀堂为程吾庐寓园胜景。"
② 有原注曰:"去春承张锡畴、程其中两君招吟园中。"

郑基《夏日奉访乐斋主人于程氏别墅,赋赠一章》云:

我家山水窟,乐事邈莫追。廿年太辜负,梅花同荔支。昨岁投淮上,寒风吹鬓丝。尘鞅迫朝暮,遑问亭与池。今夏喜事简,一酬达人期。达人曲江老,翩跹海鹤姿。本抱栋梁志,而萦岩谷思。选地寄芳躅,名园借一枝。主人有丘壑,相见胸中奇。十亩开罨画,天趣忘人为。垒石窄通径,栽花繁蔽墀。古藤纵盘郁,乔木森纷披。阶砌滴苍翠,溪塘漾涟漪。结构甫完美,王事劳奔驰。胜地访佳客,风月相追随。幽赏集群彦,对景赋新诗。一唱更百和,光怪炫陆离。我适来游此,谈笑熏兰芝。趣得形骸略,拜石同米痴。长歌复长啸,盘礴帽从欹。元何日易夕,归鸟飞参差。致语山中客,良足惜佳时。富贵定相逼,宁得久栖迟。江天正炎暑,急待霖雨施。古来称大隐,原不处茅茨。

郑基,字筑平,广东香山人。以诸生捐纳为知县,以兴水利著名。乾隆四十年(1775)郑基官淮安知府,乾隆四十一年(1776)去世,因此郑基是在他生命的最后一年里造访了寓园。诗中一句"结构甫完美",可谓对寓园的环境结构相当欣赏。"王事老奔驰",写出主人程易在外奔波劳于政事无法享乐于寓园之中。"胜地付嘉客,风月相追随",写如此美好的环境中,有张永贵在此消夏,并与一批文人在此风月聚会。

除了上述一批唱和诗,也还有一些人,受张永贵邀请去寓园,写作了专题寓园的诗作。如:

任承恩《再题乐斋寓园》:

炎威郁尘襟,闲园羡栖托。山庭见吏稀,水槛观鱼乐。投策向云林,乘舟出烟郭。晤君欣见留,解衣一盘礴。

解衣一盘礴,对君形骸略。自与世味殊,遂多幽赏作。暝禽烟际飞,水花风处落。酒醒山月来,洗盏更斟酌。

复此池上酌,幽吟事如昨。遥起故园思,西山数岩壑。松坡矮屋存,草皋孤亭缚。惆怅浮云身,共许还山约。

又,任承恩《主人招游寓园有作》:

特地耽丘壑,何时辟草莱。池陪山简到,园忆辟疆开。卧月幽人榻,看花过客杯。此间聊憩迹,直觉避嚣埃。

除了张永贵招饮的外姓文人外，程氏本族子弟也会参与到张永贵主持的宴会中。

程沆写过《六月十五日，主人招同舍弟①寓园纳凉，兼领小部之胜。雨后月明如洗，主人兴复不浅，更命小伶太湖石畔高低列坐而歌，恍如钧天广乐，不知身在尘埃间矣。漫成八截申谢》七绝八首：

平远山堂曲径开，一时裙屐认苍苔。分明依旧闲池馆，璧月琼枝夜夜来。

豆棚瓜架语缠绵，弹指光阴信宿缘。二十五年年结夏，最无拘束是今年。②

帘卷西风燕子便，斜阳影淡晚云边。深沉院宇高低树，知了一声何处蝉。

林木无声永不波，浅斟低唱夜如何。天公不杀闲风景，露出清光雨后多。

凉来枕簟风无影，白过池塘月有痕。更唱霓裳羽衣曲，青天碧海亦销魂。

回首坡公吟赏地，妙高台上梦无边。③听歌明月几时有，风景依稀亦惘然。④

到处洪崖笑拍肩，溪山容易着神仙。可怜三五松梢月，偏向清歌妙处圆。

晓风残月红牙板，听取柳郎白雪词。犹有樊川惘怅在，不由双鬓不成丝。

程沆这七绝八首记述了张永贵司马借程易的园亭举办家乐以宴客之事。

程沆的弟弟程洵依韵同作六首：

谢公雅爱东山咏，白傅新传池上篇。手版暂抛招旧雨，觞歌乐似小

---

① 即程洵。
② 有原注曰："偶及宦游江南之久，屈指二十五年矣。"
③ 有原注曰："主人自言，昔年浮玉山玩月之胜。"
④ 有原注曰："东坡曾命袁绚歌'明月几时有，把酒问青天'之句。"

游仙。

调高弦急入青霄，凉沁襟期暑气消。身坐停云小平远，蓬莱咫尺境非遥。

月明如洗净林池，更喜微云点缀之。话到金山旧游处，支窗觅句听涛时。[①]

世味尝来三十载，雪鸿飞过了无痕。安身早有安心法，到处行窝俱可园。[②]

垫角自饶书卷味，芒鞋不碍宰官身。要看脱略真名士，认取王维画里人。

终宴不疲缘爱客，此情难追为征歌。房心已度松颠去，犹自声声唤奈何。

寓园不仅仅因其规模盛大，内部景色别具魅力，寓园也以梨园家班而名声在外，兄弟两人的诗歌，无一例外地涉及了寓园观剧。诗歌由此也反映了文人士大夫在那个时代宴饮作乐时独特的审美趣味。

寓园之戏剧功能存在了很久。《山阳诗征续编》卷十六录沈大炳[③]诗《寓园观剧寓园额乃梁山舟学士所书》云："樵峰阁下忽旗亭，揽秀池台絮化萍[④]。天道尚宜盈复缺，人生难得醉初醒。三更射圃澄潭梦[⑤]，一曲铜琶铁板听。莫唱龙标新乐府，玉关杨柳怨飘零。"

沈大炳，字虎文，嘉道间岁贡生。该诗是沈大炳观剧后的感慨之作，当时寓园所演是何剧目不得而知，应为闺怨、人生悲欢离合一类。诗人显然是希望看苏东坡执铜琵琶、铁绰板歌"大江东去"的雄壮豪迈风格的剧情，不想听被贬龙标的王昌龄式的新乐府风格作品，和王之涣"羌笛何须怨杨柳，春风不度玉门关"式的咏叹。

到程易之孙程百禄（莆庭）时，纲盐改票，盐业衰败，程家顿时败落。

---

① 有原注曰："主人自言，侨寓登临，三年于兹，所著诗篇甚多。"
② 有原注曰："历数平生事，皆所以随遇而安。"
③ 沈大炳，字虎文，嘉庆乙亥诸生，道光间岁贡。
④ 有注释曰："合六间为一间，额曰：揽秀。"
⑤ 有注释曰："东垣为射圃，中为澄潭。"

宅子与寓园尽毁。《山阳河下园亭记》中"寓园"条最后部分记载道："庚与其裔孙茀庭戚,曾游园中。今毁者半,而存者半,除茀庭所居,余归族人,赁为茶肆。"

所谓"赁为茶肆",茶肆即桐荫园茶肆,由张永贵副使消夏的澄潭山房所改,后成了人们喝茶听书听小曲的地方,但其戏剧功能仍在。程锺《桐荫园禊游即事并序》之"序"云："桐荫园茶肆,故族氏澄潭诗社址也。中有樵峰阁、香云馆、殿春轩、得月楼、作赋楼、平远山堂诸境,今皆倾圮无存,存者荫绿草堂而已。月谢风亭,都归零落。残山剩水,犹自清幽。今年上巳节,菑洲词客,邀同人修禊于此,烹陆羽之新茶,吊谢安之旧墅,各为诗歌,以志触景兴怀之意。"①

《桐荫园禊游即事并序》之"诗"中有"乱耳不须丝竹奏,绿杨深处有啼莺"二句,作者自注曰："园中时有村优弹唱。"②

之后,王继曾收购了寓园,王继曾是做过翰林编修的王鸿翔的父亲,丹徒人。王家也是以业盐起家的,开始住在清江浦,后来迁到河下。王家买到该园时,此园已非盛时面貌,亭台基本倾颓,只剩下了一些山石池荷,依稀见出往日旧迹。王鸿翔的读书处"研诒斋",和收藏珍贵名砚的"二十二研斋",皆为寓园故址。

总而言之,尽管一段时间由张永贵主持招集活动,但也是在淮安河下程氏家族园亭中的文人雅集,程氏寓园是河下盐商家族文人园亭的典型代表,也成就了当时文坛上一批鲜活的诗歌。

第三节　乾隆后期以后的竹巷文化圈

清代乾隆后期之后,竹巷涌现一批小园亭,《山阳河下园亭记》中记载有耘砚斋(竹巷状元楼西),小桐园(竹巷魁星阁东),潜天坞(竹巷广福寺南巷内),退一步轩(竹巷魁星阁东)等。《山阳河下园亭记续编》

---

①②　王光伯辑、程景韩增订、荀德麟等点校《淮安河下志》卷八,方志出版社 2006 年,第245 页。

中记载有芝兰室(竹巷),伴竹居(竹巷义贞祠飨堂前),岑山草堂(竹巷义贞祠飨堂北),师竹斋(竹巷罗家大门北),求福宦(竹巷),坐春草堂(竹巷),研讨斋、二十二研宅(在柳家巷)等。《山阳河下园亭记补编》中记载有吟清楼(竹巷),蝘石山房(竹巷街柳家巷),味静斋(竹巷街梅家巷)等。

乾隆后期以后的园亭主人多为淮安名人后裔,他们或在竹巷名人旧宅中辟出一方,构筑成室;或在竹巷新购一块地,建成园亭。在这里,或为追思先人之胜,或养静修身,或以画会友,形成竹巷后期文化圈。

一、邱广德的小桐园

"小桐园"是淮安邱氏家族的后代邱广德之居。《山阳河下园亭记》"小桐园"条记载:"在竹巷魁星阁东。拔萃名广德,号润之。……嘉庆癸酉拔贡。游京师,受业于汪文端公。晚迁竹巷,于宅中隙地,种桐栽竹,为息静之地。追思先世霖川先生桐园之胜,自题曰'小桐园'。邱氏自胜朝,即以科第起家,暨署戒侍讲象升,季贞洗马象随,尤为吾淮鼎族。侍讲子迍求明经(迥),所居桐园,积书甚富。尝游新城王贻上、秀水朱竹垞之门,学术深邃。子庸谨明经(谨),别字浩亭,文名尤噪曲江楼。胜流过从,啸吟其中,意泊如也。里人称文献者,首推邱氏,故鲁士数典不敢忘云。"

山阳邱氏是淮郡的大族,兴起于明末,没落于清道光年间。邱家于明代初年从浙江明州(今宁波)来到淮安。邱象升祖父名叫邱度,字曰汝洪,在万历丁丑(1577)年考中了进士,授官为江西南康府(今江西星子县)的推官。又因其为政颇有成绩,授官为户部主事,又由京官出守河南的汝宁、归德二府。邱象升的父亲名叫邱俊孙(1609—1689),于明代崇祯癸未(1643)年考中进士,做过汉阳知府和山西布政使。邱象升弟兄五个,以老三邱象升和老四邱象随声名最响。

邱象升(1629—1689),字曙戒,为清代顺治十二年(1655)的进士。后任翰林院侍讲,外放琼州、武昌府通判。邱象升擅长诗赋,风格以遒劲深厚见长,成果颇多,有《南斋诗集》《邱曙戒诗》《桐园杂咏》《江淮集》《觳音集》《入燕集》《岭海集》《白云集》《草堂集》等多种,惜目前只存前两种。邱象随(1631—1701),字季贞,康熙十八年时,召试博学鸿辞授翰林院检讨。邱象随和邱象升一样,擅长诗赋,著有《西轩纪年集》《旅堂诗集》,另辑有《淮安诗城》八卷。兄弟齐名号"淮南二邱",并且至兄弟二人时期,邱家即获所谓"尤为吾淮鼎族"之誉。

邱象升的儿子邱迥,字逊求。附贡生。乾隆丙辰举博学鸿词,著有《翼堂诗集》。"尝游新城王贻上、秀水朱竹垞之门,学术深邃。"①

王贻上即王士禛(1634—1711),字贻上,号阮亭,又号渔洋山人。山东新城(今山东桓台县)人。清顺治十五年(1658年)进士,康熙四十三年(1704)官刑部尚书。清代诗人、文学家、诗论家。诗与朱彝尊并称。康熙时期,于钱谦益之后主持诗坛。诗论有神韵说。

朱彝尊(1629—1709),字锡鬯②,号竹垞③,浙江秀水(今属浙江省嘉兴市)人。清代词人、学者、藏书家。康熙十八年(1679),举博学鸿词科,授翰林院检讨。参加《明史》纂修事。"浙西词派"的创始人,与陈维崧并称"朱陈",与王士禛并称诗宗。

邱迥有儿子,名邱庸谨,号浩亭,曲江十子之一,"胜流过从,啸吟其中"。④亦淡于荣利,只短暂出任六合教谕,即回家吟诗著述,有《浩观堂诗集》。

清代初期,邱家在淮安城内的西长街建筑了"桐园",后邱家数代在此居住。高岱明《淮安园林史话》"桐园"一节记载:邱氏"宅后有桐园,中构纯石假山一座,曲榭回廊接荷池,绿竹环绕菉荫轩、玉蕊亭俏立花圃,浩观堂则面山临池,联曰:'烟开晓嶂青当户,风引春波绿到门。'园中书斋极多,……储书极富。诗人刘沁区(字水心,盐城人),久任邱氏塾师,其描述桐园:'长夏园楼不厌深,宛从水郭见山林。''梧竹阴阴洞壑藏,珠帘小阁晚生凉。'邱象升子名迥,生性淡泊,不求闻达,其言志诗

---

① ④ 《山阳河下园亭记》"小桐园"条记载。
② 鬯:音 chàng。
③ 垞:音 chá。

云：'千载读书人，吾爱五柳生。''营营苍蝇志，楚楚蜉蝣身，惘惘不自觉，琐琐复何论。'《园居有怀》云：'偶临白水心如印，除却青山眼倦开。'迥子谨，号浩亭，曲江十子之一，亦淡于荣利，只短暂出任六合教谕，即回家吟诗著述，有《浩观堂诗集》。四方名流过从啸咏，乐在其中。邱氏代出诗人，邱兢、邱彬、邱奂等皆有名。后桐园卖给他姓，子孙散迁各处。如曾任临淮训导的邱广业（号琴汜，心如父），迁家至河下镇杨天爵巷，园中有卧云居，原额为好友潘四农所题，后包世臣为其孙补书。其弟邱广德则在竹巷街构小桐园，以追思先人桐园之胜。"①

《淮安园林史话》这段，将邱氏家族和邱氏园林的变迁介绍得非常清楚。其中也交代到，后来邱氏子孙由淮安城内西长街的"桐园"散迁至各处，譬如，杨天爵巷的卧云居、竹巷街的小桐园，均是邱氏后裔新的居所。《山阳河下园亭记》成书于咸丰年间，其中有关于"卧云居"和"小桐园"的描述，便能印证《淮安园林史话》所述。

《山阳河下园亭记》"卧云居"条记载："邱晴汜学博宅，在杨天爵巷。学博名广业，……少时与弟广德，同游汪文端公门，文端公以远大期之。中嘉庆戊辰举人，屡滞春闱。大挑二等，选安徽临淮乡学训导。潘四农先生德舆，邮寄题额，并系以跋。学博与四农先生，及杨太常师，交最密。"

卧云居主人是邱广业，举人，号琴汜，是著名女才子、弹词作家、《笔生花》作者邱心如的父亲，曾任临淮训导，迁家至河下杨天爵巷，园中有卧云居，原额为好友潘四农所题。

邱广德，邱广业弟，因为邱氏先贤本有桐园之胜，邱鲁士在竹巷构小桐园，于新宅中种桐栽竹，为息静之地。并名之"小桐园"，有追思先人桐园之胜，和数典不敢忘祖之意。

二、程世椿的耘砚斋

耘砚斋是荻庄程鉴后人程世椿的书室。《山阳河下园亭记》"耘砚

---

① 高岱明《淮安园林史话》，中国文史出版社 2005 年，第 122—123 页。

斋"条曰："程春塘部郎新居之书室,在竹巷状元楼西。部郎名世椿,号
庄树,廪贡生,候选员外郎,蔼人太史元吉父也。因湖嘴旧宅狭隘,卜居
此宅。有咏歌吾庐、道凝堂、吟青楼等处。太史告归后,于室之西偏,置
春草轩、一壶天、清芬馆、茶话山房。每与诸昆弟饮酒赋诗。后为庚舅
氏姚□□所居,故常往来其中。"程世椿因湖嘴旧宅狭隘,卜居在竹巷状
元楼西的耘砚斋。程春塘是程元吉父亲。程元吉,字文中,号蔼人,嘉
庆十年(1805)进士,历官内阁中书、翰林院编修。以父世椿病,弃官归。
道光初,以孝旌。

　　程世椿是荻庄主人程鉴孙辈,湖嘴大街情话堂主人程沆(程鉴子)
的侄辈。耘砚斋主人也是作为淮安名人后裔,从湖嘴旧宅移至竹巷,构
筑新室。

三、程小迁的伴竹居和程锺的岑山草堂

　　伴竹居主人程小迁和岑山草堂主人程锺是一对父子,为河下著名
园亭依绿园的主人程用昌的后代。父子两人的居所皆在竹巷。《山阳
河下园亭记续编》记载程小迁的"伴竹居"曰："居在竹巷义贞祠飨堂
前"。《山阳河下园亭记续编》记载程锺的"岑山草堂"曰："在义贞祠飨
堂以北。"

　　《山阳河下园亭记续编》"岑山草堂"条云："堂为程学博袖峰课徒
处。……名岑山者,旧籍隶徽州岑山渡,示不忘其祖也。学博名程锺。
以其先世有德于山阳,山阳人公请入籍。以是学博因世考山阳,为邑诸
生,以岁贡归训导诠选。小迁居士子,性至孝,不远游,不应省试。惧违
色养,筑室课徒,藉以养亲。光绪甲午年,膺里举以孝子,奉旨旌门。平
日规性矩步,不苟言笑。善诗,皆和平中正之音。于淮之掌故多留意,
著有《淮雨丛谈》。稿藏于家。罗沈十洲先世事迹,都为一册,年均与参
校役。后知名士如杨君玉农、王君锡之、陈君伯容、汪君振洋,皆出其
门。子福莱,字采堂,有父风,亦以孝闻。孙良贵,字伯善,工魏书,曾受
业于李梅庵。次孙同贵,字仲仁。"

　　程小迁、程锺这对父子,是标准的盐商程氏的后裔。程小迁是岑山

渡程氏的第 14 代人,程锺是岑山渡程氏的第 15 代人。买下张氏曲江园并成为曲江园第二位主人的程用昌是程锺的第十一世祖。岑山渡程氏第一代祖为程诚,第九世名程大典,业盐来淮,生五子,长子量入,为程梦鼐、程晋芳的先人。五子量越,即程用昌的父亲,是程锺的第十世祖。程锺是第十三世程允元的孙子,其父亲为程小迁。

《淮安河下志》卷六"依绿园"条,录程锺《淮雨丛谈》曰:"先高王父克庵(即程用昌)有别业在萧湖之滨,名依绿园。花晨月夕,尝与一时名流宴集于此。"①

程锺和他的父亲程小迁一直住在河下竹巷街。关于程小迁、程锺的先辈,流传着一个义贞祠的传说故事。淮安山阳人程光奎,33 岁时参加康熙五十年(1711)乡试时,以金钱贿赂副考官、编修赵晋和山阳县令方名,在考场内抄录旧作,中得举人。事发后,程光奎落难,迁住于河下粉章巷。雍正即位,大赦天下,程光奎带着两岁儿子允元北上以圆京师之梦。在北京,程光奎邂逅了举人刘登庸(一说是岁贡生,北京平谷县人,有个刚一岁的女儿,名叫秀石),遂与刘登庸约定两家结为秦晋之好。不久,程光奎留下玉耳环为信物。带子南归,二人洒泪而别。

后来允元、秀石二人历经磨难,坚守义男贞女之德,奇迹般相逢,于乾隆四十二年六月初八,在天津知县的张罗下完婚,并得其赠与行资南旋。允元、秀石回到山阳,在当地轰动一时。大学士两江总督高晋以其事上报朝廷。皇上认为这是时代婚姻的典范,值得褒扬。礼部议后认为:"义夫贞妇,例得旌表。至幼年聘定,彼此隔绝,经数十年之久,守义怀贞,各矢前盟,卒偿所愿,实从来所未有,应旌表以奖节义。"皇上随即批准,赐黄金三十两,建坊表彰,曰"贞义之门"。礼部又将此事记入《礼部则例》,公布天下,引发轰动效应。有人写记,有人写诗,有人写小说,还有人写剧本,梨园到处演出。后来,允元、秀石过继族侄小迁为子。

①　王光伯辑、程景韩增订、荀德麟等点校《淮安河下志》,方志出版社 2006 年,第 184 页。

程允元、刘秀石过世后,经官府出面、商人资助,程家后人在河下竹巷街西端为二人修建了"义贞祠"。小迂善画山水,性犹爱竹,在义贞祠前建一书斋名伴竹居。小迂子程锺又在义贞祠飨堂以北建岑山草堂,设帐授徒。岑山,是程氏原籍歙县老家地名,用以名草堂,为不忘故土之意。"义贞祠"这个故事也反映了程氏后人颠沛流离的生活光景。

四、程氏寓园故址上的王太使宅所

《山阳河下园亭记续编》记录"研诒斋、二十二研宅"云:"王太使研荪读书处,在柳家巷,即程氏寓庐故址。住屋三进,为程君弗庭百禄旧居。其尊甫①少芗孝廉,购得此宅,园中亭榭已湮,惟假山荷池尚存。……太史读书中进,辟一所,题其名曰'研诒斋'。后又搜集砚石珍藏之,得二十有二。又辟一所,题名曰:'二十二研宅'。……太史名鸿翔,善书、工画、骈文及诗。丹徒籍,癸卯进士,远成吉士,特旨授职编修。辛亥革命后,杜门隐居,以书画诗词自娱。子觐宸,字光伯,恂谨谦和,是佳弟子。女名环芬,字净莲,亦能诗词。光伯著有《河下志》,继因穷愁而亡。悲夫!"

《山阳河下园亭记补编》"蝯石山房"条记载:"王弼仲世丈作画室,在竹巷街柳家巷。世丈名亮宸、字弼仲,又号察仲,研荪太史季子也。幼聪慧异禀,十四岁即能书画。……有《蝯石山房书画册》。其伯兄光伯先生,影印行于世,郑孝胥先生(书堪),为之书耑。"

简述之,研诒斋、二十二研宅,是王鸿翔读书处,在竹巷街柳家巷的程氏寓庐(程易的寓园)故址,原来是程君弗庭百禄(程易后人)旧居②。王鸿翔父亲少芗孝廉,购得此宅。研诒斋、二十二研宅都是在旧址上新辟新建。王亮宸是王鸿翔的小儿子。蝯石山房,是王亮宸的作画室。

---

①　尊甫少芗孝廉:即王鸿翔父亲王继曾。尊甫:对他人父亲的尊称。少芗:王鸿翔父亲王继曾,字少香,也写作少芗。孝廉:明、清对举人的雅称。

②　《山阳河下园亭记》程易"寓园"条录有"庚与其裔孙莆庭戚,曾游园中。今毁者半,而存者半,除莆庭所居,余归族人,赁为茶肆"。也即莆庭为寓园主人程易的后人,至莆庭时,已经毁存各半。

　　详细述之，王鸿翔（1869—？）字燕孙，号研荪，在很小的时候就拜河下著名的先生徐嘉为师读书。清代光绪庚子年（1900）王鸿翔考中举人，光绪癸卯年（1903）王鸿翔考中进士，后任翰林院庶吉士。所以，河下人士喜欢尊称他为"王翰林""王太史"。王鸿翔善书，工画、骈文及诗。辛亥革命后，杜门隐居，以书画诗词自娱。

　　所谓"王太使研荪读书处，在柳家巷。即程氏寓园故址"。前面说过，寓园又名可园，为程易宅后之园。寓园东面紧靠沈坤状元楼。程锺《桐荫园褉游即事并序》之诗即抒写道："沈楼①西畔倚楼②东，荫绿堂开茗战雄；正是芳园春意好，一瓯香送落花风。"③《桐荫园褉游即事并序》之序则解释道："桐荫园茶肆，故族氏澄潭诗社址也。"④前面寓园一节曾经说过，"澄潭诗社"是寓园内有名的宴客、作诗、观剧之所。"澄潭诗社"旧址，现在成为了"桐荫园茶肆"。因此，"沈楼西畔倚楼东"，讲的是"桐荫园茶肆"东面紧临沈坤状元宅的，实际也就是说曾经的"寓园"所在的位置。当然也是在说王研荪读书处就处于河下核心区域。

　　此园至程易裔孙程莆庭时，园中楼台已毁之有半。除了程莆庭所居之处外，其余被家族中人租赁为茶肆。

　　王鸿翔祖籍镇江丹徒，六世祖王天锡，始由镇江迁居淮安城内。祖父王春源，字雨香，寓居江浦，在淮业盐；也即，王氏也是业盐起家的。王鸿翔父亲王继曾，字少香，一写作少芗，是咸丰元年举人，专心学问，于咸丰末年捻军乱后迁居河下。此时的寓园是屋宇颓圮，亭榭就湮，只有假山、荷池尚存，宅南及宅西一带数亩成为空地。王继曾购得寓园破残旧宅以居。

　　王鸿翔读书中进士后，将昔日"涌云楼"改作为厅堂，居室曰"锄云仙馆"，又称"蝦石山房"（即王亮宸作画室）。于空地处辟一所，为书室，题其名曰"研诒斋"。后集得砚石二十二方，又辟一所珍藏之，题名曰

----

　　① 沈楼：指明代沈坤的状元楼。
　　② 倚楼：唐大诗人赵嘏旧宅，赵嘏因有"长笛一声人倚楼"诗句，被称为赵倚楼。
　　③④ 王光伯辑、程景韩增订、荀德麟等点校《淮安河下志》卷八，方志出版社2006年，第245页。

"二十二研斋"。因后辈穷困,此园于民国期间渐毁。

王鸿翔有二子一女,长子王觐宸,字光伯,恂谨谦和,民国初年编有《淮安河下志》。原稿本今藏北京图书馆特藏部,分13卷。北京首都图书馆有另一本,是经程景韩先生整理后的写定本,为16卷。由于家道中落,王觐宸大约30岁以后,辗转外出谋生,在穷愁潦倒中逝于沪上。一女名环芬,字净莲,亦能诗词。季子王亮宸,是蝯石山房主人。(根据《山阳河下园亭记补编》"蝯石山房"条,即说明王光伯是王亮宸的伯兄。王鸿翔是他们的父亲。)

总之,王鸿翔父子在竹巷的居所,皆为程易寓园故址。部分利用原屋,部分亦为新建。

五、程氏故居上黄氏的吟清楼

《山阳河下园亭记补编》"吟清楼"条载:"黄芷升孝廉读书处,在竹巷魁星阁东。包世臣大令题额。楼三楹,原系程氏故居,后为黄氏所购。楼上藏书甚富。孝廉讳曰堪,字芷升,咸丰壬子科举人。……孝廉父讳粲,字叶村,别字只古山人,又字破瓢山人。肆力于画,为张子青制军(之万)所推重。著有《退一步轩诗存》,鲁通甫孝廉(一同)为之序。见《山阳河下园亭记》正编中。芷升孝廉有《吟清楼诗存》,均未付梓。"

也即吟清楼是黄曰堪读书处,在竹巷魁星阁东。原系程氏故居,后为黄氏所购。黄曰堪是黄粲的儿子。黄粲是河下著名的画家,他有退一步轩,《山阳河下园亭记》"退一步轩"条下记载曰:"黄叶村先生作画所。在竹巷魁星阁东。陈曼生司马题额。先生名粲,……子曰堪,字芷升,咸丰壬子举人。"《山阳诗征续编》载:"黄粲字叶村,嘉庆间监生,著有《退一步轩诗存》。"[1]退一步轩也在竹巷魁星阁东。故吟清楼与退一步轩应该在一处,较有可能是在黄粲时已经由程氏购得,吟清楼与退一步轩原皆属于程氏故居。

① 王锡祺辑、沈家驹校、张强点校《山阳诗征续编》卷十七,陕西人民出版社2011年,第412页。

　　当然，后期竹巷园亭还有各种情况的。有园亭后人一直居于此地，对于祖上产业直接继承的。如程广森的"坐春草堂"，《山阳河下园亭记续编》记载曰："程明经松岩作画处，在竹巷梅家巷头住宅以南。旧有草堂三楹，颜曰：'坐春草堂'。堂西，复构三楹，……明经名广森，更名广誉，安东籍，世居河下。席先人之萌，境裕如。"也即程广森为程氏盐商后人，因为继承了祖上的资产，所以境况不错。

　　也有在外地漂泊多年，回来在此找一个地方建宅的。如王全熙的"师竹斋"，《山阳河下园亭记续编》记载曰："王明经怡伯书室。在竹巷罗家大门北。……明经名全熙，邑诸生。一赴省试，旋应年外舅刘公约斋之召，游幕山左十年，归始筑此斋。"

　　不管怎样，竹巷聚集着河下著姓多家，很多是业盐起家，后来盐商子弟中有许多人走上了读书、为官之路。因枝叶渐茂，名人渐多，他们热衷诗酒风雅，交游广泛，文化影响力渐大，竹巷正是在此背景下成为了有影响力的文化圈。

第十一章　河下园亭中之诗人集会
与诗歌活动(一)

第一节　望　社

明清两代,淮安作为漕运枢纽地,经济的富庶,促进了文教兴旺,也促进了诗歌兴盛。本来,诗歌是个人之事,不过,淮安的诗人,喜欢呼朋引伴,结社集会,唱和赠答,使得写作诗歌的群体变得众多庞大。甚至后来,淮安成了诗人心中的一座诗城。淮安诗人的很多群体活动被记录在《山阳诗征》《山阳诗征续编》《江苏艺文志·淮阴卷》等文献资料中。同样,《山阳河下园亭记》正编及《续编》《补编》中也记录了河下园亭中诗人集会、诗酒相酬的影像。

在淮安各种诗歌团体中,最具名气,而且最能体现淮安诗歌高度的是望社。赵国璋编辑的《江苏艺文志·淮阴卷》云:"阎修龄(1617—1687),字再彭,号容庵,别号饮牛叟,……与同里靳应升,张养重等相善,顺治四年(1647)在里结望社。"①即望社创建时间为 1647 年,靳应升、张养重、阎修龄等是望社最早的成员。但后来人数渐渐增多。

望社中的成员,经历相似,情绪相似。曾经他们都是前程一片美好,但不幸遭遇国难,因为不愿与新朝合作,所以他们有的弃官,有的弃举业,有的是参与了反清活动,却没有成功,最后只能选择隐居故里,于是结成望社,一起活动,诗歌相和,宣泄对时事与国家的感愤情怀。

在《淮安诗城》"凡例"中,邱象随便介绍了望社结社的原因,以及望

---

① 赵国璋编《江苏艺文志·淮阴卷》,江苏人民出版社 1995 年,第 229—230 页。

社人数扩展的几个阶段："自茶坡诸君子当干戈抢攘之际,肇兴望社。及曙戒余弟兄在跋涉流离之余,唱和西轩,其初盛也。嗣与伯玉、阶六、友龙诸公会猎,则吾社凡出处二十有四人,风雨晦明,刻期毋失,以是远迩同声,其再盛也。今社仍以望名,亦从始云。"①

第一句是说靳应升等人在甲申之变后组织了望社之事。"茶坡"是靳应升的号;"干戈抢攘",在这里指甲申之变。第二句的意思是说,社会动乱之际,邱象升、邱象随及一批士人于颠沛流离之余,在西轩唱和,这是望社初盛期。"曙戒"为邱象升字。第三句的意思是,张屿若、陈台孙、卞为鲸等诸公又出,几十位文士,在家国覆亡、风雨飘摇时代,因为经历相似,会定期互倾互诉,借诗酒以消块垒,这也是望社的再盛期。"伯玉""阶六""友龙"则分别为张屿若、陈台孙、卞为鲸的字。

《山阳诗征》在李挺秀的诗后转录了《柘塘脞录》之论曰:"胡天放题其集云:'颖升,海内豪侠士。或遨游于山水之区,或流连于禾黍之地,感时触绪,发为咏歌,渊穆中寓深秀。'"②"流连于禾黍之地",来自《诗经》中的《黍离》篇,大意是说,东周大夫在西周故都上,看到禾黍疯长,不禁悲叹宫室宗庙的昔盛今衰。这里显然是讲李挺秀作为遗民诗人,他的诗歌同样充满了易代之际的伤时感怀情绪。

李元庚在他的《望社姓氏考》中共列有望社诗人 30 人,即李挺秀、靳应升、张新栋、陈台孙、潘取临、陆求可、阎修龄、张养重、胡从中、张新标、张镇世、沃起龙、沃起凤、张玛若、马骏、邱象升、邱象随、徐转迅、倪之煌、阎若璩、李孙伟、郭为珙、嵇宗孟、黄申、陈谷俊、程洓、杨方、程淞、赵朗、卞为鲸。阎修龄(阎若璩父亲)祖籍山西太原,但其高祖即侨居山阳。倪之煌为临清籍,但其父即移家山阳。嵇宗孟为安东人,后家居山阳。赵朗,徽州府休宁人,流寓山阳。其他大多为山阳人。

在《山阳河下园亭记》中收录的望社诗人的园亭,有李诜秀的玉诜堂、靳应升的茶坡草堂、马骏的听山堂、倪之煌的一草亭、餐菊草堂、张

---

① 《淮安诗城》八卷,国图刻本。
② 丁晏原辑、王锡祺重编、周桂峰点校《山阳诗征》卷十,陕西人民出版社 2009 年,第332 页。

新标的依绿园、阎若璩的眷西堂、黄申的舫阁。另外有客籍万寿祺的隰西草堂。

　　其中大多为草堂,地点偏僻隐秘。当时望社活动,会以这些居所为招集地、栖息所,或定期聚会,或因外地友人偶尔经过,临时聚会,大家便借集会与赋诗寄托兴亡感受,以宣泄郁积的感愤。如此,既促成了特殊阶段的园林之盛,也形成了淮安诗坛的一个鼎盛期。

　　《山阳河下园亭记》《山阳诗征》《淮安河下志》等记载了一些望社诗人园亭,及园亭主人与其他望社诗友的唱和之诗。

第二节　河下园亭之望社诗人交游与诗歌举隅

一、玉诜堂主人李廷秀的诗文化活动

　　玉诜堂是望社李廷秀①的读书室,李廷秀作为望社主要成员与其他望社诗人有着频繁的交往,并借诗歌留下了很多交往活动的印记。

　　《山阳河下园亭记》"玉诜堂"条云:"六世祖颖升公读书室也。在湖嘴旧宅后。……公讳挺秀。明万历间诸生。鼎革落籍。故今《肄雅录》无名。"李廷秀是望社主要成员之一,为李元庚之六世祖。玉诜堂为李挺秀读书室,在湖嘴。

　　《山阳诗征》李挺秀条后引丁晏《柘塘脞录》语曰:"先生少为名诸生,沧桑后托业市阛,藉以遁迹。天性淳闭,不耐持筹,其纤琐一委之贩夫,虽折阅不问也。日与望社诸子相唱和,啸咏自娱。"②说的是李挺秀在易代之际,通过在市场上经营一些生意来逃避世事,无奈性格不合适经商,大部分时间用于吟咏自娱。"日与望社诸子相唱和",明确写出了玉诜堂主人李挺秀与望社其他成员的日常诗歌活动。

　　《山阳河下园亭记》"玉诜堂"条云:"公(李挺秀)与五世祖远令公,俱有声望社,……与张鞠存吏部、邱季贞洗马、胡天放孝廉、万年少孝

---

　　①　李挺秀,字颖升,山阳人,明天启诸生。生卒年不详。有《惕介山盘剩稿》,今不存。
　　②　丁晏原辑、王锡祺重编、周桂峰点校《山阳诗征》卷十,陕西人民出版社2009年,第332页。

廉、靳茶坡茂才诸先生，往来唱和。"说的是，在望社诸遗民中，李挺秀与李孙伟，都是望社中有声望者，他们与望社中的邱象升、靳应升、张新标、胡天放、万年少等交往较多。这点在李廷秀的诗歌中有所反映。

《山阳诗征》卷十录李挺秀诗八首，其中，《花朝前三日曲江楼雨中燕集分得七虞》《邱曙戒归自襄南招集》《赠茶坡靳二娱》即是李挺秀与望社诗人张新标、邱象升、靳应升等一起参加相关活动时所写诗歌。看得出，或者是因为节日，或者是为了赏景，或者因故友相逢，或者需亲朋送别，望社诗人常常举办一些诗文化活动，他们的诗歌起到写实记录作用。

《花朝前三日曲江楼雨中燕集分得七虞》诗是李挺秀与依绿园主人张新标父子的一次互动。诗云："君子多幽兴，园林向水隅。花情闲里得，鹤影静中娱。好客忘风雨，行吟入画图。临轩看不厌，把酒听鹈鹕。"曲江楼是张新标父子依绿园中最为醒目的一处楼。诗题点明聚会的时间是花朝前三日①，活动内容是一批人集会并且分韵作诗。诗歌内容则是具体描述一批友人置身曲江楼，赏花观鹤，倚栏把酒，沉醉自然之中的忘情状态。张新标父子皆为望社诗人，故这次父子二人的曲江楼聚会可以视为望社的一次招集活动。

《邱曙戒归自襄南招集》是李挺秀与望社诗人邱象升的一次互动。诗云："回思握手别春风，满目莺花隔涧红。我正牵已荆水北，子刚返棹楚云东。百年辞赋车尘外，千里山川马迹中。此日相逢何所讯，岭梅可与旧时同。"应该是邱象升从襄南回淮后招集众人，李挺秀应召集而写的诗歌。

《赠茶坡靳二娱》是李挺秀与望社诗人靳应升的一次互动。诗云："人生如逆旅，触目尽堪娱。万物吾毫末，天地徒苊愚。贤知纷如鹜，所见各异趋。诗酒岂奇物，与子性不殊。累累千万言，大斗倾百壶。胸怀殊旷落，岂若小丈夫。步趋羞绳尺，性情发笙竽。百年真一息，何为日

---

① 花朝：农历二月十二日为花朝节，这是纪念百花的生日，因古时有"花王掌管人间生育"之说，故又是生殖崇拜的节日。虽然是花朝前三日，实际已经是节日期间。所以这次集会也是节日的聚会。

忧虞。与子南山谋,洗耳听啼鸠。"诗题明确标明是赠诗,诗歌则表达了李挺秀对于靳应升磊落胸怀、旷达性情的称赏,也传递了理解靳应升对国运的关心,并愿与靳应升共论时局的心意。

李挺秀的父辈李孙伟也是望社成员,也曾住在玉诶堂,且与其他望社成员有诗歌往来。《山阳河下园亭记》"玉诶堂"条云:"六世祖颖升公读书室也。在湖嘴旧宅后。……公与五世祖远令公,俱有声望社。"李廷秀为李元庚之六世祖。李孙伟为李元庚之五世祖,也是望社主要成员之一。

《山阳诗征》卷十五收李孙伟诗 12 首。其中有一首《感旧》诗为:"南北饥驱二十年,一朝归隐意萧然。负暄常曝尧时日,达道何忧杞国天。袜线微才惭问世,轮蹄昔梦且随缘。有时载酒西湖去,打桨遨游碧水边。"传递出他对时事变化的感喟、无用于世的哀叹、无奈归隐的苍凉等复杂情绪。《山阳诗征》卷十五还收录了其他人的反映李孙伟与望社诗人往来的诗歌,譬如《留胡天放万年少刘切庵小饮》一首,就记载了他与望社诗人胡天放、客籍诗人万寿祺的交往。

实际上,除了李孙伟、李廷秀作为望社成员,与其他望社成员之间频繁地交游酬唱,李挺秀的后辈数代亦居住在玉诶堂,他们同样有自己与诗友之间的交游酬唱,如李元庚的曾祖父李蟠枢、祖父李蒸、父亲李长发皆如此,包括李元庚自己也是如此。而且,玉诶堂的几代主人在与同时代其他诗人交游酬唱过程中,也积累了不少诗歌并辑有诗歌集。

《山阳河下园亭记》"玉诶堂"条云:"六世祖颖升公读书室也。在湖嘴旧宅后。……公为迁淮第四世,素有隐德,至庚及骏儿入学,凡八世。公寿至八旬外,无疾而终。又曾王父(曾祖父)水西公,由泾县教谕解组归,日徜徉其中。"

每日徜徉于玉诶堂的曾王父(曾祖父)水西公即李元庚的曾祖父李蟠枢。《淮安河下志》记载:"李蟠枢,字建中,号水西。"[1]又记载:"先生

---

① 王光伯辑、程景韩增订、荀德麟等点校《淮安河下志》,方志出版社 2006 年,第 312 页。

讳蟠枢，字建中，蒨园其号也。"①《山阳诗征》记录有李蟠枢小传："字建中，号蒨园。乾隆丁卯举人，官泾县教谕。著有《惕介山盘剩稿》。"②

《淮安河下志》录有李蟠枢《构复玉诡堂旧业诗》："十载尘氛一梦中，三间老屋伴残冬。春风好听呢喃语，犹认堂前旧主翁。""独傍西墙耐百春，虬枝盘郁两枯藤。殷勤寄语儿孙话，草木无情不负人。"

李元庚的祖父李蒸也住在玉诡堂。《山阳河下园亭记》"玉诡堂"条云："六世祖颖升公读书室也。在湖嘴旧宅后。……先大父(祖父)云岫公，于堂侧茸藤山房养疴。"云岫公即李蒸，为李蟠枢之子。

《淮安河下志》卷十一录："李蟠枢，……其子恭寿、穆堂。……穆堂名蒸，号云岫，增生。"③《山阳诗征》卷二十录："李蒸，字云岫。有《寿藤山房剩编》。"④

《淮安河下志》卷五录李蒸《重茸玉诡堂诗》，有小序云："此堂先君子林下所居，轩窗静敞，院宇幽深。古藤一架，紫萼扶苏，其下莳杂花数种，深红浅绿，掩映生姿，假山嵌空玲珑，峰峦秀耸，岁久重茸，诗以纪之。"诗为："自予王父时，此室为邻居。先君构以居，如珠合浦复。林下深闭门，直似归盘谷。嗣予加修茸，就中甘偃伏。寿藤一架开，花时香气馥。其中莳重卉，芳霭悦我目。静境乐鱼鱼，尘劳忘鹿鹿。时复招朋俦，纯醪倾十斛。薄醉恣清谈，主宾巾共漉。虽有妻孥喧，幽栖胜林麓。于此终天年，何时居重卜？"⑤

到李元庚父亲李长发时，李家由"玉诡堂"旧址迁往他处。《山阳河下园亭记》"绿天书屋"条记曰："先大夫(父亲)吟咏处也，在仓桥下关家巷。名李长发，字庭芝。邑增生。中年弃湖嘴老屋，徙居于此。"

李元庚的父亲李长发，字庭芝，号莒厓，一号樗枝，为迁淮第六代。

① 王光伯辑、程景韩增订、荀德麟等点校《淮安河下志》，方志出版社 2006 年，第 313 页。
② 丁晏原辑、王锡祺重编、周桂峰点校《山阳诗征》卷十九，陕西人民出版社 2009 年，第 675 页。
③ 王光伯辑、程景韩增订、荀德麟等点校《淮安河下志》，方志出版社 2006 年，第 314 页。
④ 丁晏原辑、王锡祺重编、周桂峰点校《山阳诗征》卷二十，陕西人民出版社 2009 年，第 743 页。
⑤ 王光伯辑、程景韩增订、荀德麟等点校《淮安河下志》，方志出版社 2006 年，第 119 页。

小时也曾居住在玉诜堂。到李长发十岁那年秋天,遭黄河决,举家播迁,并迭遭大故,家道中落,拖欠的钱财很多,终日吃不饱,十分贫困。中年弃湖嘴旧居,迁关家巷。

《淮安河下志》卷十一于李蟠枢条下,云:"穆堂名蒸,号云岫,增生。……(李穆堂)子长发,字庭芝,一号桴枝,诸生。三岁乳妪不慎失足跌阶下,遂成佝偻。十岁秋,遭黄河口决,举家播迁,并叠遭大故,家道中落,负逋山积,饔飧恒不给。弃湖嘴旧居,迁关家巷。(汇采《李氏诵芬录》)"①

《山阳诗征续编》录张培厚②《题李莅厓〈春酒涤场图〉》"三十年同爱景光,先生多病羸且恇。嗟予南北徒皇皇,归来重登玉诜堂。喜君六十寿而康,岁在阏逢月为阳。是时邠风歌涤场,绘图征诗代称觞。义取岁晏年丰穰,风淳俗古跻羲黄。妇稚欢乐襄事忙,瓮头初熟篘新香。衔杯此中恣徜徉,人生百年如风樯。饮河一饱愿易偿,食鱼何必皆河鲂。况登商岭游帝乡,有时谐谑如东方,有时枯寂如蒙庄。山林钟鼎能相忘,天与真乐殊未央。惜予廿载违梓桑,眉梨晋祝歌声长。"③

从这首诗可以看到,在朋友眼里,玉诜堂是李长发的家居。所以,李元庚在《山阳河下园亭记》也说"庚幼年曾访旧址",即李元庚小的时候,旧址还在。

从李长发开始,弃湖嘴旧居,迁关家巷。到李元庚时又迁居到了曲房巷。

《山阳河下园亭记》"绿天书屋"条记载为"先大夫④吟咏处也,在仓桥下关家巷。……中年弃湖嘴老屋,徙居于此。……今迁居曲房巷新宅,阅二十余年矣。追忆旧庐,不胜风木之感。拟于宅旁隙地,筑园曰:'补园',以补先人旧迹;建堂曰'玉诜',于山旁建舍曰'惕介山盘','绿

---

① 王光伯辑、程景韩增订、荀德麟等点校《淮安河下志》,方志出版社 2006 年,第 314 页。

② 张培厚,字树荣,号竹轩,乾隆戊申诸生,庚午顺天举人。

③ 王锡祺辑、沈家驹校、张强点校《山阳诗征续编》卷八,陕西人民出版社 2011 年,第 83 页。

④ 先大夫:亡祖父意。但李长发是李元庚的父亲。

天书屋'亦附焉。"

这是以李元庚的口吻在说自李长发中年弃湖嘴老屋,迁关家巷。而到李元庚自己时,则迁居曲房巷新宅,因为追忆旧庐,想筑园建堂,便将先人的补园、玉诜、惕介山盘、绿天书屋都命名到房子上。

李元庚之孙李鸿年《山阳河下园亭记续编》"餐花吟馆"条云:"先大父莘樵公吟咏处。《正编》'绿天书屋'下谓'今迁居曲坊巷新宅'者。公于正堂三楹,仍用颖升公旧名,曰:'玉诜堂'。堂西,辟书室二间,榜曰'餐花吟馆'"。

进一步以李鸿年的口吻说明,李元庚迁居曲坊巷后,将曲坊巷新居的正堂,仍名之为玉诜堂。堂西,辟书室二间,榜曰"餐花吟馆"。

《山阳诗征续编》中录有其他诗人诗作中对玉诜堂和餐花吟馆的抒写。

《山阳诗征续编》卷三十三录陈煊奎①《题李莘樵〈谈诗图〉》云:"诗仙李供奉,皎皎天人姿。茶神陆鸿渐,清兴相扶持。合此两巨手,独树骚坛旗。我来玉诜堂(先生斋名),展读餐花诗(餐花吟馆,先生书室额)。自惭未窥奥,不敢致一辞。安排煮茗具,重订春风期。"其中提及了斋名"玉诜堂",在"餐花"句上有小注"餐花吟馆"。

《山阳诗征续编》卷三十三录曹榘②《题李莘樵〈煮茗谈诗图〉》云:"回首六桥路,三生春梦婆。名山富金石,宦海谢风波。襟上酒痕澹,座中情话多。心期殊落落,何处不岩阿。""风雅门庭旧,先芬累叶长。大材资干济,余事论宫商。秋老一篱色,泉飞七椀香。披图殷附骥,翘首玉诜堂。"其中最后一句即涉及了"玉诜堂"。

《淮安河下志》卷五录程锺《餐花吟馆同人偶集次徐宾华韵》:"僻巷吟翁住,开轩待客临。灯窗欣聚首,杯茗共谈心。掌故资耆宿③。论诗重雅音。消寒宜结会,觞咏惬幽襟。"

---

① 陈煊奎,字照亭,清河人,世居山阳,道光庚戌诸生,议叙候选知府。
② 曹榘,字紫璆,镰孙,道光己酉诸生,同治甲子优贡,就职教谕,著有《雨舫吟草》《覆瓿吟草》《鸿爪联唫》《甘白斋倡酬集》。
③ 有原注曰:"莘翁著《山阳河下园亭记》诸书。"

又录程锺《上元后三日，同人夜集餐花吟馆小饮即事》："诗人爱谈谑，朋辈时招邀。风雪兴不阻，矧兹明月雪。莘老有吟馆，地僻离尘嚣。良时作雅会，少长欢相招。岂惟煮茗待。美酒沽一瓢。风味足菘韭，佐以肴核饶。主人劝客吟，饮酒愁能消。主人劝客吟，吟诗吐琼瑶。狂吟复痛饮，块垒胸中浇。酒阑诗不成，辜负梅花娇。醉归夜将半，明月升云霄。"

二首诗名均以餐花吟馆集会为题，诗歌中则都反映了宾主雅会，煮茗夜话，觞咏醉归的状态。

李元庚幼年时还到过玉诙堂旧址。但到他晚年，湖嘴的玉诙堂已经杳不可寻。咸丰十年（1860）捻军焚掠河下，餐花吟馆幸免于难，但时至今日，其遗迹早已无可追寻。

综上，不仅望社诗人玉诙堂主人李廷秀自己，与其他望社诗人诗歌往来之间，留下望社诗人活动的印记。而且，李氏几代文人，皆以玉诙堂为居所，即使后来迁址，仍会以"玉诙堂"为其新居内之堂名。居住于"玉诙堂"的李氏可谓代有闻人，皆好诗，皆有诗集。

二、茶坡草堂主人靳应升的诗文化活动

茶坡草堂，明末清初靳应升隐居处，在河北镇，《山阳河下园亭记》记录在按，故也在此述之。

《山阳河下园亭记》"茶坡草堂"条云："靳茶坡先生隐居处。在河北镇。（载《茶余客话》）阮吾山司寇称在新城。先生名应升，初居新城，因刘泽清戍兵至，故宅变为牛溲马勃之场。移居河北，仍其旧名。著有《渡河集》，与阎牛叟、张虞山肥遁自甘，浩歌唱和。"

靳应升的别号是"茶坡樵子"，因此他就将自己的住所取名曰"茶坡草堂"。《山阳诗征》卷十二中收有他的《渡河卜居二首》。内容为："我母愁无似，将儿更卜居。但言寻乐土，何必恋吾庐。近水堪营屋，幽栖可著书。知几惭不早，草野见皇初。""半城欢洽比，一旦怅离居。松菊荒前径，羊求冷故庐。萧条同作客，珍重辑藏书。河北人谁识，相惊客到初。"《山阳诗征》还在他的诗后引吴山夫语云："先生初居新城。鼎革

后,部堂满兵至下令新城居民尽室远徙,先生移居河北东里,因以渡河名其集。《二子诗初刻》则崇祯戊寅以前诗也。"①交代了靳应升是由新城移居到河北的。因为河北需要渡河,其诗集"渡河"之名由此而来。新居这里较为荒凉冷寂,车马稀少,恰有利于望社成员集会。当集会时,成员多半提前一天渡河,连日醉饮话旧于茶坡草堂。

胡从中也有一首《人日集茶坡草堂》,诗云:"节惊人日至,忽忽数东皇。此日何能改,论人半已荒。新云低户黯,旧草倚年芳。莫讶乾坤别,春盘列草堂。"②该诗即记录了望社成员在茶坡草堂定期集会的情景。

张养重的《早春集茶坡草堂喜赵孟迁适至留饮》云:"草堂开北岸,双屐裹泥登。树影封层雪,河声走断冰。几年虚旧社,千里到良朋。壮志还如昔,霜华两鬓增。"③反映的则是外地朋友赵孟迁至淮,于是大家借此机会聚到茶坡草堂,宴饮话旧的场景。

靳应升的《春夜送别邱曙戒》云:"烂漫春星覆草堂,同人颠倒共连床。灯摇客绪维烟艇,月照离情满屋梁。江海风骚今谢朓,东南名宿古仇香。丽谯漏鼓声初歇,还共婆娑劝一觞。"④虽然诗题记录了送别友人的事件,没有出现草堂二字,但诗歌第一句便点出草堂二字,说明此次离别聚会是在茶坡草堂发生。诗歌具体形象地记录了友朋离别之际,星月高照,诗人们把酒共饮,连床絮语的状态。

简单几首,已经见出望社诗人在朝代更替时期,诗酒相酬,聊以慰心的情态,同时也能见出,茶坡草堂是望社成员从事诗文化活动的重要场所。

---

① 丁晏原辑、王锡祺重编、周桂峰点校《山阳诗征》卷十二,陕西人民出版社 2009 年,第 173 页。

② 人日:传说女娲初创世,在造出了鸡狗猪牛马等动物后,于第七天造出了人,所以这一天是人类的生日。旧俗以农历正月初七为人日。该诗见丁晏原辑、王锡祺重编、周桂峰点校《山阳诗征》卷十一,陕西人民出版社 2009 年,第 156 页。

③ 丁晏原辑、王锡祺重编、周桂峰点校《山阳诗征》卷十,陕西人民出版社 2009 年,第 140 页。

④ 丁晏原辑、王锡祺重编、周桂峰点校《山阳诗征》卷十二,陕西人民出版社 2009 年,第 175 页。

三、听山堂主人马骏的诗文化活动

《山阳河下园亭记》录"听山堂":"为马西樵先生隐居处,在东溪滨。先生名骏,字图求,康熙己酉举人,乙未以鸿博征,未试而卒。"

马骏(? —1679),字图求,号西樵,清代山阳县人。康熙八年(1669)时考中举人,康熙十九年(1680)时征博学鸿辞,但未及试便卒。马骏著述颇丰,有《听山堂集》《西樵近稿》《万园集》《天山阁集》《杜诗分韵》等,可惜皆散佚。马骏于顺治四年(1647)时加入望社之中。

《山阳诗征》卷十四于马骏条下,转录了吴揖堂(吴进)的话曰:"听山堂在东溪之滨,为西樵先生读书处。先生天资敏秀,潜心学问。所作诗澄泓华净,静气迎人。兼能鼓琴度曲,善行楷书,仿汉魏人作小印章,无不精妙。结庐湖上,兼葭秋水,映射书帙,日与同社及四方名士赋诗饮酒其中。"①这段话,全方位赞美了马骏天赋优越、专注学问、诗歌澄澈、才能多样。也描摹了听山堂的兼葭苍苍、湖光波影的环境。并呈现了四方名士在此赋诗饮酒的风雅。

《山阳诗征》卷十四录有马骏《听山堂积雪》:"行似雪山外,住似雪山中。几根冰地竹,干扫绿窗风。"描绘了雪中的听山堂。冰天雪地中,听山堂四周的环境。

马骏潜心学问,日与望社成员、同社成员及四方名士赋诗饮酒其中。马骏善于说诗。

《山阳诗征》马骏条下录:阮吾山《淮故》云:马西樵、蔡子构、乐六舞、倪天章、毛大可同饮黄大宗园中论诗。天章谓:"张燕公《灉湖山寺》诗,'若使巢由同此意,不将萝薜易簪缨','若使'、'不将',字当有误。不然,语与意相反,殊费解。"西樵曰:"不然。君将前六句朗吟一过,即得之。"天章未解。西樵曰:"不云'禅室从来云外赏,香台岂是世中情'乎?"大宗喜曰:"是不减匡鼎说诗。"天章犹未解。大可曰:"西樵善说诗。谓此山寺无复世中之情,不啻云外之地,不必萝薜始易簪缨。"一座

称善。西樵纂《杜诗分韵》一书，初览之似无甚深意，后觉唐人用韵与后人有迥不同者，亦古音之蛛丝马迹也，乃知前人辑一书皆具深意。①

如上所录，倪之煌为望社成员，毛大可是经常参加望社活动的外籍人士。马骏也是望社成员。这次活动是有几个望社成员参加的活动。显然，在这一众高人中，马骏所论独出机杼，令人称善。

马骏也善于写诗，他的《听山堂集》中，有很多诗歌令人叫绝。《山阳诗征》录《柘塘脞录》云："《听山堂集》如'雀乳半匀分晓梦，蜂声初暖变晴春'、'身凭落木看归鸟，人在荒天想啸歌'、'霁云独觉捐生易，世杰空悲救国难'、《宿金山寺》'楼观迥窥天汉影，鼓钟高彻海潮声'、《舟夜》云'爝火饭牛怜夜旦，长年射虎返吾庐'、《莲渚》云'露华晓湿香生水，天影秋澄翠到山'、《白门》云'山低双阙垂寒翠，树傍诸陵散晚红'、'屋里岚光青历历，松间江色白层层'、《寄大拙先生》云'乾坤诗卷留东岳，烽火妻孥渡大河'，皆气韵沈雄，有盛唐遗响。宣城施愚山《题西樵听山堂》云：'独吟冰雪里，绝调许谁听'？名流倾倒，岂偶然哉！"②

除了马骏自己写有《听山堂集》，《淮安河下志》卷五还录有往来于听山堂的四方名士所写的以听山堂为题的诗歌。

如施闰章《题听山堂诗》："有客卧林坰，林泉接杳冥。湖云通夜白，水树涉冬青。邻圃分幽径，孤槎傍小草。独吟冰雪里，绝调与谁听。"

如张鸿烈《上巳后集听山堂，晚泛东湖》："沙暗日暖柳含烟，可是当时曲水前。祓禊还依芳草岸，看花先醉木兰船。林分渔火炊菰米，风袅灯纱奏管弦。乘兴莫辞金谷罚，江南春色又今年。"

又如张鸿烈《东溪月夜送马西樵先生归听山堂》："水郭绿娟娟，渔人夜未眠。送君芦浦去，只在草堂边。野寺钟初断，风林月正圆。往来应不厌，秋色满潭烟。"

上述诗歌都是马骏同时代的友朋往来听山堂后所写诗歌。为我们

① 丁晏原辑、王锡祺重编、周桂峰点校《山阳诗征》卷十四，陕西人民出版社 2009 年，第 492 页。

② 丁晏原辑、王锡祺重编、周桂峰点校《山阳诗征》卷十四，陕西人民出版社 2009 年，第 492—493 页。

留下了当时听山堂中的诗文化活动的生动影像。

此外,听山堂还留下马骏与杜茶村密切关系的印记,可以说是淮安诗人社会影响力与诗坛地位的见证。(参见第十四章第三节"杜浚与河下园亭主人的交往")

四、一草亭主人倪之煌的诗文化活动

一草亭坐落在湖嘴,为倪之煌所有。《山阳河下园亭记》"一草亭"载:"先生名之煌,号懒庵,亦号钝道人。世以武勋著,流寓山阳。为人坦荡简易,不乐仕进。雅好为诗。词调苍凉,意兴豪放,悲感交集,一时操觚家,不敢以武人子目之。海内名流过淮者,无不延揽,唱酬无虚日。"

从上述这段话得知,第一,倪之煌家族为军武出身,是流寓山阳者。《山阳诗征》于倪之煌条下引吴山夫语云:"天章父名鸾,字和鸣,明季为总兵官,守马陵,客终于淮。天章又娶于淮,因家焉①。"②《淮安河下志》卷十三亦云:"倪之煌,字天章,临清人。父鸾,崇祯时总兵,镇宿迁,后客于淮,因家焉。"③

第二,倪之煌"为人坦荡简易,不乐仕进。雅好为诗。词调苍凉,意兴豪放,悲感交集"。《山阳诗征》亦于倪之煌条下引吴山夫语云倪之煌"为人坦易简直,不乐仕进,雅好为诗,慷慨苍深,意兴豪肆。至于酒阑香烬,触绪成吟,亦复流宕清华,缠绵婉约"。④因为雅好为诗、触绪成吟,故成不少诗集,《淮安河下志》卷十四言倪之煌有"《南涉七言杂诗》《北道五言杂诗》《客苦吟》《一草亭偶存草》《梅约》《典鹴吟》《泗上杂言》。"⑤惜今皆不存,正如《淮壖小记》云:"倪诗无传本"。⑥

---

① 有小注:"集中有王任公者,其妻弟也"。

②④　丁晏原辑、王锡祺重编、周桂峰点校《山阳诗征》卷十一,陕西人民出版社 2009 年,第 387 页。

③　王光伯辑、程景韩增订、荀德麟等点校《淮安河下志》卷十三,方志出版社 2006 年,第374 页。

⑤　王光伯辑、程景韩增订、荀德麟等点校《淮安河下志》卷十四,方志出版社 2006 年,第411 页。

⑥　王光伯辑、程景韩增订、荀德麟等点校《淮安河下志》卷十四,方志出版社 2006 年,第412 页。

第三，所谓"海内名流过淮者，无不延揽，唱酬无虚日"者，《淮安河下志》卷十三亦云："所居一草亭，常延揽海内名流过淮者，相互酬唱。无虚日。"①《淮壖小记》云："倪天章先生之煌，临清人，流寓于淮，构'一草亭'，题咏多名人。"②

一草亭对于望社诗人来说，是一个独特的存在。《淮安河下志》卷五录吴进《忆一草亭》："旧日亭何在？人言枕市河。晚风花气冷，秋雨树声多。醉后犹开瓮，愁来益放歌。二三白社子③，霁月坐藤萝。"④其中"人言枕市河"一句揭示了一草亭的方位，即在临街的运河西湖岸边，"二三白社子"下有小注："是时淮有'望社'"，说明一草亭常接纳望社成员在此活动。

倪之煌是望社重要成员。明清更迭之时，一批文人，集中淮安，以诗酒文会来去除心中郁积，宣泄国家易代的伤痛。倪之煌的一草亭也是大家喜欢一聚的场所。不仅望社成员在此聚集，从淮经过的四方名士，也会受邀于此，连日酬唱。由此产生了一批望社核心成员及与望社有交往的外籍人士在一草亭的题咏，而留宿、诗酒、感旧，是有关一草亭诗的核心要素。

倪之煌本人有《抵舍张虞山过草堂风雨留宿夜话诗》云："三径无尘遍藓痕，草堂风雨易黄昏。隔江感旧怀瑶瑟，入夜论诗对绿樽。花落香残蝴蝶梦，春归血老杜鹃魂。天涯久客疏知己，我正思君君叩门。"

诗歌首联写草堂地处荒芜僻静，经受黄昏风雨的环境。颔联描写望社人士琴瑟话旧，昼夜把酒谈诗的情态。颈联运用蝴蝶忆梦、杜鹃啼血传递易代之痛苦。尾联写疏于见客的自己忽然有知己登门的喜悦。虽然有久别重逢之欢愉，其实是掩饰不了国破家亡时代那份挥之不去

① 王光伯辑、程景韩增订、荀德麟等点校《淮安河下志》卷十四，方志出版社 2006 年，第 374 页。

② 王光伯辑、程景韩增订、荀德麟等点校《淮安河下志》卷五引，方志出版社 2006 年，第 126 页。

③ 有原注曰：是时淮有"望社"。

④ 以下几首有关一草亭、餐菊草堂的诗歌皆录自《淮安河下志》卷五。王光伯辑、程景韩增订、荀德麟等点校《淮安河下志》，方志出版社 2006 年。

的悲怆情绪的。

邱象升有《倪天章招同陈子九、王任公、舍弟季贞,夕饮于一草亭,有忆靳茶坡》诗:"长路马牛初倦迹,故人鸡黍有余情。最怜题壁留佳句,使我灯前涕泪生。"

第一句是立足客人角度,写出客人的长路疲惫,有待主人照顾。第二句是站在主人角度,写出主人倾好物招待的深厚友谊。后面两句写因为回忆题壁留诗的年少时光,不禁泪满衣襟。由此也可知,一草亭是大家经常聚会的地方,在这里激发出无数的诗句,让很多在此逗留的人获得过心灵的安慰。

吴珊《冬日集一草亭,时茶坡归自天都,虞山归自琼海,天章归自莱阳,赋三远人诗》云:"腊月春风入,人归此一堂。各言山海事,共尽百千觞。松柏无凋节,图书有静香。岁寒闲聚首,留得几人狂。"

诗歌前两联写腊月时节,众人聚在草堂,各自讲述山海见闻之际,饮酒无数的聚会场景。后两联是写望社文人特性,写出望社人傲霜品节、爱书习性,也写出他们频频聚会,以狂态掩饰家国愁情的状态。

所以,一草亭主人有着好客的情怀,易代之际,倦旅文人能够投奔此地得到小憩,可以借酒宣泄内心的家国之痛,也可以逞露诗才忘却一切。某种意义上,一草亭是特定时期一批诗人心理上的栖息地。

五、隰西草堂主人客籍万寿祺的诗文化活动

(一)西溪草堂

《山阳河下园亭记》"隰西草堂"条云:"徐州万年少先生居。先生名寿祺,崇祯庚午举人。工诗文书画,又工写美人。棋琴刀剑,百工技艺,无不通晓。风流豪宕,倾动一时。避乱流寓山阳,沧桑后,自号明志道人,又号沙门慧寿。初卜居菜市桥西、山子湖滨,名隰西草堂。"

万寿祺(1603—1652),字年少,明崇祯庚午(1630)举人。工诗文书画,又工写美人棋琴刀剑,百工技艺,无不通晓。万寿祺明末曾与陈子龙、顾梦游等一起唱和,共谋救时报国之事。1645年,万寿祺等人在苏州附近举兵反清,兵败后与妻子逃往江北。1646年,遁入空门。

万寿祺来淮后，先是在菜市桥西北的山子湖滨，建构了隰西草堂。不久又迁到清江浦之南村，仍名所居曰隰西草堂。

隰西草堂的建设目的，是为隐居之用。《山阳河下园亭记》引《县志·古迹》云："隰西草堂，彭城万年少隐居处。"又引吴宁谧诗《过板厂西街访隰西草堂故址诗》云："野水残云外，沙门慧寺居。此间留别业，岁晚伴樵渔。地僻经过少，年深巷陌虚。夕阳空徙倚，谁为一回车？"这首诗比较好地反映了当初隰西草堂巷远人稀的地理位置，万寿祺有渔樵相伴的出尘心境，以及现在隰西草堂旧址的荒凉。

（二）"隰西草堂"诗

隰西草堂的隐居特点，使得一些遗民故老经过淮安市，会逗留于隰西草堂，因往来者日众，隰西草堂一时名声大噪。当时万寿祺有不少自题《隰西草堂诗》。在此过往的友朋也写有一些隰西草堂诗，这些诗歌呈现了隰西草堂的僻静以及万寿棋的隐逸状态。从中可窥时代遗民的精神面貌。

《淮安河下志》卷五收录了万寿祺《隰西草堂诗》八首，其一中有"淮浦西边开草堂，荻柴槿树列为墙"之句，交代草堂为万寿祺自己所构建，并且陈述了草堂简单的建筑材料与建筑方法。其三中有"突巷车门无是非""著书未了复渔猎"之句，分别揭示出草堂车马稀少的偏僻氛围，和自己淡出江湖的隐居生活。

《山阳诗征》卷十一另收录了万寿祺《隰西草堂诗》一首曰："老病移淮市，担簦称道民。乾坤悲晚岁，山水忆前生。芳草舟车路，桃花秦汉人。冥冥谢弋者，雁羽在沉沦。"其中有老病、悲、沉沦等词汇，写自己的漂泊与客居人生，充满悲凉色彩。第三联借典故暗喻国破家亡时代，人对现实的逃离。第四联典故原意是用大雁高飞喻隐者远走，全身避害。但这里反其意，写雁羽沉沦，即喻指国家和个人命运的沉沦。所以诗句悲苦，反映了身居草堂，却无法排遣的一种深沉的易代之痛。

《淮安河下志》卷五中还收录了万寿祺朋友们以"隰西草堂"为题的诗。

阎尔梅有《题隰西草堂》曰:"素壁承兼瓦,朱栏细石藤。求羊三径①客,诗酒六朝僧。泽阔难窥岸,山遥不辨层。旅堂春绿晓,饼食看鱼罾。"

首联写出草堂材料简单装饰朴素的构造。颔联写好友至此,诗酒相酬的愉悦,颈联揭示隰西草堂如同世外桃源般的幽僻遥深环境。尾联写草堂主人顺应时令的生活态度。

靳应升有《隰西草堂》曰:"虽少冬青树,犹余古薜萝②。闲居真处士,枯坐老头陀。云水随缘过,江山入梦多。问津如有客,夜半看黄河。"

首联以多种薜萝少种冬青,反映隰西草堂的环境特征。颔联刻画万寿祺闲居枯坐的形象。后面两联表面虚写草堂主人坐看云起的闲适状态,深层则揭示出这里的地僻人稀,无人问津。

程轩③有《万年少业师隰西草堂》曰:"晚岁贪贫贱,衡门④烟水深。松风鸣佩玉,萝月引床琴。中夜看天地,微言问古今。宁知隰西外,江海自浮沉。"

首联写万寿祺晚年如隐士般隐居在简陋幽僻之地,安于贫贱生活。颔联以松风响佩玉,月亮照鸣琴,营造其居住环境的空寂优雅。最后两联揭示万年少无论历史变幻,管他江海沉浮的归隐情怀。

显然,由于万寿祺的隰西草堂构筑于偏僻之地,自身又归佛门,故无论是他自己所写隰西草堂诗,还是他人所写隰西草堂诗,都有共性,即一方面反映出他所处环境之简单朴质,僻静遥深,另一方面反映出其人不论世事,闲居禅坐,隐居悟道的状态。

还有一些诗歌在写隰西草堂时,是通过忆古感今,以发抒人世变幻之感慨。

如吴进有《过里头沟访万年少隰西草堂故址》曰:"路断人迹稀,草

---

①　三径:晋赵岐《三辅决录·逃名》:"蒋诩归乡里,荆棘塞门,舍中有三径,不出,唯求仲、羊仲从之游。"后因以"三径"指归隐者的家园。

②　薜萝:攀缘于山野林木或屋壁之上的野生植物。

③　程轩,字左车,顺治间人。

④　衡门:即简陋的屋舍,也指隐士的处所。

深何萋蒨。当日万夫子,水木家荒甸。与世隔尘嚣,幽处余清韵。我仰隰西名,到此水弥漫。茭蒲青刺波,柳花白飞霰。草堂复无存,伊人可想见。茫茫烟霭间,伫立一悼叹。"

　　首六句为追忆,曾经的隰西草堂是,路断客稀,草深木荒,隔绝于世,又有一份清幽雅韵。后八句写隰西草堂当下之景是,空剩水上茭蒲泛青,空中柳花飘飞,草堂已颓,斯人不再,怎不令人伫立长叹。这首怀古感今之作,一方面怀想昔日隰西草堂地处僻远,又颇有余韵的环境氛围,另一方面充满斯人已去,草堂不在的无限感伤。

　　总之,上述这些诗歌,都是在渲染隰西草堂环境之荒僻,和外籍来淮,隐居于此的一位老诗僧的形象。

第十二章　河下园亭中之诗人集会
与诗歌活动(二)

第一节　河下园亭中的"五老会"

　　清代著名画家王圻曾作《五老图》,王圻生卒年不详,长于人物画。王圻《五老图》中的"五老"是指宋代著名词人苏东坡等五学士,王圻在画中表现了五位学士携童子围于案前,或站、或坐,一起谈论诗文的场景。该作品笔法工细谨严,所绘人物生动传神、各具情态。背景中的山与松,用的是没骨法,显得秀气灵动,整幅作品工放结合,引人入胜。

　　在河下,一批文人高士在风雅吟诗之余,也有五老集会。据《山阳河下园亭记》所记载,河下先后出现过三组五老会,成员之间以"五老"相招集,他们集会交游,绘图征诗,彰显风雅,卓绝于时。下面分别介绍之。

一、程易等人的"五老会"

　　《山阳河下园亭记》"寓园"条下记载,程易"与铁冶亭漕帅、徐心如河帅,暨榷使某公相契。又与含山王醒斋检讨、临汾王文山待招、德清徐东麓封君、桃源薛竹居征君,为五老,会宴集于荻庄。冶亭漕帅序而志之,刻石尚存。"

　　在《山阳河下园亭记》"荻庄"条下,则记有:"西有船房名曰'虚游',王虚舟先生篆额。壁嵌《五老宴集处》石碣。"

　　《山阳诗征续编》"程易"条下,引《淮壖小记》曰:"先生自五十即家居,壬戌,年七十五,与含山王醒斋检讨、临汾王文山待诏、德清徐东麓封君、桃源薛竹居征君为五老。会漕督铁公题《五老宴集处》于荻庄，系以诗。无锡薛进士科联亦有诗。先生自咏云云。"①

根据以上资料，即可知，在河下，程易曾经和其他四位老人，结为五老，在荻庄会宴，并有石壁题词。

程易（1726—1809），字圣则，号吾庐。为乾隆年间的岁贡，候补两浙盐运副使，署嘉松分司、石门（在今浙江境内）知县，后乞假回归故里河下，构"寓园"以娱。在程吾庐七十五岁时，与另外四人为五老宴集，另外四人是含山（属安徽）的王醒斋（年九十三）、临汾（属山东）的王文山（年八十三）、德清的（属浙江）徐东麓（年七十四）、桃源（今泗阳县）的薛竹居（年八十五）。

而且他们曾在"荻庄"举行过一次著名的宴集。当时在场的还有与五老关系相契的漕运总督铁保、河道总督徐端、榷关某公。

董鄂·铁保（1752—1824年），字冶亭，号梅庵，本姓觉罗氏，满洲正黄旗人。乾隆三十七年（1772）进士，授吏部主事、翰林院侍讲学士、内阁学士。以文章和书法驰名。嘉庆四年（1799年），以吏部侍郎出任漕运总督。徐端（约1754—1812）字肇之，浙江德清人。父亲徐振甲曾官江苏清河知县，徐端因随任而习于河事。入赀为通判。乾隆中，河决青龙冈，其父知涉县，治河事，徐端佐役。被大学士阿桂看中，留东河任用，授兰仪通判。嘉庆四年，擢江西饶州知府，未之任，调江苏淮安。嘉庆九年，授江南河道总督。

在"荻庄"的这次五老宴集会上，漕督铁保题刻了"五老宴集处"于荻庄"船房"壁上，并系以诗。铁保写有《荻庄》诗"姹紫嫣红绝可怜，颓唐我亦擘吟笺；分无好句争酬唱，笑说旗亭被管弦。"但该诗是否于五老宴集这次所题，不得而知。

《山阳诗征续编》与《淮安河下志》均录有程易自题荻庄《五老宴集图》二首。"枝头香雪艳阳催，会上耆英快举杯。笑我形骸常约束，爱君

---

① 王锡祺辑、沈家驹校、张强点校《山阳诗征续编》卷五，陕西人民出版社2011年，第114—115页。

富贵有栽培。安闲欲占林泉福,奔走惭同樗栎才。携杖且寻觞咏地,胜游何幸得乃陪。""平生出处浑难定,禹策曾抛杂掾曹。久向军门抽手版,却从天上听云璈①。笼沙过眼新诗换,序齿随肩行雁高。吾爱吾庐春正好,狂歌一任醉酕醄。"

这也是我们难得看到的程易诗歌。他的两首诗中大致可以概括出程易的一生,"樗栎才"为自谦之辞,意思是自己虽任职多地,但却没有太多的政绩,"禹策"句是说自己是从事业盐行业的,"天上听云墩"句有原注,注明他出席了皇帝举办的"千叟宴",此外,"会上耆英""序齿"等,反映了他与文人名士日常往来的情状,"吾爱吾庐春正好,狂歌一任醉酕醄"则既是自豪自己在河下的园林美景,也是咏唱五老在程沆荻庄的宴集畅饮。

二、李元庚等"后五老"

《山阳诗征续编》卷二十三"李元庚"条下,有一首诗,诗题为《癸酉阳月二日招张晋之、王月驭、程小迂、潘琴侪饮餐花吟馆,适程袖峰以〈后五老序并诗〉见遗,诸老曰善。月老诗先成,晋老次之。余与迂老商绘〈后五老燕集图〉,晋老愿书前序,余即和梅庵、漕帅〈五老燕集诗〉原韵,得二绝》,诗歌内容为:"诸君愈老愈精神,鹤发鲐颜迈等伦。我亦追随参末座,敢云洛社会中人。""补园小集亦平常,前辈风流未可方。绘得新图留仿佛,旁观莫浸笑逢场。"

这首诗题和诗歌记载了有关"后五老"的重要信息。给我们提供了栩栩如生的一幅画面。

第一,时间是癸酉阳月二日,即嘉庆1814年农历十月二日这天,地点是在李元庚的餐花吟馆,事情是李元庚招吟张晋之、王月驭、程小迂、潘琴侪四老。也明确说明张晋之、王月驭、程小迂、潘琴侪、李元庚等五人,有"后五老"之称。但究竟是不是在这次集会上结为"五老",并没有更详实的记载。

---

① 有原注曰:"与千叟宴。"

之所以叫"后五老",因为之前已经有"荻庄五老"存在。正如《山阳河下园亭记续编》"伴竹居"条下记载:"祠裔程居士小迁,与王君一新、张君晋之、潘君琴侪,暨先大父莘樵公,为'五老',继荻庄五老,绘图征诗。"

"后五老"中,程小迁在竹巷的伴竹居,潘琴侪在菜市桥的十笏园,李元庚在曲坊巷的餐花吟馆,王一新的味腴斋(编者李鸿年不知其所在),在《山阳河下园亭记续编》中皆有记录。

第二,根据这首诗题和诗歌记载,当时程锺(程袖峰)在场,程锺是竹巷伴竹居主人、"后五老"之一的程小迁儿子,程锺当时写了《后五老序并诗》赠送给大家,大家称好。

第三,根据这首诗题和诗歌记载,"后五老"先后有诗,月老(王月驷)诗先成,晋老(张晋之)次之。但所为何诗,已经不知所存。

第四,诗题中所谓"余(李元庚)与迁老商量绘制《后五老燕集图》",透露出:首先,《后五老燕集图》绘图者之一是程小迁。程小迁是河下著名的画家,《山阳河下园亭记续编》"伴竹居"条下记载:"小迁善画山水"。其次,《后五老燕集图》绘图者之二是李元庚。根据《山阳河下园亭记续编》"息影草庐"载:"解二尹粹园寓居。二尹善画,……晚年更偕程君袖峰、窦君菉亭、吉君云峰,暨刘梅江师,继先大父所绘《后五老图》后,绘为《五老图》,以悬于壁。"先大父即李元庚。"继先大父所绘《后五老图》后",意思是李元庚绘的《后五老图》。

第五,诗题中所谓"晋老愿书前序",即《后五老燕集图》绘好后,张晋之为画作写了前序。

第六,诗题中所谓"余即和梅庵漕帅《五老燕集诗》原韵,得二绝。"意思是首先,梅庵漕帅有《五老燕集诗》原韵,但这首诗我们无从见之。其次,"余",即李元庚,有和梅庵漕帅《五老燕集诗》原韵二绝。诗歌内容是:"诸君愈老愈精神,鹤发鮐颜迈等伦。我亦追随参末座,敢云洛社会中人。""补园小集亦平常,前辈风流未可方。绘得新图留仿佛,旁观莫浸笑逢场。"

正如《山阳河下园亭记续编》"伴竹居"条所云,程小迁等后五老,

"继荻庄五老,绘图征诗。"也即后五老,对荻庄五老绘图征诗之举有所
承袭。

　　绘图征诗之事当然也不止于这次李元庚的招吟,后五老彼此之间,
日常也有诗歌往来。

　　王一新,号月驭,善于诗歌。《山阳河下园亭记续编》王一新"味腴
斋"条下记载:"年按:先世名家铭,字一新,喜吟咏,著有《味腴斋诗存》。
晚年缔里中诸老,为'后五老'。先大父莘樵公与焉。"

　　《山阳河下园亭记续编》程小迂"伴竹居"条下记有"王君一新《味腴
斋诗集》中,有赠居士(程小迂)五律一首。……诗曰:'一径入深竹,高
人此闭关。图书娱晚岁,花鸟伴情闲。寒翠自然积,浮云终不还。北窗
茶正热,泼墨写青山。'"

　　《山阳诗征续编》卷二十三"李元庚"条下,有李元庚诗《新春五日,
潘琴侪(桐)招饮十笏园》:"十笏名园别有天,山俱岌嶪水沦涟。万方安
静新春乐,几辈招邀旧雨联。雅谊投醪宜纵酒,园蔬入馔胜烹鲜。追思
早岁辛盘聚,此景依稀四十年。"

　　显然,后五老交情深厚,平素诗歌往来是为常事。

三、程锤等五老

　　《淮安河下志》卷五录程锤《息影草庐五老宴集诗并序》的序曰:"光
绪乙丑中秋,老友刘梅江助祭先祠,观壁上《五老会》,因有复联五老之
意。翌日,遂约吉云峰、窦箓亭及余,共得四人,箓亭议约解粹园二尹人
会。时粹翁罢官寓淮,闻之欣然,乃于阳月二日邀集同人小饮于息影草
庐,以成雅会,且约画师张君逸云写五人之貌,合于一图,以留鸿雪之
迹,兴致殊不俗也,爰赋小诗以纪之。"[1]

　　程锤《息影草庐五老宴集诗并序》的诗歌为:"主人本异风尘吏,何
况而今已罢官。种菊雅宜陶令隐,考盘合赋硕人宽。闲中笔墨堪娱老,[2]

---

[1]　王光伯辑、程景韩增订、荀德麟等点校《淮安河下志》,方志出版社 2006 年,第 158 页。
[2]　有原注曰:"粹翁精于绘事。"

世外宾朋更结欢。燕集敢云传韵事，所欣臭味挈如兰。""偷得浮生半日闲，①评花品竹共怡颜。精神幸得老而健，谈笑都忘发已斑。世界有谁存古道，画图从此附名山。小春时节天晴爽，沾醉狂吟句待删。"

程锺《息影草庐五老宴集诗并序》的序中涉及的五老名字为：程锺，字袖峰，程小迂儿子。刘梅江，名刘熙廷，字于莼。窦菉亭，名窦筠生，字菉亭②。解粹园二尹，名解世纯，字二尹。吉云峰，未有详细资料。

程锺《息影草庐五老宴集诗并序》，还交代了程锺等人五老集会的时间、地点、起因和过程。五老在光绪乙丑（1889）中秋的第二天互相邀约，中秋后的十月二号正式成会。五老第一次正式集会地点在息影草庐。集会的起因是刘熙廷观壁上《五老会》，就有了建立五老之意。五老集会的过程是那天特意约画师张君逸云写五人之貌，合于一图。程锺及时写了《息影草庐五老宴集诗并序》。这是一个颇为正式的结社。

五老之中，解世纯的息影草庐、程锺的岑山草堂、刘熙廷的可园，在《山阳河下园亭记续编》中皆有记录。五老彼此关系密切。

程锺的岑山草堂，在其他章节已述，此处不再赘述。窦菉亭的亭宅未详。吉云峰，未有资料可述。此处介绍一下《山阳河下园亭记续编》对于解世纯的息影草庐、刘熙廷的可园的记载，兼及五老之间的诗歌交往。

解世纯的息影草庐。据《山阳河下园亭记续编》"息影草庐"云："解二尹粹园寓居。在曲房巷尾。门东向，入门而北，重门，编篱为之。院中花木丛茂，春秋尤盛。正厅三楹，迤西更筑二室，分内外为二，颇修洁。西窗外，竹林深密。时蓄一鹤，饮啄其中。二尹籍大兴，任山阳县丞十余稔。致仕后流寓河下。相传其宅，为吴山夫先生故居，草庐则二尹创建焉。二尹善画，逾八旬尚弄柔翰。益好客，座客常满。龚君淦青、许君宜斋，与先子，时相过从。晚年更偕程君袖峰、窦君菉亭、吉君云峰，暨刘梅江师，继先大父所绘《后五老图》后，绘为《五老图》，以悬于

---

① 有原注曰："用唐人句"。

② 《山阳诗征续编》录窦筠生小传，"窦筠生，字菉亭，道光丁未诸生，议叙主簿。"（王锡祺辑、沈家驹校、张强点校《山阳诗征续编》卷三十二，陕西人民出版社 2011 年，第 891 页。）

壁。壁间并悬有南屏济祖乩笔所赠字,似乎非俗笔所能伪托,盖二尹信道弥笃。二尹名世纯。子福年,字唯百,二尹于七旬外始得。亦从学于年者。克守父业。"

这段记载首先介绍了息影草庐主人解世纯的生平,解世纯,字二尹,大兴籍,任山阳县丞十余稔。致仕后流寓河下。其次介绍了息影草庐地点、内部环境和建筑特色。即在曲房巷尾。编篱为门,院中春秋花木丛茂,有正厅三楹,西筑二室,颇修洁。再次,介绍了解世纯所长及性格。善画,逾八旬尚弄柔翰。益好客,座客常满。第四,谈及五老会,即解世纯晚年和程锺等人结为五老。而且于李元庚作《后五老图》之后,又作了《五老图》,悬挂在壁上。

窦筠生有《息影茅庐纪事吟草》,程锺为之作《菉亭纪事吟草跋》。《淮安河下志》卷十五,于窦筠生《息影茅庐纪事吟草》条下,录程锺《菉亭纪事吟草跋》:"韩昌黎诗云'嗜好与俗殊酸咸'。吾与菉亭之为人固如是,吾与菉亭两人诗境亦如是。是故吾有诗必质之菉亭,菉亭有诗亦必见示于余。非菉亭不能知余之诗,非余亦曷能知菉亭之诗乎?菉亭阅历世故甚深,推勘人情最悉,诗中往往婉而多讽,惜观之者不能寻绎其意旨,以开觉悟。然而菉亭亦不求知也,不过自述其见闻,自抒其感喟耳。岂以是钓名沽誉哉?若愿观菉亭之诗者,反复深思,庶得其用意之所在,勿徒于字句之间论工拙也。"①

从程锺《菉亭纪事吟草跋》,可以看到五老之关系。程锺表达了自己与窦筠生两人为人相近,诗境相近,也介绍了窦筠生是"阅历世故甚深,推勘人情最悉,诗中往往婉而多讽"的为人为诗特点。并且最终揭示其写诗只为抒情,无关名利的个性。同时,窦筠生《息影茅庐纪事吟草》虽未知其貌,但可以想见,是五老在息影茅庐结社相聚的纪事之作。

《山阳诗征续编》卷三十二还录有窦筠生的《解司马粹园、吴大令端甫、邱二尹履平招集湖心寺,履平诗成,颇以方外为羡,笑占此诗以正其

---

① 王光伯辑、程景韩增订、荀德麟等点校《淮安河下志》,方志出版社 2006 年,第 442 页。

意》诗："人生如梦睡,人身本旅寄。清静者其心,灵明者其志。自堕入红尘,乃为形骸累。象教亦何奇,不过明此谊。自居所觉先,毋乃言太肆。发肤亦可公,嗜欲绝人类。人非空桑生,披剃集幼稚。供养费民财,似非空王意。若无施助人,无所事其事。君何羡之深,悔不祝发侍。一笑告君知,泥犁彼亦至。夸诈以欺愚,茶毗彼亦悸。留此作游观,何必辨真伪。暮鼓与晨钟,惊梦亦为瑞。"虽不是单纯的五老间的聚会,也可见出窦筼生和五老中的解司马粹园(解世纯)的日常交往。

刘熙廷的可园。《山阳河下园亭记续编》"可园"条记载:"刘梅江师,晚年课徒其中,在梅家巷。先于住屋西部辟小屋两间,颜曰:'锄月种梅之馆',以庋书籍。后得宅西南地,甚广,遂于旧宅厅事西,造茅屋三间,因名曰:'五架三间草堂'。缭以外垣,辟小门,高不碍眉,乃为园门。入门,夹道皆花竹,曲径通幽。堂以西,更有小池,隙地以养花焉。师名熙廷,字于莼。善诗赋,名噪胶庠,人争聘之为师。晚年构斯园,家居课徒,兼以课子,负笈从游者,不乏其人。著有《可园赋存》、《锄月山馆试帖》,刊行于世。子宝树,字玉柯,诸生,先师卒。"

刘熙廷是远近著名的教书先生,善诗赋,著作亦丰。构园的目的是作为家居授课之用。园虽不大,但结构齐全,题额雅致,曲径通幽,小池花竹相映。

《淮安河下志》卷八录程锺《刘梅江新辟可园,嘱余为图,图成并题以诗》:"事适其可,乃无害意。园以可名,实有深意。宅庐之旁,旧购隙地。浚池不深,为山一篑。蔬果栽培,花木荟萃。茅舍竹篱,因地位置。不废金钱,却饶景致。可以怡情,可以适志。优哉游哉,初心已遂。"[①]岑山草堂主人程锺与可园主人刘熙廷的交往见出一斑。

因为乡邦文献的散佚,关于河下"五老会"没有更为详细的资料记载,但有限的材料中我们还是能看到,河下的"五老会"兴致不俗,集会之余,能激发产生出相应的诗歌。他们的集会与诗歌往来体现

---

① 王光伯辑、程景韩增订、荀德麟等点校《淮安河下志》卷八,方志出版社 2006 年,第254 页。

了文人交往的理想形态,也充分反映河下园亭中诗文化活动的审美
高级追求。

第二节　"旧雨图"与相关诗歌

旧雨,典出《全唐文》卷三百六十《杜甫二·秋述》:"常时车马之客,
旧,雨来;今,雨不来。"意思是过去宾客遇雨也来,而今遇雨却不来了。
后以"旧雨"作为老友的代称。

在河下,有八个老友,即丁兆祺、杨皋兰、杨纯福、邱煜、吕为樀、丁
峻、马乔年、李长发八人,他们联为社,于花前月下,聚会谈诗,并以旧雨
称,相得甚欢,且有黄粲为绘《芹香旧雨图》。

八人之中,丁兆祺有引翼堂,杨皋兰有梧竹山房,李长发有绿天书
屋,《山阳河下园亭记》对相关园亭皆有记载。

关于八个人的结社与黄粲所绘《旧雨图》,淮安文献中也有不少相
关记载。

《山阳河下园亭记》丁兆祺"引翼堂"条下云:"丁介庭廉访居,在
湖嘴大街。廉访名丁兆祺,字祥符,与先君子同为谢金圃学使所得
士。……与同芹谱者八九人,花晨月夕,酒榼聚谈。先君子为延黄叶村
绘《旧雨图》,杨太常师序之,并志以诗,廉访暨同人,各有和章,当时称
盛事。"

这段文字传递的主要信息是,丁兆祺与先君子(李元庚)曾经都是
谢金圃的学生,谢金圃名谢墉(1719—1795),金圃是其号,浙江人,清乾
隆时期吏部侍郎、文学家。当年与丁兆祺、李元庚一同学习,如今仍往
来密切的有八九人。李长发曾请黄叶村为大家绘过《旧雨图》,杨太常
师有序和诗,当时同芹谱人各有诗歌和之。

《淮安河下志》卷十一"李穆堂"条下云李穆堂长子李长发:"晚年
与同芹谱者丁君介庭、杨君香谷、杨君祝三、邱君杏南、吕君薪之、丁
君剑门、马君小晋、暨公(李长发)八人,联为社,相得甚欢,黄叶村为
绘《芹香旧雨图》。善诗,规步渔阳,著有《无住吟》。卒年七十九。(汇

采《李氏诵芬录》)"①这段中,关于同芹谱八个人的名字记录已经较为齐全。

相比《山阳河下园亭记》丁兆祺"引翼堂"条下与《淮安河下志》卷十一"李穆堂"条下相关材料的记载,《山阳诗征续编》中所录杨皋兰《题〈旧雨图〉并序》序中对于"同芹谱者八九人"与《旧雨图》之事,记载更为详细。正如《山阳诗征续编》丁兆祺条下引《遁庵丛笔》所云:"丁介庭廉访,……告归后,杜门不出,厚赡亲族。尝招同芹谱诸老诗酒燕集,绘《旧雨图》。杨太常香谷皋兰记叙甚详。"②

《山阳诗征续编》录杨皋兰《题〈旧雨图〉并序》,序为:"凡学,使岁科试取以入学者,曰'同按'。每岁必一聚以为乐,用示车笠之盟。皋等皆乾隆乙巳岁③谢文宗④所取童生也。始而相聚,继而疏略,久而不聚。历沈、胡、胡、刘、钱、平、莫、万、文、王、汤、姚、周、辛、申、廖及今龚岁试十七按,共五十二年。所存者八人,曰丁名兆祺,字祥符,号介亭,始年二十三,今七十五;曰吕名为櫄,字薪之,始年二十三,今七十五;曰杨名纯福,字禧庭,号祝三,始年二十四,今七十六;曰邱名煜,字杏南,始年二十二,今七十四;曰杨名皋兰,字露滋,号香谷,始年二十四,今七十六;曰李名长发,字庭芝,号莒厓,始年二十一,今七十三;曰丁名峻,字剑门,始年十八,今七十;曰马名乔年,字鸟飞,号小晋,始年十八,今七十。前癸巳冬相约,曰:'久不聚,宜循旧规。'介亭曰:'日暮途穷,宜及时寻乐。'每岁四聚,以二人轮司一次,迄今届三岁以俗尤。今春,方就皋梧竹山房补客冬一聚,而莒厓暇日以纸倩黄君叶村绘为图,使皋为之跋,皋以僭妄辞。莒厓惮于远求而欲速成,皋强跋之曰:'天生一人,其赋予者何如国家岁登,进若而人其期望之者,又何如今齿危髪秃徒酒食相征逐。以视香山有图,洛英有图,以及《西园雅集》。诩其文章,议论

---

① 王光伯辑、程景韩增订、荀德麟等点校《淮安河下志》,方志出版社 2006 年,第 314 页。
② 王锡祺辑、沈家驹校、张强点校《山阳诗征续编》卷八,陕西人民出版社 2011 年,第 188 页。
③ 乾隆五十年(1785)。
④ 谢文宗,名墉,号金圃,浙江人,吏部侍郎。

博学,辨识英词妙墨,好古多闻。微特皋不堪自顾,恐诸君亦未敢与古人抗衡也。然皋等生太平之世,文物之乡,而天又假之年,使得以优游间里,相聚为欢,纵谈人心风俗,离合盛衰,闻所未闻,心胸开拓。视少年时,号嘈杂沓,恍然一梦,是未尝非厚幸也。况诸君各有以自见,并可使后进者不矜一衿之荣,而笃世交之谊,亦何必不图乎至? 图中某为某人,茝厓本存其意,而不必肖其人,形骸之论可不拘矣。难然图中有转面向里,若为眇目山人藏拙者,即指为皋,则亦无不可也。'稿成,相与大笑,并录皋初聚时二诗于后,祈诸君属和焉。"①

　　杨皋兰《题〈旧雨图〉并序》之序对《山阳河下园亭记》丁兆祺"引翼堂"条作了详细的补充。介绍了"旧雨"成员是八个"同按",所谓"同按",即因为他们都是乾隆乙巳岁谢文宗②所取童生也。这一段对于为什么要强调聚会及聚会的方式也有说明,即之前聚散不定,经历过五十二年很多事情,如今"所存者八人,丁兆祺、吕为橹、杨纯福、邱煜、杨皋兰、李长发、丁峻、马乔年"。他们开始珍惜,约定聚会。聚会的方式是每年聚会四次,轮流做东。而且特别强调了这一年,聚集地在杨皋兰的梧竹山房,李长发拿出纸请黄君叶村绘为《旧雨图》,使杨皋兰为之跋。杨皋兰所作的跋如上。并且将杨皋兰于以前初聚时写有的二诗附于图中跋之后,期待同芹谱人各有诗歌和之,后来大家也都写诗和之。下面分别介绍八人生平及其所作《旧雨图》相关诗歌。

　　一、丁兆祺。《山阳诗征续编》言丁兆祺"字祥符,号春圃,亦号介亭,乾隆乙巳诸生,嘉庆庚申举人,乙丑进士。历官江西盐法道署按察使,著有《学松斋诗文集》,《府志》有传。"③

　　《山阳诗征续编》又引《遁庵丛笔》云:"丁介庭廉访,……知安西州,迁武昌府,擢江西盐法道。讯断精敏,屡平反大狱。告归后,杜门不出,

---

　　① 王锡祺辑、沈家驹校、张强点校《山阳诗征续编》卷八,陕西人民出版社 2011 年,第194—195 页。

　　② 谢文宗,名塘,号金圃,浙江人,吏部侍郎。

　　③ 王锡祺辑、沈家驹校、张强点校《山阳诗征续编》卷八,陕西人民出版社 2011 年,第187 页。

厚赡亲族。尝招同芹谱诸老诗酒燕集，绘《旧雨图》。杨太常香谷皋兰记叙甚详。卒年八十一，孙曾科第蔚起，人以为泽流来裔云。"①

《山阳诗征续编》卷八录丁兆祺的《题〈旧雨图〉》："归来泮水访前因，六十人中止八人。在昔少年违计老，于今旧友转如新。林泉有景堪寻乐，衫履忘形任率真。信是暮龄情更惬，一回相见一回亲。"

《山阳诗征续编》又录丁兆祺《同人小集》："又到鲥鱼上市时，相将欢聚慰情思。衔杯且乐新醅酒，倚仗还吟旧雨诗。人羡神仙多寿相，花开富贵忆天姿。灌园居士忘持赠，绝胜桃红只自怡②。"其中的"旧雨诗"，也是丁兆祺对于同芹谱人聚会谈诗的表达。

二、杨皋兰。《山阳河下园亭记》"梧竹山房"条关于杨皋兰已经有详细生平记载，这里再补充一些。《山阳诗征续编》有杨皋兰小传："杨皋兰字露滋，号香谷，乾隆乙巳诸生，嘉庆甲子举人，太常寺博士。"③《山阳诗征续编》杨皋兰条下《遁庵丛笔》云："杨香谷太常少承父训，终身与人无忤色，工书翰，明象纬，讲求郡邑水利。尝请复城东涧河，与友人募金。归故令王昉之丧，又率邑人祀。试用知县李公毓昌于善缘庵居，恒力学守义，无竞于当世。家贫教授，口不言财利，其教人正容以相悟，不斤斤为章句讲说，而学者日进。交游多一时名贤。"④

《山阳诗征续编》卷八录杨皋兰《题〈旧雨图〉并序》，序在前面已录，诗歌为："偕游泮水亦前因，回首当年五十春。踪迹升沈原似絮，须眉改变半如银。敢希枚叟夸千载，偶类香山剩九人⑤，往日风光成逝水，好将杖履撰良辰。""梅花愈老愈精神，引翼堂前⑥淑景新⑦。谈笑不嫌宽

① 王锡祺辑、沈家驹校、张强点校《山阳诗征续编》卷八，陕西人民出版社2011年，第188页。
② 有小注曰："小晋今岁未约看牡丹。"
③ 王锡祺辑、沈家驹校、张强点校《山阳诗征续编》卷八，陕西人民出版社2011年，第193页。
④ 王锡祺辑、沈家驹校、张强点校《山阳诗征续编》卷八，陕西人民出版社2011年，第195页。
⑤ 有小注曰："时卢牧堂馆安东未与。"
⑥ 有小注曰："丁宅"。
⑦ 有小注曰："二月廿五日"。

礼数,盘餐何必尽奇珍。幸承世德思先哲,可有芳型示后尘。从此四时寻乐趣,暮年情谊倍相亲。"

三、杨纯福。《山阳诗征续编》有杨纯福小传:"杨纯福,字禧庭,号祝三,乾隆乙巳诸生"①《山阳诗征续编》卷八录杨纯福《题〈旧雨图〉》:"少不如人老可知,消闲岁月任栖迟。敢夸蔗境心常乐,扫尽尘缘梦亦怡。书为课孙聊寓目,酒因劝客更添卮。年衰幸有余光附,回忆当时自解颐。""芹藻联名五十春,于今寥落倍精神。不扶短杖行仍健,雅爱同袍味独真。深竹纳凉闲步久②,名花招饮叙谈亲③。重游泮水存奢望,把臂还期此八人。"

四、邱煜。《山阳诗征续编》有邱煜小传:"邱煜字杏南,乾隆乙巳诸生,嘉庆间恩贡,重燕泮林,著有《握云斋诗存》。"④《山阳诗征续编》卷八"邱煜"条后,录邱君崧生《握云斋诗存跋》云:"先祖潜德不曜,寿九十,无疾终。易箦时口占自挽联云:'水陆交驰,自昔早知身是幻。琴书具在,从今不识我为谁。'盖先祖生长山左,壮游京华后历膺大府。聘年近四十,始归淮,晚耽禅,悦能前知身后,尤着灵异。丁柘塘先生极重之,执后辈礼甚恭。遗稿为柘老索去,不数日而柘老逝矣。向其家索之不可得,此数纸从杨吟仙明经处搜得,明经为先君弟子,遗稿飘零为可痛也。"⑤

《山阳诗征续编》卷八录邱煜《题李茝崖〈旧雨图〉,次杨香谷韵》:"取次开樽叙夙因,老来期养静中春。玉经良匠终输璞,心契元门不炼银。天地多情还着我,菩提有路可通人。相逢莫叹头成雪,赌酒分曹快及辰。""取次开樽叙夙因,老来期养静中春。玉经良匠终输璞,心契元

---

① 王锡祺辑、沈家驹校、张强点校《山阳诗征续编》卷八,陕西人民出版社2011年,第190页。
② 有小注曰:"香谷弟小圃□竹"。
③ 有小注曰:"小晋宅看牡丹"。
④ 王锡祺辑、沈家驹校、张强点校《山阳诗征续编》卷八,陕西人民出版社2011年,第186页。
⑤ 王锡祺辑、沈家驹校、张强点校《山阳诗征续编》卷八,陕西人民出版社2011年,第187页。

门不炼银。天地多情还着我,菩提有路可通人。相逢莫叹头成雪,赌酒分曹快及辰。""虎头有笔惯传神,何必西园景物新。座上同人齐入画,图中题字尽堪珍。描归竹篦翻成俗,咏仿兰亭自绝尘。征逐不关吾辈事,本来面目应相亲。"

五、吕为樨。《山阳诗征续编》有吕为樨小传:"吕为樨字薪之,乾隆乙巳诸生,重燕泮林。"①《山阳诗征续编》卷八录吕为樨《题〈旧雨图〉》:"不学禅家悟净因,亦随天地卜恒春。霞觞共酌红舒绮,雪鬓斜披白绽银。泮水交从萍水订,洛阳会衍射阳人。画图一幅须眉肖,疑是长庚下降辰。""子美当年客感神,每怀旧雨胜于新②。今经暮齿交犹密,更澡儒身品足珍③。愧我清贫专守拙,聆君谈笑弗沾尘。举杯情拟醇醪厚,五十年来一样亲。"

六、丁峻。《山阳诗征续编》有丁峻小传:"丁峻字剑门,乾隆间附贡生,钦旌孝子,重燕泮林。"④

《山阳诗征续编》卷八录丁峻《题〈旧雨图〉》:"已停春燕十余年,雅集重逢信有缘。徒步不须扶齿杖⑤,开尊仍恐费囊钱⑥。偶提芹藻塞香候,犹记莺花媚客天⑦。座上惟余生较晚⑧,七旬虽届尚随肩。""琳琅书遍彩云笺,好句吟成立地仙。旧雨久疏增缱绻,晨星多感更缠绵。谊联问字资犹子⑨,律细谈诗逊列贤。此后招游还选胜,同人欣泛采莲船⑩。"

七、马乔年。《山阳诗征续编》有马乔年小传:"马乔年,字舄飞,号

①　王锡祺辑、沈家驹校、张强点校《山阳诗征续编》卷八,陕西人民出版社 2011 年,第 190 页。
②　有小注曰:"杜甫诗序有'旧雨来今两不来'之句。"
③　有小注曰:"诸人皆醇谨,无放佚者。"
④　王锡祺辑、沈家驹校、张强点校《山阳诗征续编》卷八,陕西人民出版社 2011 年,第 189 页。
⑤　有小注曰:"八人均未用杖。"
⑥　有小注曰:"公议聚时胥从俭约。"
⑦　有小注曰:"入学值二月。"
⑧　有小注曰:"同人中有长余五岁者。"
⑨　有小注曰:"象南侄曾受业香谷先生门下。"
⑩　有小注曰:"济亭、小晋两人有二帝祠赏荷之约。"

小晋，乾隆乙巳诸生，恩贡，钦旌孝子，重燕泮林。"①

《山阳诗征续编》卷八录马乔年《题〈旧雨图〉》："旧有诗书未了因，黉宫并入话青春。池阳旋别交如水②，淮上归来鬓缩银。今始相随图老辈，古稀虽届殿诸人。幸皆矍铄休言耄，樽酒频邀会令辰。""小憩蜗庐默养神，闲栽花木四时新。先型漫守庭前训，幼子咸推席上珍③。老至不知绵岁月，群贤高咏轶风尘。八公山下耆英聚，愿获年年笑语亲。"

八、李长发。《山阳诗征》卷二十四有李长发小传："李长发，号茝厓。嘉庆中诸生。刻有《无住吟》、《七叶诗存》。"④并录李长发诗《丁祥符观察招同学八人》："屈指光阴五十秋，韶华如梦水东流。始基有兆逢青眼，垂暮无成竟白头。旧侣都归点鬼簿，新诗共效楚人讴。不堪回忆沧桑事，偷得闲身乐唱酬。""会傲唐贤号率真，蔼然情话老逾亲。探花未许联千佛，硕果于今剩八人。榆社尚留残照景，泮林还有再来春。披图静挹须眉古，勉嘱儿孙步后尘。"该诗歌也类似《旧雨图》诗了。

除了八人围绕《旧雨图》的咏唱与互相唱和，彼此之间也有日常唱和之作。

杨皋兰有梧竹山房，《山阳诗征续编》卷八录丁兆祺《饮梧竹山房》诗："浮沉宦海梦回初，鸿爪当年壮志舒。曾度玉关临大漠，又沿汉水识匡庐。半生客气浮名误，迟此苍松翠竹居。把酒不难开口笑，好从杨子学蟾蜍⑤。"《淮安河下志》卷五录李长发《题杨香谷〈双桐书屋图卷〉》诗："桐荫小憩生微凉，双株并峙老而苍。中有谈经高贤席，百城坐拥诸侯王。先生负书数迁徙，偶然卜宅来朝阳。问字侯芭欣然至，碧梧深处由升堂。况有文禽巢丹穴，修翎刷羽小凤凰。其下翠竹交掩映，龙孙迸处穿四旁。古木周遭环拱向，桐花馥郁凌高冈。有时露下天宇净，林梢

---

① 王锡祺辑、沈家驹校、张强点校《山阳诗征续编》卷八，陕西人民出版社 2011 年，第188 页。
② 有小注曰："侍先君广文任二十余年。"
③ 有小注曰："乔届六十外方连举二子，今长者七龄，已攻书矣。"
④ 丁晏原辑、王锡祺重编、周桂峰点校《山阳诗征》卷二十四，陕西人民出版社 2009 年，第 932 页。
⑤ 有小注曰："每饮梧竹山房香谷，以蟾蜍为令，见其圞转点头，无不大开笑口。"

一钩斜月光。有时疏雨轻滴沥,细和蕉叶清韵长。四时之景各领取,先生与桐共相羊。树尤如此颜色改,无怪主人鬓发霜。更有片语为桐语,尔今突兀凌千章。回首昔年初种日,宅几易主感沧桑。忽然闯入儒门域,十年听彻书声琅。否亦污浊混尘俗,安得心清闻妙香。雅俗界判区人品,一朝失足难自防。愿与主人共终古,嘉树封植期无望。"

以一斑窥全豹,可见八人之间的交游往来。

第三节 《煮茗谈诗图》与相关诗歌

李元庚为餐花吟馆主人。李元庚致力于家乡文献整理,其《望社姓氏考》《山阳河下园亭记》是淮安重要的关于诗人与园林的文献材料,另外他还有诗集《餐花吟馆诗集》。

闲暇之余,李元庚与一些文人学士名人朋友结为"同人诗社",相互交游。《山阳诗征续编》李元庚条后引《遁庵丛笔》云:"李莘樵丈庚申自浙归。绘《煮茗谈诗图》,结同人为诗社。"①

李元庚自题《煮茗谈诗图并序》之序曰:"庚申季春,余自武林避乱归,时故里先遭焚掠。满目萧条,闭户养疴。日惟品茶吟诗而已。闻与骏儿谈诗,此不得已而遣愁者也。旧雨今雨时相过从。客至,呼僮瀹茶三瓯两瓯,所谈者诗,或携诗相商,或出诗共酌,字字推敲。所谓'老去律细者惟客能之',客为张征君蓉园、王学正玉航两君。精训诂,嗜金石,学有本源,诗追正始。程子袖峰、沈子蝶庵两家所藏古今诗集,或数十家,或二三百家。同里两程丈竹坪、治平向同门,为忘年友,相唱和者有年。并邀黄孝廉芷升同话与骏儿,同舍生得二人薛苏台、徐宾华,灯窗聚语,夜以继朝。夫犹是人也,同是诗也,不遇合于兵火之先,独遇合于兵火之后。岂天有意以兵火阨诸人耶,抑亦故蹇其遇磨砺之耶。淮郡诗人林立之数君者,尤为特出。散而使之聚,已属幸事,而愚得追随

---

① 王锡祺辑、沈家驹校、张强点校《山阳诗征续编》卷二十三,陕西人民出版社 2011 年,第 607 页。

唱和,附骥益彰,则又幸中之幸也。亟绘图以纪其胜,属画士为余写照,并貌客之须眉。及竹炉茗椀,以志清谈之乐于无穷也。已图成并系以诗。"①

上述材料不仅说明李元庚与人结为诗社,还记录了诗社中的相关人士,其一,是骏儿,即李鸿年,名钟骏。李元庚之孙。其二是张征君蓉园,即张宝德,字蓉园。②其三,王学正玉航,即王琛,字献南,号玉航。③其四,程子袖峰,即程锺,字袖峰④。其五,沈子蝶庵,即沈家驹,字蝶庵⑤。其六,程丈竹坪,即程煦,字秉光,号竹坪⑥。其七,程丈治平,即程德均,字治平⑦。其八,黄孝廉芷升,即黄曰堪,字芷升⑧。其九,薛苏台,即薛超,字苏台⑨。其十,徐宾华,即徐嘉,字宾华。⑩此外,即李元庚自己。

这批人中,李元庚有餐花吟馆,程锺有岑山草堂,程煦有"芝兰室",黄曰堪有吟清楼,徐嘉有味静斋,在《山阳河下园亭记续编》《山阳河下园亭记补编》中都有所录。

也即李元庚序里涉及的人,再算上李元庚,一共是11个。不过《山阳诗征续编》中提及该诗社不止一次,并且有11人之外的成员。《山阳诗征续编》程煦条引《遁庵丛笔》:"程竹坪先生诗,幼习随园,经历乱离,弥征苍劲。咸丰辛酉,李丈莘樵结诗社,绘《煮茗谭诗图》。先生执牛耳,与铁岭黄筱艾昆仲、同里黄芷升、程袖峰、丁穆庵、吴澹泉、薛苏台唱酬綦密,嘉亦饫闻绪论。今从袖峰手录诗中甄数篇,余复搜补三数律,

---

① 王锡祺辑、沈家驹校、张强点校《山阳诗征续编》卷二十三,陕西人民出版社 2011 年,第 605 页。
② 张宝德,光间廪贡,咸丰改元举孝廉江宁上元人,逢粤乱,避居山阳。
③ 王琛,道光乙亥诸生,丁酉拔贡,清河人,世居山阳,候选教谕,著有《娑罗仙馆诗文集》。
④ 程锺,字袖峰,曾参与《山阳诗征续编》的资料搜集。
⑤ 沈家驹,字蝶庵,曾经参与过《山阳诗征续编》的资料搜集工作。
⑥ 程煦,字秉光,号竹坪,道光丁亥诸生,著有《竹坪诗存稿》。
⑦ 程德均,字治平,嘉庆戊寅诸生,道光间廪监生,著有《因寿吟稿》。
⑧ 黄曰堪,字芷升,道光戊戌诸生,咸丰壬子举人。
⑨ 薛超,字苏台,咸丰甲寅诸生,同治间恩贡。
⑩ 徐嘉,字宾华。参与过《山阳诗征续编》的资料搜集工作。

杰构不尽于是也。"①明确说明是李元庚结社绘图之事,但是成员多出几个。所谓黄筱艾昆仲,指黄海安和黄海长兄弟两个。②丁穆庵,指丁蘐,字穆庵。③吴澹泉,即吴兆登,字澹泉。④

《山阳诗征续编》吴兆登条引《遁庵丛笔》云:"吴澹泉(兆登)明经笔超流俗,好为歌谣。初与余交,唱酬无间。尝谓士生斯世须有霸才,若自命为圣贤之徒,将转致乱,余不谓然。庚申寇扰后,与李莘樵丈、丁穆庵、薛苏台、程袖峰寓公、黄小艾昆仲结诗社以遣穷愁,今袖峰所录诸诗非其得意作也。澹泉不可一世,为文亦迈往沈雄,如其为人。"⑤这里也提及黄海安、黄海长、丁蘐、吴兆登与李元庚同结诗社。

黄海安有听秋馆,黄海长有有堂,吴兆登有持白复斋,《山阳河下园亭记续编》皆有记载。

李元庚在自题《煮茗谈诗图并序》的序中也谈到结社的因由,即在庚申春末因避乱回乡,见到家乡经受焚掠后,一片颓败景象,只能闭门养病,和一批朋友谈诗解愁。在兵火劫后,还有人能够聚在一起谈诗论道,以诗歌为事业,也是值得庆幸的。他们还请人画了一幅《煮茗谈诗图》,记录了一群人的清谈之乐。

诗社既然已结,就会有诗作产生,《山阳诗征续编》等淮安诗歌集就辑录有诗社成员的唱和诗作。《山阳诗征续编》记录了一批李元庚与诗社诗友的诗歌,或为赠与,或为唱和。

尤其是大家围绕《煮茗谈诗图》,有很多题诗。

李元庚先自己有《煮茗谈诗图》两首诗:"行将作诗隐,扫轨掩柴关。高论抗千古,时流窥一斑。主宾无尔我,岁月自宽闲。煮茗代杯酌,翛

①　王锡祺辑、沈家驹校、张强点校《山阳诗征续编》卷二十一,陕西人民出版社 2011 年,第 556 页。

②　黄海安,字筱艾,汉军人,江苏候补知府,咸丰间寓居山阳,遂以此为家,刊有《听秋馆诗存》。

③　丁蘐,字穆庵。道光壬寅诸生,廪贡。

④　吴澹泉,即吴兆登,字澹泉,原名冲,道光丁未诸生,咸丰间恩贡,著有《持白复斋诗草》。

⑤　王锡祺辑、沈家驹校、张强点校《山阳诗征续编》卷三十二,陕西人民出版社 2011 年,第 873—874 页。

然尘虑删。""有客叩蓬户，儿童欢笑迎。安居忘烽火，高蹈远公卿。霜鬓淡秋色，吟怀流至情。画家亦超绝，点笔绘无声。"

接着，和诗迭出，吴兆登写了《题李莘樵〈煮茗谈诗图〉》四首："先生对客只谈诗，雅趁春风啜茗时。此事不关人祸福，尽容纵笔写狂痴。""茫茫人海厕身难，六十年来厕眼看。世味酸咸尝不得，携儿忍隽上骚坛。""爱寻花月助闲情，历尽崎岖意气平。莫问西湖旧徒侣，征衣如铁正谈兵。""座上巾衫何处来，能诗定不是凡才。西园雅集兰亭禊，生面于今别样开。"

程煦写了《题李莘樵〈煮茗谈诗图〉》两首："身世小沧桑，悲歌气激昂。萍蓬重晤对，风月费平章。春逗花初放，人闲日渐长。文园消渴后，杯茗胜壶觞。""坛坫争雄长，吾侪亦可怜。藉诗消岁月，不死即神仙。笠屐传高致，林泉结胜缘。披图成一笑，何必上凌烟。"

黄海安写了《〈煮茗谈诗图〉为李莘樵题》："扰扰干戈里，谁非梗泛身。高情契泉石，长揖谢风尘。世界吾庐大，形骸道谊亲。吟怀从此放，安稳作闲人。"

王琛写了《题李莘樵〈煮茗谈诗图〉》四绝："与君少小共论文，又手寻诗到日曛。太息故人半星散，剩留王建看梨云。""驰逐名场电影过，风尘碌碌废吟哦。自从唤醒春明梦，携手归来又放歌。""谈诗兼爱讲茶经，蟹眼汤浮炉火青。一事却输儿辈好，随君曾访冷泉亭。""手钞岂厌百回频，慕古编成格调新。解识唐贤真嗣响，黄金定合铸诗人。"

上述诗歌都收录在《山阳诗征续编》中。李元庚的诗社有稳定的人群，有共同的谈诗论道乐趣，喜欢同题写诗，也算是一个标准的诗社了。

第四节 河下园亭主人之间的交游与诗歌往来

如上所述，一些园亭主人是某诗社的组织者或参与者。还有一些河下园亭主人，没有组织诗社，与他人有着纯属友朋间的自然交游和诗歌往来。

一、研诒斋、二十二研宅主人王鸿翔的诗歌活动

王鸿翔（1869—?），研诒斋、二十二研宅主人。《山阳河下园亭记续编》记录"研诒斋；二十二研宅"为"王太使研荪读书处，在柳家巷，即程氏寓庐故址。……太史名鸿翔，善书、工画、骈文及诗。丹徒籍，癸卯进士，远成吉士，特旨授职编修。辛亥革命后，杜门隐居，以书画诗词自娱"。

在辛亥革命后，研诒斋主人王鸿翔与居易堂的朱锡成、羿竹山房的汪筱川、绿桐精舍的玛继宗、面湖草堂的季逢元，在相同的社会环境中，有着大体一致的政治态度和人生态度，因而有着密切的交游往来，频繁的诗词唱和。《山阳河下园亭记续编》《山阳河下园亭记补编》记录有王鸿翔与其他园亭主人交游的笔墨。如：

1. 王鸿翔与居易堂主人朱锡成的交往。

《山阳河下园亭记补编》"居易堂"条云："朱笠人广文宅内厅事也，在湖嘴街彤华宫对门。……广文由山左宦游归，筑此室内以颐养。辛亥革命后，杜门不出，日惟莳花竹，披图史。春秋佳日，偕知好酌酒赋诗以消遣。闲中岁月，又与周蘅甫太史（钧）等，结九老会，追寻商山洛社故事，以娱晚景。曾记其七旬诞日，居易堂中演京戏宴客，座位置满。王研荪太史赠以楹联云：'栗里宦情系松菊，梓乡寿寓阅沧桑。'真是百辆盈门，介客均奉爵称觞焉。欢声犹在耳，几经秋月春风矣。广文名锡成，字笠人。"这段文字提到了朱锡成与周钧、王鸿翔两人的关系。所谓"与周蘅甫太史（钧）等，结九老会，追寻商山洛社故事①，以娱晚景。"说的是朱锡成与周钧的交游，也即朱锡成曾与周蘅甫太史（钧）几位好友远离政治，找一地隐居，闲适度过晚年。

所谓"其（朱锡成）七旬诞日，……王研荪太史赠以楹联云"，说的是

① "商山"为古商洛八景之一，史称"商颜第一名胜"。传说秦代四位博士因避秦始皇焚书坑儒的暴政而隐居此山。商山也被称为"中国第一隐山"。洛社，有两个意思，一是，洛阳社，晋·葛洪《抱朴子·杂应》："洛阳有道士董威辇，常止白社中，了不食，陈子叙共守事之，从学道，积久，乃得其方。"后称退隐者所居为洛阳社。第二意，宋欧阳修、梅尧臣等在洛阳时组织的诗社。

朱锡成与王鸿翔的交游。《山阳河下园亭记补编》于徐嘉"味静斋"条也记载道:"徐道庵孝廉著书处,在竹巷街梅家巷。……中同治庚午科举人,大挑二等,以教职用,选昆山教谕。……负笈从游者众。一经指点之后,无不蜚声庠序,先后凡数百人。其掇巍科者,如周钧、王鸿翔、季龙图、陈寿彭,其犹子锺恂等,皆亲受业于味静斋者。盖教泽宏且深矣!"根据这条记载可见,周蘅甫太史(钧)与王鸿翔都师从河下徐嘉读书。为同一师门。朱锡成与周蘅甫太史(钧)等,结九老会。九老会中具体九人是谁不是很清楚,王鸿翔、朱锡成与周蘅甫太史(钧)应该是一个文化圈中的。

朱锡成"辛亥革命后,杜门不出,日惟莳花竹,披图史"。王鸿翔"辛亥革命后,杜门隐居,以书画诗词自娱"。可见,朱锡成和王鸿翔都是在辛亥革命后,于河下园亭中,杜门隐居,醉心花草诗画,在特定的时代大潮中,心态相似,爱好兴趣相似,平时又有往来,诗画交流自然也是必不可少的。

2. 王鸿翔与粿竹山房主人汪筱川的交往。

《山阳河下园亭记补编》记载"粿竹山房"曰:"先大父筱川公吟咏处,闲与王太世伯(研荪)……朱笠人(锡成)……等。往来其中,消寒消夏,唱和无虚日。……先大父(筱川)日与诸先生,徜徉于园内,置酒哦诗商谜焉。"粿竹山房条中这段列有近四十人,王鸿翔、朱锡成都是其中所列的一员,也即都是往来粿竹山房中、与汪筱川互相酬唱之人。《山阳河下园亭记补编》"粿竹山房"条又记载汪筱川六十岁生日时,"王研荪太史(鸿翔),为书'贤良待选'匾额,并跋云:'汉公孙宏六十,以贤良征。齐武诏曰:惟年六十,必有道心,听朝贤选序。筱川先生,以贤良廉明之才,服务梓里,垂三十年,声誉卓著。兹逢六十,适当待选时期,爰书此额,以为先生寿。'"也是在强调王鸿翔与汪筱川的密切关系。

可以说,在粿竹山房"消寒消夏,唱和无虚日",是筱川公、王鸿翔、朱锡成等一批人的日常。

3. 王鸿翔与绿桐精舍主人玛继宗祖孙之间的交往

《山阳河下园亭记补编》"绿桐精舍"条云:"玛四叔继宗吟咏处,在干鱼巷罗家桥东。宅为其大父峻亭公（长安），由总兵以老告归所购得。峻亭公与左忠壮公（宝贵），均系出回族。左忠壮公援朝抗日，阵亡殉难后，清廷腐败无能，国事日非，愤愤郁郁，遂以老乞归，流寓于淮。因家于此。与王研苏太史（鸿翔）、李静斋画士（家骏），暨先大父筱川公等名流，啸咏其宅中，意淡如也。……峻庭公讳长安，子洪文，字幼庭。文孙继宗，字绿桐，擅诗文词。曾受业于先大父筱川公，学习医。"

绿桐精舍是玛继宗吟咏处，玛继宗的祖父峻亭公与王鸿翔、李家骏、汪筱川等人，在绿桐精舍中一心吟咏，不问世事。而玛继宗自己曾经拜汪筱川为师学习医学。

也即汪筱川是玛继宗的老师。王鸿翔、汪筱川都曾在绿桐精舍，与玛继宗祖孙啸咏。

4. 王鸿翔与面湖草堂主人季逢元的交往。

《山阳河下园亭记补编》"面湖草堂"条云："季凤书太世丈休憩处，在萧湖滨，门临郭家墩，即灵慧桥东南是也。……君之工诗余、词余，……名噪清淮间，士大夫多乐于过从。丹徒王研苏太史（鸿翔），世寓河下，亦折节与交，其文行课见矣。……君季姓，字凤书，名逢元，别署浣香词客。山阳人，世居河下镇，年五十余卒于乡。"

季逢元工于诗、词，在清淮之间，颇有文名，许多文人很喜欢和他往来。世居河下的王鸿翔，亦愿意折节与他交往。

综上，从王鸿翔的交往可见，当时的园亭主人，有自己的诗歌文化圈，彼此有交叉重合，也说明河下诗歌往来之盛。

二、带柳园主人吴进的诗歌交往

《山阳河下园亭记》"带柳园"条云："吴揖堂吴进别业，在莲花街，萧湖侧。先生名进，号甐村，乾隆初诸生。少贫，性介，不与世通，以课弟子为业。其生平详诗集自叙。伯兄眉友先生，亦如之。性爱花木，隐居园中。先生著《一咏轩诗集》。族叔（按：当为族祖）山夫先生称其高寒古淡，得陶、韦三昧。并著有《山阳耆旧诗续》《山阳志遗补》。吾淮前辈诗人最多，先生皆手录，吉光片羽，宝而藏之。又辑生平所见诗，凡数百余家,名《诗见》五卷。"

《淮安河下志》卷十一记载:"吴进,字揖堂,邑诸生①。无所嗜好,惟刻意为诗。著有《一咏轩诗集》。远宗韦、孟,近仿吴野人。晚号瓻村先生。自为传曰:'瓻村先生家贫,性孤冷,富贵人不与近也。居草屋数间,左右渔樵相杂。时沽酒,或赋诗,无专好,亦无专业。青鞋竹杖,独游行草泽之间。'"②

以上两条记载见出,吴进在诗歌方面颇有成就,第一,吴进著有《一咏轩诗集》。第二,吴进诗歌有所诗学渊源,即所谓的"得陶、韦三昧。"也有所风格体现,即吴山夫先生所称的"高寒古淡"。程晋芳《一咏轩诗草序》云:"淡若苏州,酸若东野,诗仅二卷,三百余首,生平茹苦嗜学,一一露焉。"③第三,吴进平时以搜集家乡人诗歌为乐,所谓"著有《山阳耆旧诗续》《山阳志遗补》。吾淮前辈诗人最多,先生皆手录,吉光片羽,宝而藏之。又辑生平所见诗,凡数百余家,名《诗见》五卷。"显然,吴进对于乡邦诗歌文献辑录有所贡献。第四,吴进平生热爱诗歌,所谓"无所嗜好,惟刻意为诗。""时沽酒,或赋诗,无专好,亦无专业。"皆说明他以诗为嗜好的特征。

也许是受其影响,吴进的儿子也喜欢为诗。《山阳河下园亭记》"带柳园"条云:"其子名淮,字蔗田,号次莱,乾隆乙未进士,授刑部主事,补提牢厅。居官廉谨,缘事落职。旋捐复,告归,杜门不复出。亦善诗。"

吴进因为喜欢诗歌,也就喜欢与友朋有诗歌往来。

首先,因为吴进是带柳园主人,围绕带柳园就有相关的诗歌表达。

吴进自己写有关于带柳园的诗歌,《淮安河下志》卷八录吴进《带柳园消夏诗》:"溪深满荚蒲,相映檐际碧。凭轩望远空,孤怀藉以适。雨气自南来,云低水面黑。簟凉屋宇清,心空无失得。"又录吴进的《带柳园遣意》:"半亩余闲地,团团带柳沙。春塘幽聚鸟,烟树暖飞花。钓艇

---

① 邑诸生:明清时期经考试录取而进入府、县学校学习的秀才生员。

② 王光伯辑、程景韩增订、荀德麟等点校《淮安河下志》,方志出版社2006年,第316页。

③ 王光伯辑、程景韩增订、荀德麟等点校《淮安河下志》卷十五,方志出版社2006年,第432页。

鱼时卖,邻春酒暂赊。好言谓儿子,且学种桑麻。"

吴进的朋友也写过关于带柳园的诗歌,《山阳河下园亭记》"带柳园"条云:"孙稼堂先生(耕),绘有《带柳园长图》,孙倩莹先生(读),有《题带柳园》诗。"①

《山阳诗征》卷二十一录吴进好友孙读②的《题吴揖堂带柳园图》:"柳色一园齐,沉沉日斜照。平湖风不来,蒲里闻鱼跳。"

《山阳诗征》孙读条后录吴进语云:"倩莹,无言先生曾孙,楚英先生子。家贫,好读书。工诗,善画,性闲适,不营外事,虽妻子饥饿,弗顾。"③

显然,吴进对孙读是极其熟知的,是可以为孙读作小传的人。而孙耕、孙读兄弟二人为带柳园绘图、作诗,也体现出在吴进带柳园中展开的相关的诗歌活动。

其次,因为喜欢诗歌,吴进会与友人互相切磋,努力精进诗歌技法。

《山阳河下园亭记》"带柳园"条云:"(吴进的)族叔(按:当为族祖)山夫先生称其高寒古淡,得陶、韦三昧。"

吴山夫玉搢(吴宁谧之子)是吴进的族祖。吴进在诗歌方面深得其教诲。吴进在《寄族祖山夫先生书》中写道。"今习诗三年矣,甚承教诲,当公居乡时与宿老谈诗,进不知学,近知学又相远隔,近体七律诗自觉难作,七古亦似难于五古。""进非好作小文,每成一首多无远大之势。平昔好读柳柳州(柳宗元)、王临川(王安石)两家文,柳记短悍,王文名贵,竟以此自缚不得展舒欤?抑学未兄无以充拓纵横于其间欤?皆祈明以教之!"也即吴进习诗多承吴玉搢教诲。他也特别期待能得到吴玉搢的教诲。

---

①　笔者注:孙耕、孙读与吴进是好友。《淮安河下志》卷十一"刘景沂"条云:"刘景沂,字曾如,号野塘,诸生。……与吴进、孙耕、读兄弟善。"也即刘景沂、吴进、孙耕、孙读私人关系很好,孙耕、孙读为兄弟二人。见王光伯辑、程景韩增订,荀德麟等点校《淮安河下志》卷十五,方志出版社 2006 年,第 314 页。

②　孙读,字倩莹,号晴雪。乾隆中邑诸生。稼堂弟。

③　丁晏原辑、王锡祺重编、周桂峰点校《山阳诗征》卷二十一,陕西人民出版社 2009 年,第 764 页。

吴玉搢写有评论吴进的诗。《淮安河下志》卷十五录吴玉搢《一咏轩诗集序》云："纯出性灵，不杂采绘，切于人情。体乎物性，而于骨肉交游间尤真挚焉。溯其渊源，盖初宗孟东野(孟郊)，后究心于韦左司(韦应物)，参之王、孟(王维、孟浩然)，暨香山(白居易)，五言短古，融会诸贤，自成一家。质而绮，枯而腴，高寒古淡，画家所谓逸品也。"①

《淮安河下志》这段中的"盖初宗孟东野(孟郊)，后究心于韦左司(韦应物)，……高寒古淡"，也是《山阳河下园亭记》"带柳园"条"族叔(按：当为族祖)山夫先生称其高寒古淡，得陶、韦三昧"的出处。

吴玉绶与吴玉搢是亲兄弟②，《山阳诗征续编》有吴玉绶小传："吴玉绶，字薪传，号荼村，宁谧子，康熙辛丑诸生。"③吴玉绶亦是吴进的族叔。吴玉绶写有关于吴进带柳园的诗。《山阳诗征续编》卷四十三录吴玉绶④《步梁敬持廷机姊丈带柳园原唱韵》："秋来买棹访菰蒲，为爱同声属腐儒。亭筑数椽堤外绕，门开三径水中纡。萧条柳叶堆荒砌，断续蝉声噪晚庐。屐齿归来留客醉，山阴不比兴全无。""别墅清幽四壁空，客来旧雨慰相逢。论心每得闲中味，沽酒还饶野外供。新月初看遮岸柳，晚风遥送隔溪钟。忘年知是怜才意，好待扶归当短筇。"⑤

《山阳诗征》吴进⑥条后录："程鱼门曰：'刻露清峻，必传于世。'阮吾山曰：'冷光静气，溢于楮墨。一篇一句，莫不诗中有人，呼之欲出。'

---

① 王光伯辑、程景韩增订、荀德麟等点校《淮安河下志》卷十五，方志出版社 2006 年，第432 页。

② 《山阳诗征续编》在录吴玉绶《步梁敬持廷机姊丈带柳园原唱韵》诗歌后引《诗录》云："吴静公先生宁谧任广德州学正，著《铸错轩稿》，今不传。……子五人，山夫玉搢、南生玉抱、璧合玉拱，三先生诗已见《诗征》。非木玉楫工天官冢言，文见《淮安艺文志》，诗无只字存者。今复搜得薪传先生诗，为幸多矣。"(王锡祺辑、沈家驹校、张强点校《山阳诗征续编》卷四十三，陕西人民出版社 2011 年，第 550 页。)

③⑤ 王锡祺辑、沈家驹校、张强点校《山阳诗征续编》卷四十三，陕西人民出版社 2011年，第 1175 页。

④ 吴玉绶，字薪传，号荼村，宁谧子，康熙辛丑诸生。

⑥ 吴进，字揖堂，号觯村。乾隆中诸生。著有《一咏轩诗集》。

吴山夫曰：'初宗孟东野，后究心于韦左司，参之王孟暨香山五言短古，融会诸贤，自成一家。质而绮，枯而腴，高寒古淡，画家所谓逸品也。'"①《山阳诗征》又引《柘塘脞录》："揖堂先生天性笃厚，于骨肉伦纪之间，尤为真挚。人品甚高，屡空，晏如，虽极贫不易所守。吾山侍郎尝携其诗入都门，翁学士方纲、程编修晋芳皆击节传诵，谓百年来无此作矣。五言高妙，美不胜收，其佳句如'地荒虫语早，天暗鸟飞低''冷露围匏叶，秋风老豆花''闭门听雨落，孤坐伴花开''湖冰胶渡艇，岸雪滑行驴''露花寒欲敛，林月淡初生''鸟归故林乐，人到异乡亲''老至时防悖，欢逢暂解愁''冒冷途行疾，迎风语出迟''清樽高会聚，情话老人长''云烟蒸草气，水月淡人心''殿高先见日，林密细含风''鸦寒归树早，云冻出山迟''家俭风规古，人高气宇寒''春塘幽聚鸟，烟树暖飞花''月净波横影，僧归杖有声'，独抒性灵，自饶天趣，昔人所谓情性所至，妙不自寻者也。子准，嘉庆己未进士，官刑部主事，谳按有声。归田后，深自韬晦，足不出里门，布衣儒素，乡人见之，不知为荐绅先生也。"②

上述评论，皆出自淮安大家之口，诸多赏析，能看出吴进诗歌佳句迭出，广受好评。也见出他和淮安名家诗人之间的诗歌交流。

第五节　河下园亭主人以诗歌为日常

《山阳河下园亭记》《续编》《补编》对于河下园亭还有一些零碎记载，寥寥几笔，记录河下园亭主人，在园亭中饮酒哦诗，得隐居之乐，或因雅士造访，主客诗词相和。以一斑而窥全豹，则可想见河下园亭主人对于诗歌的热情，并由此体会到河下诗歌之盛。

"恢台园"主人是明崇祯辛未进士、探花夏曰瑚。《山阳河下园亭记》"恢台园"条记载，恢台园是夏曰瑚的别业。《山阳诗征》"夏曰瑚"条后，引《柘塘脞录》语云："及登第，奉命封江川王，馈遗一无所受。未几，

---

①②　丁晏原辑、王锡祺重编、周桂峰点校《山阳诗征》卷二十二，陕西人民出版社 2009年，第 807 页。

移疾归里。于北门外郭家墩葺恢台园,赋诗饮酒其中,逾年卒。"①赋诗饮酒是夏曰瑚晚年在恢台园的日常生活状态。

"怡园"主人是康熙壬戌进士、工部刘愈,《山阳河下园亭记》"怡园"条言刘愈:"登酉科山东副考官,自京乞假归,绝意仕进。筑斯园,与弟弟价人吏部始恢唱和其中。"也即"怡园"是刘愈兄弟及友人日常唱和之所。

"一簣园"主人是康熙甲辰进士刘谦吉。《山阳河下园亭记》"一簣园"条言刘谦吉:"任思南府。膺卓异,迁山东提学佥事。期满以老乞归,构一簣园,吟咏其中。"一簣园,是刘谦吉用于饮酒哦诗的地方。

"梅花书屋"主人是名噪曲江楼的吴宁谔。《山阳河下园亭记》"梅花书屋"条载:"(吴宁谔)曾孙兰陵茂才(承孝)时向庚述先德。茂才好客耽吟,每当鼠姑花放,斐尾春酣,犹于梅花书屋置酒哦诗焉。"此条直言吴宁谔曾孙吴承孝仍然会像吴宁谔一样,在梅花书屋沉湎于诗酒之乐。

"耘砚斋"主人是部郎程世椿,他的儿子是太史程元吉。《山阳河下园亭记》"耘砚斋"条,言程世椿"号庄树,廪贡生,候选员外郎,蔼人太史元吉父也。因湖嘴旧宅狭隘,卜居此宅。园中有咏歌吾庐、道凝堂、吟青楼等处。太史告归后,于室之西偏,置春草轩、一壶天、清芬馆、茶话山房。每与诸昆弟饮酒赋诗。"也即程世椿的儿子程元吉,离职归乡后,在其父书房耘砚斋西边又置办了一些房屋,每日会与程氏兄弟在其中饮酒赋诗。

《山阳河下园亭记续编》中也列有相关内容。

"听秋馆"主人是黄海安。《山阳河下园亭记续编》"听秋馆"条云:"长白黄筱艾太守②隐居处。……每当春初,红梅最盛。太守尝以诗代

---

① 丁晏原辑、王锡祺重编、周桂峰点校《山阳诗征》卷九,陕西人民出版社 2009 年,第 293 页。

② 黄筱艾太守,名黄海安,辽阳勋族。博学工诗,著有《听秋馆诗存》,刊行于世。咸丰间,卜居河下,遂家于此。与弟海长,字惠伯,埙篪竞爽,人咸称之。(《山阳河下园亭记续编》"听秋馆"条记载)

東,召集同人赏梅,得隐居之乐。"《山阳诗征续编》卷二十三录李元庚①《花朝日黄筱艾司马招同人听秋馆看梅并留饮成七绝四章》:"花朝节序艳阳时,红遍南枝与北枝。最是主人擅风雅,招邀袖底出新诗。""掣来良友伴清谈,花下低徊逸兴酣。我是兰成沦落客,不堪回首忆江南。""读画弹棋仿率真,酒酣耳热话陈因②。多君吏隐兼诗隐,人与梅花共出尘。""谁想今年胜去年,良辰高会擘吟笺。自惭秃尽中书管,难写园林景物妍。"《山阳诗征续编》卷三十录丁蓬③《听秋馆赏梅》"繁华销歇后,老树又逢春。几世修能到,高吟代有人。对花难着笔,惟月可传神。五字惭无力,纵横让季真。"这些诗歌都印证了听秋馆梅开时节,黄筱艾邀请大家赏梅吟诗的活动及快乐。

"玩易窝"主人是王树。《山阳河下园亭记续编》"玩易窝"条言王树:"字荔塘。原籍余姚,为阳明先生后裔。寓河下久,遂入山阳籍。为邑诸生。咸丰间,幕游浙江,遇粤寇乱,未归,家人求之,莫知所在。善吟咏,著有《荔塘诗草》。子文杰,字子容,诸生,亦工诗。"

"芝兰室"主人是程煟。《山阳河下园亭记续编》"芝兰室"条载:"程明经竹坪宅,……明经名煟,字秉光,善诗。徐宾华师谓,幼习随园,经历乱离,弥征苍劲,著有《竹坪诗存》。后世子孙,负盛名者代有其人。"

"师竹斋"主人是王全熙。《山阳河下园亭记续编》"师竹斋"条言王全熙:"晚年,与同芹谱沈蝶庵、秦剑青、高荆门、段笋林,岁必一聚,互相唱和。辑有《鸿雪联吟集》。光绪庚子,斋前茁芝数本,明经绘图征诗,一时题咏林立。年亦附以五古四首。"

"十笏园"主人是潘琴侪。《山阳河下园亭记续编》"十笏园"条引李元庚《十笏园记》云:"园中之景甚美,余地尚多,得主人灵心意匠而为之,将来不知若何佳妙也。惟行将入世,身跻通显,日与名流觞咏,古人所谓'不知明年,又在何处。'"

----

① 李元庚,字莘樵,道光庚寅诸生,咸丰间军功保监运司运同,著有《望社姓氏考》、《山阳河下园亭记》、《餐花吟馆诗集》。

② 有小注曰:"主人示旧作。"

③ 丁蓬,字穆庵,兆祺孙,捷子,道光壬寅诸生,廪贡。

"持白复斋"主人是吴兆登。《山阳河下园亭记续编》"持白复斋"条言吴兆登:"……皖寇乱后,几难自存。且与里中诸老,倡和无虚日。风采严峻,人不敢干以私。……诗文俱豪放,有奇气。著有《持白复斋诗草》。"

综上,不论是盛时,以老乞归,还是衰时,皖寇乱后,几难自存,诗歌活动成为园亭主人重要的生活内容。河下园亭主人,时常在园亭中,或赏花哦吟,或绘图征诗,或与名流觞咏,或与里中诸老倡和,彰显风采,汇为诗集,共同创造了淮安的诗歌之盛。

第十三章　河下园亭中的书画家及其诗画人生

　　《山阳河下园亭记》《续编》《补编》记载了一些作为画所的宅室。如《山阳河下园亭记》载"退一步轩"为"黄叶村先生作画所。在竹巷魁星阁东。"《山阳河下园亭记续编》载"伴竹居"是"（程）小迁善画山水，……筑茅屋数椽，以为作画之所，颜曰：'伴竹居'"。《山阳河下园亭记续编》载"坐春草堂"为"程明经松岩作画处，在竹巷梅家巷头住宅以南。"《山阳河下园亭记补编》载青棠书屋为"杨玉农征君作画室，在二帝阁西。"《山阳河下园亭记补编》载"蝘石山房"为"王弼仲世丈作画室，在竹巷街柳家巷。"当然还有的虽没有标明住所即画室，但实际园亭主人是擅长绘画的。

　　《山阳河下园亭记》《续编》《补编》记载的明清河下书画家，有的是专业于绘画，有的是在精通百技之余还精通于绘画的。而且，河下书画家有不少以一种独特绘画专长闻名遐迩。如工写美人的万寿祺，善画山水的程小迁，善画兰竹的汪筱川，善画梅的程广森，工于画鸽的高映清，擅画花卉的高子清等等。绘画之余，他们也能诗画相酬，下面举几例述之。

第一节　"退一步轩"中工于山水的黄粲

　　退一步轩主人是黄粲。黄粲，字叶村，号只古山人。清嘉庆、道光时人。原籍安徽，先人因业盐来淮上，遂定居淮安河下镇。因黄粲所处的时代，正逢纲盐改革，河下盐业趋于衰败。黄粲不事生产，专心工诗作画，为世所推，黄粲平生崇拜东坡居士，其字"叶村"源自苏轼"家住江南黄叶村"诗句。黄粲,著有《退一步轩诗存》《读画随笔》《叶村画论》等。

淮人范以煦《淮壖小记》云:"吾邑以画名者,边苇间后有薛竹君以雁传;张增字增山以鸭传;朱涧南纟丝、熊北溪怡以牛传;复申老人何予之字在都、张焯字箕谷以兰竹传;黄粲字叶村以山水传,先生自号只古山人。"①

也即有清一代,淮安的画家,有边寿民、薛怀、张增、朱纟丝、熊怡、何予之、张焯、黄粲等人,而黄粲是以山水而著称的画家。

淮人丁晏《重修山阳县志》云:"黄粲,字叶村,性简淡寡营。工山水,有名于时。"②

《山阳河下园亭记》"退一步轩"条,对黄粲的退一步轩环境有所描绘,即"园在宅后,有土山,山下浚池,环以松柏,梧竹交映。山旁屋一间,名'只古阁'。每日临池,在退一步轩中,或额曰'紫薇消暑'"。

《山阳河下园亭记》"退一步轩"条说:"先生名粲,兄景韩(杰),弟即先外舅灼亭公(炯),俱善画,先生画尤精。"说明黄粲一家都善于画画,但黄粲是最好的。

黄粲画功好,得力于他的交往不凡,广泛师法,勉力学习,勤于练习。

《山阳河下园亭记》"退一步轩"条说:"黄叶村先生作画所。在竹巷魁星阁东,陈曼生司马题额。"陈曼生名陈鸿寿(1768—1822),钱塘(今浙江杭州)人,做过赣榆代知县、溧阳知县、江南海防同知。"西泠八家"之一,在诗文、书画、篆刻方面皆有造诣。著有《种榆仙馆诗集》《桑连理馆集》《种榆仙馆摹印》《种榆仙馆印谱》等。由陈鸿寿为退一步轩题额,可见黄粲平时交往不俗。

黄粲绘画有所学习和师承,且勤于思考,善于苦练,《山阳河下园亭

① 王光伯辑、程景韩增订、荀德麟等点校《淮安河下志》引,方志出版社 2006 年,第 155 页。

② 王光伯辑、程景韩增订、荀德麟等点校《淮安河下志》引,方志出版社 2006 年,第 332 页。

记》"退一步轩"条说:"少从吴子野先生游,又得程蔼人太史家所藏名人画,深思力学,遂成名手。"

吴子野,名子麟,字子野,安徽歙县人,画家,亦能诗。《黄山旧舫图》是吴子野的晚年之作,画上描绘了黄山天都中的山居小屋。宋湘(1757—1826),清乾嘉时代诗人,字焕襄,号芷湾,广东嘉应州(今广东梅县)人。嘉庆四年(1799)进士及第,选翰林院庶吉士,后授编修。曾先后任惠州丰湖书院山长、广州粤秀书院教职。宋湘见过此画后,曾写诗《题吴子野黄山旧舫图》:"白发红尘话酒垆,青山何处是天都。人生多少回头事,只博丹青一幅图。"表露出诗人对年青时代自由旷达生活的向往和留恋。

黄粲从年少时就有机会跟从吴子野左右并学习其画法。

程蔼人即程元吉,荻庄主人程鉴曾孙,曾重修荻庄。程蔼人太史为荻庄程氏家族后人,自己又是大儒,"家所藏名人画"定是品质不凡。黄粲有机会欣赏真迹并学习临摹。

《山阳河下园亭记》"退一步轩"条又云:"周止庵师称其聪颖过人,作画赠之。"周止庵,即周济(1781—1839),字保绪,一字介存,晚号止庵。江苏荆溪(今江苏宜兴)人,嘉庆间进士,官淮安府学教授。清朝词人及词论家。著有《味隽斋词》和《止庵词》各一卷,《词辨》十卷,《介存斋论词杂著》一卷,辑有《宋四家词选》。另有论词调之作,以婉、涩、高、平四品分目,已散佚。《清史稿》有传。

除了上述对名家的跟从学习与对前人画作的观摩,黄粲自己有深思力学之功,所谓"每日临池,在退一步轩中,……自禺策变后,家业荡然,资田为养。益肆力于丹青。晚年愈臻妙境。"

《山阳河下园亭记补编》于黄粲儿子黄曰堪的"吟清楼"条下,亦记载道:"(黄芷升)孝廉父讳粲,字叶村,别字只古山人,又字破瓢山人。肆力于画,为张子青制军(之万)所推重。著有《退一步轩诗存》,鲁通甫孝廉(一同)为之序。"

张之万(1811—1897),字子青,河北人,是张之洞的堂兄。著名的书画家。也是清朝著名的大臣。道光二十七年(1847)中进士第一名。

历任河南巡抚、江苏巡抚、闽浙总督、兵部尚书、吏部尚书。升任协办大学士、体仁阁大学士、东阁大学士。历道光、咸丰、同治、光绪四朝。光绪二十二年(1896)，因年迈请辞回乡。光绪二十三年(1897)，寿终，年八十七岁，赠太保，谥文达，入祀贤良祠。

黄粲在河下许多园亭中留有墨宝，这在《山阳河下园亭记》中有所记载。如《山阳河下园亭记》于程鉴的"荻庄"条下云："黄叶村先生写《荻庄后图》，并有六咏。"

《山阳河下园亭记》于丁兆祺的"引翼堂"条下云："先君子为延黄叶村绘《旧雨图》，杨太常师序之，并志以诗，廉访暨同人，各有和章，当时称盛事。"

《山阳河下园亭记》于李长发"绿天书屋"条下云："先大父吟咏处也，在仓桥下关家巷。……中年弃湖嘴老屋，徙居于此。……杨太常题曰'绿天书屋'，黄叶村先生为绘《绿天书屋》便面，以志风景之美。"

《山阳河下园亭记续编》于程煃的"芝兰室"条下云："程明经竹坪宅，在竹巷东土地庙巷内。黄叶村先生粲，居与相近，绘图题诗以赠，有'风流二老对门居'之句。"

黄粲除了画之外，诗亦佳，他在淮安参与活动范围广，交友众。

第二节　"伴竹居"中性独爱竹的程小迁

《山阳河下园亭记续编》中，程小迁"伴竹居"条记载："居在竹巷义贞祠飨堂前。……小迁善画山水，法吴子野，气韵浑然。"前面讲过，"退一步轩"主人黄叶村"少从吴子野先生游"。工于山水。而"伴竹居"主人程小迁也是"善画山水，法吴子野，气韵浑然"。也即程小迁和黄粲都长于山水画。

《山阳河下园亭记续编》"伴竹居"条又记载程小迁"筑茅屋数椽，以为作画之所，颜曰：'伴竹居'"。程小迁喜欢绘画，特筑茅屋为绘画之所。而题额为"伴竹居"，则是因为本性爱竹。

《山阳河下园亭记续编》"伴竹居"条又记载："王君一新《味腴斋诗

集》中,有赠居士五律一首。小引云:'小迂居士善丹青,性独爱竹,尝谓:虚心密节,历四时而不凋。颇无天艳,足供珍贵。去年秋,构屋于竹之阴,推窗相对,妙境两忘,不知我之赖有竹也,抑亦竹之赖有我耳。因颜之曰'伴竹居'。余与春峦张先生振,尝相过从,煮茗清谈,窃羡其亭亭数竿,潇洒风尘之外。而居士之心性,亦于此可见焉。偶缀五律一章,未卜居士其许我否也'。诗曰:'一径入深竹,高人此闭关。图书娱晚岁,花鸟伴情闲。寒翠自然积,浮云终不还。北窗茶正热,泼墨写青山。'每岁春秋仲月,值祠祀日,年往与祭,辄坐其中。绿窗掩映,仍如故也。"

从上述这段可知,第一,程小迂之所以以竹名宅,用朋友的话说,是因为"性独爱竹",所以爱竹,因为竹子类于主人秉性。程小迂尝谓:"虚心密节,历四时而不凋。颇无天艳,足供珍贵。"竹子的虚心、有节、耐严寒,符合居士心性。故以竹名宅,也是借竹明志之意。第二,程小迂爱竹,故"构屋于竹之阴",也即因为爱竹,也构造出别样的风雅,所谓"潇洒风尘之外",到了令友朋羡慕的程度。第三,因为程小迂有此特别构建,和一份爱竹之心,激发了他自己的诗情。

其实,程小迂的伴竹居也源源不断地能激发更多人的咏竹诗情。

程锺是程小迂的儿子,他有《伴竹居落成诗并序》,序曰:"宅南隙地,家君作茅屋数椽为憩息之所,以庭前有竹,遂领曰:'伴竹居'。落成之日赋诗以纪之,时壬辰九月。"诗曰:"翦茅新筑屋,屋小适如舟。窗对萧萧竹,风摇瑟瑟秋。此君成伴侣,小住最清幽。瘦石还罗列,人来画里游。"

程锺另有《春晚即事题伴竹居》:"蓬门常闭客来无,寂寞荒园听鸟呼。静坐始知春昼永,闲吟能把睡魔驱。竹林新笋尖尖出,苔径残花片片铺。散步中庭聊遣闷,叩门忽又报催租。"

程小迂的笔墨也留在河下各处。李元庚与程小迂皆为"五老"会成员之一。《山阳河下园亭记续编》"伴竹居"条记载:"程居士小迂,与王君一新、张君晋之、潘君琴侪,暨先大父莘樵公,为'五老',继获庄五老,绘图征诗。"李元庚"餐花吟馆"中的"小盘谷",即由程小迂以隶书题额。

这在《山阳河下园亭记》李元庚"餐花吟馆"条下有所记载："先大父莘樵公吟咏处。……庚申粤寇陷杭城,适河下亦遭皖寇乱,吟馆幸存。先大父毅然告归,……吟馆北,旧有地半亩,造二屋曰'惕介山盘',……穿竹径入,西向一室曰:'筼筜小舍'。……舍之南,出小门,履曲廊登山,则'小盘谷'在焉,邑人程君小迂隶书额。"

《山阳诗征续编》卷二十三"李元庚字莘樵"条下录有李元庚的一首诗,诗题为:《癸酉阳月二日招张晋之、王月骢、程小迂、潘琴侪饮餐花吟馆,适程袖峰以〈后五老序并诗〉见遗,诸老曰善。月老诗先成,晋老次之。余与迂老商绘〈后五老燕集图〉,晋老愿书前序,余即和梅庵、漕帅〈五老燕集诗〉原韵,得二绝》。从诗题可以知道,《后五老燕集图》由李元庚和程小迂二人共同商量绘制。

第三节　"青棠书屋"中书香门第之后杨玉农

杨玉农为青棠书屋主人。杨玉农出生于世代书香门第。其曾祖杨皋兰字露滋,清嘉庆甲子(1804)举人,梧竹山房主人,为河下声名最著的老师之一。杨皋兰长期以设帐课徒为业,经杨皋兰指点之人,无不蜚声庠序。杨皋兰祖父杨启哲,字搏村,道光乙未(1835)恩科举人,终吴县教谕。杨皋兰父亲杨绂来字仿颠,颇负文名,世居淮安河下镇。

对于杨玉农的善于绘画,《山阳河下园亭记》《续编》《补编》皆有相关园亭条目记载。

《山阳河下园亭记》在杨皋兰"梧竹山房"条下,记载梧竹山房的主人是杨皋兰。杨皋兰有"孙绂来,字仿颠;鼎来,字柳岑,文名籍甚。……曾孙杨嘉毅,字玉农,童年工诗赋,善书画"。显然,杨绂来、杨鼎来是兄弟俩,为杨皋兰孙辈;杨玉农是杨绂来的儿子,杨皋兰的曾孙,"童年工诗赋,善书画"。

《山阳河下园亭记续编》在"风雨对床之舍"条下记,该舍"为杨仿颠学博、柳岑工部昆仲(二人为杨皋兰之孙)书室,……学博名绂来,中寿即谢世。子嘉谷,字玉农,善画工诗。"这段介绍"风雨对床之舍"的主人是杨绂来、杨鼎来兄弟,杨绂来的儿子杨玉农"善画工诗"。

在以上两条材料中,杨玉农是作为"梧竹山房"和"风雨对床之舍"主人的后人被介绍的。

在《山阳河下园亭记补编》"青棠书屋"条下,杨玉农是作为青棠书屋的主人被介绍的。该条记载曰:"杨玉农征君作画室,在二帝阁西。柳岑工部风雨对床之舍旁(舍见《续编》中)。征君名嘉谷,字玉农,别署三洲画者。又署名青棠居士,廪贡生。"这段中不仅介绍杨玉农是该画室的主人,也介绍了"风雨对床之舍"主人杨鼎来是杨玉农的叔叔。

根据"梧竹山房"条和"风雨对床之舍"条的介绍,"风雨对床之舍"为杨玉农父亲和叔叔共有。"梧竹山房"条所谓:"仿颠、柳岑更取东偏之静室,自署曰:'风雨对床之舍',同怀情谊,可以想见。"仿颠为杨玉农父亲杨绂来,柳岑为杨玉农叔叔杨鼎来。"风雨对床之舍"条下也记有"舍见正编'梧竹山房'下,为杨仿颠学博、柳岑工部昆仲书室,名亦工部自题。"上述两条皆说明杨玉农父亲和叔叔感情很好。杨玉农画室和长辈的书室靠得很近。

杨玉农家境不是很好,他从小由母亲教育,后来和名家张振学画。所谓:"精于绘事,幼承母教,继又从十三峰草堂主人张春峦(振)学画。"(见《补编》"青棠书屋"条)张振,字春峦、春岚,室名十三峰草堂,沧州(今河北沧县)人,侨居江苏扬州,官河工主簿,世为画家。因为张振工山水、花卉,杨玉农"故能迥与凡俗。花卉犹工,着色鲜清秀丽,神肖如真"。

且杨玉农在绘画时也有自己癖好。"非天清气爽,惠风和畅,如烈暑、奇寒、阴雨,均不运笔。"因为绘画好,也因为行为独特,得以"名驰淮扬间。"(见《补编》"青棠书屋"条)

杨玉农属于狷介自守、不谙世故一类。"酒瓢诗卷外,别无长物。年八十余,值岁荒,犹日咽粗粝,食贫自励。世好之显达者,从未以竿牍。平时恂恂让谦,无疾言蘧色。鬻画以自给,然有以金求画者,非其人,仍吝不与也。受资辄扃之,画未竟不取用。"(见《补编》"青棠书屋"条)不特意结交显达者。虽以卖画为生,但有钱而不合其意者,向他求画也求不到。得到资金辄藏之,画未完成,不画到极致,决不取用。

因为人品,画更为世人所喜爱,所谓"其廉谨如此。故其画为世所珍贵,亦人品之足以增重也。"为人也重约,所谓"与人约,虽疾风暴雨,期则必赴,不爽晷刻"。(见《补编》"青棠书屋"条)

《山阳河下园亭记补编》"青棠书屋"条说他"晚年自镌一印云:'醉后尝称老画师',款署:'八十老孩。'年八十余卒,其身后遗画,更为世所珍。著有《青棠书屋诗存》《游杭诗存》。均未付梓,今已散佚。"

《山阳河下园亭记》对于其如何学画、精于绘事、工于花卉、着色鲜清秀丽等作了描述。也特别呈现了一个个性狷介,不随流俗,而画尤为世人喜爱的画家形象。

第四节 河下园亭中之更多画家

河下还有很多园亭主人,虽《山阳河下园亭记》《续编》《补编》着墨不多,但也各以一种独特绘画专长闻名遐迩。

"蝘石山房"之少年画家王亮宸。王亮宸,字弼仲,为王鸿翔季子。蝘石山房是其画室。《山阳河下园亭记补编》"蝘石山房"载其"幼聪慧异禀,十四岁即能书画。遇古今名迹,辄喜观摩,闭目凝思,摹其笔意。尝抚金冬心、陈老莲、江石如等画本,神韵逼肖。杭郡姚又巢先生琛、淮安杨玉农征君嘉谷,均吾淮丹青耆宿,大赏异之,并为指点。由是画名大著,求画者无虚日,顷刻竟成巨幅。又能作擘窠大字,求书者踵门而至。年十九而卒,有《蝘石山房书画册》。其伯兄光伯先生,影印行于世,郑孝胥先生(书堪),为之书岫"。

"隔西草堂"之工写美人的万寿祺。万寿祺是隔西草堂的主人,《山阳河下园亭记》"隔西草堂"条载万寿祺是:"崇祯庚午举人。工诗文书画,又工写美人。棋琴刀剑,百工技艺,无不通晓。"

"坐春草堂"之善画梅的程广森。程广森,安东籍,世居河下。坐春草堂是程广森作画处。《山阳河下园亭记续编》"坐春草堂"条载程广森:"席先人之荫,境裕如。善画梅,乡里有事,山为助理。"

"槑竹山房"之擅画兰竹的名医汪筱川。汪筱川是"槑竹山房"主人，《山阳河下园亭记补编》"槑竹山房"条记载："幼即弃儒就医，秉承六世家学，……著有《梅竹山房诗剩》《印存》《医按》，均付梓。工书法，规仿米襄阳；擅画兰竹。公于学无所不窥，琴棋书画，莫不通晓。医籍而外，经史子集，旁逮百家技术，悉得其崖窔。"精于医学本业、通晓经史子集、琴棋书画外，"擅画兰竹"。

"鲁石山房"之父子画家高映清、高子清。鲁石山房为淮郡名医高映清诊病室。《山阳河下园亭记补编》"鲁石山房"条记载，高映清，"曾受业于河北名医刘金方夫子子成。学得高明医疗技术，加以自己专研，在群众中威信甚高。一二千里以外病人，咸来淮就医。以余艺写花卉翎毛甚工，尤工于画鸽。又善弹琵琶。著有《鲁石山房医按》数卷，未付梓。仲子子清，曾受业于先大父筱川公。继又学泰西医于速成研究学习班。中西医合参，亦大行其道。擅画花卉。"父子皆医生，又皆善于绘画。父亲"尤工于画鸽"，儿子子清，"擅画花卉。"

除了上面所述，《山阳河下园亭记》《续编》《补编》还记载了更多的善画之人，因为并没有更多关于绘画的逸闻趣事描述，我们一并列在下面。

"培兰书屋"主人程秀岩，"次子世烺字云卿，以画名。"（《山阳河下园亭记》"培兰书屋"条）

"师竹斋"主人王全熙，"子国征，字慎斋，善画，今依斋为画所。"（《山阳河下园亭记续编》"师竹斋"条）

"息影草庐"主人解世纯"善画，逾八旬尚弄柔翰。"（《山阳河下园亭记续编》"息影草庐"条）

"小自在天"主人武曾僎"善书画，尤工于隶。"（《山阳河下园亭记续编》"小自在天"条）

"射阳簃"为吴承恩著书室。"其（吴承恩）裔孙作梅茂才，光绪甲辰岁试，入山阳县学。……作梅工书画，犹工于指头画。精篆刻，善诗古文词。"（《山阳河下园亭记补编》"射阳簃"条）

综上所述，可以看到，河下的画家，有的不仅师出有名，有所借鉴，而且勤于苦练,愈臻妙境。程小迂、黄粲、杨玉农等皆是如此。河下的画家有的在以画卓绝的同时,个性孤高,狷介自守,不谐世故,独具魅力,如杨玉农。河下的画家,有的不仅饱读史书,而且百技在身,如万寿祺。河下的画家,还有一个特别的现象是不少为名医身份,如"粿竹山房"主人,擅画兰竹的汪筱川,"幼即弃儒就医,秉承六世家学。"是一方名医。又如"鲁石山房"主人高映清、高子清,是一对父子画家。鲁石山房为淮郡名医高映清诊病室,仲子子清,中西医合参。

河下的画家,日常还会绘图征诗,诗画相酬。如伴竹居的主人程小迂,"与王君一新、张君晋之、潘君琴侪,暨先大父莘樵公,为'五老',继荻庄五老,绘图征诗。"师竹斋的主人王全熙,"晚年,与同芹谱沈蝶庵、秦剑青、高荆门、段笏林,岁必一聚,互相唱和。辑有《鸿雪联吟集》。光绪庚子,斋前苗芝数本,明经绘图征诗,一时题咏林立。年亦附以五古四首。"

总之,《山阳河下园亭记》及《续编》《补编》,给我们记录下了河下画家生机勃勃的影像,也呈现出河下人才迭出、人文荟萃的局面。

第十四章　于河下园亭中会四海名宿

河下园亭主人,有的通过考学,中进士、中举人,之后去京城或外地做官;有的因为捐资获得在其他省份的做官名额;有的喜欢云游四方,以文会友。这样河下名人就有机会结识一些外地名士,彼此交游往来,诗词相和,留下一段佳话。

第一节　袁枚与程晋芳、程茂

袁枚是乾隆时期的诗坛领袖,程晋芳是河下著名藏书楼"桂宦"的主人,程茂是河下名园"晚甘园"的主人,袁枚曾经与程晋芳、程茂往来频繁,交游密切,留下一段佳话。

袁枚(1716—1798),字子才,号简斋,一号存斋,钱塘(今浙江杭州)人,世称随园先生,晚年自号仓山居士、随园老人等。乾隆四年(1739年)中进士,后进翰林院,任过溧阳、沭阳、江宁等地的知县。于乾隆十四年辞官后,住在江宁(今江苏南京)的小仓山随园。乾隆十七年赴陕西任职不到一年后,便离开仕途。袁枚诗主"性灵说",是乾隆时期的诗坛领袖。有《小仓山房诗集》《小仓山房文集》《随园诗话》《子不语》《随园尺牍》等著述十多种。

袁枚与在淮安和扬州业盐的安徽歙县籍程氏家族文人交往甚密。据袁枚《随园诗话》卷十二第五十五条:"淮南程氏虽业禺策甚富,而前后有四诗人:一风衣,名嗣立;一蘡州,名崟;一午桥,名梦星;一鱼门,名晋芳。四人俱与余交,而风衣、蘡州,求其诗不得。"[1]

---

[1]　袁枚《随园诗话》,浙江古籍出版社 2016 年,第 218 页。

袁枚提到的四人皆为岑山渡程氏文人。程嗣立、程崟叔侄是一族[①]，程梦星、程晋芳叔侄是一族[②]。程晋芳有《秋日过菰蒲曲感怀族伯父水南先生，录前一首》，可见，程晋芳与程嗣立虽不同族，但也是关系亲如一族的叔侄。

四个人中，程梦星、程崟居住扬州，以在扬州业盐为主。

程梦星(1678—1747)，字午桥，号汛江。康熙五十一年(1712)进士，选庶吉士。后四年，以母丧归，不复出。居扬州筱园，与一时名流以诗酒相往还。雅好李商隐诗，以旧注未精，重为笺注。著有《今有堂诗集》《茗柯词》，编有《平山堂小志》《江都县志》《两淮盐法志》，另有《李义山诗集笺注》等。

袁枚说："鱼门虽呼午桥为伯父，意颇轻之。余曰：'午桥先生古风力弱，近体风华，不可没也。'如《看花不果》云：'蜡屐也思新草色，病醒偏负晓莺声。'《赠僧》云：'楼前常设留宾榻，岩下多栽献佛花。'《桐庐》云：'百里烟深因近水，一年秋早为多山。'皆佳句也。"[③]

鱼门即程晋芳，袁枚的意思是程晋芳虽尊称程梦星为伯父，但并不看中程梦星的文采。而袁枚认为程梦星还是有很多不错的诗句的。但话虽如此，对程梦星的诗文评价看来是褒贬不一的。

程崟，字夔周，是程增之子，康熙五十二年(1713)进士，致仕之后移居扬州为盐务总商，寻告归。少即从方望溪游，擅长古文，嗜音律。

袁枚说"四人俱与余交，而风衣、夔州，求其诗不得。"即袁枚和程嗣立、程崟两人诗歌往来不算多。

程嗣立(1698—1744)，字风衣，号水南，廪贡生，乾隆初，举鸿博。

---

① 岑山渡程氏第4世名祖义，生子彦祚、彦昂。第9世有大鹏为彦祚之裔，有大典为彦昂之裔。程用昌(11世)为大典之孙，必忠(11世)为大鹏之孙。程必忠(11世)有子三人，分别是：程朝聘(12世)(字虞工)、程朝宣(字辑侯)、程朝征(字叔献)。程嗣立(13世)是程朝征之子，程崟(14世)是程朝聘的孙辈，程增的三子。

② 岑山渡程氏第9程大典业盐来淮，生五子，长子量入(10世)，为程梦星(13世)、程晋芳(14世)的先人。程梦星与程晋芳的父亲程梦好是兄弟。程晋芳《兄溉堂墓志铭》载：程氏"世为歙之岑山渡人，高祖(曾祖父的父亲)量入公自歙迁扬，祖父阶公自扬迁淮。"

③ 袁枚《随园诗话》，浙江古籍出版社2016年，第218页。

工诗,善书能山水。吏部之园(依绿园)归程氏后,程埈将依绿园更名柳衣园。程埈的弟弟程垲、程嗣立兄弟,领衔在园中组织文社。大江南北文彦云集于此,当时,延沈德潜等耆宿主坛席。程嗣立与当地名士合称"曲江十子"。并集为《曲江楼稿》。

程梦星、程崟以在扬州业盐为主,又定居于扬州。程嗣立长袁枚一辈,用袁枚的话说,两人诗歌往还不多。

四人之中,在淮安久居的程晋芳(1718—1784)与袁枚(1716—1798)同辈,往来最多,交往最深,故在此主要探讨袁枚与程晋芳的交往。

程晋芳(1718—1784),字鱼门,号蕺园。清代藏书家、经学家、诗人。程晋芳是徽州程氏家族中人,他在《兄溉堂墓志铭》中曰:"世为歙之岑山渡人,高祖量入公自歙迁扬,祖父阶公自扬迁淮。"即程晋芳的高祖程量入从徽州迁居到扬州贩盐,他的祖父程文阶从扬州移居淮安,几代均富,为河下程氏诸族中的佼佼者。

乾隆二十七年(1762),乾隆皇帝南巡时经过淮安,程晋芳因为作赋颂赞皇帝,被赐为举人,授中书舍人,踏入仕途。乾隆三十六年(1771),程晋芳中进士,授吏部主事,迁员外郎。适逢四库馆开,程晋芳被荐纂修四库全书。书成后,改授为翰林院编修。乾隆四十九年(1784),卒于陕西巡抚毕沅的官署。

袁枚《翰林院编修程君鱼门墓志铭》对程晋芳个性作了描述:"乾隆初,两淮殷富,程尤豪侈,多畜声色狗马,君独悁悁好学,罄其赀购书五万卷,招致方闻缀学之士与共讨论,海内之略识字能握笔者,俱走下风,如龙鱼之趋大壑。"①也即程氏家族在乾隆初年两淮盐业兴盛时因经营盐而变得特别富有,此后,族中很多人沉湎于骄奢淫逸的日子,独有程晋芳沉浸于书籍之中。他倾尽多年积累的资财,购得图书5万卷,并且招集爱好文学之人,谈诗论道。所谓"遇文学人,喋然意

---

① 王光伯辑、程景韩增订、荀德麟等点校《淮安河下志》引,方志出版社2006年,第390—391页。

下,敬若严师"。①当时的文坛领袖袁枚、大学者毕沅、著名的《儒林外史》作者吴敬梓都与之有往来。

程晋芳有个著名的书屋叫"桂宧室",因为桂树数株于庭前,故名。乾隆十七年(1752),程晋芳将自己的诗集命名为《桂宧集》,有小序曰:"余书屋前,频年种桂,淮浦地寒……考《尔雅》,室东北隅谓之宧,而桂适在焉。因颜曰桂宧,且以编集。"②除了"桂宧"室,程晋芳特在"桂宧"室北面另安一室,名为"拜书亭",专置经史于其中,程晋芳每月朔望日,都会对着书籍揖拜,此室名为"拜书亭"。

因为疏于经商,倾资买书,散财交友,程晋芳很快家道中落,乾隆二十八年(1763)他的"桂宧""拜书亭"等也判给讼家。就在这一年,他到京城出任中书舍人。离开家乡前,"桂宧""拜书亭"中的藏书被他寄存在了亲戚朋友家里。

程晋芳纂修四库全书时,曾进献自己多种藏书,《四库全书总目》写着"编修程晋芳家藏本"的书籍就有350余种。其中183种被用作编辑《四库全书》的底本,167种作为了《四库全书总目提要》的存目。乾隆三十七年,程晋芳根据"桂宧"室所藏目录以及在京所买的书多卷,编辑了《桂宧藏书目》2卷,在《桂宧藏书目序》中,程晋芳谈及藏书的缘由以及过程,也表达了对于所藏书命运的担忧,他说:"回顾江南,家无一椽片瓦,故书之寄在戚友家者,知能完整如旧否?"事实正如他所担忧,乾隆三十九年(1774)河下发生洪灾,他的藏书很多被淹没。正如他自己所云:"自甲午秋水,故册沦于淮。凡十六纱橱,痛绝泥沙埋。"桂宧藏书由此而湮没。

程晋芳晚景凄凉,困于贫病。乾隆四十九年冬,他受陕西巡抚毕秋帆之邀赴幕中,因为年高体衰,不胜羁旅之劳,入毕秋帆幕中一月遂故。(《随园诗话》卷七第七十六条:"未半月卒"。《清史稿》为"抵关中一月卒")。河下著名的诗人、藏书家短短时间不幸客殁他乡,实属令人

---

① 袁枚《翰林院编修程君鱼门墓志铭》,王光伯辑、程景韩增订、荀德麟等点校《淮安河下志》引,方志出版社 2006 年,第 391 页。

② 《桂宧集》,收在程晋芳《勉行堂诗集》(影印本)卷之六。

惋惜。

程晋芳著有《周易知旨编》三十余卷、《尚书古今文释义》四十卷、《尚书古文解略》六卷、《诗毛郑异同考》十卷、《春秋左传翼疏》三十二卷、《礼记集释》若干卷、《诸经答问》十二卷、《群书题跋》六卷、《桂宦书目》二卷,此外还有《勉行堂文集》六卷、《勉行堂诗集》二十四卷、《蕺园诗集》十卷等传世。

《淮安河下志》卷五引《淮雨丛谈》:"观太史(程晋芳)所撰《一咏轩诗序》云:'余生长在淮之山阳,二十岁后与淮老宿往还渐密。'又云:'余未服官以前,居淮四十五年。'"①也即程晋芳任职前在淮安居住有45年,他的前期活动主要是发生在淮安。今淮安河下镇的"太史令巷",就是程晋芳故居所在的地方。据《淮安河下志》卷五"宅第""程鱼门太史第"载:"家鱼门太史晋芳,虽籍隶徽歙,实世居山阳之河下,旧宅在干鱼巷西。"②程晋芳做四库全书编修后,他的宅第被大家叫作"太史第",所在小巷被叫做"太史令巷","桂宦"就坐落在这里。

袁枚与程晋芳的交往十分密切。袁枚在《随园诗话》附录《随园诗话补遗》卷七曰:"鱼门胸怀洒落,有孟尝、信陵之风,好学而不迂,好友而不乱,与余家有世谊,余自幼见之。"③

鱼门即程晋芳,可见袁枚与程晋芳两家是世交,关系特别好。袁枚对程晋芳的胸襟、学识与为人有较高评价。

程晋芳曾在袁枚住所聚会,《随园诗话》卷八第十一条:"癸未召试时,吴竹屿、程鱼门、严冬友诸公毕集随园。"④

袁枚也多次来淮,并写有《黄河秋决,闻陕督尹公移节清江,寄呈四首》《到清江再呈四首》《留别荷芳书院四首》《淮上乞鱼门盆松,得松而归》等诗。其中的《淮上乞鱼门盆松,得松而归》,即是袁枚和程晋芳二人的交游实录。

---

① ② 王光伯辑、程景韩增订、荀德麟等点校《淮安河下志》,方志出版社 2006 年,第 144 页。

③ 冒广生《批本随园诗话》(下册),商务印书馆 1934 年,第 62 页。

④ 袁枚《随园诗话》,浙江古籍出版社 2016 年,第 133 页。

袁枚对程晋芳的家世与人品极其了解。冒广生《批本随园诗话》卷六"批本"曰："程鱼门家世业盐,拥资巨万,晚岁家中落,余犹及见之,长髯细目,磊落潇洒,实正人也。"①

袁枚对鱼门学问和诗歌才能也是高度评价,《随园诗话》卷十第七十四条："鱼门太史于学无所不窥,而一生以诗为最。余《寄怀》云:'平生绝学都参遍,第一诗功海样深。'寄未一月,而鱼门自京师信来,亦云:'所学,惟诗自信',不谋而合,可谓知己自知,心心相印矣。"②

袁枚也会为其生平遭遇悲叹。《补遗》卷七第九条云:"程鱼门入翰林后,寄语云:'四十年才为后辈,交游若此古来稀。头衔入手诚清绝,书局羁身未易归。老景真如冬景淡,梅花又共雪花飞。输他居士山窗鹤,镇日从容立钓矶。'呜呼! 鱼门家本富商,交结文人,家资荡尽,直至晚年成进士,作部郎,四库馆议叙,才得翰林,分校春闱,可谓有志者事竟成。然而遽卒于秋帆中丞署中,可悲也!"③

这段文字折射出袁枚对真正的好友人品诗才的认可和对斯人已去的痛惜。

程晋芳于乾隆四十九年(1784)在陕西巡抚毕沅官署去世后,袁枚寄了一封信给毕沅,请毕沅筹金三千,安顿好程晋芳妻与子,袁枚自己则焚烧了程晋芳欠自己的五千金借条。自己不以功自居,却写了《毕尚书抚孤行》赞美毕沅。这在方浚师《随园先生年谱》中有记载:"程鱼门太史卒后,妻孥无以为养。先生为致书毕秋帆制军,慨然筹三千金,交桐城章淮树代主营运。太史旧欠先生五千金,先生焚其券,人称风谊。至是复作《毕尚书抚孤行》,推美于毕公,不自居功。"④

程晋芳去世后,袁枚常常睹物思人。

《随园诗话》卷十第七十四条:"记其未梓者:《书怀》云:'才难问生产,气不识金银。'《题阮吾山行卷》云:'无劳叹行役,行役是闲时。'《对

---

① 冒广生《批本随园诗话》(上册),商务印书馆 1934 年,第 10 页。
② 袁枚《随园诗话》,浙江古籍出版社 2016 年,第 187 页。
③ 袁枚《随园诗话》,浙江古籍出版社 2016 年,第 389 页。
④ 方浚师《随园先生年谱》,收录于《乾嘉名儒年谱》,北京图书馆出版社影印室辑。

雪》云：'闹市收声归阒寂，虚堂敛抱对寒清。'《乞假》云：'官书百卷从担去，病牒三行有印钤。'呜呼！此乾隆三十五年，假归寓随园，以近作见示，而余所抄存者也。不意竟成永诀！"①这是回忆过去时光，程晋芳假归寓居随园，以近作见示袁枚，袁枚会抄存。现在只能将这些抄存未梓的诗歌拿出来，睹诗思人了。这段话既见出二人的密切交往，也见出袁枚对鱼门诗歌的重视。尤其"而余所抄存者也。不意竟成永诀"之语，见出袁枚对鱼门去世的不舍。

袁枚一面哀伤人之离世，一面也会痛心其遗稿流失。《随园诗话》卷十第七十四条云："不料在广州，孙补山中丞招饮，告以鱼门殁于陕西毕抚军署中。彼此泣下，衔杯无欢。因思毕公一代宗工，必能收其遗稿；然鱼门所刻《蕺园集》，仅十分之三耳。"②鱼门殁后，发现其遗稿只刻有十分之三，颇为痛心。

袁枚与程晋芳的友谊之深厚毋庸置疑。也因为程晋芳与晚甘园主人程茂为同族兄弟且关系密切，所以袁枚也是河下名园、程茂晚甘园的座上客。

程茂（14世）为程必忠（11世）之后人，程茂祖父是程朝征（12世），父亲是程坤（13世）。程晋芳（14世）为程用昌（11世）之后人。程晋芳与程茂两人是同辈，关系特别好。两人经常一起参加宴集活动，一些晚甘园诗记录了他们频繁的交往。

程晋芳（1718—1784）后来家在北京。但经常回淮，并与同族兄弟晚甘园主人程茂相互往来。

《山阳河下园亭记》"晚甘园"条记载："澹亭太史《集》有《壬辰正月二十八日，吟晖叔招同人集晚甘园，分体得七古一首》"，诗歌中"阿大中郎叹逸尘"这句后，标有"原注：谓晴江、鱼门两叔"。

澹亭太史即程沆，程沆诗题中的"吟晖叔"即程茂③，原注中的"鱼门叔"即程晋芳。程沆比程茂、程晋芳晚一辈。程沆这首诗歌主要反映

---

① 袁枚《随园诗话》，浙江古籍出版社2016年，第187—188页。
② 袁枚《随园诗话》，浙江古籍出版社2016年，第187页。
③ 程茂是程朝征的孙辈。程沆是程朝聘的曾孙。

晚甘园中一次名人云集的盛况。而这次活动,由晚甘园主人程茂主持,程晋芳也参加了这次盛大的文人聚会。

实际上,程晋芳与程茂意气相投,程茂晚甘园中常有盛大文人聚会,而程晋芳则经常参加。如程晋芳有《仲夏同史梧冈、边苇间、周白民、邱浩亭、李情田、华半江、曹尚友、家兄莼江、侄澧亭、涡亭集晚甘园,次李情田原韵》一诗,诗题中的家兄莼江,即为程茂。

程晋芳在自己《勉行堂诗集》中多以"家莼江兄""家吟晖兄"相称程茂,足见兄弟情深。如诗歌《南园看梅呈家莼江兄》:"溪头上初日,楼阁但苍烟。此际林园里,孤梅破晓妍。"《春题晚甘园呈莼江兄》:"榆钱欲落杏花稀,春遍闲园绿乍围。竹院风微双鹤下,石房雨歇片云归。"

另外程晋芳还有些诗题如《乙亥夏至日,邀同情田、谷原、润园、墨巢、家吟晖兄晚甘园小集,分体得六绝四首》《立夏日同鉴堂、半江、家兄莼江、弟述先坐晚甘园藤花下送春作诗》《题莼江兄晚甘园〈风雨晦明图〉》等,皆为程晋芳在程茂晚甘园参加一些诗歌活动后所题写。

还有一些诗歌,虽没有明确揭示出具体的活动内容,但能看出晚甘园是程晋芳自由来去的场所。

程晋芳有《题晚甘园二首》其一云:"编茆松桂里,萧寂面城居。急雨闻催棹,凉烟看打鱼。草香人去后,林澹月来初。心事随鸥鹭,无烦献《子虚》。"其二云"早梅忆初白,忽复仰新槐。箨嫩侵吟屦,花繁入酒杯。堤边空翠合,水际夕烟开。树色蒙蒙暗,钟声何处来?"(出自《勉行堂诗集》)

《盛夏过晚甘园值凌霄花盛开戏作长歌》云:"火云硙兀生天根,绡帷冰簟如炙燔。萧然一碧浸林屋,避暑仆仆寻邱樊。老渔独纵水边棹,高鸟去投烟际村。飙飗凉飔拂广坐,有似酷吏除烦冤。凭栏寂眺万木静,陵苕簌簌当窗繁。天空海波千顷绿,红轮忽涌扶桑暾。清芬绕树恣葳郁,细干耸日思胜骞。炎官特乞真面目,霞裳赪佩珠冠裈。初疑虬龙互盘踞,紫烟赤雾相吐吞。又疑绛冠步仙子,芙蓉旗盖交飞翻。曾闻三花绕禅树,独傍初祖临庵门。何年种植向深圃,紫薇几本同朝昏。蔓柔屈曲有伸理,修枝茂荫烦攀援。何如西京郑公树,特立四丈当幽园。亭亭袅袅蠹宵汉，下视凡麓皆儿孙。哓哓对花被花恼，坐待夕月生东屯。"

因为程晋芳常与晚甘园主人程茂往来。所以袁枚也经常出入晚甘园，留下相关诗歌。

《小仓山房诗集》收有袁枚诗《到淮游程莼江晚甘园作》："淮水能招隐，江风送我来。故人今夕会，丛桂小山开。"诗题明确标示是在淮安游览了程茂晚甘园之后所写的一首诗，诗歌中则表达了渡淮水而来，有江风相送，故友重逢的喜悦心情。

袁枚《到淮宿程氏晚甘园》云："破船打浪沉河北，短帽寻山上露台。秦岭路长魂乍定，篱笆门小手亲开。月华照地秋不见，霜叶满天雁尚来。刺有四年前句在，雨昏红壁蚀莓苔。"这首诗歌的诗题和诗歌内容都与前一首相近，也反映出虽时间推移，但晚甘园所唤起的诗人感受与情感是不变的。

最关键的是袁枚有一句对联，与程茂晚甘园有点联系。袁枚《随园诗话补遗》卷四第二十一则云："程莼江晚甘园，屋甚少，而春间游女甚多。主人请余作对联，余提笔云：'好花美女有来时，明月清风没逃处。'主人喜其贴切。"①

但是《淮安河下志》《山阳河下园亭记》把袁枚对联"好花美女有来时，明月清风没逃处。"记录为荻庄题额。可能是由于《淮壖小记》如此记录所致。

乾隆二十七年（1762），程茂卒，时年六十九，晚甘园也从此衰落。

第二节　赵翼与程沨在荻庄

赵翼是清中期著名的史学家、诗人、文学家。程沨父亲程鉴，是河下著名园亭荻庄的主人，程沨告归后，"于此宴集江南、北名流，拈题刻灯，一时称胜"。赵翼也是程沨的座上宾，与程沨有不少诗歌往来。

赵翼（1727—1814），字云崧，号瓯北，江苏常州人。乾隆十五年

① 袁枚《随园诗话》，浙江古籍出版社 2016 年，第 347 页。

(1750)中举人,乾隆二十六年(1761)中进士,授翰林院编修。官至贵州贵西兵备道,辞官后任安定书院主讲。57岁后定居常州宅,嘉庆十九年(1814)逝世。

赵翼是著名的史学家,所著《廿二史札记》,与王鸣盛的《十七史商榷》、钱大昕的《二十二史考异》,并称为"清代三大史学名著"。赵翼也是著名的诗人,与袁枚、蒋士铨并称为"乾隆三大家"。著述有《瓯北集》《瓯北诗话》《陔余丛考》《檐曝杂记》等。

赵翼与淮安有着不解之缘,特别是他在荻庄留下的题词"是村仍近郭,有水可无山",成为赵翼与淮安联系的见证。

从乾隆十四年(1749)23岁到77岁,赵翼来淮安十多次,写有不少关于淮安的诗歌。乾隆十四年(1749),二十三岁的赵翼,北上经过淮安,创作了《淮阴钓台》诗二首。1772年,因为赵翼曾在广州处理错误的一个陈年案子遭到朝廷追责,故回家乡五年,期间赵翼来过淮安,创作《淮游》诗歌六首。

1780年,乾隆皇帝第五次南巡时,赵翼来到淮安,参加迎銮,也受到漕运总督鄂宝[①]的招待,写了《漕帅鄂公延主淮阳讲席赋呈》。就是在这次,赵翼去到荻庄,见到了程沆。

程沆(1716—1787),字瀣亭,号晴岚,安东籍,世居山阳。乾隆二十八年(1763)癸未科进士,著有《瀣亭诗钞》《石莲堂文集》等。程沆亦曾官翰林院庶吉士,赵翼、程沆二人曾同时在翰林院为官。程沆的祖父是程堦(字泰六),父亲是程鉴(号镜斋),河下著名的园亭荻庄是程鉴的别业。程沆告归后,"于此宴集江南、北名流,拈题刻灯,一时称胜"。

赵翼也曾受邀在荻庄逗留,荻庄美景,让赵翼耳目一新。赵翼乘兴创作了《程晴岚太史招饮荻庄即事》四首。"小筑堪寻胜,湖干第几湾。是村仍近郭,有水可无山。疏密花千树,四环屋四间。主人头半白,养静作禅关。""墙垣全不设,但以竹为篱。枣熟邻应扑,花开客共知。王猷堪竞入,董相也频窥。独乐名殊隘,输君景不私。""胜地闲时日,难兼

① 鄂宝,满洲旗人,历官广西巡抚、山西巡抚、湖南巡抚、漕运总督等。

抵寸金。园真依绿水,人已脱华簪。鸥是忘机侣,花含解语心,看君知足处,直欲老亭林。""客里无交旧,欣君此结庐。软红谈往迹,嫩绿荫幽居。旧雨为今雨,前鱼接后鱼。只愁来往数,多废尔盘蔬。"

第一首诗中盛赞了荻庄的风情,尤其是荻庄的田野之趣和水的灵秀;也盛赞了主人的情趣,修身养性,论道悟禅。尤其"是村仍近郭,有水可无山"这一联成为荻庄的活招牌。

赵翼后来因为要见阿思哈①,数次到淮安,多在荻庄落脚。赵翼写过《和晴岚赠别原韵》《归舟过淮晤程晴岚留别》等诗。《归舟过淮晤程晴岚留别》云:"赴官休问野鸥亭,归路相寻此暂停。兴尽回舟偏访友,功深闭户正穷经。故人见面多垂白,名士成书未杀青。临别更烦坚后约,秋风并舫舶西泠。"在依依惜别之时还不忘约好等秋天到时同去西湖游玩。

1785年,赵翼赴漕督阿思哈之会之余,来到荻庄,正好是程沨七十岁生日,赵翼作有《过淮晤程晴岚,值其七十寿,赋诗称祝,次章兼订平山堂之游》诗:"纯德高文望久崇,耆英如对画图中。廿年馆阁称前辈,十亩园林作退翁。天上莲花红烛矩,淮南桂树小山丛。行藏回首超然处,此福人间几个同。""倦游哪拟到淮滨,意外重逢似宿因。千里来当黄叶侯,五年前已白头人。鸡林购少新诗句,②鸿爪痕犹旧壁尘。③老去益思多见面,期君同醉蜀冈春。"

就在这次,赵翼还误打误撞到程易寓园,得以认识曾任过候补两浙盐运使的程易。

1786年端午节,赵翼受漕督阿思哈之邀至淮安,再会老友程沨后又写了《再晤晴岚》诗:"岂意重过漂母亭,扁舟暂为故人停。一年再见逾头白,千载相期有汗青。共作人间长乐老,敢关天上少征星。恰逢佳节来相访,省尔匆忙治食经。""履迹曾同馆阁班,性情颇亦共疏玩。清

---

① 阿思哈,满洲旗人。历任内阁中书、江西巡抚、漕运总督等职。写有《大学士云岩阿公平金川后治河豫省事毕,趋赴行在,道经淮城,相见话旧,敬呈三律》。

② 有小注:"先札西岩,觅余续刻。"

③ 有小注:"旧赠君诗,尚在屋壁。"

谈无用空扪虱,野性难驯早放鹇。诗酒老余无事福,林泉生享太平间。巢由不是陶唐世,那得从容箕颖间。"

这天,赵翼和程沆一同应邀与漕帅毓奇①、两淮盐政全德②共度佳节。赵翼有《是日竹溪漕帅招同惕庄、晴岚置酒过节,高宴竟夕,赋诗志雅》曰:"折简欣叨雅谊亲,蒲觞泛座酒千巡。恰逢笙管娱佳节,谁肯云霄念故人。战垒重谈滇骠信③,戏场正演楚灵均④。欲知留客情深处,宴罢归来已向晨。"

很快,赵翼又到淮安,程沆在荻庄置酒留饮,赵翼作《再过淮上,晴岚留饮荻庄即事》诗曰:"潦后重来访荻庄,西风踏叶遍篱墙。行厨酒屡斟重碧,留壁诗犹挂硬黄。家幸未沉河伯妇,人傅已作水仙王。⑤衰年何意频相见,把臂宁辞放老狂。"写的是经历水灾后重访荻庄。此前有程沆及家人溺水传言,所幸传言不实,大家为有惊无险而庆幸,而频繁斟酒,而聊发狂态。朋友之间的深切关心溢于言外。

赵翼还写过《连日饮晴岚家赋赠》:"良晤连旬日,深叨地主贤。家多佳子弟,身是老神仙。杯续过墙酒,诗成涌地泉。晚香风味好,正在菊花天。"

赵翼六十岁时,程沆有诗贺之,赵翼便以《晴岚以余年六十枉诗称祝,次韵奉答》谢之:"交谊真叨白首新,好诗矜宠到鲈莼。十年以长公稀古⑥,一事无成我负春。来日固难多去日,后人将又视今人。文章功业俱安托,虚忝儒冠七尺身。""冷淡生涯觅句新,久将闲迹寄湖莼。小眠蚕已桑将老,大蔽牛渐栎也春。年命鲁阳挥后日,功名邓禹笑中人。只应凭托升平世,稳作林间冗长身。"

1803年,赵翼77岁,再到荻庄,程沆已经离世,程沆之子亦亡,程氏后人迥非此前。赵翼《到扬州值松坪子次生,新抱西河之痛,至淮安

---

① 毓奇,字锺山,号竹溪,满洲旗人,历任巡漕御史、内阁学士、兵部尚书等职。
② 全德,满洲旗人,号惕庄,历任苏州织造、两淮盐政等职。
③ 有小注:"旧从公同在滇南戎幕。"
④ 有小注:"是日演原龙舟故事。"
⑤ 有原注曰:"江右大水,多讹传之信。"
⑥ 有原注曰:"君年七十一。"

问晴岚子荫堂久下世矣,感赋》云:"题襟好友已松楸,那更风摧玉树秋。哭到故人三两世,感深倦客一孤舟。当年曾羡驹千里,今日俱归貉一丘。早识此行多引泪,悔携幞被出门游。"之后,赵翼就没有再来淮安了。①

赵翼《瓯北集》较为集中地记载了他和淮安的关系,赵翼第一次到淮安是 23 岁,最后一次是 77 岁,其间赵翼来过淮安十余次,留下不少书写淮安的诗歌。特别是"是村仍近郭,有水可无山",是赵翼和淮安关系的美好见证。

第三节 杜浚与河下园亭主人的交往

杜浚(1611—1687),字于皇,号茶村,又号西止,湖北黄冈人。少为副贡生。明亡后,避居金陵的鸡鸣山。晚年,甘于贫穷,死后幸得人助,得以葬至钟山之梅花村。杜浚以杜甫为诗歌学习对象,常常在诗歌中寄寓兴亡感慨,亦具抑扬顿挫之风格特色。杜浚擅长五律,喜写山水登临及朋友相酬之诗。著有《变雅堂集》等。惜无资付印,其著述多散佚。所刻《变雅堂诗集》十卷和《变雅堂文集》八卷,为其全部著书的三分之一。《清史稿》有其小传。

杜浚在淮多年,与望社诗人往来较密,这里特别谈一谈杜浚与一草庵主人倪之煌、听山堂主人马骏,以及阎修龄、阎若璩父子等人的交往。

一、杜浚与一草亭主人倪之煌

《山阳河下园亭记》"一草亭"条记载:"山左倪天章先生寓居,在湖嘴。"倪天章名倪之煌,杜浚和倪之煌是朋友,两人交往过程中,最值得一提的是杜浚为倪之煌所居写过《一草庵记》。此文载于杜浚《变雅堂文集》卷七。《山阳诗征》于"倪之煌"条下录《柘塘脞录》言曰:"黄冈杜于皇《一草庵记》:吾友倪子天章,忽薙发为浮图,一日语余曰:'吾既已

---

① 本节内容参考了程治国《赵翼与淮安》,《淮安文史》2011.1.16。

僧矣,偃然而庐吾庐,非是也。吾向者之一草亭,今欲改以为庵,奉西竺,名一草庵可矣。'"①这段话讲述的是,曾经有一天倪之煌对杜浚说,他有个一草亭,因为自己成为僧人了,所以就想将自己所居之一草亭改名为一草庵。这才有了杜浚的《一草庵记》。显然,杜茶村与倪天章私交甚好。丁晏在录《柘塘脞录》语后又按曰:"一草亭在淮安郡城西门内。而倪子,山东人也,侨居构此亭于其室之左偏。茶村与天章同时友善,所言必得其实。"②

按照杜浚的叙述,一草亭"亭三楹,南向,上不瓦而茅,是之谓一草。前列花石,后植梧竹。窗牖四辟,庭户光洁。晴明不燥,阴雨不暗。诗书饮酒,无所不宜。"(杜浚《一草庵记》)也即一草亭虽然无瓦,但也特色鲜明,前后花草茂盛,庭户环境适合居住,关键是这里是诗书饮酒的好去处。

杜浚《八月八日,同天章饮虞山张子斋中,归经一草亭夜谈》云:"步出蓬蒿径,还过一草亭。僧扉知不远,客屐恰须停。夜雨传杯静,秋灯说鬼青。征鸿太嘹呖,幸得醉中听。"从诗题看,是望社一批人的活动,某天杜浚与倪之煌一同去张虞山家。但是聚会结束后,杜浚与倪之煌又一同回到一草亭夜谈。可见杜浚与倪之煌不只是一般朋友,而是亲如兄弟。

倪之煌的一草亭延揽友朋,诗酒交往很频繁,杜浚常参与其中。

二、杜浚与听山堂主人马骏

杜浚和马骏交往过程中,最值得一提的是杜浚有《题听山堂》一律,并且二人有《二西合稿》。

《山阳河下园亭记》"听山堂"条云:"马西樵先生隐居处,在东溪滨。"《山阳诗征》引吴挹堂(吴进)语云:"先生,……结庐湖上,蒹葭秋水,映射书帙,日与同社及四方名士赋诗饮酒其中。"③"蒹葭秋水,映射

---

①②　丁晏原辑、王锡祺重编、周桂峰点校《山阳诗征》卷十一,陕西人民出版社 2009 年,第 388 页。

③　丁晏原辑、王锡祺重编、周桂峰点校《山阳诗征》卷十四,陕西人民出版社 2009 年,第492 页。

书帙"勾勒出听山堂自然与人文兼具的美好环境与氛围,四方名士在此有赋诗饮酒的风雅活动。

杜浚对马骏听山堂的描摹更是抓住了特点。《山阳诗征》引吴揖堂(吴进)语云:"杜茶村先生《题听山堂》一律,前有引云:'西樵山人移居河畔,而余适至,嘱题堂额,余应以听山,郦生语也。此地有清流古木,云峰苍然,足以当之矣。'诗曰:'西樵开一径,曲折少人知。河上篇逾妙,篱中趣颇奇。空山多异响,乔木韵清飔。想见斋头客,悠然听未疲。'"①

也即根据吴揖堂的记录,杜浚在《题听山堂》一律小引中,特意提及自己为马骏所居题额"听山"是应马骏所邀,而能为其新屋题堂额名,这种关系自不必多说。且杜浚所以题"听山"二字,一是因为字有出处,即出自郦食其所言;二是因为"听山"二字特别能反映马骏所居之处"清流古木,云峰苍然"的特征,也即杜浚眼中的听山堂是有其独特的特征的。

而在《题听山堂》诗歌中,杜浚首先写出了居所的特点:曲折幽深,少人知晓。在这里,可以极目河水,领略河中丰富景色,也可以静中读书,探求诗中奇异世界。关键适合听山,因为有空山发出异响,有乔木发出清韵。甚至诗人最后故意设问,想必在这里读书写作,怎么听山都不会厌倦吧。

淮安少山,在这里居然有一处,可以听山,也是听山堂的独一无二之处了。

杜浚除了为马骏听山堂题额,写《题听山堂》小引和小诗,二人友谊最令人感叹之处,还在于二人有合著。《山阳诗征》马骏条下,录吴揖堂(吴进)语云:"(马骏)所著《听山堂集》,方坦庵、杜茶村序。先生与茶村合刻五律五十余首,亦坦庵序。人称为《二西合稿》,以先生西樵,茶村一号西之也。"②

---

①② 丁晏原辑、王锡祺重编、周桂峰点校《山阳诗征》卷十四,陕西人民出版社 2009 年,第 492 页。

说的是马骏著《听山堂集》，杜浚作的序。马骏与杜浚合刻的五十余首五律，被人称为《二西合稿》，因为马骏的号"西樵"中有一"西"字，杜茶村有个号叫"西之"，其中也有一"西"字。

三、杜浚与阎修龄、阎若璩父子

《山阳诗征》在录阎修龄诗后引《柘塘脞录》语曰："先生沧桑后隐居白马湖，与同里茶坡、虞山诸人结望社相唱和，风雅之士一时翕集，如黄冈杜茶村、太原傅青主、南昌王于一、宁都魏冰叔、临清倪天章、徐州万年少、阎古古皆下榻相待，飞觞拈韵，为南北词流所宗，不减玉山雅集之盛，于世味泊如也。"[①]这里提及望社一批客籍诗人，黄冈杜茶村是其中之一。

阎修龄隐居白马湖，与同里靳应升（茶坡）、张养重（虞山）诸人结望社的时候，黄冈杜茶村也是参与其中。

阎修龄的《走别张文寺杜于皇苍略因登鸡鸣山》，就留下了与杜浚交往的痕迹。

淮安望社核心成员的诗歌也记载了阎修龄与杜浚的往来。如《山阳诗征》卷十二收录了靳应升的《雨后阎再彭招同杜于皇泛舟》："陂塘新雨足，乍觉泛舟轻。柳蔽前村寺，莺啼背水城。何人嗟旅次，杯酒话生平。身世皆浮梗，相怜落日情。"从诗题可见，是阎修龄招集朋友雨后泛舟，杜浚、靳应升等人参与了这次活动。

杜浚是阎修龄的朋友，也是阎修龄之子阎若璩的忘年交朋友。

《山阳河下园亭记》"眷西堂"条云："征君一代名儒，撰述极富，……一时名士如李太虚、方尔止、王于一、杜于皇、皆折辈行与交。"征君即阎若璩，这一段中涉及的一批人多为其父亲阎修龄的朋友，同时也就成了阎若璩的朋友，杜浚就是其中之一。

---

① 丁晏原辑、王锡祺重编、周桂峰点校《山阳诗征》卷十，陕西人民出版社 2009 年，第342 页。

第四节　赵执信与阎若渠父子、刘愈父子

赵执信(1662—1744),字伸符,号秋谷,山东省淄博市人。清代诗人、诗论家。康熙十八年(1679)18 岁中进士,康熙十九年(1680)19 岁选翰林院庶吉士。深受朱彝尊、陈维崧、毛奇龄欣赏,结为忘年之交。诗坛领袖王士禛与之唱酬。后赵执信成为了王士禛甥婿,王士禛有《题赵伸符写真》诗:"松花谡谡吹玉缸,挥毫三峡流春江。未论文雅世无辈,风貌阮何谁一双。"康熙二十八年(1689)28 岁,赵执信罢官归里,之后终身不仕,徜徉山水之间。赵执信诗主现实,反对无病呻吟,其反映民生疾苦之作,也起到了丰富清初诗坛色彩的作用。

赵执信与阎若璩父子过从甚密,康熙二十三年(1684)秋,23 岁的赵执信任山西乡试正考官,他的朋友阎若璩的长子阎咏被赵执信所取,中这年山西乡试第七名举人。

康熙三十年(1691),赵执信 30 岁,阎咏从家乡山阳县北上,参加礼部试,回家前,赵执信作《送阎复申归山阳序》。

赵执信自己南下北上途经淮安时,往往会留宿阎若渠家,与之论诗。赵执信曾回忆道:"执信早识先生都下,后过淮,屡主先生家,引与谈议,许为忘年交。信之学,视先生,盖溪沼之于江河也,而先生顾盛称其诗文,自以为不及。"①康熙三十六年(1697)36 岁,赵执信北上经过淮安,下榻友人阎若璩家,有《归次淮安值端午观龙舟呈阎百诗》。阎若璩先生去世后,赵执信写有《阎先生若璩墓志铭》。

赵执信与怡园主人刘愈父子也是过从甚密。刘愈,字文起,河下人,以进士官工部主事,后任山东学政。《山阳河下园亭记》"怡园"条:"刘退庵工部所筑,在莱桥。工部名愈,字文起。……工部子紫涵萃科永祯,为阎百诗征君若渠婿,日侍父叔,养疴家园。晚年在河西石桥稍筑别业,为习静地。赵秋谷赠诗紫涵:'若教闲里功夫到,始识谈中滋味

---

① 　张穆《阎若璩年谱》,中华书局 1994 年,第 149 页。

长。'赵秋谷过淮时,有赠诗刘愈工部联云:'渔阳①老将多迥席,鲁国②诸生半在门。'工部与桐城方苞友善,喜为古文。……其子紫涵刻意为诗,笃行穷经,不为俗学。"

工部刘愈之子刘紫涵,是阎若渠的女婿,赵执信曾赠诗给刘紫涵:"若教闲里功夫到,始识谈中滋味长。"既是勉励,也是忘年之交之情谊。赵执信也曾赠诗给刘愈。给刘愈的诗上句意思是刘愈壮勇,令家乡老将都避席相让;下句意思是本地秀才,一半为他所选,是他的门生。欣赏之意溢于句外。

综上,赵执信与阎若渠父子、刘愈父子皆是好友关系。

在淮安的园林中还有过更多的外省籍名人身影,上面为择要述之。

---

① 渔阳:古燕地,即今蓟县,其地多将才。
② 鲁国:此指山东省。

第十五章　河下园亭之衰

丁晏序《山阳河下园亭记》云:"及门李生新樵,持所撰《山阳河下园亭记》就正于余。余览《记》中荻庄、柳衣园,余少时曾往游焉。忆嘉庆戊寅夏,余暨高紫峰同年,邀朋侪十余人,泛棹萧湖。时龙舟竞渡,纵游园池,旗亭酣饮,月出方归,甚乐事也。屈指今无一存者,独余与紫峰健在耳。道光甲申,纲盐改票,鹾商失业,售拆此园,划为平地。此《记》所云高台曲池,沦为乌有,不啻雍门之涕矣。迨咸丰庚申春,逆捻东窜,清、桃相继失陷,伤亡者不可胜计,园亭又无论已。新樵宦游武林,亦遇劫火。今甫归来,故庐老屋,以陋敝幸存,余堵门遁迹,新樵亦可息居,茅茨筚户,差足自娱,又何必园亭哉。"

丁晏在序中谈到了,淮安园亭所遭遇的二劫,一是道光甲申,纲盐改票,导致鹾商失业,萧湖荻庄、柳衣园等园亭遭到售拆,划为平地。二是,咸丰庚申春,逆捻东窜,园亭遭遇劫火。

李元庚自序《山阳河下园亭记》云:"至乾隆间,河下称极盛焉。嗣遭甲午之水,再值盐法改革,华堂大厦,荡然无存,……越二岁,河下又遭西捻之变,焚掠房屋,十存二三,又非复向河下矣。"

在这个自序中,李元庚谈到了是由于甲午之水、盐法改革、西捻之变三个原因,使得河下由极盛至衰落。下面就从这三个方面分而述之。

第一节　园亭之衰原因之一:甲午之水

阅览淮安地方志,会发现,淮安历史上经常受黄、淮水溢困扰。

有关明代大水,《光绪淮安府志》相关记载择要如:

明景泰"三年,两淮大水,河决。"①

明嘉靖"三十四年,淮水溢。"②

明隆庆"三年,淮水溢,自清河县至淮安城西淤三十里。"③

明隆庆四年条下,《光绪淮安府志》引《山阳志遗》所载邑人胡效谟的《淮安大水记》略云:"淮安自嘉靖庚戌以来,比年大水,至隆庆己巳岁最为大。其年六月,山东诸泉及凤、泗水大发,合河与淮,水高丈五六尺,由通济闸建瓴入。因而河、淮不归于海,山、安入海故道缩为一线,海口将闭,高堰遂坏。故西桥、通津桥数处水亦涌起,高于街四五尺,悬注以入。凡所经河渠,中心皆淤为洲,所过街市,房廊两旁堆沙三四尺,晚开晚塞。……后六月七日甲子,立秋,大风雨不止,惊浪动天,覆舟倾屋,人畜流尸相枕,自山、桃、清、安、沭、邳、海、赣、宿、睢,旁及泗、虹,幅员千里,所没田地七万余顷,湖荡不与焉。时淮安两城水关皆闭,城内坚筑土坝,外水固不得入,城中雨水积已五尺余。城外水高于城内屋脊。夜静,水声汹汹在梁栋间。八月十八日,大震电一夜,城中水深七尺,烟火尽绝。……按:己巳、庚午、正隆庆三、四年事,今并录之。"④所记颇详。

关于清代大水记事,《光绪淮安府志》相关记载择要如:

康熙"三十三年,淮、黄皆溢,田禾淹没。"⑤

乾隆"七年五月,大雨伤麦,六、七月,复大雨,河、淮涨溢,淮决高堰古沟,人畜漂溺无算。"⑥

不过,在淮安发生的很多次大水中,乾隆三十九年(1774)甲午之

① 孙云锦修、吴昆田、高延第纂、荀德林等点校《光绪淮安志》,方志出版社2010年,第1227页。

② 孙云锦修、吴昆田、高延第纂、荀德林等点校《光绪淮安志》,方志出版社2010年,第1229页。

③④ 孙云锦修、吴昆田、高延第纂、荀德林等点校《光绪淮安府志》,方志出版社2010年,第1231页。

⑤ 孙云锦修、吴昆田、高延第纂、荀德林等点校《光绪淮安府志》,方志出版社2010年,第1243页。

⑥ 孙云锦修、吴昆田、高延第纂、荀德林等点校《光绪淮安府志》,方志出版社2010年,第1244页。

水,不仅史料记载周详,而且有不少诗歌对之进行书写和表达,《山阳河下园亭记》也不止一次直接点明,它是园亭之废的一个重要原因。

《光绪淮安府志》卷四十"杂记二"录:"(乾隆)三十九年,河决老坝口,水灌三城。时漕督嘉谟北上,夫人发银三百两,命中军官邑人戴雨篁闭水关,数日而定,然城内水已深数尺。"①

《清史稿》记载黄河:"乾隆三十九(1774)年八月,决南河老坝口、大溜,由山子湖下注马家荡、射阳湖入海,板闸、淮安俱被淹没,寻塞。"②

这些史料反映的事实是,清乾隆三十九年(1774)八月,阴雨连绵,河水大涨。十九日,河决老坝,河水顺古淮河道南下,响声如雷,直冲淮安三城。河下、新城尽成泽国,城中水深数尺。直到九月八日,郭大昌受聘堵老坝决口,用了二十天时间才使得决口合龙。

这次大水在诗歌中有所表达。《续纂淮关统志》卷十四"艺文"记载伊龄阿(清满洲人)的诗歌,诗题是《甲午③秋八月十九日,老坝口黄水漫溢,板闸被淹,榷署水深丈余,猝不及防,家人妇子仓惶奔避。闾阎老弱,道路彷徨,情形甚为凄恻。念库贮所在,当以身徇,结筏以守,于风雨巨浪中草章入告。越旬日,水退,而署没于淤泥中八九尺矣。署后有山子湖,周围四十余里,水退悉成陆地。爰鸠工庀材,因高筑堵,数月始还旧规,聊志以诗》④,该诗题以纪实的方式非常真实地反映了乾隆三十九年老坝口决口,板闸被淹,山子湖周围四十余里淤为平地的状况。该诗题下有诗歌六首,此处略之。

除上述这篇诗题诗歌,《续纂淮关统志》卷十四"艺文"又录有伊龄阿《板闸被水歌》一首:"黄河东走扼清吭,处处长堤固平壤。一宵风雨怒鸣号,汛滥高于堤十丈。时当甲午秋八月,老坝口传水潺潺。朝来雨急风转颠,汩汩银涛声震荡。河伯翱翔策马来,阳侯骄舞盘涡上。山子

---

① 孙云锦修、吴昆田、高延第纂、荀德林等点校《光绪淮安府志》,方志出版社2010年,第1245页。

② 《清史稿》卷一百二十六"河渠一",中华书局1997年,第996页。

③ 清乾隆三十九年(1774)。

④ 马璘修,杜琳等重修、李如枚等续修、荀德麟等点校《续修淮关统志·淮关小志》,方志出版社2006年,第432页。

湖周四十里,灌之顷刻满盆盎。摧坚破厚如枯朽,剩壁颓垣犹倔强。板闸万烟乱飞蓬,榷署高楼平如掌。天心降灾欲何之,况是多金储国帑。挥手从人各奔避,余命死职非为枉。结伐甘与波沉浮,孑然宛在水决泱。库藏四十余万缗,坚持旬日得依仗。环顾群黎最可怜,呼号仓猝莫知往。寻爷觅子乱窜逐,手携白发背负襁。或起升屋熊鸱蹲,或见缘木猿猱象。抱柱岂真待符女,济川哪得棹兰桨?不及接淅虚烟炊,空有终宵勤绩纺。吁嗟生理付鱼鳖,何处随狙拾栗橡。河下惊闻鼠窃多,山左又传潢池党。圣朝功令明且严,尔辈何敢触文纲!业经流离甚颠沛,哪堪仓惶复扰攘。水中草奏不及筹,初达民情未明朗。清问频颁天语来,发赈宽租帝德广。此时补苴赖相臣,飞骑巡行切痛痒。老幼计口沾升斗,还集安定全熙穰。月余始得龙口合,喜看波平愁淤长。明湖千顷成陆地,大厦积土深肮脏。家人相见道余生,只庆生全莫怏怏。荡然所有非一人,千门万户愁殊曩。但幸民生无失业,小臣家倾何足想!"①

伊龄阿的《板闸被水歌》描述了乾隆三十九年(1774)黄水南泛之事。"时当甲午秋八月,老坝口传水漭漭",直接点明时间是甲午秋八月,事情是老坝口决口。"山子湖周四十里,灌之顷刻满盆盎。"写出了山子湖周围四十里遭水灌之顷刻如满盆的情状。"环顾群黎最可怜,呼号仓猝莫知往。寻爷觅子乱窜逐,手携白发背负襁。"等诗句,是以板闸为例,描摹了遭遇洪水之际,黎民百姓的惨状。"河下惊闻鼠窃多,山左又传潢池党。"等诗句,是以河下为例,写出洪水降临之时,还有其他的灾难并行。总之,这场灾难最终导致"明湖千顷成陆地,大厦积土深肮脏。家人相见道余生,只庆生全莫怏怏。"可以想见河下遭受的灾难。

在《山阳河下园亭记》中,也有多处直接点明,甲午之水是河下园亭之废的一个重要原因。

如李元庚《山阳河下园亭记》"自序"即云:"至乾隆间,河下称极盛焉。嗣遭甲午之水,再值盐法改革,华堂大厦,荡然无存。"此外,《山阳

---

① 马璘修,杜琳等重修、李如枚等续修、荀德麟等点校《续修淮关统志·淮关小志》,方志出版社 2006 年,第 434—435 页。

河下园亭记》"依绿园"条记录，张鞠存吏部、毅文检讨乔梓别业依绿园，"在萧湖中。……吏部大会海内外名宿于此。……后为程眷谷先生（埈）易名柳衣园。……当时爽林孝廉（垲），风衣明经（嗣立），聚大江南北耆宿之士会文其中。……相传白云教授史梧冈先生（震林），假馆云起阁，一夕，见对岸火光烛天，中有一龙腾空直上。次日告程氏诸昆季曰：'河下龙气走矣，不久必衰！'时乾隆三十八年也。次年秋，河决老坝口，河下成泽国，元气由此而伤。此陈潜天丈，闻之程资厚学博（绛夫）者。今园址鞠为茂草矣。"

所谓"次年秋，河决老坝口，河下成泽国，元气由此而伤。"意思是，本来依绿园是个园林极盛、名士汇集之地，但是由于乾隆三十九年秋，老坝口决口，河下被淹，依绿园也是从这时开始元气大伤、盛极向衰。

《山阳河下园亭记》"依绿园"条下涉及的程嗣立兄弟因在曲江楼主持诗坛，名重海内。另据《山阳河下园亭记》"菰蒲曲"条记载，程嗣立还有自己的别业菰蒲曲，在伏龙洞。编者李元庚在"菰蒲曲"条下有按曰："园中有来鹤轩、晚翠山房、林芳山馆、籍慎堂，俱在菰蒲曲。"显然，菰蒲曲也是颇具规模。虽然"菰蒲曲"条下并没有说明其因何衰落，但《山阳诗征》则对菰蒲曲的衰落有所揭示。

《山阳诗征》于程嗣立[①]条后录吴揖堂语云："先生性英敏，读书一过，即通知大义。工行草书，善画。诗文苍深疏厚，气味醇古。孝母，母卒，哀毁骨立。既葬，结卢墓侧，种花树，构亭屋，名菰蒲曲。四方名流过者无虚日。桐城方南堂与先生友善，遂缔婚姻，久下榻于此。晚年家道落，客过强为应酬，日益贫。园林萧条荒废，客卒无过者。甲午黄水后，林屋荡然一空。得其行草书者至今珍藏之。"[②]

所谓"四方名流过者无虚日"，说的菰蒲曲在鼎盛时期，日日觞咏、名士汇聚的情况，此非虚言。《山阳诗征》程嗣立条下录《柘塘脞录》云："水南先生风流俊望，倾倒一时，交游满天下。凡文人逸士道出

---

① 程嗣立，字风衣，号水南。乾隆中廪贡生。安东人，世居山阳。著有《水南集》。

② 丁晏原辑、王锡祺重编、周桂峰点校《山阳诗征》卷十八，陕西人民出版社2009年，第663页。

淮阴者,必下榻斋中,流连觞咏,历旬月不少倦。晚年家道遂落,而好客益甚。"①

《山阳诗征》卷十八所录程嗣立诗歌《答友》前有小序为:"邗江韩仙李、白门周子坪、天门唐石士,风雅才也。乾隆癸亥冬月,游菰蒲曲,归各赋诗以贻。"皆可证之。

但最终,正如《山阳诗征》程嗣立条下所引吴揖堂之言:"晚年家道落,客过强为应酬,日益贫。……甲午黄水后,林屋荡然一空。"这个有很多名士下榻流连觞咏的美好园亭,一方面,是因为晚年家道中落,另一方面,就是因为甲午黄水,导致林屋荡然一空。

《山阳河下园亭记》除了记载甲午大水,给河下园亭带来灾难,还记载有前后其他大水,给河下园亭带来的灾难。

比如康熙十五年(1676)夏,黄水决烟墩口,招隐亭因此倾圮。

《山阳河下园亭记》"招隐亭"条记载道:"在湖嘴运河西岸。亭前烟波浩渺,杨柳芙蕖,为一时胜境。后渐颓。国朝顺治初,邑人张鞠存吏部张新标加修葺,与同郡胡天放从中、程潍东诸老,赋诗纪胜。今复圮。"这一段记载了招隐亭曾经因颓败而得到张鞠存吏部张新标加修葺,但没有说明颓败原因。但《山阳诗征》吴承恩条下则对招隐亭颓败原因作了揭示。《山阳诗征》于吴承恩诗歌《邵郡公邀同郭山人饮招隐庵》之下录吴山夫语云:"招隐亭在西湖嘴对岸,……后改为庵,庵前有清池茂树,与西湖相通,烟波浩渺,渔舟近远,亦一胜境也。自西湖变为陆地,亭亦日就倾圮。本朝顺治中,张吏部鞠存先生归田后,复加修葺,……西湖自康熙十五年(1676)烟墩堤倒,淤一丈八尺深,始为平陆。张吏部修葺时,尚未淤也。"②

明确指出,清代顺治年间,张吏部修葺时,西湖尚未淤也,招隐亭仍然存在。真正颓败是因为,"西湖(1676)自康熙十五年烟墩堤倒,淤一

---

① 丁晏原辑、王锡祺重编、周桂峰点校《山阳诗征》卷十八,陕西人民出版社 2009 年,第663—664 页。

② 丁晏原辑、王锡祺重编、周桂峰点校《山阳诗征》卷七,陕西人民出版社 2009 年,第222 页。

丈八尺深,始为平陆。"之前招隐亭因为各种原因倾颓过,也修复过。但这一年西湖整个因大水和泥淤,成为平陆,自然招隐亭也就不能幸免于难,故《山阳河下园亭记》"招隐亭"最后的一句是"今复圮"。

除了以上所述园亭,《山阳河下园亭记补编》记载的"青棠书屋"也是毁于水患。

《山阳河下园亭记补编》"青棠书屋"条云:"杨玉农征君作画室,在二帝阁西。……征君名嘉谷,字玉农,别署三洲画者。又署名青棠居士,廪贡生。……性狷介自守,一介不肯苟取。不谐世故,家虽有薄田数亩,频遭于水灾,故境遇极窘。"

第二节　园亭之衰原因之二:盐法改革

道光十一年(1831),两江总督陶澍在淮北实行票盐法,使民贩领票运盐自销,减少层层盘剥加价,抵制垄断食盐运销的纲盐巨商,原来的纲盐商家垄断经营、子孙世袭的特权不再,盐商大贾纷纷破产。加上淮北盐引批验所改设于王营西坝,淮北盐集散地也转到了西坝,盐斤运到西坝,从西坝运到各地销售,河下的主要商业——盐业之利失去了。不仅盐商大贾,平民同样也纷纷失业,生无以养。河下开始萧条衰败。

如前所述,丁晏在《山阳河下园亭记》序中即谈到了,道光甲申,纲盐改票,导致鹾商失业,萧湖荻庄、柳衣园等园亭遭到售拆,划为平地。

如《山阳河下园亭记》记载的荻庄,为清代乾隆年间徽州籍盐商家族程鉴的园亭。程鉴幼年家境不宽,后来因为经营了盐务,才变得富有,并构筑了荻庄,荻庄之富丽远近闻名。所以乾隆四十九年(1784年)乾隆皇帝南下时,地方接驾者曾打算以荻庄为临时行宫,终因筹款不够而放弃。程鉴的儿子程沆在外为宦归里后,便在荻庄与南北名士,诗酒相酬。但最终荻庄于盐法改革之后衰败了。

据邱兖《〈梦游荻庄图〉题后》所载,荻庄在嘉庆间即日渐衰败,这期间曾有潘姓文人写有《程氏废园记》。嘉庆庚辰年(1820),荻庄后人程蔼人重修过该园。①到道光年间,荻庄已无法挽回其衰颓之势。

正如《山阳河下园亭记》"荻庄"条云:"道光初,鹾务凋敝,南河袁司马塈,出五百金,意购为公宴之所,程族阻之,遂终止。旋成废圃矣。"明确指出,因为道光初年的盐业萧条,荻庄变得衰败。有人愿意花五百金收购荻庄,以作为公宴场所,但被程氏家族拒绝,收购未成,荻庄也就很快变成废园了。

《淮安河下志》卷八中收录有一些描写荻庄衰时之景的诗歌,这些诗歌多少揭示出荻庄衰败的原因,也免不了一种盛时光景难在的慨叹。

如朱玉汝的《吊程氏柳衣、荻庄二废园》云:"盐鹾事业尽尘沙,文酒芳名挂齿牙。过客独伤王榭燕,居人犹说魏姚花。沧桑自古经千劫,甲第于今又几家。闲放小舟问寥廓,疏林欹石集昏鸦。""盐鹾事业尽尘沙",揭示出盐业衰败导致的程氏园林的衰败。"过客独伤王榭燕,居人犹说魏姚花。"是通过荻庄的今昔对比,发抒世事沧桑的感慨。

程宗城的《晚游荻庄》云:"顿觉珠湖冷,荒园噪暮鸦。昔倾名士酒,今作野人家。池剩残荷艳,庭余细柳斜。萧疏亭子下,小立数峰衙。"句句都是在写荻庄昔日胜景,而如今只剩荒园残荷。

徐嘉的《偕南丈荻庄泛游》云:"新水满春塘,扁舟过荻庄。岸风摇树影,城雨湿花香。蓑笠渔家在,琴樽老屋荒。我曹余涕泪,鸥渚咏沧浪。"也是一边慨叹当下园林的破败,一边发抒世事变化的伤感。

荻庄这座因盐业兴盛而辉煌的园亭,最终因盐业的萧条而颓败。荻庄的前世今生借助诗歌得到了保存。

当然,除了荻庄,《山阳河下园亭记》还记录了河下更多的园亭,也是因盐法改革而颓圮或沦为乌有。

如《山阳河下园亭记》"高咏轩"条曰:"程秋岩明经宅后之轩。在高家巷。明经名世桂,与兄云松学博,均习禹策,分行盐务。旗名'观裕轩'。本朱氏旧宅,极壮丽,正厅为'静寿堂'。左为沃兰轩,右为高咏

①　王光伯辑、程景韩增订、荀德麟等点校《淮安河下志》卷八,方志出版社 2006 年,第223 页。

轩,竹树山石不多,颇饶明瑟之致。明经相貌魁梧,识者以远大期之。晚年以醝业累,境乃日窘。"程世桂兄弟两人经管盐业方面事务,由此积累了一定财富,购买了朱家旧宅,亭轩齐备,竹石明丽。但"晚年以醝业累,境乃日窘。"虽没有明说,但多半也是因为盐法改革,导致盐业之利失去。家境日窘,高咏轩想必也很难维持其壮丽样貌。

《山阳河下园亭记》"南藤花书屋"条曰:"程一庵司马宅中花圃,在茶巷。司马名程昌龄,由杭州归,迁此。园中有环云阁、春华秋实之馆。中有土山,紫藤一架。清阴可爱。子抒,受业于骆春池学博。盐务改道,司马郁郁卒,园售他氏。今则恽观察光业赁居之。园中结构,疑即刘讱庵金事'一篑园'旧址。或云,先为淮商萧在宽故居,内旧有片石山房。""南藤花书屋"其实交代了"一篑园"几次易主之事。一篑园最早是康熙间进士刘谦吉(刘讱庵金事)的住宅。后归程昌龄(程一庵司马),程昌龄的"南藤花书屋",售给他人后,先为淮商萧在宽故居,今则恽观察光业赁居之。南藤花书屋作为程昌龄宅中花圃,因为是刘谦吉以功名圆满后退归家乡所购居所,样貌自然不俗,程昌龄由杭州归,就住在了这里。但最终由于盐务改道,司马郁郁卒,园售他氏。

《山阳河下园亭记续编》"味腴斋"条曰:"宅为王明经(一新)旧居,年不知所在。先世第三文孙觐卿(茂才)云:'旧宅在湖嘴彤华宫北,正厅为荫槐堂'。宅在正厅之北,花木周遭,回廊曲折。院中垒石为山,具有丘壑,为先曾祖圣符公所建,以养亲志。……自纲盐改票,商业不振,此宅遂废。"也即本来园亭颇具丘壑,非常美好,但现在一般人已经不知其所在,其原因也明确揭示了,就是"自纲盐改票,商业不振,此宅遂废。"

《山阳河下园亭记》"可继轩"条下有编者李元庚的按曰:"程眷谷埈创可继轩有深意存焉。卒以盐务累,遂致遗业废坠。"可继轩为盐商程埈宅园。传说此园前身是明代状元、南京国子监祭酒沈坤的故宅。用李元庚的话说,程埈在园中筑"可继轩",有其目的,即是希望自己子孙能够继承自己的志愿,在学术文章方面取得更高的成就。但最终因盐务改革,业废园毁。

第三节　园亭之衰原因之三：西捻之变

由于处于运河交通要道，历史上，淮安经常遭遇到兵寇侵扰，譬如，明代东南沿海一直遭遇的倭患，曾波及淮安。《光绪淮安府志》卷四十"杂记二"载："嘉靖三十四年，十月，倭数千人自日照流劫至淮安，时邑人沈坤方家居，散资募乡兵千余，屯城外。倭纵火焚烧，官兵却，坤率众力战，身犯矢石，射中其酋，倭始退。"①

而对于河下园亭影响最大的是捻军劫火，也就是李元庚《山阳河下园亭记》"自序"所说的"越二岁，河下又遭西捻之变，焚掠房屋，十存二三，又非复向河下矣。"

捻军是一股反清的农民武装势力。主要在长江以北的苏、皖、鲁、豫几省的部分地区活动。从 1853 年至 1868 年，捻军横扫皖、豫、鲁、苏、鄂、陕、晋、直（冀）多省。《山阳河下园亭记》中反复提到"庚申之难"，指的是 1860 年（庚申年），捻军为了抢夺户部皇仓之粮米，攻占驻扎着南河总督的淮安市清江浦，火烧清江浦街市、户部粮仓、造船厂。清江浦遭到毁灭性破坏。漕运总督所在的淮安府城（今淮安市淮安区）因为城墙高大坚固得以幸免。但捻军撤离的时候，河下未能幸免，由于捻军的"劫火"，河下的房屋园亭，毁坏了百分之七八十，自此，河下不复再有曾经的繁华，很多著名的华宅美园、高台池榭成为瓦砾废墟，而离河下不远的钞关所在地板闸镇也同时被毁。

《清史稿》记载了该事件，即咸丰十年（1860）二月"庚戌，捻匪陷桃源，上窜清江，庚长退守淮安。"②《光绪淮安府志》卷四十"杂记二"对捻军在淮安的破坏有所描写："（咸丰）十年春二月初一日，皖贼陷清河。贼未至时，河督庚长微服单骑奔郡城，郡城严守卫。初三日，贼骑四出焚掠，山阳、清河、安东各乡皆遭残破，文武官绅，军民流寓，死贼可以名

---

① 孙云锦修、吴昆田、高延第纂、荀德林等点校《光绪淮安府志》，方志出版社 2010 年，第 1229 页。

② 《清史稿》卷二十"文宗本纪"，中华书局 1997 年，第 248 页。

纪者二千余人。十三日，贼全队回巢，时奸人往往于城内僻处纵火，冀乘乱劫掠，均为巡辑者揪止。"①

《山阳河下园亭记》中记载的一些园亭便是因遭兵灾劫火成为废墟而至无迹可寻的。

《山阳河下园亭记》记载"懋敷堂"："程巨函先生宅内厅事也，在绳巷。堂五楹，前廊后厦。宏深峻丽。归氏宣光书额。厅后正房数十间，后楼宏阔，栋梁以柏为之。西偏有园，园有楠木厅，余房曲折幽深，引人入胜。山石树木，今犹有存者。先生名梦鼐，岁贡生，考授州同知。其孙政扬，官山西河东道，以甘肃监事，牵连籍没，宅入官。为淮北批验大使公署。道光初，大使林某，议改淮北运道。倚盐为生者，麋集累数千人，各持香哄于署，遂毁。楠木厅火一昼夜，香澈四野。大吏为按诛首恶，林亦罢去。葛某继至，烬余一新。局戏樗蒲，征歌演剧无虚日。未几，而纲盐废矣。壬寅，修郡城，程族请以宅归公，都转某阻之。……迨庚申捻乱后，复修郡城，王雨三漕帅乃从程族之请，撤料助工。潭潭巨宅，遂夷为瓦砾场矣。"

程梦鼐字巨函，为盐商程氏家族中人，拥有贡生身份。淮安河下大绳巷内的懋敷堂是他的房屋。懋敷堂有五间屋宇，高大广阔，堂后正房有几十间，后楼用柏木为栋梁。西边园中有厅构以楠木。楠为名贵木材，足见程梦鼐园亭之豪奢。程梦鼐有孙子名字叫程振扬，任职过山西河东道，后任甘肃监事时受人牵连，房屋被官府没收，被用作淮北批验盐引所公署。道光年间，批验官林树保因为谋划盐运改道，导致盐业工人抗议，数千工人秉香挤到公署争执，不慎将楠木厅点燃，大火烧了一天一夜，楠木香飘四方。

道光十一年（1831），纲盐制废除。道光二十二年（1842）壬寅，修郡城，程族请以宅归公，都转某阻之。咸丰十年（1860）河下地区遭遇捻军焚掠后，复修郡城，漕帅王雨三应程族之请，拆除了懋敷堂旧园中的一

---

① 孙云锦修、吴昆田、高延第纂、荀德林等点校《光绪淮安府志》，方志出版社2010年，第1248页。

些建筑材料，用以修葺淮安府衙、府城、清河县文庙，曾经的豪堂巨宅，终成一片废墟。

根据《山阳河下园亭记》与《续编》记载，李廷秀的"玉诜堂"和李廷秀后人李元庚的"餐花吟馆"，都是受到兵灾之祸影响。

《山阳河下园亭记》记载"玉诜堂"，为"六世祖颖升公读书室也。在湖嘴旧宅后。……公讳挺秀。明万历间诸生。鼎革落籍。……公与五世祖远令公，俱有声望社。……宅有红桥绿柳，山石极多，雅擅园林之致。……又，曾王父水西公，由泾县教谕解组归，日徜徉其中。先大父云岫公，于堂侧茸藤山房养疴。庚幼年曾访旧址，迄今五十年，复遭兵灾，杳不可寻矣。"

玉诜堂是李元庚六世祖李廷秀的读书室，六世祖李廷秀与五世祖李孙伟都是望社中的有声望者。玉诜堂为河下园亭中有格调者，李元庚的曾祖父水西公（李蟠枢）、祖父云岫公（李燕）都住在玉诜堂，李元庚的父亲李长发小时候也曾居住在玉诜堂，李长发十岁那年秋天，遭遇黄河决口，举家播迁，并迭遭大故，家道中落，才于中年弃湖嘴旧居，迁关家巷。到李元庚时又迁居曲房巷。

所谓"庚幼年曾访旧址，迄今五十年，复遭兵灾，杳不可寻矣。"即说李元庚幼年时玉诜堂旧址犹在，是因为遭遇兵灾之祸，终致李廷秀的玉诜堂杳无踪迹，无处可寻了。

《山阳河下园亭记续编》"餐花吟馆"条云："先大父莘樵公吟咏处。《正编》'绿天书屋'下谓'今迁居曲坊巷新宅'者。公于正堂三楹，仍用颖升公旧名，曰：'玉诜堂'。堂西，辟书室二间，榜曰'餐花吟馆'，……先大父讳元庚，字薪桥，一字莘樵。以巡检需次杭州，庚申粤寇陷杭城，适河下亦遭皖寇乱，吟馆幸存。"

"餐花吟馆"是李元庚的房屋。《山阳河下园亭记续编》的作者是李元庚的孙子李鸿年。《山阳河下园亭记》正编的作者是李元庚，李元庚在《山阳河下园亭记》中记李长发"绿天书屋"时云："先大父吟咏处也，在仓桥下关家巷。……今迁居曲房巷新宅。"李元庚不仅明说父亲李长发的"绿天书屋"在仓桥下关家巷，同时谈到自己"今迁居曲坊巷新宅"

者。故李元庚之孙李鸿年在《山阳河下园亭记续编》"餐花吟馆"条下会记曰"《正编》'绿天书屋'下谓'今迁居曲坊巷新宅'者"。同时,从李鸿年《山阳河下园亭记续编》中"餐花吟馆"条也可知,李元庚迁居曲坊巷新宅后,将正堂三楹,仍名曰:"玉诜堂"。堂西,辟书室二间,曰"餐花吟馆"。咸丰十年(1860)庚申,捻军焚掠河下,餐花吟馆幸免于难。虽然吟馆躲过一劫,实属幸运。但捻军之乱使河下园亭遭受的劫难极为严重,更多的馆舍则无此幸运。

即便如此,在一百多年后的今日,"玉诜堂""餐花吟馆"也早已踪迹难寻。

《山阳河下园亭记》《山阳河下园亭记续编》等还有一些园亭条目下也有相关内容。如《山阳河下园亭记续编》记载"敬一书屋"为"徽州程醵尹子春寓庐,在相家湾。咸丰庚申,兵灾后,程汝吉师馆于其地。……醵尹名春祺。"也即程春祺原来并非住在相家湾,兵灾后才迁到这里。这说明由于兵灾的破坏改变了人们的正常生活,所以需要重新建构房屋,重新安排生活。

又如《山阳河下园亭记续编》记载"倚桐馆"为"方上舍博庵讲学处,在淡华空地,后为广禄第巷。上舍名琚,字韵清,号博庵。岁科试屡试冠军,名噪大江南北。咸丰庚申,皖寇乱后,辟宅东隙地,建草厅。"也即咸丰庚申,皖寇乱后,方琚辟宅东隙地,建倚桐馆,也是侧面说明庚申之乱,原有的房屋已经遭到破坏,成为一片废墟,倚桐馆在此背景下得以兴建。

再如《山阳河下园亭记续编》记载"持白复斋"为吴兆登室,"(吴)学博原名冲,更名兆登。门第清华,为吾邑望族,由明至博学,凡十一世为茂才。……至学博家道日落,食贫自励。皖寇乱后,几难自存。"所谓"皖寇乱后,几难自存",即说明兵灾对于河下的摧毁破坏。

综上,河下园亭记对于河下园亭衰废的原因有所记录,皆可作为例证,与历史资料相印证。

除了上述所列河下园亭之衰的主要三个原因,河下园亭的衰落还有一些原因,如家道中落,后人经营不善,或迁址等等,导致其屋毁,园亭荒的。

《山阳河下园亭记》记载"秋声阁"："程勋著先生宅，在粉章巷右侧。巷内有楠木楼，上下十楹，天阴则香气四溢。程氏中落，宅归李氏。先君子与李友善，庚幼年亲睹园内亭台，惜未缕记。再易主，归醝商某，以通赋入官。先生以科场狱破家。改字醒未。子允元，字孝思。"这段材料说明秋声阁的易主，是因为程氏家道中落，且易主不止一次，先是归了李氏，又易主，归了盐商。

《山阳河下园亭记》记载"小山蹊"："程玉民之别业。玉民名国俊，候选布政司理问，巨函梦鼐之孙。政扬观察胞弟。别业在绳巷，与批验署门斜相直也。园中树木幽秀，山石玲珑，廊舍回合。家中落，毁其屋，树木山石归袁浦方氏。玉民孙霖昌，名邦福，以禺策兴。迁居杨天爵巷内小巷，辟一宅，种树垒石，仿佛为之，以志小山蹊遗迹。倩陈曼生司马鸿寿书额，亦一时有心人也。庚幼年曾过其宅，及见花木泉石之胜，今亦化为瓦砾场矣。"即小山蹊是因为家道中落后，其屋颓败，物归他人的。

《山阳河下园亭记》记载"燕贻轩"："程仲民宅内花圃，在梅家巷。先生名晟，附贡生，候选布政司理问。宅内厅事额曰'宝善堂'。先生自书也。堂侧有园，迤南有思过斋、将就室、卧云阁，尹望山相国所书也。又有春满玉壶堂，其中廊榭回复，曲折深邃。程氏中落，售为丁介庭廉访（兆祺）别业。今亦鞠为茂草矣。"这段材料说明燕贻轩的衰落是因为程氏中落，后卖给丁介庭廉访（兆祺）家，作为其别业。

《山阳河下园亭记》记载"道宁堂"："先外公汪公隐园宅，在相家湾路南。汪氏自尧仙公由徽迁淮，三世至隐园公，卜居此宅。道宁堂，其大厅也。文端公生于此。伯外祖一宅，门由倪家巷；先外祖一宅，门由草楼巷。嗣因中落。屋易主，移居城中。文端公通藉①后，京师寓庐斋曰：'实事求是斋'，而道宁堂售他姓。书此以志华屋山丘之感云。"

汪廷珍（文端公），道光帝师、河下三鼎甲之一。汪氏自汪廷珍的曾

---

① 通籍：谓记名于门籍，可以进出宫门。因此后来便称做官为"通籍"。

祖父尧仙公由徽迁淮，尧仙公是业盐起家的鹾商大户。到三世隐园公，汪氏就卜居河下相家湾路南道宁堂。且汪廷珍（文端公）生于道宁堂。但最终因为家道中落，导致房屋易主。

《山阳河下园亭记》记载"亦庐"："程孟昭宅中花园，……后归张竹轩孝廉（培厚）。张培厚于亦庐旁，增筑小室。……孝廉为汪文端公门下士，……在都中往来公卿间，声名籍盛。然屡滞春闱。游吴越，富海帆中丞延为上客。不数年归，陈心畬漕帅延主丽正书院讲席，……六十外，就职国子监学正。后迁居他处，园即废为平地，可慨也夫。"

亦庐，原来是程孟昭宅中花园，后来归汪文端公门下士张培厚孝廉。张培厚声名藉盛，在外游历所到之处，被延为上客，后来还做过丽正书院讲席，也就职国子监学正。后又因张培厚迁居他处，园即废为平地。

《山阳河下园亭记补编》"白云楼"条云："前明孝廉岳公钟秀室也，在中街文昌阁侧。楼已久圮。其裔孙树森先生，晚年由苏州行医归里，就其遗址，筑草楼二楹，以志先人旧迹也。……按《邑志·钟秀传》云：'钟秀万历丁酉科举人，两中会试副榜，授德化县。……晋甘肃参政，致仕归，……甲申之变时，钟秀已耄老，尚与抚按官，练义勇，乘城固守。卒祀乡贤。'著有《白云楼诗集》《守城要略》《类说》一百卷。……西来公为钟秀之从子①，家贫，事亲至孝。……读书淹灌百家，践屦笃实。馆里人刘禹度大令家，教子弟以程朱之学。……树森字宝书，精岐黄，为先曾祖浚川公高足，中年行医吴下。亦能诗，著有《后白云楼诗存》。卒年八十余。逝世后，楼即为瓦砾场矣。"

这里讲述的是白云楼主人岳钟秀、侄子西来公、孙子树森，几代人，皆有学问文名，且有政绩。但最终因后继无人，亭台缺乏管理，楼即为瓦砾场矣。

《山阳河下园亭记补编》"味静斋"条云："徐道庵孝廉著书处，在竹巷街梅家巷。斋为草屋三楹，极幽雅。……孝廉于光绪间，始奉亲迁居

---

① 从子：即侄儿。

城内,住东门水巷口北。仍署其室曰:'味静斋'。河下之宅,旋售于他姓,书此以志兴衰之感云。"味静斋是徐嘉的著书处,原来在竹巷街,因为奉亲之故徐嘉迁到城内,新室依旧署名为味静斋。而河下竹巷街的房子,很快卖给别人了。正如《山阳河下园亭记补编》的编者所云,记录味静斋的变迁,也是引发一种兴衰之感。

《山阳河下园亭记补编》记载"射阳簃":"前明岁贡生吴公承恩著书室也。在打铜巷尾。……明清两代,凡十余人世为茂才。掇巍科,等华朊,领封圻者,代有传人。著作如林,藏书亦富。后因就馆江南,全家南迁,打铜巷之宅,旋售于他姓。沈殿元所书匾额,尚存于宅中云。"说的是射阳簃最后的结局,是因家人就馆江南,全家南迁,打铜巷之宅,售于他姓了。

最后还要提到的是,清中后期,河政体系腐坏,河防工程每况愈下,到了咸丰年间,黄河改道由山东入海,南粮北运由河运改为海运,长江以南六省区漕船不再经过淮安。淮安失去了漕粮运输之利,漕运总督署渐废,漕运中枢地位不再,驻于河下西北板闸的淮关税收大减。光绪三十年(1904),淮关监督被撤。民国元年(1912),津浦、陇海铁路全线筑成通车。从此,河下日趋衰败。淮安昔日商品充足、人流如织的景象不再。

也即,一是由于乾隆三十九年(1774),河下遭遇水灾,很多亭台被淹,损失很大;二是道光十一年(1831)后,纲盐改票,淮北盐引批验所改设于王营西坝,河下失去了盐业之利。三是咸丰庚申(1860)年捻军焚掠清江浦,河下也未能幸免,房屋园亭十存二三。加之咸丰年间,黄河改成从山东入海,河下因此失去河道运输之利。民国元年,建成津浦、陇海铁路,河下交通之利全无。至此河下繁华不再,多少园亭廊榭化为断垣残壁。

后　记

随着"大运河文化带建设"在运河各省市得到推进，淮安市作为运河重要枢纽城市，抓住机遇，依托运河，彰显"历史古城、文化名城、生态水城"的城市特色，着力打造运河文化长廊的清晰线路图、精彩节目单，讲好运河文化与故事，以起到增强淮安吸引力、推进城市发展、打造文化名城的作用。

笔者认为，文化名城的建设，需要相关部门认真规划，而在具体建设时，更需要对相关物质与非物质文化遗产内容进行认真挖掘、研究与利用。

山阳河下园亭曾经繁盛过，但如今已经更多地存在于文献记载中。本书进行的淮安河下园亭文化研究，关乎河下繁盛时期的文化挖掘与记忆恢复，关乎河下园亭主人由传统而来的精神气质彰显，关乎城市与文化的盛衰及其原因的揭示。在引发对河下鼎盛之赞叹和衰落之叹惋的同时，也希望能为当下淮安开展城市文化建设提供理论资源与现实参考。

图书在版编目(CIP)数据

明清淮安河下园亭文化研究/周薇著.—上海：
上海三联书店,2023.6
ISBN 978 - 7 - 5426 - 7946 - 8

Ⅰ.①明… Ⅱ.①周… Ⅲ.①古典园林-文化研究-
淮安-明清时代 Ⅳ.①K928.73

中国版本图书馆 CIP 数据核字(2022)第 221751 号

明清淮安河下园亭文化研究

著　　者／周　薇

责任编辑／郑秀艳
装帧设计／徐　徐
监　　制／姚　军
责任校对／王凌霄

出版发行／上海三联书店
　　　　　(200030)中国上海市漕溪北路 331 号 A 座 6 楼
邮　　箱／sdxsanlian@sina.com
邮购电话／021 - 22895540
印　　刷／上海惠敦印务科技有限公司

版　　次／2023 年 6 月第 1 版
印　　次／2023 年 6 月第 1 次印刷
开　　本／640mm×960mm　1/16
字　　数／250 千字
印　　张／19.75
书　　号／ISBN 978 - 7 - 5426 - 7946 - 8/K・697
定　　价／88.00 元

敬启读者,如发现本书有印装质量问题,请与印刷厂联系 021 - 63779028